中華秩序追求與華夷論辨

近世以來東亞知識人的鄉愁

張崑將　著

目次

上篇 近世儒者追求中華秩序的四種關係類型

第三章

從東亞視域看鄭成功形象的「中華」意識之爭 169

第四章

日本德川時代神儒兼攝學者對「神道」「儒道」的解釋特色 219

第七章

第八章

第九章

第十章

序　東亞歷史地平線上「中華」的呼喚

黃俊傑*

《中華秩序追求與華夷論辯：近世以來東亞知識人的鄉愁》這部書，是臺灣師範大學東亞學系張崑將教授的新著。崑將與我數十年來在東亞儒學研究領域分享許多共同的學術興趣，「中華／中國」的再起及其展望，是最近十餘年來許多學術界朋友共同關心的學術課題。從二〇一三年起，臺灣大學人文社會高等研究院主辦很多次有關「東亞視域中的中華／中國意識」國際學術研討會，崑將曾經從上述研討會發表的數十篇論文中，選編成為《東亞視域中的「中華」意識》一書。[1]現在這部新書，是崑將多年來所撰寫的新著，承蒙他的好意，先交給我閱

* 臺灣大學特聘講座教授。

1 張崑將編，《東亞視域中的「中華」意識》（台北：臺灣大學人文社會高等研究院東亞儒學研究中心，二〇一七）。

讀，並希望我寫一篇讀後心得以作為本書序文，同聲相應，同氣相求，我自然樂於從命。

一

本書主題是近世東亞知識人對「中華秩序」的追求與「華夷論辯」的展開，兩者的核心問題是「中華」這個悠久的理念。作為文化概念的「中華」，對中國以及東亞知識人而言，是一種文化的「鄉愁」，是一種精神的「召喚」，更是一種未來的「願景」，而且「鄉愁」與「召喚」中回顧性的情懷，與「願景」中前瞻性的希望融合為一。但是，對浸潤在中華文化的東亞知識人而言，「中華」卻又是他們地理上與現實上的「異鄉」。對生活於秦漢以降大一統帝國下的中國知識人而言，堯舜聖王與想像中的「三代」典範所代表的「中華」，固然是一種回不去的「異鄉」；對外族入主中國的時代之遺民而言，想像中的「中華」更是一種「異鄉」；對東亞周邊地域的知識人而言，理想中的「中華」更是一種精神上與地理上的「異鄉」。但是，再進一步分析，作為文化概念的「中華」是一種「符號」，各方人士都可以各取所需地注入不同的詮釋與意涵；作為地理實體的「中華」，則神似眾聲喧嘩的劇場，各方人士都可以在此劇場盡情發揮他們的天分與才情。張崑將這一部新書，以「中華」作為主軸，確實目光如炬，得其肯棨。二十世紀以前，中華帝國所建構的「中華秩序」，展開了「天下」的世界觀，最近二十多年來漢語知識界關於「天下」的正反兩面論述，更是風起雲湧，思潮澎湃。[2]

崑將這部新書分上下兩篇，共十一章，凡二十四萬字，是作者十多年來所撰寫的力作。上篇分析東亞知識人對「中華秩序」的追求，下篇扣緊「華夷論辨」以呼應上篇，分析近世東亞儒家文化圈的朝鮮、日本、越南、台灣等區域的「中華／中國」課題之發展。崑將將東亞歷史上的「中華秩序」與「華夷之辨」兩者合而論之，這是正確的做法，正如邢義田先生所說：「當中國國力豐厚，充滿自信的時代，如漢、唐、明、清之盛世，以天下為一家的理想往往抬頭，使中國文化或政治力量有向外擴張的傾向；當中國國力不振或遭受外來的威脅，如唐安史之亂以後，兩宋以及明、清易代之時，閉關自守，間隔華夷的論調又會轉盛」，[3]在歷史發展的過程中，「中華秩序」與「華夷之辨」是互相連動的兩個概念群，隨著世運興衰而互為興替，崑將這本書在上篇以六章篇幅宏觀東亞近世儒者追求「中華秩序」的四種類型之後，接著在下篇中以四章篇幅微觀地分析「華夷之辨」中所觸及的「中華意識」。這樣的寫作佈局策略，非常能夠掌握「中華意識」與「華夷之辨」之不可分割性，及其與中華帝國國勢之互為連動性。

---

2 參看Yun Tang, "The State of the Field Report X: Contemporary Chinese Studies of *Tianxia*（All-Under-Heaven）," *Dao: A Journal of Comparative Philosophy*, vol. 22, no. 3（September 2023）, pp. 473-490。

3 邢義田，〈天下一家——傳統中國天下觀的形成〉，收入氏著，《秦漢史論稿》（台北：東大圖書公司，一九八七），頁三—四二，引文見頁三九。

二

這部書在二十一世紀的台灣學術界的出現，實與改革開放以後「中國再起」及其新出現的問題以及對世界的衝擊有深刻之關係，作者自述他寫作此書的動機說：

> 探索中華意識更重要的動機，則是因「中國再起」正在牽動東亞局勢乃至世界變化的發展。二十世紀末之後，「中國再起」已是不爭的事實，這樣的國際情勢變化開啟各界對「何為中國？」議題的積極探討，其中「中國是什麼？」、「為何中國會再起？」、「中國要以如何的方式（和平的、霸權的）再起？」便是眾所關切的三大關鍵課題，無論哪一個課題，如果從文化角度來透視的話，都跳不出「中華意識」這個議題和概念，甚至我們也可以說任何討論中國的過去、現在與未來之課題，離開了「中華意識」這概念的深究探討，不免緣木求魚，窮究不了真相。（三一—三二）

崑將寫作此書時所關心的「何為中國？」「中國何以再起？」以及「中國往何處去？」等三大問題，正是最近二十年來國內外學術界萬方矚目的重大議題。一九九八年美國的外交事務協會就出版題為《中國之崛起》的論文集。[4]葛兆光先生的《宅茲中國》[5]以下一系列專書的出版之後，激起了有關「中國」議題研究的風潮，二〇二三年五月就有金刻羽分析改革開放以後中國致力於超越社會主義與資本主義的新書問世，[6]七月瑞典著名漢學家羅多弼所編《什麼是中國？》新書剛剛出版。[7]崑將這部新書，是近二十年來國內外學術界有關「中國」的研究論著最新的一部。司馬遷《史記》〈六國年表〉說「近己則俗變相類」，崑將所撰寫的這一部書，正是從「中國再起」的當代巨變出發，思考十七世紀以降「中華秩序」之歷史變遷，有心於原始察終，見盛觀衰，從歷史中汲取現代的啟示，「史學所以經世」，[8]此之謂也。

4 Nicholas D. Kristof et al. eds., *The Rise of China*（Council on Foreign Affairs Inc., 1998）.

5 葛兆光，《宅茲中國：重建有關「中國」的歷史論述》（新北：聯經出版公司，二〇一一）。

6 Keyu Jin, *The New China Playbook: Beyond Socialism and Capitalism*（New York: Viking, 2023）.

7 Torbjörn Lodén ed., *What is China? Observations and Perspectives*（Stockholm: The Royal Swedish Academy of Letters, History and Antiquities, 2023）.

8 章學誠著，葉瑛校注，《文史通義校注》（北京：中華書局，一九九四）（上），〈浙東學術〉，引文見頁五二四。

三

我讀完這部書，感受到本書幾點殊勝之處，謹提出以就教於作者及本書讀友。

第一，本書將「中華秩序」與「華夷之辨」兩大問題，置於時間性與空間性交光互影之處加以分析，所以能發前人之所未發，因此與當代研究同一主題的前行學者有同有異，其殊異之處更使本書特見精神。

崑將踵繼前行學者如吳玉山與Charles Horner等先生，論述「中華秩序」時特重時間之縱深與歷史的持續性。吳玉山先生從二〇一五年開始主持七次以「中國再起」為主題的學術研討會，聚焦在「歷史」與「國際關係」的互動，他強調「要了解中國大陸的對外行為，需要國際關係學者來進行科學探究、發展理論，也需要歷史學者提供史識史才、旁徵博引。臺灣具有結合這兩個學科的資源與能力，也因此具有深入探究中國大陸對外行為根源的獨特優勢」，[9] 所以，他主編的書扣緊中國歷史上中華帝國的對外關係，思考「中國再起」後對外的國際關係可能之發展。Charles Horner則回顧元、明、清三朝的對外關係，指出中華帝國對變遷中的外部環境的適應力極強。Horner認為中國的再起必須被放在悠久的歷史轉型的脈絡中思考。[10] 崑將寫作這本書時，也是從歷史的持續性考量「中華秩序」的演變，將「中華秩序」課題予以歷史化，取之而置於時間縱深之中加以考察。這是他與前輩學者心同理同之處。

但是，崑將這部書與前行學者的著作不同之處，在於他開拓了「中華秩序」議題的空間性，他的書在字裡行間提醒我們：研究「中華意識」的演變，不能忽視地理因素所造成的影響，例如此書一再提醒讀者：朝鮮與日本的「中華秩序」觀之差異，關鍵在於兩地與中國在地理距離上的遠近。崑將說：「地理愈接近中國者，其政治與文化的關係愈是斬不斷的連接關係；而地理屏障愈深者，愈有脫離中心呈現自己的政治與文化主體，日本屏障是一海之隔甚於韓、越，而越南有崇山峻嶺之屏障則甚於僅一江之隔的朝鮮。因此，呈現由近而遠的『父子關係』、『兄弟關係』到『養父子關係』、『遺民關係』，也可以從地理遠近關係窺出端倪」（頁八二）。這部書可以說是以「時間」、「空間」、陸權（中華帝國）與海權（朝鮮與日本）四大元素的輻輳作用為焦點而寫作的作品。相對而言，吳玉山與Charles Horner都是在中國歷史的脈絡中，論述中華帝國的對外關係，但是，崑將這本書則除了中國歷史脈絡之外，再將「中華秩序」置於東亞視野中加以考察。用葛兆光先生的話來說，這部書兼具「從中國看周邊」與「從

9 吳玉山編，《中國再起：歷史與國關的對話》（台北：臺灣大學人文社會高等研究院東亞儒學研究中心，二〇一八），〈序〉，頁iv。

10 Charles Horner, *Rising China and Its Postmodern Fate: Memories of Empire in a New Global Context*（Athens: University of Georgia Press, 2009）, p. 183。

周邊看中國」這兩種不可分割的視野，這部書呈現一種蜻蜓式的複眼，同時並觀中國與周邊地域的互動，確有其殊勝之處。

第二，本書從中國與周邊國家的複雜互動關係網絡中，描繪出一個十七世紀以後作為複數的「中華」意識，作者說：

十七世紀的「中華」逐漸發展出「複數」的概念，主要來自於明帝國因滿清入關的滅亡，作為政治認同的「天朝」或作為文化認同的「中華文明中心」同時也面臨崩潰。影響所及，朝鮮發展出「小中華」或「唯我是華」的意識；越南曾經在十三世紀末成功阻擋了三次的蒙古入侵，在十七世紀清朝入關後，也不斷自稱「中國」或「南北各帝」，凸顯鮮明的政治與文化主體意識；最特別的是日本，在近代以前，日本所接受的外來文化主要還是從中國傳來的各種文化與思想，但在吸收與轉換過程中，相較於緊鄰中國大陸的朝鮮半島，因隔著一層海洋，有如丸山真男（一九一四—一九九六）所言的「洪水文化」與「滴水文化」之別，發展出自己獨特的「神國」意識，並且強調這個「神國」並不亞於「中國」，特以「神」／「人」相對，宣揚「神皇之道」高過「聖人之道」。因此，十七世紀以後出現「一個中華，各自表述」的文化與政治的多元現象籠罩了東亞世界，這種源自於「一」的鬆動，自然呈現「多」的面貌。（頁

三八—三九）

在作者筆下十七世紀以後的「東亞」是一首雜音很多的交響曲，「中華秩序」與「中華意識」雖然仍是近世東亞歷史的主調，但正如宋人楊萬里詩云：「萬山不許一溪奔」，在「中華」主調之中卻有曲調各異的變調與複調。本書描繪十七世紀以後中華帝國與朝鮮、日本、越南、琉球、台灣等周邊地區的複雜關係，相當成功地描繪了一幅有厚度的近世東亞歷史圖像。如果只從單一國史觀（日文所謂「一國史」（いっこくし））或兩國比較文化史觀來看，「中華秩序」的課題就會比較呈現平面的樣態，常常只能聚焦於自他兩國之間的文化交流與比較。但本書不只涉及朝鮮、日本，還包括琉球、越南與台灣等區域，作者從諸多文獻中看到各區域都存在著「自成天下」與「各有中國」之現象，呈現更立體的「中華」意識形象，由此而衍生中華秩序在東亞各區域的複雜面向，使得「中華」價值理念展現豐富而多元的辯證關係。

第三，本書建構了一套十七世紀以降東亞世界的「中華」意識的理論模式，可視為本書一大創見，崑將說：

十七世紀以後的東亞「中華」意識可分為以下四個關係模式：（一）朝鮮發展出「大小中華的父子關係模式」，（二）越南發展出「南北中華的兄弟關係模式」，（三）台灣發展出「遺民關係型的中華模式」，唯有日本最歧出，橫生出另一個神國正統，發展出（四）「取華代之的養父子關係模式」。（頁六五—六六）

本書各章以大量史料展開以上這一個理論架構的論證，綱舉目張，論證細緻。第一章與第二章論朝鮮儒者「中華」意識中，所呈現的「父子關係型態」；第三章以鄭成功形象為個案，分析鄭成功形象在中國大陸、日、韓以及台灣所反映的「中華意識的多樣性」。第四章及第五章析論德川時代日本的中國觀中，所顯示的「養父子關係型態」。第六章則探討越南對華觀的「兄弟關係」型態的「中華秩序」觀。如果說本書上篇共六章對「中華意識」的描繪是一幅潑墨山水畫，那麼本書下篇共四章的細緻描寫，則可比擬為工筆畫。第七章分析十四世紀至十七世紀大明帝國與琉球及朝鮮的外交往返，第八章則從十八世紀兩位朝鮮儒者對華夷問題的爭辯中，析論朱子學者與陽明學者在華夷之辨問題上的差異。第九章分析德川日本思想人物重構並解釋「中華」概念之過程，並分析這種轉折中所顯示的「養父子關係」之本質。第十章則以甲午戰爭前後訪日之大清官員之考察資料為基礎，析論晚清官員從日本所折射而出的「中華」形象。全書各章之論述環環相扣，上篇如潑墨山水畫，「經營位置」得當，「骨法用筆」深刻；下篇如工筆畫與織錦畫（tapestry），「傳移摹寫」極為傳神。全書各章論證互相呼應，如常山之蛇，擊頭則尾至，擊尾則頭至，擊中則頭尾皆至，頗有足多者。

關於本書所建構的東亞史所見「中華」意識的四個模式之理論，有些讀者可能會有所質疑：十七世紀以降中華帝國與周邊國家或地區之關係，是某種意義的「契約關係」（contractual relationship），但本書作者所使用的「父子關係」、「兄弟關係」、「養父子關係」，則是不同程度的「親緣關係」（familial relationship），兩種關係之間有其「不可共量性」（incommensurability），[11]所以本書的理論架構是可以被質疑的。

這樣的質疑是可以預期的，也是可以理解的，但是我認為本書作者採取從「親緣關係」立場，思考十七世紀以後中華帝國與周邊國家或地區之關係，實有其傳統中國政治思想之基礎。中國古代政治思想的主流，認為從「身」、「家」、「國」到「天下」，是一個層層推擴的同心圓展開之過程，《呂氏春秋．執一》說：「此四者，異位同本」，說明「身」、「家」、「國」、「天下」四大空間，均以「身」為本。在傳統中國政治思想中，空間的推擴實與親緣關係之展開，有其相應之關係。這種複雜關係不能完全透過歐洲宗教戰爭結束後，在一六四八年簽訂《西伐利亞和約》之後形成的主權國家之間的國際關係加以解釋。本書作者從傳統中國政治思想出發，借用周天子與諸侯之間的親疏遠近之屏藩關係，稱中國與朝鮮的關係是「父子關係」，中

11 這是科學史家Thomas S. Kuhn的名詞，參看Thomas S. Kuhn, *The Structure of Scientific Revolution*（Chicago: University of Chicago Press, 1996, 3rd edition）, pp. 103, 112, 148, 150。

國與日本是「養父子關係」，中國與越南是「兄弟關係」，與台灣是「遺民關係」，頗能指出近代以前中國與周邊國家的複雜關係，並且是環繞「中華意識」的關係課題而展開。毫無疑問，在以上四種關係之中，中、朝的父子關係最親密，中、日的養父子關係則可親可離，中、越的兄弟關係則是介於上述兩者之間，至於台灣的「遺民關係」則是一種流亡政權猶爭正統意識的複雜關係。作者確能從東亞歷史的宏觀視野出發，進行比較研究，並畫龍點睛地細繹四種類型關係，有助於學界釐清過去環繞東亞歷史重要核心的「中華秩序」之複雜關係。

這種從「親緣關係」出發考量國際關係的傳統，確實具有東亞文化特色，不僅表現在本書研究的東亞各國知識人與官員之言行之中，也表現在具體的實際政策之上，從春秋時代的「封建親戚，以蕃屏周」（《左傳．僖公二四年》），到漢唐時代的「和親」政策，都反映這種國際觀的東亞文化性格。這種國際觀，如與西方的中國觀對比，就更為突出。在西方思想史中的「中國」意象是一條「變色龍」（chameleon），[12]隨著中西交流與互動而改變其意象，正如拉赫（Donald Lach, 1917-2000）所說，西方的中國觀反映出西方思想史的主要潮流，也受到中國實際情況的影響，「直到今天中國仍被視為既遙遠且奇妙，睿智而可讚，卻又是落後及卑劣，可畏且危險」，[13]但是即使在「尚華風」（chinoiserie）風起雲湧的十八世紀歐洲，也未見東亞這種從「親緣關係」出發思考的國際秩序觀。

第四，我在這篇序文起首就指出「中華」是東亞知識人靈魂深處的「鄉愁」，崑將這一本書在〈緒論〉中進一步指出東亞知識人對中華情感的「鄉愁」，可以區分為「離心力的鄉愁」（nostalgia as centrifugal force）與「向心力的鄉愁」（nostalgia as centripetal force），這兩股力量之間有其互相競合、欲迎還拒的，既矛盾而又統合的複雜關係。本書將這種複雜矛盾的鄉愁，一方面放到廣袤的東亞視野中來考察其多元面向，另方面又聚焦「中華情感」析論其共性與殊性，展開「既是中華，又是非中華」或「非中華，非非中華」的非一非二的多元複雜關係。於是，讀者在本書看到「中華」並非是一個不證自明的概念，它既有一國內部知識人之間的論爭（如第八章朝鮮儒者鄭霞谷與閔彥暉的論辯、第九章德川學者考證日本非「倭」而爭搶「中華」），也有兩國使臣之間爭搶「中華」或不屑「中華」的畫面（如本書第六章的越南使臣、第七章的朝鮮與琉球使臣、第十章中國赴日官員之互動關係），更有多國知識人透過經典詮釋互相對話與批判的多元解讀。在眾聲喧嘩的論辯之中，有肯定與否定，也有肯定中的否定，否

---

12 Raymond Dawson, *The Chinese Chameleon: An Analysis of European Conceptions of Chinese Civilization*（London&New York: Oxford University Press, 1967）, pp. 1-8; Raymond Dawson, "Western Conceptions of Chinese Civilization," in Raymond Dawson ed., *The Legacy of China*（Oxford: Oxford University Press 1964）, pp. 1-27.

13 Donald Lach, "China in Western Thought and Culture," in Philip P. Wiener et al eds., *Dictionary of the History of Ideas*（New York: Charles Scribner's Sons, 1968, 1973）, pp. 353-373，引文見p. 373。中譯版見古偉瀛譯，〈西方思想及文化中的中國〉，《史學評論》，第十二期（一九八六年九月），頁一一—六一，引文見頁五八。

定中的肯定，這些對中華情感的多元辯證現象，都告訴我們中華意識的課題迄今仍是東亞儒教文化圈中揮之不去的永恆的「鄉愁」。崑將對東亞各國知識人的「中華」鄉愁，所做的織錦畫式的細緻描繪，告訴讀者他對東亞思想史的嫻熟，也顯示他是一個具有專業訓練的思想史研究工作者。

第五，本書一些讀者在閱讀之餘，可能會感受到作者對朝鮮、日本、越南等地的史料之熟悉，本書作者探討「中華意識」與「華夷之辨」在朝鮮、日本、越南的發展時，出入各種史料，怡然自得，使本書成為一本「資之深，則取之左右逢其原」（《孟子．離婁下．一四》）的厚積薄發的著作，確屬難得。

我想舉一例說明本書作者蒐集史料之用心。本書第十章論甲午戰爭前後晚清官員參訪日本之後，所寫下的大量筆記、回憶錄等，這些材料是中日交流史研究前輩實藤惠秀（一八九六—一九八五）以數十年時間蒐集，後來捐贈給日本東京都立日比谷圖書館，數量可觀，雖非孤本，但多數是善本。崑將浸潤在《實藤文庫》這批珍貴資料之中，所以他所提煉的晚清官員從遊日經驗中，所折射而出的中國意象，就具有較高的可信度。

以上五點是我誦讀崑將這部新書時印象最為深刻的五項殊勝之處。

四

最後，我想就誦讀本書之際，所想到的幾個問題，提出來就教於本書作者與讀友。

本書主題是「中華秩序」與「華夷之辨」這兩大課題，對於「華夷之辨」的分析尤為細緻，本書詳細論證在滿清入關以後，「誰是中華」的豐富論辯，特別是朝鮮儒者鄭霞谷與閔彥暉的論辯尤為精彩（如第八章），更有日本知識人所展開從「爭華」到「去華」的過程（如第九章），還涉及到琉球與朝鮮交流過程中必不能逃避的作為「不在場的他者」之「中國因素」（第七章）。崑將從比較微觀的視角，或以知識人之論辯，或以官員之訪問，或以漂流人事件之處理等，扣緊「華夷論辨」所涉及敏感的「中華／中國」意識，佐證上篇所建構的四種關係類型。全書論證前後呼應，安排最稱巧妙。作者在本書中努力呈現「中華作為自己」的朝鮮儒者，以及在最後發展出「中華作為他者」的日本，二者對比性至為強烈，並與本書「上篇」遙相呼應。關於「華夷之辨」這個問題，過去的研究論著大多是從中國文化框架出發所做的研究，所涉及的主要是「正統」（orthodoxy）與「異端」（heterodoxy）等傳統學術課題，但是本書將「中華秩序」與「華夷之辨」放在東亞思想與文化交流的宏觀視野中考察，就能出新解於陳編，言人之所未言。

本書的論述使我想到以下幾個可以進一步思考的問題：

第一，在東亞文化交流史上，周邊國家知識人對「中國」或「中華」的內涵如何賦予新義？本書已觸及日本知識人從「爭華」到「去華」的現象，也觸及「中國因素」在琉球與朝鮮交流史中的作用。我們可以在本書基礎上，進一步考察日、韓、越知識人思想中「中華」內涵的變化及其「拔趙幟立漢赤幟」（《史記．淮陰侯列傳》）的論述過程。舉例言之，David Pollack曾有專書，論述從第八世紀日本的《古事記》（成書於西元七一二年），到十八世紀國學派的本居宣長（一七三〇—一八〇一），將近千餘年間日本對「中華」內涵的重新解釋，經歷了他所謂「意義的骨折」（the fracture of meaning）的過程。[14]我們可以再追問：「中華」這個名詞所經歷的「意義的骨折」，在朝鮮、日本、越南如何發生？是什麼意義之下，對何人而言，在何種程度之內，可稱為「意義的骨折」？

第二，在東亞文化與思想交流史中，「華」與「夷」的界限之「流動性」（fluidity）如何？這種「流動性」的發生，有何種理論意義？這些問題可以引導我們進一步思考，「華夷之辨」問題在超過千年的東亞歷史展開的過程中，所涉及的「內與外」、「真與偽」（本書第二章已涉及朝鮮朱子學者的「真儒」之辨問題）[15]、「正與邪」的定義及其複雜之關係。「華夷界限」的流動性，與中、日、韓、越各國國內權力結構的關係，也是值得探討的一個問題。

總之，本書研究的主題「中華秩序」與「華夷之辨」，是十七世紀以後東亞歷史發展的主軸，在各國互動與交流之中，發揮稜鏡（prism）的作用，可以用來折射東亞周邊各國與中華帝國互動中之光線。崑將這一本書，將東亞近世歷史諸多光源中交光互影之處，進行了最引人入勝的分析與解釋。這部書的問世之有益於近世東亞思想史研究，是可以預期的。

---

14 David Pollack, *The Fracture of Meaning: Japan's Synthesis of China from the Eighth through the Eighteenth Centuries*（Princeton, N. J.: Princeton University Press, 2017）.

15 北宋大儒程頤可能是近世東亞最早提出「真儒」概念的儒者，《宋史．列傳第一八六．道學一》云：「顥之死，士大夫識與不識，莫不哀傷焉。文彥博採眾論，題其墓曰明道先生。其弟頤序之曰：『周公沒，聖人之道不行；孟軻死，聖人之學不傳。道不行，百世無善治；學不傳，千載無真儒。無善治，士猶得以明夫善治之道，以淑諸人，以傳諸後；無真儒，則貿貿焉莫知所之，人欲肆而天理滅矣。〔……〕』」。

自序

筆者在大學教書，開設一門《東北亞民族源流與發展》之課程，均會碰到東亞各國民族文化的神話或其源流問題，也會讓學生報告主權爭議問題，諸如日韓間的獨島（或竹島）、臺日間的釣魚台、牡丹社事件、琉球歸屬、高句麗歷史爭議還有東亞歷史教科書爭議等課題。由於上課的學生每年都會有少數韓國、越南、日本的留學生，還有不少是馬來西亞、印尼、香港等華僑身分的學生，因此在上這些民族起源與主權爭議過程中，難免會出現激烈的討論。但透過不同想法的激盪及引導，回歸到理性討論與辯證，以期讓學生重新思考「民族」、「國家」、「邊界」與「主權」問題時，發現都無法繞過以往的歷史文化，且不能單用現代主權觀念來切割這些爭議。換言之，當我們討論這些主權爭議問題時，不能只是用西方近代的民族／國家觀念來理解，還須回到近代以前的歷史文化脈絡，而當將爭議問題放到歷史文化的縱深視野時，學生比較能持平地看到問題的複雜性與關鍵性。

同樣，當我們討論「中國」時，也會討論「中國」、「中華民族」、「中華」的內涵是什麼？有時自以為很清楚，更多的時候是模糊的，尤其台灣目前自二〇一九年實施的教科書課綱，對國、高中歷史教科書課本刪除長年以來的「中國史」而改為「東亞史」，且略古詳今，更讓台灣年輕世代對「中國」的歷史與文化認同漸行漸遠，加上刻意混淆青年世代的政治認同與文化認同，「中國」或「中國人」在過去順理成章的認同，目前卻在青年世代形成「禁忌」。這讓筆者對什麼是「中國」或「中華」產生濃厚追究的興趣，也深覺有責任讓年輕一代深思這個課題。雖然筆者在二〇一七年主編了《東亞視域中的「中華」意識》（臺大出版中心），但意猶未盡，這幾年陸續完成多篇東亞區域有關「中華／中國」課題的論文，從近世以來的「華夷論辨」與「追求中華秩序」的角度，希冀能比較有縱深與橫向系統地重新深入認識「中華／中國」課題。

探索「什麼是中華」的主要動機之一，是二〇一五年筆者參觀台南市延平郡王祠時，赫然看到正廳中的匾額寫的四個大字——「振興中華」，落款人是蔣中正，引發我研究鄭成功的初衷動機。多年過去了，我寫過了朝鮮的「小中華意識」，日本德川朝的「夷夏之辨」，甚至越南的「中華意識」，獨獨缺漏了有關台灣的中華意識。我生於台灣，長於台灣，本來中華意識是最熟悉不過了，但要提筆來寫，卻又是最難下筆，所以本書最後寫成的是有關鄭成功的中華意識（收入於本書第三章）。但我內心很清楚，必須從鄭成功的形象下手，因鄭成功的形象之評價不僅涉及兩岸的政治認同與文化認同之關係，也牽動日本及韓國知識分子透過鄭成功的評價，給予脈絡性轉換的寄託與投射的關懷。鄭成功道道地地就是一個東亞人物，他已經超出兩岸中國人的形象。就空間的延伸而言，鄭成功不僅擴及到東亞的韓國與日本，更是十七世紀荷蘭語所稱Koxinga（國姓爺），是個西洋人眼中不可輕忽的東亞海域霸主。就時間的延伸而言，台灣鄭成功廟共有一百多座，從清代初期迄今，依然香火鼎盛，日據時期還更被改造成神社，而在台灣光復後蔣介石率領龐大數量的軍民來台，其命運與鄭成功何其相似。

令筆者對「中華」意識研究的另一個深切動機，是早年拜讀了台灣日據時期小說家鍾理和（一九一五－一九六〇）有名的〈原鄉人〉，其中出現對「支那人」與「中國人」一詞的困惑：[1]

我自父親的談話中得知原鄉本叫做「中國」，原鄉人叫做「中國人」。……到公學校（如今的國民小學）五六年級，開始上地理課；這時我發覺中國又變成「支那」，中國人變成了「支那人」。

鍾理和又提及日本老師上課的情形：

日本老師常把「支那」的事情說給我們聽。他一說及「支那」時，總是津津有味，精神也格外好。兩年之間，我們的耳朵便已裝滿了「支那」、「支那人」、「支那兵」

等各種名詞和故事。這些名詞都有它所代表的意義；「支那」代表衰老破敗；「支那人」代表鴉片鬼，卑鄙骯髒的人種；「支那兵」代表怯懦，不負責等等。（同上）

殖民時代的日本人慣稱「中國人」為「支那人」，以一種鄙視轉換稱呼，將「中國人」稱呼轉換為「支那人」並灌輸給台灣人。鍾理和那一輩知識分子均受到「中國人」身分認同的心理掙扎，但即便當時殖民日本一再「去中國化」或醜化中國的行為，當時知識分子反而更認同中國。鍾理和這篇〈原鄉人〉最有名的吶喊：「我不是愛國主義者，但是原鄉人的血，必須流返原鄉，才會停止沸騰。」多麼悲憤無奈！多麼激昂慷慨！即便在今日讀來，都是相當動人。當時日據時期有「吳思漢」、「邱永漢」、「蔣渭水」等人的名字，就可了解那種「思漢」的祖國情結。

當然，更重要探索中華意識的動機，則是因「中國再起」正在牽動東亞局勢乃至世界變化的發展。自從上世紀末「中國再起」已是不爭的事實，牽動各界對「何為中國？」之論的積極探討，其中不外討論「中國是什麼」？「為何中國會再起」？「中國要以如何的方式（和平的、霸權的）再起」？等三大課題，無論哪一個課題，如果從文化角度來透視的話，應逃不出討論

1 鍾理和，〈原鄉人〉，收入《鍾理和全集》（行政院客家委員會，二〇〇三），第二冊，頁六—七。

「中華意識」這個概念，甚至我們也可以說任何討論中國的過去、現在與未來之課題，離開了「中華意識」概念的深究探討，不免緣木求魚。質言之，「中華意識」在近代以前常是受儒教影響的東亞國家知識人共同追求的精神象徵。「中華意識」或許是「人倫日用而不知」，或是如孟子所說：「行之而不著焉，習矣而不察焉，終身由之而不知其道者。」（盡心上）但也有一些知識人「默而識之」，刻畫在內心，深入骨髓，一生以追求「中華」為職志。

因此我們若要探討「中國／中華」課題，有必要重看中華秩序在近代以前發生的歷程及其產生的巨大影響。

「重看」中華秩序有兩層意義：一是從過去的「中華秩序」看現代世界局勢中的「中國再起」，一是從現在的「中國再起」回過頭來看「中華秩序」。顯然，這兩層的「重看」是有必要，否則難以清楚掌握「中國再起」的當代意義以及預測其未來的走向。近年來以「中國再起」（Resurgence of China）的學術研究議題在台灣也頗熱門。黃俊傑教授過去自二〇一四年起在臺灣大學人文社會高等研究院，即連續推動「東亞視域中的『中華』意識」國際學術研討會，此後連續五年，筆者二〇一七年主編的《東亞視域中的「中華」意識》一書彙整多位學者的菁華，則是該研究會的初步成果。二〇二三年由歐洲瑞典斯德哥爾摩大學（University of Stockholm）羅多弼（Torbjörn Lodén）主編的*What is China? Observations and Perspectives*，此書彙整了東西十位中國專家的論文，有來自瑞典、中國大陸、香港、韓國、馬來西亞、新加坡、台灣等學者對中國研究的論文。其中葛兆光分析中國歷史上內外關係的意義，張隆溪則從中國作為一個文化概念和一個地理領土來探討其意義，新加坡的王賡武則分析了前近代和近代古典文本對中國國家的意義。韓國的Kim Youngmin探討了「中國」如何被視為一種「建構」。黃俊傑則比較了中國宋代的石介（一〇〇五—一〇四五）和日本江戶時代儒者淺見絅齋（一六五二—一七一一）的中國論，而王汎森討論了近代史上中國人的自我形象（self-image），瑞典Fredrik Fällman則對當代中國論述中的「中國特色」概念進行了批判性分析，馬來西亞的黃基明（Ooi Kee Beng）則審視了中國在東協鄰國中的形象。最後，瑞典Joakim Enwall探討了中國從多民族帝國轉變為同質民族國家的發展。[2]此書面向多元，時間跨越前近代到當代中國，除涉及中國本身的形象討論，也有從周邊國家如何看待中國的比較視野等等，是從文化視野討論「中國」的新研究成果。

此外，當代國際關係政治學者也都有志一同注意到這個趨勢。例如蔡東杰《中華帝國傳統天下觀與當代世界秩序》一書深刻地從國際關係及歷史發展脈絡的角度分析近代中國以前的三個帝國——秦漢帝國（第一帝國）、隋唐帝國（第二帝國）、清帝國（第三帝國）——，當然

2 Torbjörn Lodén ed., *What is China? Observations and Perspectives*（Stockholm: The Royal Swedish Academy of Letters, History and Antiquities, 2023）.

也關注當代興起的共黨中國之發展。[3]儘管筆者對其帝國的定義尚有疑慮，但至少一個國際關係學者願意如此深入中國歷史脈絡，確實比較能客觀持平地觀察到中國歷史發展的興衰過程，這當然有助於預測未來中國發展的面向。

另外，「中國再起」的研究學術社群比較關注的焦點在國際關係政治與中國歷史發展之關係。這個學術群社群由政治學者吳玉山於二〇一五年在臺大高研院主持「東亞脈絡下的中國再起及其影響」的總計畫，統合了歷史學者及國際關係的政治學者跨領域合作，企圖加強長年處於「非歷史的」（ahistorical）和「去脈絡化」（decontextualized）的國際關係理論之不足與窄化，以及國關學界與歷史學界老死不相往來的情況，如今是因為「中國再起」的課題，促使國際關係理論學者必須正視中國的歷史發展，才能比較正確且有效地提出國際關係理論，企圖擺脫過去國關學者只從近現代理解中國的窄淺與不足。因此，從二〇一五年十一月分別舉辦了「中國再起：一個歷史與國關的對話」及二〇一九年十二月舉辦「中國再起：與鄰邊互動的歷史與現實」，並在二〇一八年先集結成專書《中國再起：歷史與國關的對話》一書出版。誠如吳玉山在序中所說：「這樣重新崛起的強權，究竟會採取怎樣的對外政策，這對於和中國大陸僅僅一個海峽之隔，又和對岸在政治關係上糾結不斷的臺灣而言，是至關重要、涉及存亡的議題。」[4]說明對中國的重新認識之必要性，以避免情緒性或意識形態，採取比較宏觀的國際視野及縱觀的歷史深度，精準地了解中國、認識中國，否則認識不清會影響國家政策，造成錯誤判斷，一步走錯，是涉及「存亡」問題，可不慎哉！

確實，從歷史長河觀之，中國不是「崛起」而是「再興」或「再起」。由於中國自一九九〇年代快速經濟復興，迄今已經是世界第二大經濟體，牽動全世界注目中國未來的發展。正如「譽之所至，謗亦隨之」，國際上同時也瀰漫著「中國威脅論」，中國領導人不斷宣稱從「和平崛起」到強調「和諧世界」；面對「霸權」質疑，也宣示過「中國永不稱霸」；在國際視野與格局上，中國國家領導人也才從幾年前稱「亞洲命運共同體」跳躍到如今上下都談「人類命運共同體」。面對強權的美國貿易戰的威脅，中國也能大聲地喊出「中國已經可以平視世界了」的自信感。文化層面上，中國在堅持馬克思主義意識形態下，開始容許了「文化自覺」，至今已到了「文化自信」階段，全面恢復傳統中華文化，將傳統經書精髓開始導入教科書，讓下一代中國人對中國文化不再鄙視而是珍視自己的中華文化，撇開了五四新文化運動及文化大革命的反傳統陰影，讓人見識到中華文化與馬克思主義相容並存的現代中國已經誕生。以上都是發生在近三十年來中國的變化，真是「三十年河東，三十年河西」，其變化之快速以及因應世界局勢而調整的機動靈活性，令人眼花撩亂，難以預測。

3 蔡東杰，《中華帝國傳統天下觀與當代世界秩序》（台北：暖暖書屋，二〇一九）。

4 吳玉山主編，《中國再起：歷史與國關的對話》（台北：臺大出版中心，二〇一八），〈編者序〉，頁三。

中國這波三、四十年的「再興」現象，國際上稱「中國崛起」，中國自己本身稱「中華民族偉大復興」。文揚在其新著《天下中華：廣土巨族與定居文明》則稱「中華文明再次復興」，以區隔前兩項的稱呼。文揚指出，稱「中國崛起」是指當今國際上從經濟總量含綜合國力的高速成長，時間只著眼於「當代中國」；中國自稱「中華民族偉大復興」是指從近代中國所遇到的民族挫折，到中華人民共和國實現了這個偉大復興，這是聚焦「近代中國的挫折」，才對照出當代的「偉大復興」；但稱「中華文明再次復興」指的是自中華文明出現以來，經歷了多次興衰之後，從最近的一八四〇年以來的大衰落當中再一次實現了復興。[5]毫無疑問，文揚這個「中華文明再次復興」用法包含了前兩項，且拉長了時間歷史感，正視中華文明的悠久與興衰過程，更具有宏觀的歷史視野與格局。

筆者頗認同文揚這個「中國再起」的用法，確實要了解當代中國及預測未來中國的發展，不去理解這個具有悠久文明的歷史發展是不可能。只是，筆者認為「中華文明再次復興」當不是只從一八四〇年的大衰弱算起，因為這還只是從中國本身看這個衰弱過程。如果從東亞視域看，還應追溯到一六四四年明帝國滅亡以後的「中華文明衰弱」之現象。過去東亞知識人有明亡後無中國之嘆，表面上清帝國在康雍乾三朝的盛世，締造了一個史無前例的大中國疆土。但弔詭的是，周邊國家雖臣服於中國，卻也私底下開始「自華」起來了，也就是認為中國不再是「中華」，周邊國家才是「真中華」。這就是「中華」課題的辯證性所在，也是本書關懷的重點。

由於本書關注十七世紀以後的東亞知識人對中華秩序的關懷課題，也許讓我們先回到西方知識人是如何認知與想像「中國」，進而從「外」入「內」來理解東亞視域中的「中國」。

早期西方人對「中國」的認識多半只能是想像。對西方知識人而言，「中國」過去曾經披著神秘的面紗。但自從十六世紀末的明帝國末期耶穌會士利瑪竇（Matteo Ricci，1552—1610）來華傳教以來，逐漸揭開了這層神秘面紗，後繼者更在清代康熙年間得到重用，也源源不斷地將「中國情事」回報到西方。「何為中國？」的謎題在西方逐漸有了比較清晰的概念。萊布尼滋（Gottfried Wilhelm（von）Leibniz，1646-1716）這位十七世紀歐洲著名的數學家與哲學家曾著有《中國近事》一書，他從曾前往中國傳教的耶穌會士身上探知許多中國的政治、文化、風俗等情事，得出這樣的結論：「中華帝國的偉大作用肯定已超過了其自身價值，而且享有東方最聰明的民族這一榮譽，她的影響也正由此而來。他們對其他民族的典範作用表明，很可能自從有耶穌使徒以來，還沒有比這更偉大的事業令耶穌使徒去從事。」[6]當然萊布尼滋所認識的中國是清代康熙盛世下的中國，與十九世紀中葉以後處於四面楚歌的中國不可同日而語。但萊布尼茲敏銳地看出這個古老帝國有著他自身可以為其他民族產生的「偉大作用」或「典範作

5 文揚，《天下中華：廣土巨族與定居文明》（香港：香港中和出版，二〇二一），頁三五五—三五八。

6 安文鑄等編譯，《萊布尼茲和中國》（福州：福建人民出版社，一九九三），頁一一五。

用」。其實萊布尼滋指的是儒家士大夫道德文化的涵養，這是西方文化所缺乏，由此看到中西兩個文明是可以互補與學習。質言之，萊布尼茲所謂的「偉大作用」或「典範作用」其實就是這個存在東亞世界自成一格的「中華秩序」，而此「中華秩序」就是儒家士大夫集團以孔子大同理想所建構與想像的和諧秩序，也可稱之為「天下秩序」。「天下秩序」自從宋代以後便以維繫與承接「道統」作為論述話語，成為東亞知識人魂繫夢牽的理想追尋，特別是朝鮮的儒者。

萊布尼滋生存的年代正值康熙盛世，但他沒能了解中國周邊國家曾經因為滿清的入關發生了天崩地裂式的震撼，那就是對「中華」認同的巨大變化。嚴格言之，十七世紀的「中華」逐漸發展出「複數」的概念，主要來自於明帝國因滿清入關的滅亡，作為政治認同的「天朝」或作為文化認同的「中華文明中心」同時也面臨崩潰。影響所及，朝鮮發展出「小中華」或「唯我是華」的意識；越南曾經在十三世紀末成功阻擋了三次的蒙古入侵，在十七世紀清朝入關後，也不斷自稱「中國」或「南北各帝」，凸顯鮮明的政治與文化主體意識；最特別的是日本，在近代以前，日本接受外來的文化主要還是從中國傳來的各種文化與思想，但在吸收與轉換過程中，相較於緊鄰中國大陸的朝鮮半島，因隔著一層海洋，有如丸山真男（一九一四—一九九六）所言的「洪水文化」與「滴水文化」之別，[7]發展出自己獨特的「神國」意識，並且強調這個「神國」並不亞於「中國」，特以「神」／「人」相對，宣揚「神皇之道」高過「聖人之道」。

因此，十七世紀以後出現「一個中華，各自表述」的文化與政治的多元現象籠罩了東亞世界，這種源自於「一」的鬆動，自然呈現「多」的面貌。葛兆光稱這是「歷史同一性的『東亞』空間不復存在」，[8]姜智恩則有敏銳的觀察，她反而強調「真正意義上的東亞在十七世紀以後才誕生」[9]。如果沒仔細看，很容易將兩者的論述認為是異曲同工，但二者論述其實相差甚大。葛兆光要打破過去這種因「東亞之同」而模糊了日本、朝鮮的差異，同時也模糊了東亞或亞洲的「中國」。但姜智恩則質疑這種論述，她的所謂「真正意義上的東亞在十七世紀以後才誕生」，是注意到因有這個「東亞之異」才更凸顯了十七世紀確實存在的「同」之現象。

以上是很有趣的兩種「一個東亞各自表述」的研究趨向，顯然這不是簡單的是非問題，而是牽涉「方法」解讀詮釋的問題。葛兆光的研究焦點放在「由一而多」的方法，當今多數研究

7 丸山真男，《原型・古層・執拗低音》，收入《丸山真男集》第十二卷（東京：岩波書店，一九九六），頁一三六—一五五。

8 葛兆光在許多著作中都表達了這個看法，可參《何為「中國」？疆域民族文化與歷史》（香港：牛津大學出版社）之第五章〈周邊：十六、十七世紀以來中國、朝鮮與日本的彼此認識〉，頁一四五—一五七。

9 姜智恩原著，蔣薰誼譯，《被誤讀的儒學史：國家存亡關頭的思想，十七世紀朝鮮儒學新論》（新北：聯經出版公司，二〇二〇）之第二章〈十七世紀儒者世界的樣態〉即論證這個「真正意義上的東亞在十七世紀以後才誕生」的課題，扭轉了諸多片面的見解。頁四二—九四。

者採取這種順勢的研究趨向。但姜智恩的研究重點放在「由多而一」的方法，認為這才是歷史發展的實情，論證許多前人研究都用「近代」有色的眼光扭曲過去發生的「實情」，導致常有「被誤讀的儒學史」現象，帶有撥亂反正的意味。以上的兩種研究趨向值得深入探討，葛兆光比較從「順推的因果性」來看待東亞世界「由一而多」的現象，姜智恩則比較強調「逆返的因果性」來重新檢視東亞世界「由多而一」的現象。

由上所述，可見「一中各表」，其實在過去近代以前的中華秩序下，特別是十七世紀以後的東亞世界，早就開始了。如果撇開各種情境脈絡，「一中各表」其實要表達的簡單意思是「你是中華，我也是中華」的「複數中華」概念。或者我們也可以說，「複數中華」是十七世紀以後至十九世紀東亞秩序中的實情，複數中華的多元性因「天朝」的崩潰，可以如上述葛兆光所稱「歷史同一性的東亞不復存在」。但就是因為「天朝」的崩潰，在周邊所見到「中華」的多元性，更證明了「中華」的魅力，就此而言也可說是「真正意義上的東亞在十七世紀以後才誕生」，因為這種中華的多元性是過去東亞所隱而不顯的現象，也是過去中華帝國在周邊國家長期累積醞釀下的結果。「一中各表」呈現出朝鮮的「大／小中華」或台灣明鄭的「正統／非正統中華」或是日本最後「以皇道取代王道」等等的模式，就像一個迴圈，無論怎麼繞，均還脫離不了對中華秩序的追求。

上述所謂「複數中華」的意思是「你是中華，我也是中華」。但仔細分析卻會有以下三種複雜心態的辯證模式：

1. 儘管你承不承認我是中華，但我自認為自己是中華：

如過去中國士人儘管稱呼周邊國家為「夷狄」，但周邊國家的知識人仍自承本身是「華」。

2. 儘管你認為自己是中華，但我才是中華正統：

這種情況最明顯的就是明清鼎革之際周邊國家對華夷觀念的逆轉，本是中心的中國之中華，因「夷狄入中國」而成為「不華」，周邊國家出現搶華爭正統的現象。

3. 儘管我認為自己不是中華（去中華），但『去中華』本身的對照對象依然是『中華』，仍然流轉在中華體系之中：

如過去日本帝國的大東亞共榮圈，雖然自己輕視「中國」，將「中國」稱為「支那」，企圖用「皇道」取代中華的「王道」，基本上還是脫離不了「中華」體系的脈絡。

因此，當我們討論中華秩序時，必然碰觸「中華意識」的認同。但這個「中華意識」自從被生出以後，便有「本源」與「派生」之關係，也就有可能失去脈絡而有「橘逾淮為枳」的轉換現象，不再是原汁原味，呈現「一」與「多」的關係。但這樣的「一」與「多」的關係，到底是「多」豐富了「一」的內涵，或是「多」阻礙了或減煞了「一」的普遍性，實則這也涉及「從天下到萬國」（從一到多）的西方式的民族／國家模式，或是「從萬國到天下」（從多到一）中國式的民族／國家模式的課題，前者有以今釋古之弊，後者也有以古釋今的問題。本書基本上多是從後者的角度的來重新審視這個「中華意識」課題，畢竟東亞知識人過去本有追求「中華秩序」的鄉愁，從台灣日據時期的「鍾理和們」、「連橫們」到朝鮮時代的「宋時烈們」，或從日本的「古學派們」（伊藤仁齋、荻生徂徠），到越南的「黎貴惇們」，每位知識人心中都有「中華」的鄉愁，這個「中華」既多元且豐富，既近鄉又情怯。只是這個鄉愁何時能解消，或永遠只能是鄉愁，甚至連鄉愁都不會再有，都會因東亞的崛起，特別是「中國再起」的趨勢帶來巨大的變化。衷心期盼近代以前這波對「中華秩序」追求的普世價值，在新時代透過創造性的轉換，提煉出優質的元素，可以貫穿到未來成為東亞世界安定及世界和平的基石。

緒論
近世東亞「中華秩序」的多元體系及其關係類型

一、前言：

（一）「中華秩序」追求的認同因素

近代以前，儒家文化曾經深刻影響了中國周邊國家的韓國、日本及越南，學者稱「東亞教育圈」或「漢字文化圈」，皆有深刻的儒學教育、養士教育及成聖教育的內涵。[1]從追求和平秩序角度而言，儒學要士人具有仁者胸懷，承擔「以天下為己任」，建立大同世界以及返回「三代」理想世界，均是一種秩序追求的渴望，特別是孟子揭示民本位之「王道」政治思想，堪稱為「中華民族永恆的鄉愁」。[2]

「鄉愁」是一種對心中懷念或對理想進行追求、渴望的內心狀態，但也常在其參與經驗中處於焦慮的狀態中出現。人們擺脫不了當代歷史哲學家沃格林（Eric Voegelin，1901-1985）所說的「神、人、世界和社會」所構成的存在共同體的四元結構，必然透過存在秩序的參與以解除其生存的焦慮。特別的是，沃格林連結「秩序」與「符號」之間的關係，認為人們用「符號」的創造，來解除自我於存在領域中感到生存意義的焦慮或折磨，並且這些創造符號往往是在一個特定時空階段的「動盪時代」（the Time of Troubles）中出現。沃格林指的符號是「社會是大寫的人」（Society is man written large），例如在埃及古王國和中王國之間的社會崩潰見證了奧西里斯（Osiris）宗教信仰的出現。又如在中國的封建解體時期出現了各家哲學學派，尤其是老子和孔子的學派。以及如孔雀帝國（The Maurya empire）建立之前的戰爭時期伴隨著佛陀和耆那教（Jainism）的出現。[3]筆者稍借用上述「符號」作為「秩序」象徵之理論，闡釋過去儒家藉著「聖人」或「聖王」或「先王」、「大人」的符號，結合天與地的自然秩序規律，最明顯的是《易經》這部著作的出現，用陰陽二爻的符號，表示剛柔相濟、吉凶禍福的關係變化，探索其變與不變之道的規律。孔子繼承周文化，晚年刪詩書、訂禮樂、作《春秋》，發揮詩、

1 參高明士，《唐代東亞教育圈的形成：東亞世界形成史的一側面》（台北：國立編譯館中華叢書編審委員會，一九八四），〈導論〉，頁九—五四。

2 「王道」政治思想實係「中華民族永恆的鄉愁」，語出黃俊傑，《孟學思想史論（卷一）》（台北：東大圖書公司，一九九一），頁一八四。黃俊傑先生在新出的《孟子思想史論（卷三）》（台北：中央研究院中國文哲研究所，二〇二二）更擴及到分析韓日儒者的「王道」思想。參第二章〈韓日儒者對孟子政治思想的論辯（上）：以「王道」理念為中心〉，頁五一—一三〇。關於「永恆的鄉愁」最原先的使用者是徐復觀先生在《中國藝術精神》（台北：臺灣學生書局，一九六六）之第一章〈由音樂探孔子的藝術精神〉所說：「儒家的政治，首重教化；禮樂正是教化的具體內容。由禮樂所發生的教化作用，是要人民以自己的力量完成自己的人格，達到社會（風俗）的諧和。由此可以了解禮樂之治，何以成為儒家在政治上永恆的鄉愁。」頁二三。

3 參沃格林（著），陳周旺（譯），《以色列與啟示：秩序與歷史．卷一》（南京：譯林出版社，二〇一二），頁四六—四七。

禮、樂的共通韻律與和諧精神，藉以穩定人類秩序，亦不忘連結到天地秩序中，如同古代儒家經典代表《易經．繫辭傳》所闡釋：「古者包犧氏之王天下也，仰則觀象于天，俯則觀法于地，觀鳥獸之文，與地之宜。近取諸身，遠取諸物。于是始作八卦，以通神明之德，以類萬物之情。」從觀察天地運行現象中，以八卦與六十四爻在天地的千變萬化中找尋到適切的「規律」或「秩序」，作為人類社會的依循規則。理學家後來善用這種結合宇宙與人事的理則關係，典型者如朱子註解「禮」：「禮者，天理之節文，人事之儀則也。」[4]

如果以上「聖人」、「聖王」、「先王」、「大人」是作為「秩序」的「符號」象徵。那麼孔子超越封建世襲階級，提倡有教無類，將春秋時代政治社會政治地位的「君子」一詞賦予成德者的內涵，更提煉出胸懷天下的「仁學」哲理與實踐之道，追求王道的天下大同世界理想，如是「君子」、「仁」、「王道」等也是一種自然衍生出的和平秩序「符號」，甚至都可集中或濃縮在本書所言的「中華」這個符號（在第二節中論述）。此後一批批君子弟子追隨孔子所創造性轉化的秩序符號，掀起東亞國家在學術上、政治上、教育上、向內超越的哲學向度上等等的革命性突破，對後世中國乃至東亞世界影響深遠，筆者稱這種以仁學為基礎的成聖成賢是一種「生成中的飛躍」（leap in becoming），與當代歷史哲學家沃格林所謂的「存在中的飛躍」（leap in being）構成對比。「生成的飛躍」是儒家式的，是沒有一元神概念的人性飛躍，迥異於西方猶太基督宗教的「啟示性」與柏拉圖「哲學」的「存在的飛躍」；[5]儒家「生成的飛躍」沒有西方「一神論」與「多神論」的嚴格排斥所激發出不寬容的對立，強調自己要透過自己心性的涵養去面對一個超越的存在，而不是將自己綁在一個超越神下的存在，用牟宗三（一九〇九－一九九五）先生的話來說是一種「攝存有於活動」，下學而上達的自我修練過程。[6]

但是，儒學雖源之於中國，傳播到異地，不免「橘逾淮為枳」而出現「脈絡性轉換」的現象。「脈絡性轉換」（contextual turn）是黃俊傑教授從經典詮釋與文化交流立場，就其多年的研究心得所提出。黃教授指出：「在東亞文化交流史上，不同地域間的文本、人物或思想的交流，常出現『脈絡性轉換』的現象。所謂『脈絡性轉換』指將異地傳入的文本、人物或思想加

4 朱熹，《四書章句集註》（台北：大安出版社，一九九四），頁六七。

5 西方古代兩次的「存在的飛躍」之論點，參沃格林著，陳周旺譯，《城邦的世界：秩序與歷史．卷二》（南京：譯林出版社，二〇一二），頁六九。

6 牟宗三：「在孔子，存有問題在踐履中默契，或孤懸在那裡，而在孟子，則將存有問題之性即提升超越面而由道德的本心以言之，是即將存有問題攝于實踐問題解決之，亦即等于攝『存有』於『活動』（攝實體性的存有于本心之活動）。如是，則本心即性，心與性為一也。至此，性之問題始全部明朗，而自此以後，遂無隔絕之存有問題，而中國亦永無或永不會走上西方柏拉圖傳統之外在的，知解的形上學中之存有論，此孟子創闢心靈之所以為不可及也，而實則是孔子之仁有以啟之也」。（《心體與性體》第一冊（台北：正中書局，一九九二），頁二六）

以『去脈絡化』，再予以『再脈絡化』於本國情境之中以融入於本國的文化風土。」[7]因此，即便儒者都追求和平秩序、王道理想，宋代以後又發展出道統理念與理學世界，但當涉及當地的政治與文化主體性衝突之際，各國儒家知識人的取捨也呈現多元紛雜的不同面向。本書對「中華秩序追求」的研究，主要採取兩個層面作為分析的元素，一是文化認同，一是政治認同，「認同」本身就是一種秩序目標的追求，但因對「認同」的認知與體會不同，自也有高低深淺的差別，雖然同樣讀的是儒家經典文本，卻呈現多元解釋的面向。

（二）「知識人」、「東亞」與「近世」的界定

本書關懷十七世紀以後東亞世界的「中華秩序」課題，因涉及的知識人及此一「中華秩序」概念之複雜問題，在此須先做一些限定性的解釋，以免造成不必要的誤解。首先本書係以「人物」為主，處理近世以後知識人關心中華秩序的樣態，而所言的「知識人」在近代以前的東亞國家韓國、日本及越南，是以學習儒學為主，他們未必全是儒者（如神道家、兵學家），甚至也涉及近代人物（如革命家），但他們仍吸收與學習儒學知識系統，無論這些「知識人」對「中華意識」採取的是認同態度，抑或只是利用「中華」甚至反對或批判「中華」，在他們身上都有鮮明的「中華意識」。質言之，這些「知識人」不管喜不喜歡中華，都繞不過本書所稱的中華秩序之課題。其次，本書闡述的是十七世紀以後知識人「心目中」的中華秩序，必然與「實

存的」或「歷史的」中華秩序有所落差。因此，本書並沒有天真地以為十七世紀以後的中華秩序或天下秩序的「歷史」，就是筆者所列舉的那些知識人之「想像」，而是關心那個時代有一群「知識人」的集體記憶中，確實存在著「中華秩序」的理想圖，本書嘗試比較有系統地分析這種中華秩序的理想圖，並非只是單一國家知識人的想像，而是一個東亞思想史的共同現象。

此外，本書對「近世」或「東亞」涉及的時間性與空間性做一界定說明。由於東亞各國「近世」區分不一，在日本的「近世」用法一般是以戰國時期織田信長（一五三四—一五八二）在一五六八年「上洛」進入京都，到一六八七年德川慶喜大政奉還約三百年期間。韓國方面，有學者用朝鮮王朝始末（一三九二—一九一〇）為「近世」，但也有人用十七—二十世紀初，以「壬辰倭亂」之後（一五九八年）作為指標年代到朝鮮滅亡（一九一〇年），落差頗大。中國更為複雜，過去學界也有時代區分的論爭，最有名的即是京都學派與東京學派的不同主張。京

7 有關「脈絡性轉換」係黃俊傑教授針對東亞文化交流過程中所提出的方法論課題，參氏著，〈東亞文化交流史中的「去脈絡化」與「再脈絡化」現象及其研究方法論問題〉，《東亞觀念史集刊》第二期（二〇一二年六月），頁五五—七八。並參考Chun-chieh Huang, *East Asian Confucianisms: Texts in Contexts* (Göttingen and Taipei: V&Runipress and National Taiwan University Press, 2015), Chap. 2, pp. 41-56。並可參看黃俊傑教授最新論文〈儒學的脈絡性轉換與東亞思想交流史〉，見黃俊傑著，安藤隆穗編，《東亞思想交流史中的脈絡性轉換》（台北：臺灣大學人文社會高等研究院東亞儒學研究中心，二〇二二），第一章，頁一一—二八。

都學派以內藤湖南（一八六六—一九三四）以來主張宋代以降的近世說，宮崎市定（一九〇一—一九九五）等繼承其說。內藤湖南有名的唐宋變革論，劃分宋代為近世開端，此一近世又分宋元時代的「近世前期」和明清時代的「近世後期」。[8]但東京大學仁井田陞（一九〇四—一九六六）及以「歷史學研究會」為主的研究者，用馬克思主義唯物史觀來判定宋代仍是「中世封建說」。[9]此外，岸本美緒在《東亞の近世》一書對「近世」的用法，約放在十六世紀至十八世紀之間，她的理由是以中國為首的時期在東亞諸地域的國家體制和社會經濟有相當的連動狀態。岸本認為在經濟方面，十六世紀是急遽商品經濟活躍期，也是社會流動化出現破壞舊有秩序的混亂狀態，正處於一個循環的大動盪時期，在十七、十八世紀新國家政權陸續誕生，制訂了新的秩序，如十七世紀日本德川成立的同世紀，出現明清鼎革政權更替，同時歐洲絕對王權的成立也出現在此時期。岸本美緒從上述變動中看到東西在同一時期的律動。[10]以上的「近世說」論點不一，但本書以「知識人」關心的政治與文化事件為主，比較傾向岸本的近世起點說的十六世紀，這個時期中國明朝出現陽明學的興起，朝鮮王朝則是程朱性理學的勃興期，從而出現李退溪（一五〇一—一五七〇）、李栗谷（一五三六—一五八四）等大儒。日本與越南在十六世紀都處於國內政權分裂時期，越南黎朝分裂進入南北朝的莫朝與後黎朝時期，日本則處於戰國紛亂期且到了末期階段豐臣秀吉（一五三七—一五九八）出兵侵略朝鮮，牽動整個東亞局勢，其影響所及導致三國政權急速變化。越、日兩個國家在十七世紀初期對儒學的吸收有了飛躍的發展，這應得利於印刷刊印技術的創新。黎朝從十五世紀的開國之初就尊孔崇儒，到了後半期有了豐碩的成果，吳士連、阮秉謙（一四九一—一五八五）、潘孚先等大儒均是活躍在十五或十六世紀。日本在結束戰國後的十七世紀，德川武家政權雖沒有像朝鮮與越南實施科舉制，但仍招募林羅山（一五八三—一六五七）等朱子學者，以作為官方的統治意識形態，使之成為各藩的學習指標，德川一朝成為日本歷代學習儒學最為興盛的時期。

只是近世的終點可以到十九世紀中期，之所以連結到十九世紀中期，乃因一八四〇年鴉片戰爭後接連有一八五六—一八六〇年的兩次英法聯軍，更有中國太平天國起事（一八五一—一八六四），清帝國處於內憂外患之際，對中國周邊國家也產生連動關係，儒學的天下秩序觀與華夷觀遭到空前的挑戰。日本在一八五三年美國艦長貝里（Matthew Calbraith Perry，1794-1858）率四隻軍艦抵浦賀港，要求和親，震撼日本；接著朝鮮王朝出現鎖國與禁教政策，一八六六年法國艦隊攻打江華島；十九世紀中期法國也積極逼使越南的阮氏王朝，最終阮朝被迫

---

8 內藤湖南，《支那上古史》，〈緒言〉，《內藤湖南全集》，第十卷（東京：筑摩書房，一九六九），頁一一—一二。

9 有關日本學界對「唐宋變革」的歷史分歧論爭及其影響，可參張廣達，〈內藤湖南的唐宋變革說及其影響〉，《唐研究》第十一卷（二〇〇五），頁五—七一。

10 岸本美緒，《東亞の近世》（東京：山川出版社，一九九八年四刷），頁一—一五。

簽訂不平等條約。無論中國、朝鮮、越南與日本，都處於西方帝國主義侵略初期，激起國內知識人或強調「中體西用」（張之洞）或講「東洋道德，西洋藝術」（佐久間象山）或主張「東道西器」（朴珪壽），幾乎都是在十九世紀中期前後的口號，中華秩序出現鬆動並且瀕臨瓦解階段。不過，本書不只涉及「近世」時期，仍延續到「近代」，即十九世紀中期以後至二次世界大戰（一九四五）之前。

其次關於「東亞」議題。本書不只單純涉及「空間」課題，實涵攝近世以來知識人從「亞細亞」（Asia）視野來重估「中華文明」的價值課題，而對此議題最敏感的當屬日本人。松田弘一郎的研究指出從利瑪竇（1552-1610）於一六〇二年在北京完成的《坤輿萬國全圖》，不久傳到日本，見之於江戶時代西川如見的《日本水土考》（一七〇〇年自序）、新井白石的《西洋記聞》中卷及《采覽異言》（一七一三），更不用說一些江戶時期接觸西學的蘭學者們，都使用「亞細亞」一詞。松田弘一郎並認為，對當時日本知識人而言，有關「亞細亞」的認識，是作為「極度危機感」的問題而浮上檯面。[11] 換言之，「亞細亞」是作為「事件」的課題而被江戶知識人敏銳嗅出「天下秩序」即將天搖地動，從而「中華文明」價值體系也將鬆動。[12] 首先是「亞細亞」作為地理空間，將「中國」開始相對化，江戶時代用「亞細亞」大地圖來省思中國與日本關係，一直都是日本知識人熱衷的課題。因「中國」在「亞細亞」大地圖下，只是亞細亞或萬國的其中一個國家，並且沿用西方人以客觀而他稱的方式稱中國為「cina」（支那），此後「支那」之稱皆出現在蘭學者著作中，並在幕末知識人中流行起來。其次，西方人以他稱方式所稱的「亞細亞」，也開始衝擊過去向來以中國核心價值為中心，特別是儒家價值觀，受到西方科學價值觀的挑戰，最開始瓦解的中華文明是實用的醫學領域，杉田玄白（一七三三—一八一七）一七七四年翻譯《解體新書》對傳統以陰陽五行學說為主的漢方醫學產生極大挑戰；蘭學者開始以西方自然哲學及物理學挑戰或轉化朱子的格物窮理學。[13]當然，「亞細亞」也讓主體性強烈的幕末水戶學擔憂中華聖人之道無法擋住「洋夷」，而強化日本的神皇之道的優勢，尊王攘夷思想從幕末水戶學開始萌發與蔓延。本書所言的「東亞」國家中，當涉及到近代人物時，不免都受到「近代化」的文明衝擊，尤其表現在第五章、第九章、第十章中。

11 松田弘一郎，《江戸の知識から明治の政治へ》（東京：ぺりかん社，二〇〇八），頁一九三—一九九。

12 「亞細亞」作為「事件」是模仿子安宣邦將「徂徠學」作為「事件」而比喻。子安宣邦，《「事件」としての徂徠學》（東京：青土社，一九九〇），相關書評可參照拙著張崑將，〈子安宣邦著《事件としての徂徠學》之評介〉，國立中央大學《人文學報》第二十、二一期合刊（二〇〇〇年六月），頁四二一—四三六。

13 這方面可參拙著：〈朱子窮理學在德川末期的物理化〉，收入蔡振豐主編，《東亞朱子學的詮釋與發展》（台北：臺大出版中心，二〇〇九），頁二四三—二八〇。

二、中華秩序的多元體現：「自成天下」與「各有中國」

中國無論就時間與空間而言，不僅地大物博，而且歷史悠久，甚至在君主權力與官僚政治的運作成熟度上，以及發展出的儒教學說重視人與人之間的關係，而非西方強調人與超自然的關係，使得其帝國呈現一種早熟性格，在世界史上頗別樹一幟。對於一個空間很廣、物產豐富且氣候適宜的族群而言，製造了人群流動性頻繁的有利條件；從時間而言，復有運用成熟的象形漢字，累積了豐富的人文、歷史底蘊及儒家文化等有利於統一條件的文化乘載性，特別是儒家的歷史思維中對時間概念的運用特質，有一種「從『時間』萃取『超時間』」以及「『超時間』在『時間』中展現」，例如朱子便是在歷史敘述中的「即史以求理」，便是典型的展現。[14]以上因素，使得中國在歷史的長河裡，很自然發展出自己本身就具有普世價值的信仰與世界的中心，華夷秩序觀的形成，即在此有利的脈絡條件下可以長期存在。沃格林即從文明中心的秩序發展觀點的「符號」理論，將「中國」這個詞語也視之為符號，並說：「它代表中央領地及國王所在地。『中國』被次第地位的封建諸侯國所環繞，後者又被蠻夷部落所環繞。在周朝早期，『中國』專指王室領地，而在秦漢兩代，它的含意則轉而指統一了的帝國，人類的其餘部分作為野蠻的外部區域環繞著它。」[15]的確，作為文明中心符號的「中國」，是由上述從中心逐漸輻射到周邊地區，不儘管轄「時間」也包括「空間」的統一符號，其中與「中國」同等分量的符號便是「天下」。

根據學者的研究，古代中國歷史上的「天下」演變，從殷商時代最初的由中央擴及四方的「方位」觀念，再發展成為「內服」與「外服」的「政治層次」觀念，最後成熟為判別夷夏的「文化天下」觀念。[16]「天下之中」即是「中國」，也是世界之政治與文化中心。到了郡縣時期的天下，以唐朝發展為最。唐太宗、高宗時期國力鼎盛，透過中央與地方官僚體制，明顯分三層天下，第一層是天下的中心，以唐所支配的州縣制領域，唐太宗時期在全國有十道，到了玄宗時期增至十五道，在各道配置監察官。地方行政區域劃分三五〇州，州下置有千五百餘縣，從中央直接派遣官僚進行統治，屬於「中華」區域。第二層的天下是擴及到周邊異民族的統治，用羈縻支配的間接統治方式，給予異民族首長都督或刺史的官職，向唐朝貢與提供軍事上的協助，保有自治的狀態，這種羈縻州是「準中華的夷區域」。第三層的天下則純是夷狄之地，這

14 參黃俊傑，《儒家思想與中國歷史思維》（台北：臺大出版中心，二〇一四）。

15 參沃格林著，《以色列與啟示：秩序與歷史．卷一》，霍偉岸、葉穎譯（南京：譯林，二〇一〇），頁七四—七五。

16 邢義田，〈天下一家：中國人的天下觀〉，邢義田、劉岱編，《中國文化新論：根源篇》（北京：生活・讀書・新知三聯書店，一九九一），頁四四〇—四五四。

些區域的各國、各民族僅以朝貢方式與天下中心維繫關係，受唐朝冊封。在唐朝鼎盛期，朝貢國遍布朝鮮三國（高句麗、百濟、新羅）、白江口之戰後的日本、渤海國及其之後的契丹，還有諸多東南亞區域、中印度、南印度及大食、波斯的西亞的諸國家、民族。[17]以上三層天下觀，也是華夷關係，透過君臣秩序、宗法秩序及晉見的禮儀秩序，完成天下秩序。但顯然這樣的「天下」還是僅限於亞洲區域，特別是東亞區域。

以上以中國為中心的天下秩序模式，透過朝貢制度加以落實，但實際將此朝貢體制運作在周邊國家，鬆緊有別，不能一概而論，至少日本在唐朝末期即不再派遣遣唐使。不過，以中國為中心的天下秩序之概念維繫長久，也隨著漢字文化的傳播，常深烙在中國周邊國家，如高麗末期學者李穡（一三二八—一三九六）即說：「夫四方，東西南北之謂也。吾三韓在天下之東，東則日本也。」[18]李穡的「天下」仍以中國為核心，故云「三韓在天下之東」。不過，到了十六世紀接觸了西方「世界」之後（耶穌會士的東來），天下概念在近世中國乃至日本、韓國，成為在「世界」概念底下的用詞，甚至還未全包括在「亞細亞」內。接觸西學後的東亞知識人，常敏感於西洋傳教士稱亞洲地區為「亞細亞」（Asia），日本江戶時期蘭學興盛，讀了荷蘭的醫書屢見「亞細亞」，始知世界之大，如一位學蘭學的醫學者前野良澤（一七二三—一八〇三）稱：「大抵佛教所到之處只在『亞細亞』，僅十分之二；儒教所及之所也僅十分之一。其餘大凡天主教者，遍滿諸大洲。」[19]又如一位日本幕末儒者佐久間象山（一八一一—一八六四）所說：「予年二十以後，乃知匹夫有繫一國；三十以後，乃知有繫天下；四十以後，乃知有繫五世界。」[20]在這裡，佐久間象山區隔了「天下」與「世界」，可知他眼中的傳統「天下」秩序所及似乎僅止於東亞地區。

質言之，「天下」是以中國地理為中心，它包含的區域限定為東亞地區，至於「世界」則是「天下」以外諸大洲的稱呼。由此觀之，傳統「天下」秩序觀所涵蓋的範圍，當以東亞地區為主，其實也就是以漢字文化圈為主，並不包括非漢字文化圈的其他諸大洲之「世界」。

不過，未必所有儒者都這樣局限地看待「中國」或「天下」，誠如黃俊傑教授對「中國」概念的研究指出：從「中國」概念的內在結構的角度來看，「中國」這個概念至少包括「文化中國」、「地理中國」與「政治中國」諸概念，而以「文化中國」居於最重要之地位，並且顯示「中國」或「中國性」的概念是一種「作為精神移住的中國」與「作為想像的共同體的中國」

17 以上唐朝的「三層天下觀」，可參檀上寬，《天下と天朝の中国史》（東京：岩波新書，二〇一六），頁一一四—一一七。
18 李穡，《牧隱文藁》卷之八，收入《韓國文集叢刊》第五冊，頁六六。
19 前野良澤，《管蠡秘言》，收入《日本思想大系六四．洋學（上）》（東京：岩波書店，一九七二），頁一四二—一四三。
20 佐久間象山，《省諐錄》（東京：岩波書店，一九四四），頁二七一。

之「移動的」概念，並不是地理的疆域所能律定。[21] 換言之，「中國」作為沃格林的一種象徵性「符號」，本身也具有多元性，隨著時空演變，也會增添新的內容。往下我們會看到東亞各國在近代民族國家未主宰東亞世界時，「中國」或「中華」的多元現象，也紛紛注入「中華」內涵的不同元素。

事實上，全世界也不乏稱自己國家為「中國」或居世界之中者，錢鍾書先生（一九一〇—一九九八）就指出世界各國多少以其所居之地為世界之中心，他說：「如法顯《佛國記》稱『印度』為『中國』，而以中國為邊地；古希臘、羅馬、亞剌伯人著書各以本土為世界中心。」[22] 錢鍾書上述之論印證於佛經的《瑜伽師地論》中即如是說：「又處中國不生邊地，謂於是處有四眾行，謂苾芻苾芻尼近事男近事女。不生達須篾戾車中，謂於是處無四眾行。」[23] 意謂有佛法流布之地即是「中國」，沒有佛法的地方則為「邊地」。[24]

不僅「中國」是一個「移動的」概念，實則「天下」也是一樣，例如以下所引用的儒者們的看法頗能豐富「天下」的意涵。例如朝鮮著名實學者丁茶山（一七六二—一八三六）論及的「天下」有如下之內容：[25]

> 以南北則赤道之下為天下之中，以東西則崑崙之墟為天下之中，而周公以洛邑為天下之中。

在此，「天下」雖然是作為地理方位層次意義的用法，但這裡擺脫以中國為中心的論述，「天下之中」是作為相對的概念，而不是作為絕對概念而被茶山使用著。質言之，茶山頗有解構絕對中心論述的「天下之中」，方位標準不一，中心也就不同，似乎告訴我們任何一個區域，都不會是永遠中心，也不會是永遠邊陲，而且若從相對而言，中心可能也同時是邊陲。例如從台灣言之，台灣是中心，但從世界言之，台灣只是世界之一的邊陲。越南儒者黎貴惇（一七二六—一七八四）在《芸臺類語》中曾舉出一些說法，證明漢地未必是世界之中：[26]

21 參黃俊傑，〈論中國經典中「中國」概念的涵義及其在近世日本與現代臺灣的轉化〉，《臺灣東亞文明研究學刊》，第三卷第二期（總第六期）（二〇〇六年十二月），頁九一—一〇〇，本文亦收入黃俊傑，《東亞文化交流中的儒家經典與理念：互動、轉化與融合》（台北：臺大出版中心，二〇一六年修訂一版）第四章，頁八五—九八。

22 參錢鍾書，《管錐篇》（北京：生活・讀書・新知三聯書店，二〇〇一），第四冊，頁五九二。

23 彌勒菩薩造，玄奘譯，《瑜伽師地論》卷二〇，引自CBETA 2019.Q1, T30, no. 1579, p. 388b25-c1.

24 有關佛教對世界觀迴異於儒家的世界觀之比較，可參黃俊傑教授，《儒佛同調與異趣》（未刊稿）之第一二講。

25 丁茶山，〈策問・問東西南北〉，《與猶堂全書》（漢城：民族文化文庫，二〇〇一），第二冊《詩集文・文》卷九，頁五。

26 黎貴惇，《芸臺類語》（台北：臺大出版中心，二〇一一），卷之二〈形象〉，頁七八。

釋摩人對漢明帝曰：「迦毗羅衛國者，三千大千世界百億日月之中心也。三世諸侯皆在彼生。」牟融論曰：「侯生天竺者，天地之中處其中和也。」又曰：「傳曰：『北辰之星，在天之中，在人之北。以此觀之，漢地未必為天中。』」[27]唐釋法林，張《智度論》曰：「千千重數，故曰三千，千數復千，故曰大千，迦羅衛國居其中也。」

文中「迦毗羅衛國」是釋迦牟尼佛的故國，此地出佛，故世界乃至三千大千世界以此為中心，以此論破除漢地是天下之中。再如江戶時代儒者淺見絅齋（一六五二—一七一一）提到：「夫天，包含地外；地，往而無所不載，然各有其土地風俗之限，**各有一分之天下**而互無尊卑貴賤之別。唐之土地，有九州之分，自上古以來風氣自然相開，言語風俗相通，**自成其天下**也。其四方之鄰，居風俗不通之處，各國自為異形異風。」[28]上述「各有一分之天下」、「自成其天下」，充分說明日本也有自成一格的「天下觀」。越南史書中也充滿「天下」字眼，以下史臣在歌頌一四二七年黎太祖黎利在掃除明軍勢力後的〈平吳大誥〉的相關內容：註[29]

欽惟太祖高皇帝取天下於狂明　亂之餘，其得天下也甚正，其守天下也以仁，尤必維持之以義，固結之以仁，照臨之以智，範圍之以信，其脩齊治平之道，則與唐虞三代而比隆，于以衍億載綿洪之業，其積累固非一日矣。

以上頻繁出現的「天下」字眼，說明越南也是「自成天下」，黎利在平定越南國境，大誥天下時，其文更曰：[30]

仁義之舉，要在安民，吊伐之師，莫先去暴。惟我大越之國，實為文獻之邦，山川之封域既殊，南北之風俗亦異。自趙、丁、李、陳之肇造，我國與漢、唐、宋而各帝一方，雖強弱時有不同，而豪傑世未嘗乏。

上述黎利的誥文表明越南與中國在政治上是各帝一方，文化上是南北各異的平等關係。而要能稱得上文化內涵的帝國，關鍵在有「仁義之舉」，華夷的判別關鍵也在此。因此儘管「我大越

27 黎貴惇這裡引用的「牟融」即是漢代牟子博（生卒年不詳）所著《牟子理惑論》，收入〔南朝・梁〕僧祐編，流立夫、魏建中、胡勇譯注，《弘明集》（北京：中華書局，二〇一三），上冊，頁三三。

28 淺見絅齋，〈中國辨〉，西順藏等校注，《山崎闇齋學派》（東京：岩波書店，一九八二年日本思想大系版），頁四一六。

29 陳荊和編校，《大越史記全書》（東京：東京大學東洋文化研究所附屬東洋文獻センター刊行委員會，一九八四—八六），卷首，頁九三。

30 陳荊和編校，〈本紀〉，《大越史記全書》，卷一〇，頁五四六。

之國，實為文獻之邦，山川之封域既殊，南北之風俗亦異。」凸顯了越南本身在山川與風俗上本有自己的獨特性，未必要與中國「同華」，充分展現其文化主體性。以下越南史臣黎文休也進一步用「德」的概念來判別華夷：[31]

> 遼東微箕子不能成衣冠之俗，吳會非泰伯不能躋王覇之強。大舜，東夷人也，為五帝之英主。文王，西夷人也，為三代之賢君。則知善為國者，不限地之廣狹，人之華夷，惟德是視也。趙武帝能開拓我越，而自帝其國，與漢抗衡，書稱老夫，為我越倡始帝王之基業，其功可謂大矣。後之帝越者能法趙武，固安封圻，設立軍國，交鄰有道，守位以仁，則長保境土，北人不得復恣睢也。

以上主要表達「人之華夷，惟德是親」，所以儘管舜、文王在當時都屬「夷人」，亦不失為三代之賢君，只要「守位以仁」，越南自漢代趙陀即「自帝其國」，都可長保國境安康，北帝的中國也難以對之如何，清楚地區分「北帝」與「南帝」。

關於越南史書「自帝其國」的問題，清代乾隆時代史臣已經注意到這個問題，批評自十三世紀越南最早的史書陳朝年間所記載的《大越史略》中，有關越南君主僭越帝號、國號、謚號、改元等都是私自為之，違反朝貢稱臣的倫理。[32]故早在與宋代的朝貢關係時，已是「外臣內帝」的獨立政權。[33]過去研究中都只是注意中國史料的皇帝冊封體制如何影響東亞世界，但若從東亞國家本身的史料來看的話，如越南史料這裡的「各帝其帝」頗能凸顯中國冊封制度下「共性」中發展出的「殊性」。[34]因此，若我們認真脈絡化思考大陸東南亞的發展史上，常出現所謂的「雙重朝貢」之現象。亦即在沒有中國的軍事與政治的干預，緬甸、泰國、越南本身就常有周邊國家向彼此「朝貢」的記載。[35]例如泰國有馬來半島的部落對之朝貢，又如越南則

31 陳荊和編校，《大越史記全書》〈外紀〉卷之二，頁一一三—一一四。

32 例如乾隆時代史臣針對《大越史略》的記載問題：「此書原題《大越史略》，蓋舉國號為名，而所列公蘊至昊昰八王皆僭帝號，不獨陳日尊一代，則尤史所未詳。……。書末又載陳日煚以下紀年一篇，但錄所僭諡號、改元，而不具事跡其中，所稱太王者，以史按之，當為陳叔明。安南自宋以後，世共職貢，乃取乘前代失馭之際，輒竊號國中，至著之簡策以妄自誇大，實悖謬不足採。然吳楚僭王，春秋絕之，而作傳者亦不沒其實。故特依偽史例錄之，以著其罪，且以補宋元二史外國傳之所未備焉。乾隆四十五年九月恭校上。」《欽定四庫全書．史部．載記類》。按《大越史略》是記載越南自上古時代至李朝（一〇〇九—一二二五）歷史的史書。

33 安南與宋代的「外臣內帝」朝貢關係，詳參王明蓀，〈宋代之安南（交阯）記述及其朝貢關係〉，《宋史論文稿》（台北：花木蘭，二〇〇八年），頁一五一—一九一。

34 有關中國皇帝制度對東亞周邊國家的冊封體制，可參西嶋定生，〈皇帝支配の成立〉，收入氏著，《中國古代國家と東アジア世界》（東京：東京大學出版會，一九八三）第二章，頁五一—九二。

35 陳荊和編校，《大越史記全書》經常記載有「真臘國來貢」（〈本紀〉卷三，頁二六三）、「占城來貢」（頁二

有中部占城王朝及西部柬埔寨向之朝貢，這即是所謂的「朝貢中的朝貢」或「雙重朝貢」，[36]這種獨立發展的朝貢體系與朝鮮半島自唐高宗時代新羅（西元前五七—西元九三五）統一朝鮮半島（西元六六八）以後以中國為尊的情況頗為不同，甚至在越南由於頂住了蒙古的三次入侵，對於宋朝皇帝的滅亡，表達了以下的評論：[37]

> 元人襲宋軍于厓山，敗之。宋左丞相陸秀夫負宋帝入海死，後宮諸臣從死者甚。越七日，屍浮海上者十餘萬人。宋帝屍在焉。星隕于海之應也。是歲宋亡。
>
> 史臣吳士連曰：天地之間，陰陽二氣爾。人君致中和，則天地立焉，萬物育焉，而其氣和。苟或陰氣盛而妄于陽，則天地必為之示變焉。故變示於前，而徵應於後。當是時也，日食、日盪、地裂、雨雹、星流皆陰盛于陽之氣。非臣子謀君父，則夷狄侵中國之兆。几有國者，謹天戒、盡人事，回天變之道也。宋既天變不可回，而我越尋有胡虜之侵，幸而君臣協謀，兵民戮力，卒除北寇，而成大定之功。故曰謹天戒、盡人事回天變之道也。

以上史臣吳士連的史評，將宋亡從陰陽二氣變化觀察天地間有巨大變化之氣象，正應「夷狄侵中國之兆」，宋代在面對這波「夷狄侵中國」之勢，無力可回天，但越南陳朝則挺住了蒙古軍隊的三次攻占，印證了越南君臣上下「謹天戒、盡人事，回天變之道」，得以度過此次劫難。這裡值得注意的是，吳士連所謂「夷狄侵中國之兆」或「胡虜之侵」均以「中國」自稱，甚至居宋的「北帝中國」已亡於夷狄，而處於「南帝的中國」挺住了「中國」。言下之意，越南免於夷狄的入侵，真正做到了挽回了「天變之道」，比北帝的中國亡於「夷狄」而言，越南更保住了「中國」。

當然，在「天朝」崩潰之下，周邊國家發展出昂揚的政治與文化主體性，他們皆認為自己是正統，但有人帶著「躲進小樓成一統」的感慨，[38]也有人「承先聖之統」並「進於中華」的氣概（如朝儒韓元震）。依筆者的觀察，十七世紀以後的東亞「中華」意識可分為以下四個關係模式：（一）朝鮮發展出「大小中華的父子關係模式」，（二）越南發展出「南北中華的兄

七五）或「真臘、占城二國來貢」（頁二七八），而占城與真臘均同時也向中國朝貢。

36 濱下武志在《近代中國の國際的契機朝貢システムと近代アジア》（東京：東京大學出版會，一九九八）一書中用「二重朝貢」來形容琉球在近代時對中國與日本朝貢（頁三二），同書中也用「衛星朝貢體制」來看東亞諸國在近代中華秩序鬆動後的多重朝貢關係（頁三五）。

37 前引陳荊和編校，《大越史記全書》，卷五，頁三五二—三五三。

38 取自魯迅之詩〈自嘲〉（一九三二）：「運交華蓋欲何求？未敢翻身已碰頭。破帽遮顏過鬧市，漏船載酒泛中流。橫眉冷對千夫指，俯首甘為孺子牛。躲進小樓成一統，管他冬夏與春秋。」

弟關係模式」，（三）台灣發展出「遺民關係型的中華模式」，唯有日本最歧出，橫生出另一個神國正統，發展出（四）「取華代之的養父子關係模式」，這些中華關係模式，詳說於本章第四節。

職是之故，所謂「天下」、「中國」之名，誠然來自中國，但對中國周邊國家而言，實是假名安立，周邊國家也發展出「自成天下」、「各有中國」的邏輯，特別是中國出現游牧民族入侵，甚至「夷狄入中國」統治了「中國」以後，周邊國家這種「自成天下」、「各有中國」意識更是強烈。足見中國這一套天下觀的政治秩序，具有東亞文化的特色，並影響整個東亞地區的王權理論。[39]

因此，僅以西方民族國家的模式看待中國，無法掌握中國的過去與現狀之發展。首先它不像日本一樣可以宣稱自己是「單一民族」，日本是島嶼國家，民族間的交流往往「只進不出」，容易形成民族的單一性，但中國國內的民族數量應是全世界最複雜，既無如西方宗教的政教統一型態，也沒有明確的國土疆域，長年以來都是用羈靡、朝貢、冊封、征服來讓周邊民族臣服，或由北方游牧民族征服漢人政權從而融入到中國。其次，中國國土廣大，並且地大物博，氣候也多處於溫帶及亞熱帶的緯度地區，很適合動植物生長以及人類的生存，過去（二〇二三年以前）人口也是世界最多，中國學者自稱「廣土巨族」[40]，日本學者則以「巨大的他者」稱之，這種「巨族」與「巨大」遠早就超出了歐洲民族國家的範疇。再者，中國也是世界早熟的帝國，在漫長的年代，早有運作極為成熟的帝國體制，還有儒家思想支撐其政治組織及運作上的穩定，而儒家思想凸顯「天下」的概念，用一個更高的文化視野來看待「天下」變局，早就超出當代民族國家的範圍，也深切地影響周邊的韓國、日本及越南。上述無宗教統、民族多元融合、國土廣大、早熟帝國四個因素，緊密連結不可分，使得中國發展朝向羈靡式或朝貢式的「大一統」而不是有明確的疆界與民族「統一」的政治與文化的氛圍。[41]這也是為何不能以

39 甘懷真長期關注「天下」的相關研究有：〈重新思考東亞王權與世界權——以「天下」與「中國」為關鍵詞〉，收入甘懷真編，《東亞歷史上的天下與中國概念》（台北：臺大出版中心，二〇〇七）；〈「天下」觀念的再檢討〉，收入吳展良編，《東亞近世世界觀的形成》（台北：臺大出版中心，二〇〇七）。

40 如文揚，《天下中華：廣土巨族與定居文明》稱中國是農耕社會的「廣土」，此是空間上的「廣土」，至於「巨族」有「五千年長成的巨族」（指時間上的巨族）及「世界上唯一的巨族」（指多民族合成的巨族），頁一五—四七。稱中國為「巨大的他者」則是日本學者子安宣邦，《漢字論：不可避の他者》（東京：岩波書店，二〇〇三）。

41 「大一統」思想最早見於《公羊傳．隱公元年》：「何言乎王正月？大一統也。」又見於《漢書．董仲舒傳》：「春秋大一統者，天地之常經，古今之通誼也。」可見「大一統」思想來自中國古代天子封建諸侯的思維，原與近代「國家」、「民族」觀念無涉，故葛兆光強調傳統「大一統」的帝國理念在近代中國知識分子仍然影響深遠，不只是受到西方思潮的影響，更來自於日本帝國主義政治意圖的刺激，乃因日本一批批御用學者論證中國沒有「國家」、「民族」概念，刺激了中國學者重新檢討有關民族、國家的議論，建立出「納四裔入中華」的共識，強調「中華民族是整個的」思維，一直影響至今。相關詳細論述，參看葛兆光，《何為「中國」？疆

西方民族國家的定義來看中國這個古老國家的關鍵因素。所謂「大一統」並不是如西方殖民地一樣，將征服的國家消滅，也改變他們的文化或宗教信仰，進而控制他們成為帝國的殖民地，而是保留他的王國與政權，使這個王國俯首稱臣，固定向中國朝貢。「統一」則是徹底消滅他國成為「我國」。在中國，大部分發展情況是國內帝制政治王朝儘管不斷更迭，卻從來不是種族文化的清洗與翻轉，反而每經過一次的帝制王朝更換，種族文化混融更為激烈、更為徹底。

中國之所以能成為「大一統」王朝，除了歸功於「統一的文字」、「律令制度」，其中最大的因素當是儒家文化對政治認同與文化認同關係的巧妙安排，「夷狄入中國則中國之」，強烈表達「夷狄」入中國學習了儒家文化，就不再是「夷狄」而成為「中國」的一分子，因此，常常發生的情況是，文化後進國的游牧民族在中原地區建立了征服王朝（如遼、金、元、清），但在文化上卻反被漢文化征服，在這裡我們彷彿看到漢文化那股強烈的魅力，如強大的吸磁機般，被吸納進來後就離不開了，這種模式當然不能用西方近代的「民族國家」模式來衡量中國的發展。王柯曾指出：「大多的『中國人』其實是來自於歷史上屬於『周邊』、屬於『異民族』的集團；而『中華』的燦爛文化和悠久歷史，正是通過與周邊和異民族的交往融匯，才得以造就和形成」，[42]質言之，中華民族是不斷融合而形成，「中華」或「漢」這個詞語，已經不是「民族」可以範圍，更帶有「文化」的意涵，這種情況從古代中國就已經開始，孟子早就說過：「舜生於諸馮，遷于負夏，卒於鳴條，東夷之人也。文王生於岐周，卒于畢郢，西夷之人也。地之相距也千餘里，世之相後也千有餘歲，得志行乎中國，若合符節，先聖後聖，其揆一也。」（〈離婁下〉）孟子最後的話語耐人尋味，所謂「得志行乎中國，若合符節，先聖後聖，其揆一也」，凸顯的那個「得志」，指的是「志於先王聖人之道」的「志」，並不是以地域空間或親族血緣來定義「中國」，而是以這種文化認同高於政治認同的方式來定義「中國」，宋代以後更發展出「道統意識」，成為凝塑中華秩序追求的關鍵。

三、近世東亞儒者對「中華秩序」追求的親屬關係類型

《左傳．僖公》二四年載：「周之有懿德也，猶曰『莫如兄弟』，故封建之，共懷柔天下也，猶懼有外侮，扞禦侮者，莫如親親，故以親屏周。」這段顯示過去周王與封建諸侯間是以血緣或親緣為其紐帶，以親緣倫理關係封建屏護中心之周王，並配合宗法制度，而有大小宗的親疏遠近關係。血緣關係愈來愈遠，封建領主因而削弱了對周王室盡忠之責任心，且到了春秋

域民族文化與歷史》，頁八五—一〇〇。

42 王柯，〈前言〉，《消失的「國民」：近代中國的「民族」話語與少數民族的國家認同》（香港：香港中文大學，二〇一七），頁七。

時代，王室衰弱，上下關係及人才晉用的階層流動演變，有從封建世襲的「君臣關係」演變到成為「契約關係」。[43]不過，除了用血緣的親疏遠近關係，《左傳》裡更表達了「尚德」的重要性。引文一開始即有「周之有懿德也」，且前引《左傳．僖公》二四年的同年，也有周天子大大夫富辰的進諫之語：「大上以德撫民，其次親親，以相及也。」《左傳．定公四年》也引大臣萇弘之語：「信。蔡叔，康叔之兄也，先衛，不亦可乎？」子魚曰：「以先王觀之，則尚德也。昔武王克商，成王定之，選建明德，以蕃屏周。故周公相王室，以尹天下，於周為睦。」可見，在維繫親親屏周的血緣基礎上，更有「尚德」、「選建明德，以蕃屏周」的尚德價值觀，二者相輔相成，我姑且稱之為「德性的擬親緣關係」，此實優先於血緣的親親關係。

今日探討傳統「中華秩序」的追求，也可借用這層「以親屏周」的德性擬親緣關係來說明，依其地理遠近或屏障的難易程度，以及政治、文化的吸收深淺而言，我暫時稱十七世紀以後中國與朝鮮的關係是「父子關係」，與日本的關係是「養父子關係」，與越南的關係則是「兄弟關係」，台灣孤懸海外，則發展出獨特的「遺民關係」型的中華意識。父子關係最親密，還是維持一種君臣關係；養父子關係則已是契約關係，至於兄弟關係則是介於上述兩者之間；遺民關係明顯有義不帝秦的祖國情懷。

在分析中國與這四個區域的關係之前，我擬先從近代以前這四個區域的知識分子各有一段討論「文化認同」與「政治認同」的史料中，思索儒學滲透到韓日越知識分子後對「秩序追求」

既多元且活潑的面向。

1. 朝鮮：李恒老（一七九二—一八六八）

> 西洋亂道最可憂。天地間一脈陽氣在吾東，若并此被壞，天心豈忍如此？吾人正當為天地立心，以明此道，汲汲如救焚。國之存亡，猶是第二事。[44]

43 許倬雲稱春秋時代的社會是「家庭聯繫」（familial relationship）結構，而春秋時代到戰國社會關係是從「親緣關係」走向「契約關係」，參Cho-Yün Hsü, *Ancient China in Transition: An Analysis of Socicl Mobility, 722-222B.C.* (Standford: Standford University, 1965), pp. 1-2. 此書中譯本可參鄒永杰譯，《中國古代社會史論：春秋戰國時期的社會流動》（桂林：廣西師範大學出版社，二〇〇六），頁一—二。另外，有關「契約關係」也與春秋戰國時期的「尚賢」思想息息相關，有一種從「親親」到「尚賢」，亦即根據韓非子「君臣一日百戰」，「君臣關係」實則也是一種「契約關係」，這是黃俊傑教授從「尚賢政治」的觀點提出的研究成果。但戰國以前各家有不同觀點，基本上孔孟的尚賢政治仍著墨在君臣關係，韓非子的尚賢政治則在契約關係。參黃俊傑，《春秋戰國時代尚賢政治的理論與實際》（台北：問學出版社，一九七七）。本章只是借用這兩層關係來說明韓國、日本與越南與中國的親疏遠近關係，並且這種親疏遠近也會因帝國中心的強弱產生階層流動的關係，來說明「中華」議題的自由流動性。

44 李恒老，〈語錄（柳重教錄）〉，《華西集》，收入《韓國文集叢刊》第三〇五冊（漢城：民族文化推進會，二

2. 德川：山崎闇齋（一六一八—一六八二）

嘗問群弟子曰：「方今彼邦，以孔子為大將，孟子為副將，牽數萬騎來攻我邦，則吾黨學孔孟之道者為之如何？」弟子咸為能答，曰：「小子不知所為，願聞其說。」曰：「不幸關逢此厄，則吾黨身披堅，手執銳，與之一戰而擒孔孟，以報國恩，此即孔孟之道也。」[45]

3. 越南：《皇越春秋》

太祖大怒，命推出斬之，武士牽黃福出，忽見黎公僎抱住，少碍向前稽首，請代尚書，太祖曰：「我殺寇讎，公何救解？」少碍奏曰：「臣與公僎本受業尚書，方生獲時，師生之誼，釋之亦宜，第念君臣之道，不敢徇私，故解回稟納，臣請自代，死亦無憾。」[46]

4. 連橫（一八七八—一九三六）：〈告延平郡王文〉[47]

中華光復之年壬子春二月十二日，臺灣遺民連橫誠惶誠恐，頓首載拜，敢昭告於延平郡王之神曰：於戲！滿人猾夏，禹域淪亡，落日荒濤，哭望天末，而王獨保正朔於東都，以與滿人拮抗，傳二十有二年而始滅。滅之後二百二十有八年，而我中華民族乃逐滿人而建民國。此雖革命諸士斷脰流血，前仆後繼，克以告成，而我王在天之靈，潛輔默相，故能振天聲於大漢也！夫春秋之義，九世猶仇；楚國之殘，三戶可復。今者，虜酋去位，南北共和，天命維新，發皇蹈厲，維王有靈，其左右之！

首先，我們看第一則有關朝鮮末期衛正斥邪派儒者李恒老的論點，背景是處於西方軍事及宗教勢力侵擾朝鮮之際，為了捍衛儒學正道命脈，竟喊出「國之存亡，猶是第二事」，將文化認同

〇〇三），附錄卷五，頁四二〇。

45 原念齋，《先哲叢談》，卷三（江戶：慶元堂、擁萬堂，文化十三〔一八一六〕年刊本），頁四—五。

46 （佚名）《皇越春秋》，收入陳慶浩、王三慶編，《越南漢文小說叢刊》（台北：臺灣學生書局，一九八七），第三冊，頁二八七。

47 連橫，《雅堂文集》（台北：臺灣銀行經濟研究室，一九六四），頁一一五。

放到政治認同之上，這在當時人或現代人看來，有點百思不解，但如果回到朝鮮儒者所處之儒教氛圍，如同黃俊傑教授稱他們是「忠誠的朱子學者」，並言：「大多數朝鮮朱子學者的『文化認同』都遠過於他們的『政治認同』」。[48] 第二則的歷史背景是正值滿洲人滅了明帝國後，掀起日本國上下的震撼，擔心蒙古侵日的「元寇」事件又將重演，而這位德川時代奉朱子學甚勤的儒者山崎闇齋竟有這樣的設問，如果孔孟為帥，來攻打日本，將一戰擒孔孟以報日本國恩。第三則是越南史料，引用的是《皇越春秋》，這部書是類似《三國演義》的歷史小說，作者已不明，成書於一八五八年至一八八三年之間，引文中描述的是明成祖時期曾將越南收歸帝國版圖，派遣一位黃福（一三六二—一四四〇）擔任交趾承宣布政使司布政使兼提刑按察使司按察使，類似殖民地時代的總督，但這位黃福勤政愛民，贏得越南人上下的愛戴，在其去職後，繼任者貪暴無道，越南人乃掀起獨立復國的戰爭，黃福復被派往平亂，過程中黃福被越南復國首腦黎利（一三八五—一四三三，後來的黎朝太祖）所俘虜，在欲斬殺的過程中，被昔日教導過的越南學生少碍、公僎求情，願意代師受死，黃福不僅免死且被尊嚴地對待。第四則的背景是日據時期台灣知識分子連橫在一九一二年孫中山革命成功，建立中華民國，特別在日本殖民下的時空環境中寫下這個〈告延平郡王文〉的祭文，遙祭鄭成功，告知光復大漢之地，充滿揚眉奮髯之情，並特署「臺灣遺民連横」，欣喜中華民國推翻了滿清，期待一個壯大中華的到來，溢於言表。〈告延平郡王文〉所言「逐滿人而建民國」是華夷之辨，「天命維新」以下四句，出自《詩經．大雅．文王》篇，[49]表述修德以得天命的文王，連橫作為遺民者，將革命者視為繼承鄭成功遺志，行《春秋》九世的大復仇，「繼志述事」以維護親親價值。台灣從來是福建與廣東兩省移民的樂土，鄭成功及其後的明鄭王朝領有台灣，雖然短暫，但成為恢復中華的田橫之島，帶有上述連橫的強烈遺民意識，可稱之為「遺民關係型的中華意識」。

現在，我們從上述四段論述，比較四個區域當中涉及與中國緊張關係時，或是國家面臨存亡之秋之際，均牽動中華秩序的文化認同與政治認同之間的微妙關係差異，這也反應出彼此對「秩序追求」的同異關係。我簡略用以下四種親屬關係來凸顯彼此面臨中華秩序在文化認同與政治認同的差異，原則上中國與周邊四個區域都有文化與政治上的親屬關係，並且彼此之間或是「父子」關係或是「兄弟」關係，但隨著「四子」在各地的歷史發展，約而言之，東西方位屬父子關係型，此中朝鮮呈現的是「父子關係型」，日本則是「養父子關係型」；南北方位屬「兄弟關係」或「師弟關係」或「遺民關係」。「父子關係型」依然保存「中華」的密切關係，「養父子關係型」則是視中國為養父，但常與日本這個親生父親產生衝突與矛盾的心理情結。

48 黃俊傑，《孟子思想史論（卷三）》，頁二六四。

49 《詩經．大雅．文王》第一篇即曰：「文王在上，於昭于天，周雖舊邦，其命維新。有周不顯，帝命不時。文王陟降，在帝左右。亹亹文王，令聞不已。陳錫哉周，侯文王孫子。」又曰：「無念爾祖，聿脩厥德。永言配命，自求多福。」展現修德以得天命的思維。

「兄弟關係型」則有兄弟情誼，雖南北分家，但仍以兄為師，割捨不斷的中華情感。「遺民關係型」則有對抗當代中國政權產生的「義不帝秦」的中華祖國情結。

越南的「兄弟關係」所展現的認同特色，即便政治上獨立，但仍無法斬斷與割捨那個「文化認同」之情，兄弟之間聯繫的是文化情感與血脈。熟悉越南的歷史都知道，越南古代開國神話也須遠溯自中國的神農之後，神農之孫帝明生兩兄弟，一是兄長帝宜，統治北中國；一是弟弟涇陽王，後娶洞庭君神女，生貉龍君，貉龍君即是共認的百越之祖。貉龍君娶神農氏之孫帝來之女，生百男，五十子從母歸山，五十子從父居王，最長者為雄王，居南中國，因此雄王象徵著獨立一方。從上述神話中，越南有「龍之子、仙之孫」的神裔血統，可窺越南與中國本有神裔血脈的南北兄弟關係。其互稱兄弟現象，更在十九世紀西方帝國主義侵略壓迫中國與越南之際，越南愛國革命志士如潘珮珠（一八六七—一九四〇）、胡志明（一八九〇—一九六七）等皆以兄弟稱中國與越南。[50]因此，越南長期以來，北屬中國達千年之久，影響至深且遠，在獨立以前乃至獨立以後都不斷吸收中國儒學文化，但在獨立後的政治上仍有其獨立性，呈現「南北二帝」或「各帝其國」的政治現象也是實情。[51]以上《皇越春秋》引文裡所凸顯的師生之情，即是難以割捨的文化情感，也不會有取華代之的政治企圖。

其次，日本的「養父子關係」則是為了政治認同，可以斬斷或割捨「文化認同」，對日本而言，政治主體是日本，文化主體原也是以「中華」為學習對象，如江戶中期徂徠學派的儒者太宰春臺（一六八〇—一七四七）說：「日本原本無道，其證據是無仁義、禮樂、孝悌等字之和訓。」[52]並說：「無禮義之故，從神代至人皇四十代左右，天子之兄弟姐妹、叔姪間也結為夫婦。其間與異國通，中華聖人道行於此國，天下萬事皆學中華。」[53]以後日本有唐化運動，積極學中華之道，這已是不爭的歷史事實。但日本吸收中華之道後，也發展出「神皇之道」，並以此脈絡性轉化成為自己的文化主體，從而有國學派如本居宣長（一七三〇—一八〇一）排斥「漢意」或中華聖人之道，建立起子安宣邦所稱自我認識的皇國日本之「日本型華夷秩序觀」，這種日本型華夷秩序觀是以反中國的民族主義之表現而形成。[54]此後在明治維新透過祭

50 參黎嵩，《越鑑通考總論》，收入陳荊和編校《大越史記全書》，卷首，頁八四及頁九三—九四。用兄弟關係解釋越南與中國的中華情結，可參張哲挺，《十八至二十世紀越南文人「雙元性中華觀」之流變》（台北：臺灣大學國家發展研究所博士論文，二〇二〇）第六章之分析，頁一四七—一七五。

51 有關越南雖表面是中國的藩屬國，但內部自己稱「帝」是普遍現象，可參本書第六章〈越南「史臣」與「使臣」對「中國」意識的分歧比較〉。

52 太宰春臺，《辯道書》，鷲尾順敬編，《日本思想鬥諍史料（第四卷）》（東京：名著刊行會，一九七〇），頁二四。

53 同前註。

54 子安宣邦，〈德川日本と宣長天皇論の成立：日本型華夷秩序と天皇制日本〉，收入《天皇論》（東京：作品社，二〇二四）第七章，頁九五—一〇七。

政教的手段將之發展成以天皇信仰為主軸的國家神道信仰，如是從「養父」的「中國型的華夷秩序觀」轉回「皇國日本型的華夷秩序觀」，這中間經過漫長轉化的過程。

至於朝鮮的「父子關係」，則是在政治上與文化上均無法與中國切割，政治上與中國的緊密朝貢關係比越南有過之而無不及，文化上又是公認的儒學模範生。尤其在豐臣秀吉侵略朝鮮的「壬辰倭亂」（一五九二—一五九七）戰事不久，許多朝鮮儒者視明帝國為「如同再造之恩的父母」，故稱為「父子關係」實不為過，上引李恒老對中華認同的依戀情結即是典型的這種父子關係類型之展現。最後台灣的「遺民關係型」則一直擺脫不了鄭成功的遺民情結，即便鄭氏王朝被清朝消滅，期間出現大小民變的朱一貴、林爽文、戴潮春等事件，都組織與鄭成功有關的「天地會」或「八卦會」，高舉反清復明的大旗；或是在日本殖民統治時期，台灣知識分子如連橫等懷抱的中華遺民意識，以及民間對鄭成功的祭祀信仰有增無減，更不用說台灣光復以後，以及在一九四九年從中國大陸撤退到台灣的國軍官兵近乎百萬，蔣介石衍然成了第二個鄭成功。[55]

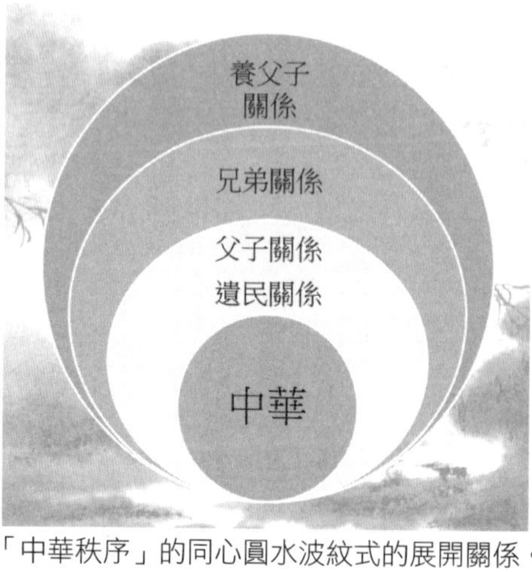

「中華秩序」的同心圓水波紋式的展開關係。

茲將上述所陳述的四種親屬關係類型，整理列表如下：

十七世紀以後「中華秩序」的四種親屬遠近關係簡表

四種關係型態	區域	表現內容
1.父子關係型	朝鮮	大小中華的父子模式
2.養父子關係型	日本	神皇之道的反中華模式
3.兄弟關係型	越南	南北各帝的兄弟模式
4.遺民關係型	台灣（明鄭）	義不帝秦的正統中華模式

以上四種關係之類型，只是從十七世紀以後存在緊密的親屬關係而大致區分，互異之間不免也有共同之處。特別是本書關心的儒教倫理，彼此共享儒教倫理的核心價值如「仁」、「義」、「禮」、「智」、「信」、「忠」、「孝」、「理」等，其中莫過於「仁」，仁學乃成為先秦孔

55 關於戰後台灣從大陸來的軍民人數，學界眾說紛紜，從一〇〇萬到超過二〇〇萬的說法皆有，但最近楊孟軒綜合各家說法加以查證，其最新統計研究，則指出實際人數略低於一〇〇萬。參楊孟軒著，蔡耀緯譯，《逃離中國：現代臺灣的創傷、記憶與認同》（台北：臺大出版中心，二〇二三），頁七六—七八。

孟以及後代東亞各國儒者中心魂牽夢縈、神馳不已的精神世界。[56]而仁學實踐的第一場域便是家庭，故特重視「孝道」的倫理觀念，迥異於世界其他國家文明。此外，朱子學更在十七世紀籠罩著上述四個區域，《朱子家禮》所發展的「禮學」系統，深深影響東亞區域的官方與民間的禮俗文化。[57]

其次，現代學者可能會質疑上述輕易以親緣關係論述區域之間的國際關係類型，畢竟國際關係是以「權力平衡」或以實力主義為基礎，故這裡所建構的四種親屬倫理關係，是以「血緣」為中心，不能掌握歷史實情。但是，這樣的質疑是從「近代」（modern）的「國際條約體系」，特別是一六四八年影響歐洲深遠的《西發利亞條約》（*Peace of Westphalia*）所著重的「主權國家」的權力平衡關係著眼，由此開展出現代國際關係的普遍模式。但在東亞近代以前（premodern）實有一種「朝貢體系」的華夷秩序體系關係，不能拿近代的「條約體系」來衡準前近代的「朝貢體系」。換言之，親屬血緣關係的用法，只是表達近代以前在朝貢體系下的歷史事實，當然日本是遊走於朝貢體系下內外關係的靈活兒，最明顯地即是在一六〇九年薩摩藩占領琉球後，德川將軍仍承認琉球可以同時長期向中國朝貢。可見，在近代西方「條約體系」影響之前，日本的思維與行動模式，基本上還是在「朝貢體系」下的中華秩序迴圈之中，所以日本在十七世紀的知識分子還要與中國「爭中華」、「搶中華」（如山鹿素行），直到明治維新後，以西方文明為師，很快迎上「條約體系」，想要徹底擺脫了中華秩序。[58]

今日「中國再起」已是不爭的事實，歷史發展有其連續性，這個時代雖然沒有「朝貢體系」之名，但中國作為「不可避的巨大他者」，與周邊國家許多政治、經貿的往來，社會與文化的交流，依然有大國主導之勢，而這套「中華秩序」仍悄然地發酵著。

四、結語：兩種「鄉愁」的中華秩序

如所周知，「中國再起」（Resurgence of China）已是不爭的事實，在二十一世紀重新牽動東亞乃至全球政治、經濟與文化板塊，世界秩序已有重組的趨勢。本書關注這個「世界重組秩序」的課題，將焦點注目在近代以前的東亞知識人所追求的「中華秩序」，這個中華秩序是指

56 貫穿東亞儒者的「仁學」理論、內涵與實踐問題，詳參黃俊傑，《東亞儒家仁學史論》（台北：臺大出版中心，二〇一七）。

57 將《朱子家禮》從東亞視域做出研究的成果，可參吾妻重二著，吳震等譯，《愛敬與儀章：東亞視域中的《朱子家禮》》（上海：上海古籍出版社，二〇二一）。

58 有關東亞國家的「朝貢體系」與西方近代的「條約體系」之關係演變，可參韓東育，〈「朝貢體系」和「條約體系」的遭遇與變容〉，《從「脫儒」到「脫亞」：日本近世以來「去中心化」的思想過程》（台北：臺大出版中心，二〇〇九）之最終章，頁三九九—四五五。

深受儒家文明影響的韓國、日本及越南。本書嘗試借用周天子與諸侯之間的親疏遠近之屏藩關係，稱中國與朝鮮的關係是「父子關係」，與日本的關係是「養父子關係」，與越南的關係則是「兄弟關係」，與台灣關係則屬「遺民關係」。在以上四種關係之中，父子關係最親密，還是維持一種君臣關係，養父子關係則已是契約關係，可親可離，至於兄弟關係則是介於上述兩者之間，「遺民關係」則是一種流亡政權猶爭正統意識的複雜關係。

不過，我們還得追問，以上對中華秩序的關係為何會有這樣的差異？這不得不讓我們從地理關係的遠近，來探索這個差異的根本原因，因為地理遠近關係充分可以說明中心與周邊之鬆緊關係。朝鮮、越南是和中國處於緊密的「周邊關係」，而日本和中國則是處於鬆弛的「亞周邊的關係」[59]，或如丸山真男（一九一四—一九九六）所言的「洪水文化」與「滴水文化」之別。[60]換言之，地理愈接近中國者，其政治與文化的關係愈是斬不斷的連接關係；而地理屏障愈深者，愈有脫離中心呈現自己的政治與文化主體，日本屏障是一海之隔甚於韓、越，而越南有崇山峻嶺之屏障則甚於僅一江之隔的朝鮮。因此，呈現由近而遠的「父子關係」、「兄弟關係」到「養父子關係」、「遺民關係」，也可以從地理遠近關係窺出端倪。[61]

當然，地理空間的遠近是影響中華秩序的親疏程度重要因素之一，但也不會是唯一因素。我們還可以深問：「一戰擒孔孟」的設問在朝鮮與越南的文獻不會有，而「國之存亡，猶是第二事」之論唯獨朝鮮國度才有。因此，值得推敲的是「此國有，彼國無」或可窺探韓日越三國吸收儒學的深淺程度，也就是對「中華秩序的追求」之渴望程度。事實上，李恒老的「國之存亡，猶是第二事」，並非孤鳴先發，早在「丙子胡亂」之際（一六三六—一六三七）金人威逼朝鮮必須放棄承認明帝國為宗主國，改奉清為宗主國，當時朝鮮君臣上下曾經出現過「明大義」與「存國體」的激辯抉擇，若要「明大義」就等著國家被金人消滅，若要「存國體」則須拋棄兩百多年來明朝對朝鮮的「大義」。顯然，李恒老「國之存亡，猶是第二事」所面臨秩序追求的緊張性，只是十七世紀初期的延續課題。另外，李恒老的「國之存亡，猶是第二事」，不禁讓我們連結到晚明時代的顧炎武（一六一三—一六八二），他面臨國破家亡也喊出「有亡國，有亡天下。亡國與亡天下奚辨？曰：易姓改號謂之亡國。仁義充塞，而至於率獸食人，人

59「亞周邊」是日本學者柄谷行人特別強調的一個核心論點，在其專書《帝国の構造：中心、周邊、亞周邊》（東京：青土社，二〇一四）中有詳論。

60丸山真男，《原型．古層．執拗低音》，《丸山真男集》第十二卷，頁一三六—一五五。

61例如流行於唐代敦煌西域之間的敦煌變文《孔子相託相問書》，文中假借小兒項託機智地論難孔子，語多諷刺，最後孔子鬥不過項託而怒殺之，這類諷刺孔子的作品，往往是在漢地之間不可能出現，也反應儒教思想傳入有佛教色彩的西域世界，必然受到挑戰與反彈，這也可視為一種地理空間距離中原太遠產生的文化衝擊關係。相關研究探討可參鄭阿財，〈敦煌寫本《孔子項託相問書》初探〉，收入氏著，《敦煌文獻與文學》（台北：新文豐出版，一九九三），頁三九五—四三六。

將相食，謂之亡天下。」[62]換言之，對儒者而言，「亡國」與「亡天下」的差異，在於儒者的文化認同的「天下胸懷」，高過政治認同的「國家民族」，李恒老對中華秩序的追求，已經是「道統」高過「政統」，對於儒者堅持「道統」的心態，我姑且借用文學中的「鄉愁」（nostalgia）的文化情結，來形容文化上與政治上的認同關係。

古典的詩詞中有諸多因戰爭的顛沛流離、他方遠行、流放、政治因素的隔斷等，常是一輩子無法回鄉，藉著詩詞或文學作品表達思鄉情結。但「鄉愁」也有超越懷鄉而帶有人生歸宿或信仰，這是比較複雜深層的鄉愁，孔子的川上之嘆「逝者如斯，不舍晝夜」是鄉愁，陳子昂的「前不見古人，後不見來者，念天地之悠悠，獨愴然而涕下」也是鄉愁，今人齊邦媛寫下的皇皇巨著《巨流河》更是鄉愁。本書關心的是東亞儒者們的「鄉愁」，基本上是這類深刻意義的鄉愁，不只是停留於原鄉的情懷，而是心繫「天下秩序的和平」、「道統的維繫」、「三代理想政治」等等，並非局限在某一地理空間如中國，而是跨越地理空間，在本書所呈現近代以前的朝鮮、德川、越南等中國周邊國家，為何也自稱「中華」或「中國」？即便最後「走出中華」、「去中華」或「超越中華」的日本，仍然繞不過「中華」的課題。換言之，在近代以前「中國」本身是帶有政治與文化認同的「符碼」，本書借用「鄉愁」來表達這類東亞知識人的複雜心理情境。

因此，鄉愁本身是一種「方向」感的目標追求，但這種追求也涉及「方法」。若論「方向」，「鄉愁」約有兩種方向心態，一是離心力的鄉愁（nostalgia of centrifugal force），一是向心力的鄉愁（nostalgia of centripetal force）；若言「方法」，則有「超越」的兩種方式，一是「內化式的超越」，如朝鮮，認為中華道統在其自己，自認朝鮮的中華比中國還更中華；一是「切割式的超越」，如日本，企圖擺脫中華使之成為「他者」，用斬斷中華的方式，發展出自己的神皇之道並「取華代之」的模式。

先談「離心力的鄉愁」，雖有原鄉情懷，但最後勇於做自己，有時做出如哪吒一樣割骨還肉之舉，甚至征服中國的弒父之舉，日本對中華秩序的「初迎後拒」的情況就屬這類，而海島型也助長其實用理性的性格，過去從養父那裡的中華資源已經不適用近代文明，因此轉向西方文明轉得相當徹底，甚至在大東亞共榮圈發動「取華代之」的文明心態與行動。這時的「中華秩序」可以從「中國中心」轉移到「日本中心」，欲使日本成為「中華秩序」的盟主，日本這種東亞盟主論，骨子裡還是一種對中華秩序的追求心理，中華秩序的核心是「王道」，只是被日本經過兩階段的「脈絡性轉換」，第一階段是「神學的轉換」，第二階段稱「權力的轉換」。「神學的轉換」成熟於十九世紀上半葉，將「王道」轉換成的「神皇之道」；「權力的轉換」

62〔清〕顧炎武《日知錄集釋》，黃汝成集釋，（上海：上海古籍出版社，二〇〇六），卷十三〈正始〉，頁七五六—七五七。

則成熟於一九三〇年代的偽滿洲國，將「王道」注入了「皇道」的內容。[63]本書第三、四章即分析這個課題。

另一種是向心力的鄉愁，帶有濃濃的懷鄉情懷，難以做出切割，不過這種向心力往往又帶有「近鄉情怯」之複雜心境，朝鮮與越南、台灣對中華秩序的「既迎又卻」，可說是這種鄉愁的展現。值得注意的是，朝鮮與台灣更發展出「道統」的鄉愁，這是日本與越南兩者所比較沒出現的文化現象。質言之，能說出宋代朱子以後無真儒，而朝鮮出現大量真儒，大概只有朝鮮儒者有這種氣魄與承擔，那是一種「父死子繼」既沉痛不忍又捨我其誰的文化繼承心態，這就是父子關係型的情感，本書第一、二章即分析朝鮮這個複雜中華情結；「遺民關係型」的台灣與朝鮮不同的是，大量移民與中國既同文又同種，逃離當時中國政權，在海外形成新中國，政治上無法重返中華祖國大地，但文化上乃發展成「道統在我」的遺民式中華觀，本書第三章即以鄭成功的中華形象為核心，分析台灣的遺民式中華情結。

以上「父子關係型」與「遺民關係型」的中華情感，涉及到「中心」與「邊陲」的移動。換言之，在十七世紀那場黃宗羲（一六一〇—一六九五）所謂的「天崩地解」時代，[64]震動朝鮮與台灣的命運。朝鮮表面上在政治上臣服於清帝國，但在文化上不承認這個剛興起而不太中華的中心或者已經夷化的中華，作為文化繼承兒的自己得承擔起中華文化的大任，「真儒」的思考便是這種氛圍出現，唯有真儒方能承接「道統」，中國實已無道統，故道統悄然地「轉移」

到朝鮮，這就是朝鮮儒者對道統的鄉愁，既深刻又複雜，既難言又豐沛。[65]台灣鄭氏王朝及往後清領時期、日據時期乃至光復到解嚴時期（一九八七），自始至終的「遺民情結」揮之不去。所謂「遺民」也者，就是懷抱「正統在我」，義不帝秦的心境，在政治現實上雖然無法反攻大陸，但始終在文化上堅持中華正統。

越南「兄弟關係型」的中華秩序，是典型的南北型的關係型態，雖是長期與中國有封貢關係，但比朝鮮保留更具完整的獨立性，越南史書中充滿「天下」、「中國」、「皇帝」自稱的字眼，並且多稱自己與中國皇帝的關係是「南北各帝」，加上越南與周邊小國家、民族的長年紛爭關係，很早就形成「雙重朝貢」的政治與文化氛圍。不過，從中越關係的漫長歷史發展中，可窺越南與中國百越的淵源關係，既有系出中國神話的神農氏後裔，又長期受到中國封建王朝

63 以上日本對孟子「王道」思想進行兩階段的「脈絡性轉換」，參見黃俊傑，《孟子思想史論（卷三）》，頁七七—九六。亦可參Chang Kun-chiang（張崑將），"Modern Contextual Turns from "The Kingly Way" to "The Imperial Way"," in Shaun O'Dwyer ed., *Handbook of Confucianism in Modern Japan*（Tokyo: The Japan Documents,2022）Chapter 7, pp. 93-110. 此英文稿內容，主要呈現本書第四章中。

64 黃宗義，〈留別海昌同學序〉，《南雷文案》卷二，收入《黃宗義全集》第十冊（杭州：浙江古籍出版社，一九八五），頁六二七—六二八。

65 有關朝鮮儒者對「真儒」的討論，參本書第二章〈朝鮮儒者的真儒之論〉。

的統領，很早即傳入官僚組織、社會組織、儒學、佛教、道教、漢字等，使得越南與今日島嶼東南亞國家中，堪稱是最深受中國文化影響的國家，她一方面保留向中國學習，以中國為師為兄，一方面保留自己的獨立性，筆者稱之為「兄弟關係」（或「師弟關係」）。兄弟關係或師弟關係，其實是一個「類父子關係」，有時長兄如父，情同父子，有時關係鬧僵，不得不分割，但對兄長的北中國總存有血脈親緣而不能超越的敬重心態。在十八至二十世紀初期的越南近代知識分子，多發揮共同神裔之後的兄弟情懷之鄉愁，有種想要割捨卻又割捨不斷的兄弟情誼關係。本書第五章即探討這個課題。為配合上述十七世紀以後「中華秩序」的四種親屬關係，本書【下篇】第七至九章透過日韓知識分子的華夷論辨，進一步釐清其中彼此複雜的中華情結，以及更細膩印證上述四種關係類型的說明。

「中華秩序」是近世以來東亞儒教文化圈的共同命題，昔日稱「天下秩序」，宋代發展出「道統」以定「天下」秩序的核心。這個「道統」曾在宋代以後東亞儒教圈中產生重大的作用，相較於越南與日本對儒家文化的吸收，朝鮮儒者堪稱對道統傳承最為深入，並且深入到骨髓，導致有所謂「道統在朝鮮」的中華正統意識。但近代發展過程中，中華道統的力量氣若游絲，不僅保不住朝貢國的朝鮮、越南，也被迫割棄了台灣，連自身都岌岌可危，既擋不住西方帝國主義的侵略豪奪，連對東亞新興的日本帝國也無招架之力。但是，時移今日，現在西方的衰弱與東亞的崛起（特別是中國的再興）的國際局勢，已是有目共睹之事。中華文化也正在中國如火如荼地復興，「天下」、「王道」秩序的追求，又一再成為知識分子無法撇開必須討論的熱門課題，下一波的「道統轉移」或「道統復興」，以及要如何創造性轉換「道統」，是否能有再次「生成的飛躍」，值得令人拭目以待。

上篇

近世儒者追求中華秩序的四種關係類型

上篇引言

上篇共收六篇文章，旨在說明十七世紀以後東亞知識人對「中華秩序」追求的四種親屬關係。首先分析的是朝鮮「父子關係型」的「小中華」意識，分別在第一、二章說明之。第一章指出「小中華」意識在朝鮮五一八年（一三九二－一九一〇）的漫長歷史過程中，至少可區分以下三種展現主體自我的認同情感：第一種主體自我的認同情感是在小中華意識的溯源過程中，在箕氏朝鮮之「上」，另立「檀君朝鮮」的自我認同之情感。第二種主體自我的認同情感是小中華意識在華夷變態的政治巨變中，出現所謂的「唯我是華」的自我文化認同之情感。此一「唯我是華」又可區分兩階段，第一個階段是面對清人滅明後的華夷變態情勢，天下僅存「唯我是華」的自我情感，帶有「尊周思明」的正統意識。「唯我是華」的第二個階段是在西人勢力（「洋夷」）入侵以後的小中華意識，「洋夷」或「日帝」威脅著「清夷」，而「清夷」終被推翻，同時朝鮮也亡於日帝的兼併，這時出現期待「大華重現」的特殊情感。第二章則接續著與小中華意識息息相關的「道統」意識，在明帝國為滿清所滅後，朝鮮儒者有種承接「道統」的責任意識，認為天下只有朝鮮的學術土壤環境中才可能孕育「真儒」來承接中華道統，道統轉移乃成為朝鮮儒者面對的嚴肅課題。「真儒」在朝鮮係專指程朱性理之學，並且是繼承此道脈之傳而有功於聖學者，朝鮮儒者認為宋代是一個「真儒輩出」的時代，但宋代以後的中國，幾無真儒，而朝鮮成為孕育真儒的國度，並且「真儒輩出」，承接道脈的真傳。「真儒」才能承接道脈之傳，這種中華情感即是本書將之歸為追求中華秩序中屬於「父子關係型」的典型特色。

其次，本書第三章扣緊鄭成功在東亞的形象，特別是在台灣因鄭成功而發展出的「遺民意識」，是一種義不帝秦的正統中華模式。鄭成功及往後明鄭王朝雖然短暫，但在近代歷史發展中，紛紛出現搶鄭成功的風潮。首先是日本人因鄭成功的母系血緣來自日本，在殖民台灣時將延平郡王祠改為開山神社企圖爭取台灣人的認同；其次在孫中山等革命黨人欲推翻滿清王朝期間，與反清復明的鄭成功遺志遙相呼應，而當孫中山革命成功後，台灣知識分子又期待第二個鄭成功收復台灣回歸中華懷抱。顯然近代各方都互搶鄭成功，或給鄭成功安立大和魂精神的日本武士男兒形象，或借鄭成功來喚醒中國魂，或激發朝鮮人的中華正統意識。以上鄭成功在兩岸或日韓不同的形象，均涉及到「中華意識」的詮釋辯證問題。回到台灣本身，鄭成功給出的「中華」意象，帶有濃厚的遺民意識及其情操，這反應在台灣有一百多座鄭成功廟宇，在清代、日據時期持續發酵其遺民精神，甚至在光復以後，兩岸分治，蔣介石帶了近乎百萬軍民來到台灣，一時之間又激增了許多回不去的「遺民」，帶來新一波中華意識的浪潮。

再來是「養父子關係型」的日本，本書分別在第四、五章分析之。十七世紀中葉以後中國那場驚天動地的明清交替，當然也波及日本，德川儒臣林道春等人更彙編《華夷變態》分析隨時傳來的各種中國情報給德川將軍。江戶時代是吸收儒學的高峰期，出現許多知名儒者及學派（古義學派、古文辭學派、闇齋學派、林氏朱子學派等），但日本與朝鮮及中國不同，江戶幕府在政治體制上雖以武家政權為主，仍形式上禮尊天皇，形成共構的朝幕體制。文化上，也有依託天皇神話的神道主體信仰。職是之故，日本儒者在吸收儒學之餘，如何安頓自己主體的神道信仰，便成為江戶儒者擺脫不了的共同課題。第四章提出的「神儒兼攝」者，即說明該學者一方面是儒者，一方面又有鮮明的日本本土的神道信仰，乃發展出以下兩種調和方式：其一是「神儒合一」者表面上調融神、儒之道，但精神上大皆仍由儒學來理解神道；另一是「神儒一其揆」者，則以神道為主，儒學為輔，儒學僅能當作次要地位。但是，到了江戶末期神道思想愈高漲，神、儒之道衝突愈甚，甚至在明治維新以後出現「國家神道」，成為超越所有宗教的宗教，儒學益趨式微。第五章延續此課題，分析近世的「王道」與「神道」的主次關係課題是如何一步步發展成為近代的「皇道」，從幕末到一九三〇年代經歷了「萌芽期」、「醞釀期」到偽滿洲國成立以後的「成熟期」，「皇道」最終取代了「王道」。「王道」初期滋養與醞釀日本「神道」或「皇道」的「源流」，但在日本近代乃轉身成為自己本身的「原型」，彷如從養父滋養茁壯後，最後脫離甚至取代了養父，本書稱這種情結關係為「養父子關係型」。

本書第六章是闡釋與中國呈現南北型態的越南，將之稱為追求中華秩序中的「兄弟關係型」。透過考察越南神話依託神農氏之後，發現越南與中國有南北兄弟的神性血緣關係，由此窺探兩國政治與文化的兄弟情結。本章也藉由分析越南對內的「史臣」及對外的「使臣」兩種「中國」意識，發現越南史臣在撰寫史書之際，頗刻意強化南北「各帝其國」、「各華其華」的政治與文化主體性，並沒有「夷」的身分之辯解問題，甚至凸顯自己有一套自己的「中華秩序」。相較而言，越南出使中國的「使臣」常常需要向中國官員爭取「是華非夷」的國格主體性，刻意表現出「同華意識」的立場。同時在外交場合中，越南使臣有時也要與朝鮮使臣互較「競華」，展現「父子型」與「兄弟型」二者對中華秩序的不同心理情感。

第一章

朝鮮儒者「小中華」意識中的自我情感因素

儒道盛行，世不殊乎大上古。
海邦雖僻，人皆謂之小中華。[1]

——金坵

一、前言：父子關係型的小中華意識

朝鮮作為本書所稱中華秩序中最親密的「父子關係型」，主要發展出其獨特的「小中華意識」。本章扣緊朝鮮對中華文化認同的情感因素，探索朝鮮儒者對「小中華」意識的形塑與轉變之特色。事實上，「小中華」意識不只是表面上的「慕華意識」而已，尚帶有自我文化認同的「情感」因素，這種自我認同的情感，在文化交流中主導著對「他者」的「再現」，更是文化交流中「去脈絡化」與「再脈絡化」的決定性因素。[2]本章企圖指出，「小中華」意識在朝鮮五一八年（一三九二—一九一〇）的漫長歷史過程中，至少可區分以下三種展現主體自我的認同情感：第一種主體自我的認同情感是在小中華意識的溯源過程中，在箕氏朝鮮之「上」，另立「檀君朝鮮」的自我認同之情感。這一類情感是來自於民族根源的情感。第二種主體自我的認同情感是小中華意識在華夷變態的政治巨變中，出現所謂的「唯我是華」的自我文化認同之情感。「唯我是華」又可區分兩階段，第一個階段是面對清人滅明後的華夷變態情勢，中華淪為夷狄，華已不華，天下僅存「唯我是華」的自我情感，這一類自我情感的特色，可說夾雜著政治與文化上的情感。政治上的情感來自於「尊周思明」的正統意識，不以清為正統；文化上的情感則哀嘆中華竟淪為夷狄，充滿「華」的自任自重感，甚至出現「小華」也可以成為「大華」的自負感。「唯我是華」的第二個階段是在西人勢力（洋夷）入侵以後的小中華意識，「洋夷」或「日帝」威脅著「清夷」，而「清夷」終被推翻，同時朝鮮也亡於日帝的兼併，這時出現期待「大華重現」的特殊情感。

有關朝鮮「小中華」意識的研究，課題頗多，孫衛國早期專注清興滅明後朝鮮知識分子的「尊周思明」之意識，[3]但這種尊攘思想是比較屬於朝鮮「後期」，故近年來孫衛國補入朝鮮王朝小中華思想的淵源與箕子的關係，及朝鮮「前期」的「慕華」思想，不同於朝鮮「後期」

---

1 金坵（一二一一—一二七八），〈上座主金相國良鏡 謝傳衣衣缽啟〉，收入《止浦先生文集》卷三，《韓國文集叢刊》（漢城：民族文化推進會，二〇〇三）第二冊，頁三五四。金坵是高麗時期儒者。

2 有關文化交流中的「去脈絡化」與「再脈絡化」的觀念分析，詳參黃俊傑，〈東亞文化交流史中的「去脈絡化」與「再脈絡化」現象及其研究方法論問題〉，《東亞觀念史集刊》第二期（二〇一二年六月），頁五五—七八。

3 如孫衛國的專書《大明旗號與小中華意識：朝鮮王朝尊周思明問題研究（一六三七—一八〇〇）》（北京：商務印書館，二〇〇七）。

以尊攘思想為主的內涵。[4]此外，有集中討論堅持北伐大義的宋時烈（一六〇七－一六八八）之小中華思想及尊周思想等等，[5]也有學者考察朝鮮以前的高麗王朝之小中華意識的形成及轉變，[6]也有針對「士林派、性理學派系列」／「勳舊派、實學派系列」關於「事大」與「慕華」態度的不同做過詳細的區別。[7]本章則是在前人的研究基礎上，擬更細探「小中華」意識在朝鮮特殊情境下的「情感」因素，這種情感實情同父子般，帶有難以割捨的文化認同因子。

二、「小中華」意識中的「檀君」與「箕子」情感

韓國歷史上何時有「小中華」之稱，孫衛國根據《朝鮮世宗實錄》的模糊說法：「古書有之。初，佛之排布諸國也，朝鮮幾為中華，以其小故，不得為華。」之說法，由於與佛教有關，故合理推測來自於統一新羅時期，因當時佛教盛行。[8]但這也只是推測。比較可信的是高麗中期文宗三十年（一〇七六）的「小中華之館」，是一批出使宋朝使臣而由中國官員命名的處所，[9]而高麗使臣朴寅亮（？－一〇九六）也在著作中提到：「聲名煊赫，文物芬葩，比盛上國，稱小中華。」[10]顯然，在北宋神宗一朝，「小中華」一詞在中國與韓國之間已經具備雛形，而且是以禮樂文物制度與中國無別而被冠上的稱呼。不過筆者以為，「小中華」之稱在高麗一朝確實存在過，但還不到形成一個通說乃至「意識」，僅偶爾出現在上述資料中，故只能

說已有雛形，未能像朝鮮一朝已形成一股比較普遍的文化意識。此外，高麗一朝之所以未能成為「華」的主因，也與其「華」的程度還不夠「純」，因其國仍儒、佛雜染，如以下成均館儒

4 孫衛國，《從「尊明」到「奉清」：朝鮮王朝對清意識的嬗變（一六二七—一九一〇）》（台北：臺大出版中心，二〇一八），第一章〈朝鮮王朝「小中華」思想的核心理念〉，頁三九—六二。

5 這方面的研究論文集可參《韓國儒學思想論文集》第二六冊（首爾：景仁文化，一九九四）。另也可參우경섭（禹景燮，Kyung Sup Woo），〈송시열의 화이론과 조선중화주의의 성립（宋時烈的華夷論與朝鮮中華主義的成立）〉，震檀學會編，《震檀學報》卷一〇一（二〇〇六），頁二五七—二八九。

6 如鄭墡謨，〈朝鮮漢學中的「小中華」意識：「小中華」意識的成立與轉變〉，此文發表於二〇一〇年宣讀於臺灣師範大學國際與僑教學院主辦之「國際漢學與東亞文化」國際學術研討會（台北：國家圖書館國際會議廳，二〇一〇年六月二十五日）。

7 參이상익（李相益，SangIkLee），〈조선시대 중화주의의 두 흐름（朝鮮時代中華主義的兩條潮流）〉，收入韓國哲學史研究會《韓國哲學論集》Vol. 24（二〇〇八），頁七—四一。本章指出士林派、性理學派系列對於「事大」與「慕華」更徹底，但動舊派、實學派系列雖然沒有否認「事大」與「慕華」，但也擁護「朝鮮的獨自性」。

8 前引孫衛國，《從「尊明」到「奉清」：朝鮮王朝對清意識的嬗變（一六二七—一九一〇）》，頁四〇—四一。

9 安鼎福，《東史綱目》（漢城：景仁，一九七〇），第二冊，卷七，文宗三〇年記載：「秋八月，遣使入朝于宋。工部侍郎崔思諒，奉使入宋謝恩獻方物。宋以本國文物禮樂之邦，待之深厚，題使臣下馬所曰：『小中華之館』，所至太守郊迎，其餞亦如之。」頁一六八。

10 朴寅亮，《文王哀冊》，收入《影印標點東文選》（漢城：韓國民族文化推進會，一九九九），第[illegible]冊，卷二八，頁七三—七四。

生的上奏文的說法：[11]

本朝，海外尚文之小中華也。三韓之際，羅、麗之間，猶未免夷俗之陋，逮夫我太祖、太宗，明倫於勝國崇佛之後，陳常於勝國蔑儒之餘。凡係名分二字處，其嚴有截，其等有隔，一洗舊染，如日中天。際於其時，大明高皇帝，須我以禮法之書，賜我以冠裳之制，儀節之隆殺，名位之等級，井井有區域，分不得踰寸，寸不得踰尺，維持我四百年基業者，專由於此。

這裡透露出稱小中華的兩個要素，其一是明太祖朱元璋特頒禮法之書給朝鮮，其二是太宗以後，朝鮮崇儒斥佛，有別於前朝高麗及新羅的崇佛政策，這兩項是朝鮮特別「華」而有別於前朝「不純華」的因素。職是之故，「小中華」不只是典章文物制度都模仿中華而已，對朝鮮而言，「小中華」意識還更有上述與明帝國的深厚關係，其一是國號來源是明太祖所賜，[12]其二是朝鮮一如明帝國尊崇儒學正統。具有以上內容，才是朝鮮儒者對「小中華」的共同意識。

值得注意的是，「小中華」意識在朝鮮一朝的發展過程中，不是只有一開始「慕華」或以中華文化為尊而已，特別是朝鮮歷經明亡清興的「華夷變態」之巨變，朝鮮在此脈絡的轉換下，將「小中華」意識注入「在其自己」的主體自我情感，以下擬凸顯某些儒者如何在小中華意識下注入「檀君朝鮮」與「唯己是華」兩項的自我情感，前一項是基於民族自尊的自我情感，後一項則是處於華夷變態的政治巨變下所體現的自任情感。本節先扣緊小中華意識中的檀君朝鮮之自我情感。

朝鮮儒者在追溯文化的自我認同上，常溯源自「箕氏朝鮮」，「小中華」意識便在這樣的依戀情結中出現，亦即箕氏帶來教化，使朝鮮從「夷」變「華」。如以下所引：[13]

11 《朝鮮王朝實錄》（漢城：國史編纂委員會，一九五八年太白山四庫本），純祖第二六卷，純組二十三年（一八二三）八月二日。

12 關於明太祖賜給「朝鮮」的國號，《明史》及明太祖實錄均簡單記載如下：「乙酉，高麗權知國事李成桂，欲吏其國號，遣使來請命，上曰：『東夷之號，惟朝鮮之稱最美，且其來遠矣，宜更其國號曰朝鮮。』」參（明）姚廣孝鈔本，《明太祖高皇帝實錄》卷之二二三。但在《御批歷代通鑑輯覽》卷一〇一有比較詳細的記載：「秋七月，高麗李成桂逐其君瑤而自立，成桂在國，威權日盛，瑤雖為所立，慮禍必將及亡，與近臣圖之，事泄，成桂遂逐瑤而自立，尋以國人表請命，帝以高麗而僻在海隅，非中國所治詔，聽之。既而成桂又請更國號，帝命仍古號曰朝鮮。」由上述簡繁的朝鮮國號由來的敘述，可知整個命名朝鮮，實與「小中華」無關，「朝鮮」只是被當作「東夷之號」中名稱「最美」，顯然仍視朝鮮為「東夷」。至於朝鮮君臣如何誇大解讀對朝鮮有「小中華」的特殊待遇，應是朝鮮一廂情願的看法。

13 《朝鮮王朝實錄》，成宗三年（一四七二），七月十日。

禮曹啓：今承傳教，陳言者有云：「吾東方，自箕子以來，教化大行，男有烈士之風，女有貞正之俗，史稱小中華。」

箕子為朝鮮帶來文物教化，這是稱為「小中華」的主因，即連朝鮮國王也是如此認為，如肅宗即提到：[14]

王曰：「予今講洪範書，箕子傳道於武王，以叙彝倫。及其受封于東，大明教化，禮樂文物，燦然可述，使我東國，至今冠帶，克明五常，以得小中華之稱者，箕子之力也。」其令主文之臣，別構祭文，遣都承旨致祭于箕子廟。

王室如此熱衷帶頭推崇，並為箕氏立廟祭祀，[15]以紀念「小中華」的源頭，追溯其源，當從其開國君主李成桂（在位一三九二－一三九八），把國號的命名權給了明朝開國皇帝朱元璋，朱元璋當然清楚箕氏曾在朝鮮立國，故刻意選賜「朝鮮」國號，令李成桂深為感激，使本是「東夷」的朝鮮可轉「夷」為「華」，這也是韓國歷史王朝史上由中國皇帝賜封國名的唯一一次。由此窺知，朝鮮與明帝國的藩屬關係，迥異於其他國家與明帝國的朝貢關係。不僅國名來自於明帝國，連文化上也都以明帝國推崇的朱子學為宗。朝鮮開國不久，為接待天朝來的使臣，太宗時代特設有「慕華館」，經世宗擴建而完備，取「小華慕大華」之意。[16]筆者檢索「小中華」一詞，有關儒林的《韓國文集叢刊》出現有二三六筆，記載王室的君臣對話的《朝鮮王朝實錄》也有十九筆，可見「小中華」一詞已是朝鮮儒者常用語詞。

值得注意的是，「小中華」在中國明清重要的史籍典冊上均未見，諸如《二十五史》中的明清史、《四庫全書》、《明清實錄》等皆未見「小中華」一詞，可見中國官方乃至士大夫社群中並未將朝鮮當成「小中華」。但是，「小中華」一詞常出現在中國官員出使朝鮮過程中的讚詞，只是這些記載都出自朝鮮的儒臣之說，如以下兩筆記載：

---

14 李觀命，〈肅宗大王行狀〉，《屏山集》卷九，收入《韓國文集叢刊》第一七七冊，頁一七一。

15 為箕子立祠祭祀，不始於朝鮮，可見於高麗時代的肅宗七年（一一〇二）的記載：「肅宗七年，十月壬子朔禮部奏：『我國教化禮儀，自箕子始而不載祀典，乞求其墳塋，立祠以祭。』從之。」參《高麗史》卷六三：〈禮志．吉禮小祀．雜祀〉。

16 崔溥〈慕華館記〉載曰：「我國朝，彝倫秩然，禮教赫然，華人亦以為小中華。則小華慕大華，宜也，館之得名，亦宜也。臣聞：上有好者，下必有甚焉者。國家慕華之制如此，主上慕華之心如此。為臣者，體上而勉於忠；為子者，體上而勉於孝，則是館也，豈徒為慕華設，抑亦為忠孝者勸，抑亦為國家之休矣。」氏著，《錦南先生集》卷一，收入《韓國文集叢刊》第十六冊，頁三七〇。

義州宣慰使李克墩啓曰：「去年天使祁順初到，我國禮遇甚倨。其還也，言曰：『朝鮮實是知禮之國，其稱小中華，非虛語也。』稱嘆不已。[17]

我國雖在海外，中朝以文士之多為美，先是天使倪謙出來，見成三問、朴彭年之才，稱為小中華。今弘文館官員有將來者，使久居其任，以成華國之才。[18]

由此可知，「小中華」一詞除用於「知禮」的教化涵養以外，朝鮮人要被中國官員稱為「華」，起碼也要具備相當的詩文文采，所以朝鮮派遣的「朝天使」或「燕行使」都必具有這樣的才能。能夠在與中國人的交流過程中被稱呼為「華」，才是「小中華」的品質保證，例如一五七四年作為朝天使之一的趙憲（一五四四—一五九二），宿於接待者袁鐸之家，袁鐸來見，有一段記載：「余勸以勤勤讀書，以孝慈親，而且與之筆以獎之。鐸曰：『大人所為，皆禮義之風，而吾中國還有夷狄之風，何以報德？』即取西瓜以侑之。」[19]這雖是一段很普通的記載，但透露出中國居民也總有「華彼夷我」的心態，何以言之？看過趙憲一行使節團的《朝天日記》，都會對中國接待官員如何對之索賄，以及一路所見盜賊屠村慘況，時有所聞。面對一個來自外邦的朝鮮，竟會贈筆勸其讀書，兩相對照，當然會有「華彼夷我」的感覺。

即便朝鮮人自稱「小中華」，遠溯到「箕氏朝鮮」，但這個箕氏畢竟還是外來的中國人，並不是朝鮮人。就民族情感而言，在自我認同上不免有主體性失落之感，於是一些儒者乃將

「教化」的源頭，再遠推至「檀君朝鮮」（「檀君」亦書為「壇君」），即可解決自我民族情感失落的問題，展現自我文化認同的主體性。眾所周知，檀君朝鮮神話的色彩相當濃厚，[20]但一些儒臣要將「華」再往上溯到這個階段，如《成宗實錄》載有一條：[21]

17《朝鮮王朝實錄》，成宗二〇八卷，成宗十八年（一四八七）十月十二日。

18《朝鮮王朝實錄》，中宗七卷，中宗三年（一五〇八）十月二十二日。

19 趙憲，《朝天日記》（《重峰集》），收入《燕行錄全集》（漢城：東國大學校出版部，二〇〇一）第五冊，頁一八七—一八八。

20 高麗忠烈王（在位一二七五—一三〇八）一然和尚所著《三國遺事》（台北：東方文化，一九七一）第一卷〈紀異〉即載：「古記云：昔有桓國，謂帝釋也。庶子桓雄數意天下貪求人世，父知子意，下視三危太伯，可以弘益人間，乃授天符印三箇，遣 理之雄，率徒三千降於太伯山頂即太伯今妙香山神壇樹下謂之神市，是謂桓雄天王也。將風伯、雨師、雲師而主穀、主命、主病、主刑、主善惡，凡主人間三百六十餘。事在世理化時，有一熊一虎，同穴而居，常祈于神，雄願化為人，時神遺靈艾一炷，蒜二十枚，曰：『爾輩食之，不見日光百日，便得人形。』熊虎得而食之，忌三七日，熊得女身，虎不能忌，而不得人身。熊女者無與為婚故，每於壇樹下，呪願有孕，雄乃假化而婚之，孕生子號曰壇君王儉。以唐高即位五十年，庚寅唐堯即位元年，戊辰則五十年，丁巳非庚寅也，疑其未實都平壤城，今西京始稱朝鮮，又移都於白岳山阿斯達，又名弓（一作方）忽山，又今彌達御國一千五百年，周虎王即位，己卯封箕子於朝鮮，壇君乃移於藏唐京，後還隱於阿斯達，為山神壽一千九百八歲。」

21《朝鮮王朝實錄》，成宗一三四卷，成宗十二年（一四八一）十月十七日。

自檀君與堯竝立，歷箕子、新羅，皆享千年，前朝王氏亦享五百。庶民則男女勤耕桑之務，士夫則文武供內外之事，家家有封君之樂，世世存事大之體，作別乾坤，稱小中華，凡三千九百年于茲矣。

但我們看到以下李廷龜（一五六四－一六三五）解釋的箕子，將檀君視為「人文未彰」：[22]

我東雖僻，亦天民也，而曰自檀君，人文未彰，泯泯棼棼，倘微箕子八條之教，則終未免為左衽之歸。箕子之教東方，是猶羲軒堯舜之教中土，蓋有不可得而已者，此又非天意而誰歟？天之不死箕子，為傳道也，為化民也。

由以上的對照可知，有以箕氏為朝鮮的「華之始」，但也有遠推自檀君，其目的在於認為「小中華」的「華」之歷史不只稱朝鮮一朝，古檀君朝鮮也應包括在內。有了民族種性根源的檀君之後，再將之與儒家推尊的第一個聖王「堯」並立，而且還標記大致的年代「三千九百年」之實證，以與「大中華」等齊而「華」。這種將「小中華」溯源到「本土的」檀君朝鮮，便可解除民族根源上是「夷」而受到「華」的教化才成為「華」的疑慮。此條遠溯檀君朝鮮，並非特例，如以下儒臣洪良浩（一七二四－一八〇二）在一七九九年的上箚書：[23]

洪惟我東方有國，粵自邃古，檀君首出，箕子東來。自茲以降，分為三韓，散為九夷。及至羅、麗，始得混一，而其教則儒釋相半，其俗則華戎交雜。然而地近燕、齊，星應箕斗，故檀氏之起，竝於陶唐，箕聖之封，肇自周武。蓋其風氣相近，聲教攸漸，衣冠悉遵華制，文字不用番梵，或稱小中華，或稱君子之國，與夫侏離左袵之俗，逈然不同。

此又將檀君亦包括在「小中華」之列，而且都出現在君臣的討論上。揆諸儒者遠溯檀君朝鮮，在於將檀君比附唐堯的聖君形象，其「華」乃「自出」，非箕氏朝鮮的「外來」，故這種遠溯目的，無非來自於自我民族自尊的情感。

以上所引兩條遠溯「檀君朝鮮」的小中華意識資料中，前一條發生在成宗在位的一四八一年，後一條則在正祖在位的一七九九年。前者在明帝國時期，後者在清帝國時期，可見基於自我民族情感的「檀君朝鮮」的小中華意識，並不是因明帝國衰亡才產生的主體性情感，而是自

22 李廷龜，〈箕子廟碑銘〉，《月汀先生集》卷之四五，收入《韓國文集叢刊》（漢城：民族文化推進會，一九九〇年）第七〇冊，頁二三一。

23 《朝鮮王朝實錄》，正祖五二卷，正祖二十三年（一七九九），十二月二十一日。

十五世紀以來儒臣即有的自覺意識。

值得注意的是，朝鮮儒臣在遠溯檀君朝鮮之際，並非否定箕氏朝鮮，反而是強化箕氏朝鮮與檀君朝鮮之關係，如實學派李瀷（一六八一—一七六三）以下的立場：[24]

> 檀君與堯並立至十二州時已百年矣。雖未知疆土遠近，而箕子繼立其後，孫朝鮮侯時，與燕爭強，燕攻其西，取地二千餘里。……檀君亦必在虞廷風化之內，而東邦之變夷為夏久矣。舜本東夷之人，則諸馮（舜生之地）、負夏（舜遷居之地）亦必九夷之中也。箕子雖都平壤，而與燕接界，而孤竹之墟又在其中，自堯舜之世視作內服，閱檀箕、夷齊之風化聲教所迄，莫有此若也。

李瀷清楚地表達檀君與箕子的繼承關係，且說「檀箕、夷齊之風化聲教所迄」，指的是從檀君到箕子、孤竹君二子的伯夷、叔齊都是屬於東夷之人，自堯以來早皆已內服於中國，且確定檀君在虞舜時代已屬「風化之內」。李瀷這種在同屬「殷民」之下的東夷之人，旨在強化「檀君」與「箕子」、「夷齊」的連續性關係，而非斷裂性關係，筆者稱之為「檀箕情感」。[25]但這種「檀箕情感」只是遠溯朝鮮之華可以上推至檀君而屬堯「內服」之疆域，雖可以洗刷民族源流的「不華」之憾，仍然擺脫不了以大中華為中心的心理情結。

三、華夷變態中的「唯我是華」之自任情感

朝鮮「小中華」的另一種主體情感的因素，則是處於華夷變態巨變下的小中華意識，從而出現所謂的「唯我是華」的自我責任之情感。「唯我是華」可區分兩階段：其一面對清人滅明後的華夷變態情勢，中華淪為夷狄，華已不華，故存在筆者所謂的「唯我是華」的自我情感，這一類情感的特色，可說夾雜著政治與文化上的雙重認同情感。政治上的情感來自於「尊周思明」的正統意識，不以清為正統，文化上的情感則哀嘆中華竟淪為夷狄，充滿「華」的自任自重感，出現「小華」可躋身「大華」以及期待「真華」再現兩種情感。由於小中華涉及到「華夷秩序」的課題，一旦華夷秩序有變，「小中華」的內涵也將隨之轉變，從而在情感上也與第二節基於民族情感的性質有所不同。

「小中華」既然是相對於「大中華」而言，而且這個「大中華」確實在一開始即與朝鮮命

24 李瀷，〈檀箕疆域〉，《星湖僿說》卷一，頁三六。

25 有關箕子認同與檀君信仰的勃興，可參孫衛國，《從「尊明」到「奉清」：朝鮮王朝對清意識的嬗變（一六二七—一九一〇）》（台北：臺大出版中心，二〇一八）第二章〈檀君朝鮮與箕子朝鮮歷史的塑造〉，頁八五—九八。

運臍帶相連，如前所言朝鮮「國號」是明朝皇帝賜給，朝鮮思想界亦學習著明帝國以朱子學為官方的學問，朝鮮的北方外患也有著與明帝國一樣的「夷狄」。特別的是，這個明帝國是以驅除韃虜建國，所以論「正統」、論「中華」，明帝國比其他諸朝代可說是更為「正統」、更為「中華」，更不用說在日本豐臣秀吉發動侵韓之役（一五九二—一五九七），明帝國也確實盡到其宗主國的責任保護了朝鮮，使之免於亡國。上述因素使得朝鮮上下對明帝國的「事大慕華」政策不動如山，而且「事大」與「慕華」可說是一體不可分割。不過，滿洲人在北方興起，終究滅了明帝國，使朝鮮只能「事大」，卻無法「慕華」，因「大華」已淪為「夷狄」，也只有讓「小華」撐起文化的責任，或以「大華」自任，或期待「大華」的重光，許多朝鮮儒者是抱持這樣的心態面對華夷變態的巨變。華夷變態扭轉了朝鮮人的「華夷秩序」觀，而且處處都涉及文化與政治的認同情感，這可從諸多儒臣始終不承認清帝國為正統王朝窺知。

朝鮮儒臣面對清帝國滅明之後的地位，多仍以「夷狄」視之，私底下的君臣對話或儒者文集之中，拒絕承認清帝國的正統地位。我們且看一六三六年的丙子事變過程中所引起的抗爭。丙子年春天二月，金人將建帝號，請朝鮮共尊之，由於涉及國書是否稱「清」帝號的爭議，群臣激烈抗爭，仁祖（在位一六二三—一六四九）亦拒絕承認，然亦遣二使臣答禮，不意三月皇太極改國號為「清」，二使臣被迫參賀，引起不少爭議，但仁祖在清軍大舉入侵以前，仍未承認其帝號。丙子歲末之際，清軍大舉兵渡鴨綠江，仁祖棄京逃至南漢山城。翌年正月，清帝促降稱臣，群臣洶洶，仁祖舉棋不定，及至清軍攻下江華、屠城、俘虜二王子，仁祖始決定出降，力主抗清大臣如金尚憲（一五七〇—一六五二）自縊、鄭蘊（一五六九—一六四一）自刺，皆獲救未死。二月，仁祖交出斥和儒臣吳達濟（一六〇九—一六三七）、尹集（一六〇六—一六三七）等出城受降，向清帝皇太極三拜叩頭而返城，清軍乃罷兵。在此受降期間，有義不帝清之儒臣罷官，有士人廢科隱居不用清曆。一六三九年秋，朝鮮正式向清朝貢。在丙子事件短短幾個月的時間中，朝鮮君臣始終討論與清和議或堅持「大義」的爭議，我們先看朝鮮儒臣所謂的「大義」是何指？以下是諫院向仁祖進諫的內容：[26]

> 諫院啓曰：「謀國之道，必先明大義，不可回譎，而知經筵崔鳴吉，曾於筵席之上，謂：「金汗為清國汗，以為定式」云，謬哉！鳴吉之言也！何其不思之甚耶？彼以清國為號者，實非偶然之稱也。彼僭偽號，我因以稱之，則是與其僭也，浸浸之弊，何所不至？鳴吉當公論方張之日，不顧大義，敢以不忍聞之說，仰溷於冕旒之下，其縱恣無忌，固已極矣。

26《朝鮮王朝實錄》，仁祖三三卷，仁祖十四年（一六三六丙子）九月二十七日。

這裡的「明大義」不只涉及到對明帝國的忠誠心而已，還涉及到金人並沒有資格稱帝號，故說其為「僭」。一旦承認「僭」者，則自己也同為「僭」，不僅自己有失「大義」，同時拋棄了對大明的「大義」。引文中的崔鳴吉（一五八六－一六四七），是主張和議而承認大清以免亡國的大臣，可以想見他被群臣攻擊的體無完膚，其中以尹集表達最為露骨：[27]

> 尹集上疏曰：和議之亡人國家，匪今斯今，振古如斯，而未有如今日之甚者也。天朝之於我國，乃父母也；奴賊之於我國，即父母之仇讐也。為人臣子者，其可與父母之仇讐，約為兄弟，而置父母於相忘之域乎？而況壬辰之事，秋毫皆帝力也。其在我國，食息難忘，而頃者虜勢張甚，逼近京師，震污皇陵。雖不得明知，殿下於斯時也，當作何如懷耶？寧以國斃，義不可苟全，而顧兵弱力微，未能悉賦從征，亦何忍更以和議，倡於此時乎？往日聖明，赫然奮發，據義斥絕，布告中外，轉奏天朝，環東土數千里，舉欣欣然相告曰：「吾其免被髮左衽矣。」不圖茲者，奬勑纔降，邪議旋發，忍以清國汗三字，舉之於其口，又有承旨、侍臣屏去之說，噫嘻亦太甚矣。

這段上奏文，先以「父母國」稱「明」，以「父母之仇讎」稱「金」，辭氣甚厲，接著歷數過去明朝在壬辰倭亂對朝鮮的再造之恩，同時也描述當下金人對朝鮮的蹂躪，若承認了清帝號，則如何面對未來「被髮左衽」之譏。總之，尹集訴說著過去明廷的「恩」到當下金人的「仇」乃至未來遭「入夷」之譏，念及此，「寧以國斃，義不苟全」，實無和議之理。尹集這裡的「大義」，不只是對明朝再造之恩的「大義」，也是堅持華夷秩序有關朝鮮本身國格尊嚴的「大義」。亦即若「大義」有虧，則朝鮮也「華」不起來了，將與清人共「夷」。洪翼漢（一五八六—一六三七）的上疏文更指出清人稱帝何以需要朝鮮承認，似乎透露一些訊息：[28]

> 然則虜之稱帝，非虜之自帝，廟堂使之帝，而虜不得不以為帝也。苟欲稱天子、莅大位，唯當自帝其國，號令其俗，誰復禁之，而必欲稟問於我而後，行帝事哉？其所以渝盟、開釁，嚇我、藉我者明矣，而亦見其要我立信，將以稱於天下曰：「朝鮮尊我為天子。」殿下何面目，立天下乎？

洪翼漢上述的疏文實點出了皇太極即位之初，定下「將圖中國，欲先服朝鮮」的兩層用意：其一是軍事上「斷其援助」的因素，此可明說；其二是文化上讓「小中華」的朝鮮承認了清人的

27《朝鮮王朝實錄》，仁祖三三卷，仁祖十四年（一六三六丙子）十一月八日。
28《朝鮮王朝實錄》，仁祖三三卷，仁祖十四年（一六三六丙子）二月二十一日。

帝號，有威服其他藩屬國向清交心的作用。值得注意的是，在這裡朝鮮扮演了「華」承認「夷」的重要角色，如果「華」的朝鮮都承認了身為「夷」的清帝為天下主，表示清人已是「不夷」，那清人入主「大華」有何「失義」？

不過，清雖滅「大華」仍存「小華」，「小華」的朝鮮雖必須「事大清」，卻高度掌有歷史的解釋權，未如清帝國在境內實施文字獄（如呂留良、曾靜案）。朝鮮有不少儒者並不忌諱地討論「正統」，而且一開始仍私自堅持春秋大義，以明為正統者居多，甚至出現北學派宋時烈（一六〇七—一六八九）向孝宗陳北伐之策，欲恢復明朝之言論。但隨著清帝國統治中國上百年之久，朝鮮也出現實學派人物，修正宋時烈的尊周大義論。[29]本節集中處理堅持春秋大義一派的儒臣之華夷論，以窺其在華夷變態過程中的「唯華意識」之自任情感。

朝鮮堅持春秋大義的儒臣，以「華」自居，以「夷」稱清，以朱子《春秋》「攘夷」筆法的褒貶方式論正統為宗，不取歐陽修的《春秋》「尊王」之大一統正統論。[30]因此，即使明帝國已亡，多數儒者仍高度推崇明朝的正統，卻不承認清朝的正統。揆諸朝鮮以「正統論」為文者，李瀷（一五七九—一六二四）有〈三韓正統論〉、張瑱（約一六七〇年代為官）有〈溫公不以蜀漢為正統論〉，崔錫鼎（一六四六—一七一五）、成海應（一七六〇—一八三九）、柳重教（一八三二—一八九三）亦均有〈正統論〉專文。[31]以下我們舉後三人的正統論說明之。崔錫鼎的〈正統論〉，基於朱子《資治通鑑綱目》的正統論原則，先批評歐陽修不以蜀漢為正統，

29 如安錫儆（一七一八—一七七四）在〈擬大庭對策〉反對宋時烈的華夷觀，採取比較實務的看法，如是批評宋時烈：「我孝宗與先正臣文正公宋時烈議大舉北伐，灑濯天下，復立大明，此皆殿下之所欽誦也，其奮義甚明，不俟後人之申說，雖有一種邪論，行於世間，有不可不辨者。蓋其論云：「苟能全有天下者，皆天子也。天下之主也，或起華夏，或起夷狄，皆天之所與也。人之臣附者。亦何擇之有哉？大明固天之所與也，今清獨非天之所與乎？若非天與，則能百年完全，尚無敗缺也哉？且朝鮮雖稱小中華，而尚有夷音則是亦夷也。以夷臣於夷皇，抑何害乎？朝鮮之於大明，固臣事之矣，今於清獨不臣事之乎？三百年之舊君固君也，百年之新君獨非君乎？欲以朝鮮為明伐清，於義何所據也？且怨德之報，不宜在後世，方明之亡清之初與也，復讎雪恥之擧可為也。今幾年耳，德已無可報，而怨亦已可忘矣。且大明之於朝鮮，苛刻多責而貢斂繁重，國為之懸竭而幾於亡矣。賴清帝之寬大簡易，廉於納貢，而朝鮮少完，百年庇藾，實有長育之恩。若丁卯之寇，丁丑之難，則以此而為可忘也。且大明萬曆東救之擧，則所謂為楚非為趙者也，若使倭寇仍據朝鮮，則陸行二千里，燕京危矣。為大明計者，欲無救朝鮮得乎？存亡生死之恩固大矣。顧以其恩之所由，則我雖不能報，亦無憾焉。」參安錫儆，《雪橋遺集》，〈擬大庭對策〉，收入《韓國文集叢刊》第二三三冊，頁五七〇—五七一。

30 誠如饒宗頤的正統論研究採取歐陽修的說法：「正統之論始於《春秋》之作」，而宋代爭議尤烈，且北宋、南宋有別，饒宗頤說：「宋代《春秋》之學，北宋重尊王（如孫復著〈春秋尊王發微〉十二篇可見之）；南宋重攘夷（胡安國著《春秋傳》可見之）。……其純以《春秋》書法為褒貶者，則朱子一人而已。」參氏著，《中國史學上之正統論》（上海：遠東出版社，一九九六），頁七五—七六。

31 有關朝鮮儒林的正統論分析，孫衛國曾針對朝鮮儒臣成海應、金平默（一八一九—一八八八）、柳重教等人的正統觀做過描述與分析，並綜合以下四項特質：其一是來源於朱熹的正統觀；其二是他們關心中國歷代王朝正統性問題，而沒有討論朝鮮歷史上王朝的正統問題；其三是上述諸人都已是十八世紀末、十九世紀初人，與前兩個世紀的宋時烈之思想極其相似，都強調華夷有別、倡導尊王攘夷理念；其四，他們都貶斥事元的許衡（一二〇九—一二八一）。氏著，《大明旗號與小中華意識：朝鮮王朝尊周思明問題研究（一六三七—一八〇〇）》（北京：商務印書館，二〇〇七），頁二七—三三。

且斥其以秦之得國無異於湯武之論，從而以明為正統，清為閏統，他說：[32]

明太祖掃清腥穢，應天順人，得國之正，遠過漢唐，聲教訖于滇，日本西洋，皆奉正朔，正統絕而復續。元氏雖號統合，不能革夷狄之風。清亦與元相類，而甚至舉天下之人薙髮胡服，合在閏統之例也。

崔錫鼎的論點指出，清朝之所以不能成為正統，主因在於「變華為夷」，舉天下人成為「薙髮胡服」，勉強只能是「閏統」。其次，成海應的〈正統論〉中，歷屬中國王朝的正統、非統，其中被其承認正統王朝者，僅有漢朝與明朝，而明朝又甚於漢朝，可謂「正統之最純者」。[33]即連南明政權苟延殘喘於中國南方，成海應更謂：「夫皇明雖殘破，然弘光皇帝在南都則正統在南都。隆武皇帝在福州則正統在福州，永曆皇帝在桂林在緬甸則正統在桂林在緬甸者，天下之正義也。永曆皇帝崩，正統於是乎絕矣。」[34]至於清人入主中華，成海應更謂之為「主人遠出，盜賊闖而據其室」，直接否定了其正統性與得權力的正當性。成海應上述的〈正統論〉可說是措辭最直接、對清人最嚴厲的論點。我們再看柳重教的〈正統論〉，他直斥清以夷入中華的非統，而曰：「是則外夷之於中華，固自有君臣之體，方命不庭，尚為逆德，況乘時猾夏，盜據天位，以臨堯舜文武之故疆，其為名義之大變，豈在中國亂賊之下乎？若其暫息世亂，功則功矣，而曾不足以贖翻天倒地之罪。苟活民命，惠則惠矣，而曾不足以償毀形亂族之禍，惡得以是而謂賢於正統之末主乎。」[35]以上「逆德」、「盜據天位」、「毀形亂族」等用語，都是在華夷秩序的原則上之用語。

由以上的分析可知，朝鮮上下從一六三六年清稱帝所討論的「大義」開始，到清已入主中華超過百年之久，儒臣還積極地討論「正統論」，甚至不承認清國為「上國」，主因是清乃「非中華」，[36]這些討論背後，都涉及到「小中華」意識的轉變。質言之，丙子事變前，朝鮮處處以「大華」的明帝國為依歸，且對於明朝給予朝鮮「小華」的特殊地位感到有「恩」，特別是

32 崔錫鼎，〈正統論〉，《明谷集》卷一一，收入《韓國文集叢刊》第一五四冊，頁六一—六二。

33 成海應〈正統論〉中說：「如三代之盛。唯漢與皇明也。皇明之世。閨門正於上。權柄不移于下。將帥不敢恣。直士奮舌強諫。朝廷清明純粹。比漢又過之。自三代以來。居天下之正者皇明也。合天下之統者亦皇明也。夫正統者。有名有實者也。」收入氏著，《研經齋全集》卷之三二，〈風泉錄二〉，收入《韓國文集叢刊》第二七四冊，頁二二三。

34 成海應，〈正統論〉，頁二二三。

35 柳重教，〈講說雜稿．正統論〉，《省齋先生文集》卷三二，《韓國文集叢刊》第三二四冊，頁一四六。

36 如朴趾源在《熱河日記》對清國給予朝鮮諸多禮遇，甚於明朝，但他仍說：「然而不謂之上國者，何也？非中華也。我力屈而服彼，則大國也。大國能以力而屈之，非吾所初受命之天子也。」收入氏著，《燕巖集》卷一三，第二五二冊，頁二四二。

在壬辰倭亂以後，明帝國以實際的「大華」保衛了「小華」，對朝鮮有所謂「再造之恩」，可與開國之初受到明帝國承認的「恩」相比擬。不過，丙子事變後，清滅了對朝鮮有「再造之恩」的明帝國，「中國淪於夷狄，人類入於禽獸」（宋時烈語）[37]，以後朝鮮「小中華」意識便多了懷念明朝之「恩」，而轉為「存大義」、「明正統」、「華夷之辨」的深層意義，而不再只是禮儀教化的淺意義而已。

在前述加添了深層的「存大義」、「明正統」的「小中華」意識下，朝鮮儒者發酵出「唯我是華」的自我責任情感。在韓國歷史發展進程中，這種「唯華意識」曾在高麗末期的一些知識分子出現過，乃因蒙古崛起，女真族及南宋正處於危急之秋，高麗文人處於華夷變態中，以下陳澕（一一八〇—一二二〇）的詩句正體現這種唯華意識：「西華已蕭索，北寨尚昏蒙。坐待文明朝，天東日欲紅。」[38]

朝鮮也正面臨這種情境而產生唯華意識，即使清帝國建國已屆兩百年，儒臣宋秉璿（一八三六—一九〇五）仍稱：「孔孟講道之所，淪入於腥羶之中，而惟我東土獨能為衣冠之國，可謂周禮在魯」，[39]「唯我是華」的自我意識，不言可喻。這種「唯華意識」的自我責任情感又可區分為兩種：其一是「小中華」有成為「大中華」的氣魄之自任情感，其二是期待「真華再現」的依戀情感，以下分述之。

「唯我是華」的自我情感意識乃因「大華」淪為「夷狄」統治，世界僅存「小華」，因而「小

華」如無「大華」作為相對照，「小華」不就等於「大華」，如以下尹愭（一七四一－八二六）的論述具有相當的代表性：[40]

> 且夫大而有不大者焉，小而有不小者焉。故古人或有小朝廷之語，或有崖州大之說，此皆不以地界之大小而言之者也。然則昔日東方之稱以小中華者，以其有人中華也。而今其大者，非復舊時疆域矣。地維淪陷，山川變易，曾無一片讀春秋之地。而吾東方三百六十州之疆域，蓋無非中華之衣冠謠俗，則優優乎大哉，奚可以小云乎哉！苟使東方疆域，不有鴨綠一帶之限，而參錯於青徐荊楊之間，則不過為腥羶中一州郡而已，又安能為天下之別乾坤大疆域耶？由此言之，東方疆域之僻小隘陋，與中國隔遠者，昔人所謂不幸，而以今觀之則未必非幸也。吾夫子之所嘗欲居者，安知非睿視無涯，固已知中國之禮樂文物，畢竟不在於中國而在於東方之疆域中耶。

37 宋時烈，〈請神德王后祔廟劄〉，《宋子大全》卷一三，收入《韓國文集叢刊》第一〇八冊，頁二四四。
38 陳澕，《梅湖遺稿》之〈奉使入金〉，收入《韓國文集叢刊》第一〇八冊，頁三四四。
39 宋秉璿，〈衛正新書序〉，《淵齋先生文集》卷二三，收入《韓國文集叢刊》第三二九冊，頁三九六。
40 尹愭，〈策．東方疆域〉，《無名子集文稿》卷八，收入《韓國文集叢刊》第二五六冊，頁二三四。

以上尹愭的論點，旨在打破地理大小所區分的「大中華」、「小中華」，而代之存中華衣冠之俗、講求春秋之義的「中華」性質，證之以孔子欲居「東夷」，無非說明「華」已轉移到東方疆域，「原大中華」既已成變易為「不華」之地，「小華」由於獨存中華衣冠謠俗，則已與「大華」無異，故云「無非中華之衣冠謠俗，則優優乎大哉，奚可以小云乎哉！」

上述的「小華」成為「大華」的「唯我是華」的自我情感展現，企圖扭轉小大之差別，展現自我有大華的氣魄。但是「唯我是華」也有另一種「期待真華再現」的自我責任情感，可從一些儒者仍持續沿用「皇明年號」窺知，以下我舉一位在日本併吞朝鮮後，流亡到俄羅斯帝國的柳麟錫（一八四三—一九一五）之設問：[41]

或曰：「子於太皇國尊皇帝之後，不用所行年號，新皇年號亦不用，依舊用皇明年號何也？見倭合邦之後，始用新皇隆熙年號，何歟？」曰：「皇明屋社，已三百年，士子知大義者，尚帝之而用其年號，吾師省齋先生說其義曰：『人不可一日無帝，又不可以剃頭僭皇為帝，姑帝先王先祖之所帝，以待天下真主之出。』其義甚正也，吾故守之。皇明屋社之後，天下無華而我國有華，特其以有華而尊之。地雖非中華，道其為中華，尚可有說，為臣子者固不得有異議，不然而班之今倭洋所稱之帝，豈可以吾君為倭洋同等也。吾故不敢稱皇用年號而獨異於世，所以尊吾君也。」今倭勒合邦，貶皇位廢年號而臣之也，舉世不復稱皇用年號，以吾君臣於倭也。吾今不稱皇不用年號，有似臣君於倭，且吾方有事復國，期於為自專獨主，顯示義於國中天下，亦其為有妨於事也，吾故異於世而有是，是則不得已也。吾尊吾君之意中未變也。」

引文中提到皇帝年號問題，涉及到朝貢體系的皇帝制度之背景，即朝鮮向來以中國為宗主國，故例稱「國王」而非「皇帝」，不能有「年號」。柳麟錫所處的時代，已是甲午戰後，日帝即將併吞朝鮮的時代。文中的「倭」是日本，「洋」是西洋，朝鮮在一八九五年甲午戰爭之後，處於被日本兼併之勢，朝鮮國王高宗乃於一八九六年稱帝獨立，改國號為「大韓帝國」，開始用「皇帝年號」。由引文中的問答可知柳麟錫在朝鮮國王於一八九六年稱帝以後，仍不用其年號「隆溪」，用的仍是「皇明年號」，其理由是「皇明屋社之後，天下無華而我國有華，特其以有華而尊之。地雖非中華，道其為中華，尚可有說，為臣子者固不得有異議。」這一段實點出明帝國滅亡以後，「道」僅存於朝鮮，自己堅持用皇明年號，目的在存「道」以待華，這是典型的「唯我是華」的自我情感之責任展現。因而又有以下「復華」的問答：

41 柳麟錫，〈雜著．散言〉，《毅菴先生文集》卷三二，收入《韓國文集叢刊》第三三八冊，頁三五三。

曰：「子若復國，將復如何？」

曰：「以吾為復國，亦復復華，是將特以有華而尊之，非復如班之倭洋之為也。若中國有真主出，當勸吾君帝之。蓋天無二日，地無二王，是大義也。」

柳麟錫上述期待中國「真華再現」的濃厚情感，為的還是堅持「大義」，質言之，「大義」是決定「華」或「道」的根本核心。柳麟錫上述期待「真華」的願望，也反應在他對孫中山革命推翻滿清的興奮感，如以下的問答：[42]

余病臥雲峴深山中，不聞外事，最晚許昇炫來傳中國革命退清之說，且問曰此事有好否？曰：「此在處事善不善如何，善處則奚翅有好，中國萬萬世，無限大慶幸也。」

曰：「清入主中國三百年，以臣民退其主，無乃不可乎？」曰：「尊中華攘夷狄，春秋大義，天地常經，清夷狄也，入主中國大變也，非所謂主也，退之有何不可。昔明太祖掃元，得大義常經，天下後世誦其功，無所評議也。」

柳麟錫搬出「尊中華攘夷狄」的春秋大義，還將中國的革命之舉與明太祖掃元相比擬，對於

「大義」終得以申明，相當肯定了中國革命之舉，但不意味他贊成孫中山革命後用美國的共和政治，畢竟共和體制是「洋制」，就他而言仍是「夷狄之制」。柳麟錫更言：「大地有中國，中國有帝王，帝王繼天以立極，極是一而無二，尊而無對，極之理至矣。……以中華而不有帝王，不有倫常禮樂，不有衣冠文物，不有所以為中華，有滅其本。」[43]可見他所期待的「真華」是以再現「大中華」的「尊攘大義」的帝王體制。質言之，也就是如明帝國掃蕩蒙元堅持中華正統的大義。因此，當他聽到袁世凱（一八五九—一九一六）有欲帝制，興奮異常，特上有《與中華國袁總統》之書信，字字充滿對革命後採洋制共和而不採中華帝制的憤懣之情：[44]

國名中華而去其實，中華云乎哉？可尊云乎哉？攘清而崇洋，漸入幽谷，合於天理

42 柳麟錫，〈雜著．散言〉，《毅菴先生文集》卷之三三，收入《韓國文集叢刊》第三三八冊，頁二六八。

43 柳麟錫如是主張中國革命後必須維持帝制，理由是帝制是維持大一統的核心，他說：「大地有中國，中國有帝王，帝王繼天以立極，極是一而無二，尊而無對，極之理至矣。天敘洪範九疇，五皇極居中，是其理也。中國帝王，蓋自伏羲至于文武致其隆，自漢至于大明承其正，是所謂大一統也。中國而無是可乎？以中國而無帝王之大一統，為夷狄之甚失理，萬古天下，寧有此事，義理已矣，利害可不念乎？」同上註，頁三六九。

44 柳麟錫，〈書．與中華國袁總統〉，《毅菴先生文集》卷一二，收入《韓國文集叢刊》第二三七冊，頁三二六—三二八。

物情乎？……蓋尊攘大義，窮天地之常經，不可以不深念也。麟錫林下書生也，安敢有與於中國大事，安敢有煩於閣下崇威。惟中國敝邦，素稱大小中華而有同休戚也。敝邦為日壓迫，終至見呑，賤身與日從事，見事不成，而因以出疆。感昔閣下保護敝邦之恩德，切欲往依，而難以危蹤，仰貽憂念，不得已來留俄境，日望中國變更與立，適幸有事，而閣下主張事機。蓋中國之立不立，即關敝邦之興廢，且賤誠粗聞尊攘義理，傾向中國，不自悠泛，所以冒干尊嚴，有此忉怛，伏望閣下深恕而開納焉，不勝激切悚惶之至。柳麟錫謹啓。

上述期待「大中華」再現的情感，表達出「大小中華」唇齒相依的命運共同體之心境，希望袁世凱堅持「尊攘義理」的「中華」精神，掃除夷狄（當然也包括日本）對「華」的侵犯，重現大小中華的榮光。[45]顯然柳麟錫的希望落空，「大中華」帝制僅存在八十幾天，朝鮮滅亡後的知識人，不論是開化派或是保守派，大皆尋求朝鮮的獨立自主。

四、結語

本章分析了朝鮮「小中華」意識中的文化與政治認同的複雜情感因素，「小中華」概念在朝鮮被注入了諸如「檀君朝鮮」、「唯我是華」等意識，前者是基於民族情感，後者是處於華夷變態下所激發的自任情感。我們若從地緣政治來看，朝鮮緊鄰中國邊疆，只要中原一有動亂，最先波及的周邊國家便是朝鮮，一方面較沒有天險，敵人容易渡江長驅直入，高句麗王朝在強大時也可直入東北，故朝鮮與中國東北在邊境上常處於折衝狀態，此不同於一海之隔的日本，也不同於有高山叢林天險且較遠的南方越南。職是之故，「小中華」意識僅會出現朝鮮這個國度，從地緣理政治學來看的話，有其必然結果，這也就是為何朝鮮會發展出最親密的「父子關係型」的中華意識。

45 本章並未企圖以柳麟錫的「小中華」認識即可代表當時朝鮮人的中國觀，柳氏之論只是當代朝鮮人中國觀的認識類型之一。有關甲午戰後，大韓帝國時期朝鮮人的中國觀，白永瑞所著〈韓國人的中國認識之軌跡〉一文透過當時的主流報紙（如《獨立新聞》、《皇城新聞》、《大韓每日申報》）之社論分析，有如下三種認識類型：其一是「賤之清」的認識類型，即是蔑視中國觀，特別以《獨立新聞》的社論為主；其二是「作為東洋和平一員的中國」的認識類型，認為即使清朝已衰，日本崛起，但仍承認中國為東亞三國之間均衡勢力不可或缺的一方；其三是「作為改革典範的中國」之認識類型，關注中國維新變法前後的改革（以《皇城新聞》為主），以及同情中國革命派的認識，《大韓每日申報》即一方面關注改良派，一方面同時關心革命派。收入氏著，《思想東亞：韓半島視角的歷史與實踐》（台北：台灣社會研究雜誌社，二〇〇九），頁一七七—一九〇。顯然，本章分析柳麟錫在大韓帝國成立後的小中華意識，是以第三類《皇城新聞》支持改良派卻不贊成革命派的社論為代表類型。

不過，與「小中華」密切相關的箕子傳說，在朝鮮時代尚能與檀君共有分享彼此的民族認同與文化認同的情感，但在近代朝鮮的民族運動中卻漸漸消亡，取而代之的是神話中帶有民族創生淵源關係的「檀君朝鮮」，這驗證了沃格林作為秩序的「符號」，在歷史演變中產生的多樣面貌，增添了各民族需要的「理想秩序」。只是，箕子也好，檀君也罷，中華秩序都是其不可脫離的參照理想秩序。

第二章
朝鮮朱子學者的「真儒」與「道統」之論

學不究天人，不足稱真儒。識不通古今，不可謂真士。[1]

——李晬光

身處賓師位，心存父子間。筆端明道統，門下耀儒冠。
濂洛初承派，荀楊豈是班。可憐東海客，皓首欲言難。[2]

——李穡

朝鮮的中華意識中常存有「道統」的論述，尤在十七世紀中葉以後因「天朝」崩潰更見討論。如上一章所分析朝鮮儒者具有「小中華意識」的情感，他們甚至發展出以宋代朱子學為核心的儒學社群。若論「道統」，宋代正是道統論述最輝煌的時代，最典型的即是朱子在〈中庸章句序〉裡提到自堯、舜、禹、湯、文、武、周公、孔子到顏回、曾子、子思，最後到孟子一脈相傳的道統，而在孟子死後「遂失其傳」。但是，道統失傳後，因宋代大儒輩出，道統被復興且承繼了下來。由於宋代被蒙古所滅，道統自然又失傳。經明代驅除蒙元，此後復淪為非漢人系統的滿清政權。這裡的關鍵問題是「明朝」算不算「道統」的繼承者，如果問朝鮮儒者，答案是否定的。朝鮮儒臣在討論中華道統時，不免涉及「道統何時斷滅」？「誰來繼承」？及「如何繼承」？等等的論述。以上問題，事實上也都環繞「誰來繼承」道統的課題，朝鮮儒者有一共識，那就是唯有「真儒」可以承接道統，也唯有「真儒」出現，道統才可能重新被恢復，因而朝鮮儒者出現宋代以後的中國無真儒的論述。這種承接道統的真儒論述，在中國周邊國家唯有朝鮮才有，可說是追求中華秩序中「父子關係型」的典型發展。

一、前言：真儒、醇儒與俗儒

「真儒」在中國語境定義不一，宋儒有言孟子之後「聖人之學不傳」、「千載無真儒」，黃宗羲（一六一〇—一六九五）《明儒學案》曾質疑這樣的論點，可見宋儒程朱學者著眼的「真儒」與明代陽明學者的「真儒」判準不一。[3]不過，「真儒」在朝鮮係專指程朱性理之學且繼承此

1 李睟光，〈剩說餘編〉，《芝峯先生集》卷三一，收入《韓國文集叢刊》（漢城：民族文化推進會，一九九〇）第六冊，頁三一二。

2 李穡，〈讀中庸有感〉，《牧隱藁》卷一一，收入《韓國文集叢刊》第四冊，頁一〇三。

3 黃宗羲在《明儒學案》（台北：里仁書局，一九八七）之〈甘泉學案〉稱：「『孟子後，千載無真儒』。宋儒有是言，余每讀之慼然。姑就漢一代言之，董、賈兼文學政事之科，蕭、曹、丙、魏，皆有政事之才，遠在季路、冉有之上，而丙又入德行而不優。至於孔明，則兼四科而有之矣。黃叔度不言而化，如愚之流輩也。管幼安龍德而隱居於遼東，一年成邑。陳太丘、荀令君、郭有道、徐孺子皆德行科人，冉、閔之次也。其諸

道脈之傳而有功於聖學者，如李栗谷（一五三六—一五八四）的定義：「道學之士，謂之**真儒**」。[4]栗谷所稱「道學」，係承自《宋史》〈道學傳〉，程頤為其兄程顥所提墓志銘之序，可以簡要表明「道學」的重要性：「周公沒，聖人之道不行；孟軻死，聖人之學不傳。道不行，百世無善治；學不傳，千載無真儒。無善治，士猶得以明夫善治之道，以淑諸人，以傳諸後；無真儒，則貿貿焉莫知所之，人欲肆而天理滅矣。」足見「道學」是指「聖人之道」與「聖人之學」，無「聖人之道」則「百世無善治」；無「聖人之學」，則「千載無真儒」。宋代真儒輩出，倡議性理學，再創儒門高峰，此後程朱性理學影響東亞國家甚鉅，成為共通的核心價值，故朝儒崔有海（一五八七—一六四一）即謂：「蓋儒者識必至於高明，學必本於心性，而功懋於聖門，然後方可謂之真儒矣。」[5]

綜而言之，從事儒家性命道德之學，且有功於聖門者，可以稱之為「真儒」，而濂洛關閩北宋五子及朱子，被推尊稱「真儒」，具有典範性的儒家道脈之傳。就此標準而言，在韓國歷史中，李氏朝鮮王朝以前並無「真儒」，即連「醇儒」也是稀有。[6]實則「真儒」亦有別於「醇儒」，例如董仲舒（西元前一七九—一〇四）在朝鮮常被稱為「醇儒」，不被稱為「真儒」。[7]二者之別，在於「醇儒」有衛道之功，但無傳道之責。[8]真儒又常被拿來與「俗儒」對照，「俗儒」乃特指文章詞句、科舉功名利祿之學，李栗谷曾說「真儒不出，俗儒日滋」，[9]即此之謂也。

朝鮮儒學這麼關注性理學在東亞儒學史上到底如何定位，對於未能深入朝鮮儒者的真實世

表表，難以悉數。三國人才尤盛，至晉及唐，代不乏人。今一舉而空之曰：『無真儒』，嗚呼！悠悠千載，向誰晤語。」第四二卷，頁一〇四一。

4 李珥，〈東湖問答〉，《栗谷先生全書》卷一五，收入《韓國文集叢刊》第四四冊，頁三一八。

5 崔有海，〈上月沙請謚栗谷先生書〉，《嘿守堂先生文集》卷一五，收入《韓國文集叢刊》第二三冊，頁三六二。

6 如趙絅所說：「吾道之東久矣，實自殷父師受封朝鮮也。然其后千有餘祀，未聞有闡洪範而昭人文于我東者。羅之文昌侯、洪儒侯，麗之文憲、文成，或以破天荒，或以篤行，著名一時，謂之醇儒則未也。其間李春卿李牧隱，特文人之雄耳，況其言雜佛老而言。」氏著，〈蘇齋先生文集敘〉，《龍洲先生遺稿》卷一一，收入《韓國文集叢刊》第九〇冊，頁一八五。

7 如成海應（一七六〇—一八三九）指：「漢儒以董仲舒，號稱醇儒，然其學往往雜於讖緯，即擇焉而不精者也。」氏著，〈讀韓昌黎集〉，《研經齋全集》續集冊一四，收入《韓國文集叢刊》第二七九冊，頁三三七。像董仲舒這樣的「醇儒」不即是「真儒」。金德五則區分漢唐「醇儒」與宋代「真儒」：「漢唐以來，諸儒或治一經而名家或著書立言，以垂後者指不勝屈，而其能得道學之宗，為一代醇儒者，誰歟？大宋啓運，真儒輩出，繼往開來者，不特講磨遺經以紹絕學，各自著述，羽翼六經者。」氏著，〈策問〉，《癡軒先生文集》卷四，收入《韓國文集叢刊》第一九三冊，頁六五。

8 如朝鮮儒臣河弘度（一五九三—一六六六）所說的「醇儒」：「以為我東方自殷師明疇之後，烏川鄭先生倡之麗季，建本朝，醇儒繼起，極於曺夫子。而門下諸賢，雖能着衛道之功，未能任傳道之責，深懼一脈絕於斯也。」氏著，〈祭成尚夫〉，《謙齋先生文集》卷七，收入《韓國文集叢刊》第九七冊，頁一一七。

9 李珥，〈文策〉，《栗谷先生全書拾遺》卷六，收入《韓國文集叢刊》第四五冊，頁五七七。

界，往往難以把握。特別對於外國學者而言，對朝鮮儒者如此堅持程朱性理學正宗的態度也常霧裡看花。本章透過「真儒」關鍵的義理概念，也許有助於上述問題的把握。經過本章的釐清，發現「真儒」之論述，不僅使朝鮮繼承儒學道脈相當順理成章，高度地展現朝鮮繼承儒家文化正統性的主體性，也有助於我們理解朝鮮小中華意識的真貌。

二、真儒典範與全體大用之學

朝鮮一朝的「真儒」論述，一皆以濂洛關閩之宋代性理學為本，如論者所謂「濂洛關閩，真儒輩出。」宋代真儒以性理學直承孔孟之學，依此標準，前此並無真儒，而唯有真儒方能接續斷掉的道統。問題是，趙宋何以能夠「真儒輩出」？朝鮮儒者提供一些說法，頗有其理，析之如下。

朝鮮儒臣楊士彥注意到宋儒「養士氣」的學風，是造就真儒的條件。他說：[10]

> 隋唐之老佛，或流於無父，或入於無君，士氣之養與不養，不可議也。獨宋朝，仁厚一脈，自足以培養是氣，故真儒蔚出。繼往開來，濂洛諸賢，學究天人，誠明理徹，是所謂不待文王而興者也。當是時也，無道率而自率，無培養而自養。終宋之

世，堂堂士氣，卓犖天壤，貞臣烈士，史不絕書。合而觀之，其培養之能不能，施措之得失美惡，昭不可掩矣。臣愚以為，為人上而任培養之責者，當法堯舜之無為，而戒之以秦漢之君，為士而當自養之任者，宜效濂洛之諸賢，而變秦漢以下偷薄之習，則何憂乎士氣之不養，何患乎國家之不安乎！

如所周知，趙匡胤（在位九六〇—九七六）得國後，立有「不殺大臣及言事官」，又有諸多獎掖士人的政策，造就了一個文治政府的局面。養士百年後，乃有士大夫的自覺運動，讀書人有一種精神上的自覺，不以科第任官為務，又復有肩負天下的重任，楊士彥所謂「仁厚一脈，自足以培養是氣。」蓋此之謂也。

若將宋代與唐代士人相較，宋代士人雖然文弱，但如錢穆先生所說：「唐人在政治上表現的是事功，而他們（按：宋代士人）則要把事功消融於學術裡，說成一種義理。尊王與明道，遂成為他們當時學術之兩骨幹。」[11]明道與尊王即是內聖與外王。宋代如此文弱，卻能造就「真儒」以內聖外王之道自任，書院之建、養士之風，於焉而興。朝鮮王朝自開國不久，即以

10 楊士彥，《蓬萊詩集》卷三，收入《韓國文集叢刊》第三六冊，頁四四四。

11 錢穆，《國史大綱》（台北：國立編譯館，一九九〇年修訂十六版），頁四一八。

宋儒為尊，排斥佛老，如是百年，果然孕育出大儒如李退溪（一五〇一—一五七〇）、李栗谷、宋時烈（一六〇七—一六八九）等，我們看到上述儒臣楊士彥向國王建言養士，類似這種建言並非特例，而是常例，故不難想像朝鮮儒臣重視養士之風，成為造就真儒的環境。

再者，真儒之所以為真儒，學問當屬「全體大用」之學。「真儒」既以程朱性理學為典範，而性理學亦必承自「聖人之道」、「聖人之學」，但此「聖人之道」、「聖人之學」具有何種特徵，才能成為真儒所需要具備的學問涵養，諸多儒者提到「全體大用」之學。如以下金平默（一八一九—一八九一）從《近思錄》的編纂用意上說：[12]

> 程子曰：「體用一源，顯微無間。」據此仔細，則來疑可釋矣。《近思錄》一部，求端用力，處己治人，實大學體用之全也。朱子采入四夫子切要之言，以盡精微，則天下之理，周遍該括，無復餘蘊矣。故妄嘗竊謂《近思錄》者，《大學》之演義也。然異端邪詖之說，不有以辨之，則誑誘迷溺，喪其所守，而十二卷所載，為無用之虛說矣。故繼之以辨異端之卷，則體用既全，精微盡著，而異說不得售焉。堯舜三王之為善治，孔孟周程之為真儒，不過如此。

如所周知，「全體大用」是出自朱子對《大學》所作的「格物補傳」：「必使學者即凡天下之物，莫不因其已知之理而益窮之，以求至乎其極。至於用力之久，而一旦豁然貫通焉，則眾物之表裡精粗無不到，而吾心之全體大用無不明矣。」朱子在追求尊德性或心之全體大用上，仍須以終極的道問學為基礎，始能臻至「全體大用」，這與「易簡工夫」的陸王心學有根本的異趣。全體大用之學也充分展現在《近思錄》一書的編纂用心上，故朱子「全體大用」之說，除了可以對付佛老之學和事功派的武器外，也可以作為批判陸王思想的利器。朱子的「全體大用」思想經歷門人陳北溪（淳，一一五四—一二一八）、黃勉齋（榦，一一五二—一二二一）及再傳弟子真西山（德秀，一一七八—一二三五）的著作，無非都是顯揚這個「全體大用」之思想。

真儒要具備上述全體大用之學，揆諸朱子之後，元明清三朝誰能媲美朱子，傳此道統之脈，在朝儒看來，是令人悲觀的，導致有朱子之後，道統失傳之論，如以下李栗谷的〈聖賢道統論〉：[13]

> 嗚呼！道非高遠，只在日用之間。日用之間，動靜之際，精察事理，允得其中，斯乃不離之法也。以此成德，謂之修己；以此設教，謂之治人；盡修己治人之實者，謂

12 金平默，〈答章叔〉，《重菴先生文集》卷八，收入《韓國文集叢刊》第三一九冊，頁一七一。

13 李珥，〈聖賢道統第五〉，《栗谷先生全書》卷二六，收入《韓國文集叢刊》第四五冊，頁八一，

> 之傳道。是故，**道統在於君相**，則道行於一時，澤流於後世；**道統在於匹夫**，則道不能行於一世，而只傳於後學；若**道統失傳**，並與匹夫而不作，則天下貿貿，不知所從矣。周公歿，百世無善治；孟軻死，千載無真儒，此之謂也。今臣謹因先儒之說，歷敘道統之傳，始自伏羲，終於朱子。朱子之後，又無的傳。

以上分三個層次論道統在何處所衍生的結果，依據理想狀態而有「道統在君相」，其次「道統在匹夫」，最糟糕的狀況是「道統失傳」，並感嘆地說：「歷敘道統之傳，始自伏羲，終於朱子。朱子之後，又無的傳。」至於朱子之後的元朝、明朝，為何沒有道統正脈之傳，李栗谷的說法：「朱子之後，有真德秀、許衡以儒名世，而考其出處大節，似有可議，故不敢收載。至於皇朝名臣，亦多潛心理學者，第未見可接道統正脈者，故亦不敢錄。」[14]李栗谷生於十六世紀中期，正值中國明代末期，中國學術也已興起陽明學，在栗谷及當時朝鮮儒臣看來，中國確實無人可繼承朱子以後的道統之學，這種感嘆，同時也透露能夠承擔道統之學的責任者，正在朝鮮儒者身上。朝鮮儒者對於宋後幾無真儒，也有一定的共識。[15]以下先就明代是否有真儒而言，洪直弼（一七七六—一八五二）如是說：[16]

> 有明三百年無真儒，薛敬軒、胡敬齋庶幾焉。然敬軒出身於永樂之世，大節已虧，

雖諉以弱冠時事，安得免君子之譏哉！粹然一出於正而議論不敢到焉者，其惟胡敬齋一人乎！嘗從《明史》讀其本傳，又從《明儒學案》讀其遺書矣。竊謂本之心學而不淪於空寂，參以問學而不歸於訓詁，其曰：「第一怕見不真，第二怕工夫間斷。好高者入於禪，騁辭者失於矜，不知有存養省察，安能造道而成德。」此其名論中一也。其言皆得於心，非騰理口舌者所能與也。蓋其學主忠信而篤行之，語默動靜，一於理而後已，明是孔孟正脉也。任鹿門所謂朱子後一人，真知德之言也。

以上舉出薛敬軒（軒，一三八九－一四六四）、胡敬齋（居仁，一四三四－一四八四）二人，但真能稱真儒者，唯有胡敬齋一人，並且引用時儒任鹿門（名聖周，一七一一－一七八八）之語「朱子後一人」來美稱胡敬齋。至於清代士人，在滿清政府高壓的統治下，不以性理學為

14 李珥，〈聖賢道統第五〉，《東賢奏議》卷一九，收入《韓國文集叢刊》第一冊，頁三〇七。

15 朝鮮儒者對明代與宋代的文化與政治的評價不一，普遍肯定宋代而貶抑明代，蔡至哲在其《中、韓儒者的秩序追求：以朝鮮朱子學儒者為中心的觀察》（台北：新文豐，二〇〇〇）書中的研究指出朝鮮王朝君臣對明代政治與儒學體制多有批判，但對宋代的政治與文化秩序則多所肯定，甚至認為宋代中國超越漢唐，而朝鮮以文治立國，體制類於宋代，堪稱三代之治再現於朝鮮。分見書中第三章及第四章，頁九九－一四八。

16 洪直弼，〈答李子岡〉，《梅山先生文集》卷八，收入《韓國文集叢刊》第二九五冊，頁二一一。

宗，專務考證之學，朝鮮儒者更是看不上。

既然道統之脈在中國失傳，那麼對於舉國以朱子學為尊的朝鮮，則以真正繼承者之姿，來彰顯朝鮮之「真傳」，因此真儒出現在朝鮮，並不令人意外。如以下張顯光（一五五四—一六三七）從「全體大用」之學的觀點，認為李退溪足堪代表朝鮮的「真儒」：[17]

> 又知夫**真儒事業**，平實廣大，不止於一節一藝之成名，不貴乎別法異術之反常也。於是，必欲追古聖賢全體大用之學而為之則焉，故其志則未嘗自安於小成矣。其在吾東所親接，則以退溪為準的；其在宋儒之大成，則以晦庵為模範。所以制心律己，居家在官事君臨民者，一惟二先生是式焉。

易言之，朱子之後，能接續「全體大用」的真儒者，是出現在朝鮮的李退溪，這種論點在朝鮮幾成共識，如以下金元行（一七〇二—一七七二）也說：「蓋自朱子之世遠，而**真儒**不興。我朝李文成先生。始以全體大用之學。遠承其傳。」[18]中國自朱子之後，真儒不興，而朝鮮的文化土壤可孕育真儒，由此真儒在朝鮮，而且還不少，下節析之。

三、真儒在朝鮮與道脈之傳

朝鮮要成為孕育真儒的國度，首先要感謝明帝國成祖時（在位一四〇二—一四二四）所編纂的《性理大全》，將之頒給朝鮮，使得上下君臣一尊性理學，性理之學乃在朝鮮蔚為大興，以下金安國（一四七八—一五四三）道出這段脈絡：[19]

> 士無真儒，時無善治，俗無善化，教學之弊所由然也。及至宋朝，濂洛關閩諸賢出，然後一洗俗習之陋，始復古者為學之道，自此醇儒代作，教尚歸正。至我皇明，會輯程朱諸儒格言粹語，編入乎五經四書之中，又類編為《性理大全》之書，以詔學者，性理之學，益大闡于海內。又將此書，頒賜于我國，海外偏區，亦霑聖化。今能家有而人誦之，士之學者，宜變其舊，以趨於正實。而尚循陋守俗，不免兩漢以後積

17 張顯光，〈皇明朝鮮國。故嘉善大夫司憲府大司憲兼世子輔養官。贈資憲大夫吏曹判書兼知義禁府事寒岡鄭先生行狀〉，《旅軒先生文集》卷一三，收入《韓國文集叢刊》第六〇冊，頁二四九。

18 金元行，〈黔潭書院廟庭碑〉，《渼湖集》卷一六，收入《韓國文集叢刊》第二二〇冊，頁三二九。

19 金安國，〈公州重修鄉校記〉，《慕齋先生集》卷一一，收入《韓國文集叢刊》第二〇冊，頁一九七。

習之弊。……〔中略〕濂洛之學之起，殆將五百年，普天之下，莫不興崇。而獨吾東方，尚未盛學，豈所處之地有不及於中國而然乎！顧司教學之任者，有不能導勸而振作之耳。

以上金安國論述點出三項重點：其一是從漢代聖道衰頹以來，士無真儒，要至宋朝，濂洛關閩諸賢出現後，強調真正攸關道統的性理之學，改變文字詞章、科舉名利之風，以復古學聖賢之道為志。其二是自宋儒以後，「醇儒代作」，繼承性理之學，至明成祖編《性理大全》，廣傳海內。足見「真儒」並不等於「醇儒」，醇儒是繼承發揮真儒之學的儒者，是次於真儒的儒者。其三是期待朝鮮在繼承性理學的教育後，會有真儒出現。不過，金安國這種「期待」還算保守，當時如李退溪之大儒還只是青少年時期，故還未說出朝鮮「真儒輩出」。

在朝鮮儒者看來，宋代真儒輩出，但此後真儒在中國即未出現，反倒是朝鮮開始「真儒輩出」，這種「真儒輩出」幾成為通說，我們且看以下金萬英（一六八四—一七三二）的論述：[20]

謹按牛山答問書，有曰「我朝數百年間，名賢相繼而出，至論其真儒則纔數人而已。」某竊惟我東方，自檀箕以下，至麗季數千百載之間，以文章節義聞者，不為不多，而至於任斯道之大責，繼往開來，特為道學之首者，唯稱鄭烏川一人而已。至于我朝，羣賢蔚起，倡明斯道，自闢東土以降，所未前聞也。盖舉其傑然絕倫，昭昭可稱之統紀論之。烏川之學，傳之冶隱，冶隱再傳而傳之一蠹、寒暄，寒暄傳之靜菴，其後有晦齋、退溪之作興，而栗谷亦得以接其傳也。惟退溪先生得晦菴之學于遺編斷簡之中，以體用統學，內外交養，為斯道準的。而栗谷得以接其統，至干今使斯人知貴王賤霸斥異端扶吾道者，豈非二先生之力哉。[20]

前後以道統相傳者，若此其盛。則皆可謂泛然名稱之賢流，非真得道學之儒歟？既曰賢矣，必是儒者，安有不賢之儒者，亦安有非儒之賢者哉！若曰俱稱賢儒，而其氣稟之高下，踐履之淺深，或有優劣則可矣。斷然以賢者、儒者，別立名目而為二則未知何如歟？至於以學問節義，為名賢、真儒之辨，尤有惑焉。

趙絅（一五八六—一六六九）則直接提到朝鮮「真儒輩出」：[21]

20 金萬英，〈上牛山質疑書〉，《南圃先生集》卷九，收入《韓國文集叢刊》第九〇冊，頁二七四。

21 趙絅，〈蘇齋先生文集敘〉，《龍洲先生遺稿》卷一一，收入《韓國文集叢刊》第九〇冊，頁二八九。

吾道之東久矣，實自殷父師受封朝鮮也。然其后千有餘祀，未聞有闡洪範而昭人文于我東者。羅之文昌侯、洪儒侯。麗之文憲、文成，或以破天荒，或以篤行著名一時，謂之醇儒則未也。其間李春卿、李牧隱，特文人之雄耳，況其言雜佛老而言，於吾道何有？式至我朝休聖人作於上，真儒輩出，接烏川而上之者，靜菴、晦齋其人也。陶山李先生則尤有大焉，其所立言著書，大中至正，尋墜緒於紫陽，回狂瀾於既倒，庸非箕範之學中興之會耶？於是蘇齋先生起，而羽翼陶山，真若橫渠之於兩程。

按上述金萬英與趙絅兩說，提到的朝鮮真儒多有重疊，以金萬英提及的為多。金萬英是質疑安邦俊（牛山先生，一五七三－一六五四）區分的「名賢」與「真儒」，名賢輩出，但真儒僅數人。金萬英認為能稱得上「名賢」者就是「真儒」，乃就其「質」而言。但「真儒」有「氣質高下」、「踐履淺深」、「優劣」之分，則就「量」的程度而言。依此，另一重點乃強調朝鮮真儒系譜從麗末的鄭夢周一系，如下：

鄭夢周（烏川）—吉再（冶隱）—一蠹（鄭汝昌）、寒暄（金宏弼）
—趙光祖（靜菴）—李彥迪（晦齋）—李滉（退溪）—李珥（栗谷）

金萬英並稱這是「前後以道統相傳者，若此之盛」。因金萬英以「道統」傳承為前提，所以先不論是否有師承關係，只要接續道統，道脈就接得上。以下韓元震（一六八二——一七五一）的道統之傳，則更為具體：[22]

蓋有孔子則不可無朱子，有朱子則不可無李珥，有李珥則不可無宋時烈。而天之生是人，皆不偶然矣。今臣以李珥、宋時烈，直接孔朱之統，其言似誇大，而實不誇大。其所以然者何也，天地之間，西北為陰濁，而東南為陽明，故三代以後，治道之休明，道學之盛，皆在東南。泰伯南往荊吳，而宋室南渡，禮樂文物隨遷，朱子又生其地，以接孔子之統。箕子東來我國，而至我朝，大興文明之治，**真儒**輩出，而李珥、宋時烈尤其著者，則其接朱子之統，實非誣也。聖人之智，能見百世之後，故泰伯、箕子之去中國也，何處不可往，而必於東南者，蓋其先知其地之終必為文明之區也。且朱子以後，中國道統之傳遂絕，夷狄迭為入據，三五相傳禮樂文物之所，變為氈裘之鄉。今天之下，獨有我國，以一隅偏邦，能保其文明之治，禮樂文物在焉。**真儒**代作，此實天意之所在也，豈偶然而然者哉！臣請復言東方道學之淵源矣。自箕子

22 韓元震，《南塘先生文集》卷六，收入《韓國文集叢刊》第二〇一冊，頁一五二。

東來，八條敷教，用夏變夷，自是而稱禮義之邦矣。麗末鄭夢周始為性理之學，入我朝，先正臣金宏弼繼其學，雖未能大闡義理，亦是篤實之學也，其門人則先正臣趙光祖也。趙光祖倡明道學，先正臣李滉沈潛義理，然猶未大著矣。至先正臣李珥，則資稟絕異，近於生知，不由師承，洞見道體，發前賢未發之旨，傳千載不傳之學。李珥傳之先正臣金長生，金長生傳之先正臣宋時烈。時烈學宗朱子，義秉春秋，崇節義闢邪說，其事業之磊落光明，自東方以來，未有盛者也。宋時烈傳之先正臣權尚夏，尚夏受其衣書之托，主盟斯道三十餘年矣，至今一脉正論之未泯，義理之不至全晦者，皆其力也。

以上韓元震分析中國道統漸往東南遷移的過程，從天地氣象所謂「西北為陰濁，而東南為陽明」之原理，企圖說明朝鮮承續道統亦有其歷史與地理之趨勢，意即泰伯南往荊吳，宋室南度，終誕生朱子，以接孔子之統；而箕子東來朝鮮，到了李氏朝鮮，「真儒輩出」以接朱子之統，故曰：「道統之盛，皆在東南」。換言之，朱子之後，中國無道統，道統在朝鮮，由此拈出一個鮮明的朝鮮真儒之道統系譜，上接中國道統真儒系譜，下接金長生、宋時烈、權尚夏三人，整理如下表：

孔子—朱子—鄭夢周—金宏弼—趙光祖—李滉—李珥—金長生—宋時烈—權尚夏

韓元震的真儒系譜相較於先前金萬英所論詳細且具體，應該可以當成大多數時人或後人之共識。畢竟真儒係維繫著「道脈」之傳，即有維護道統之意，故儒者相當看重，也可以看出朝鮮儒者論道統，要將道脈接到朝鮮的用心。

韓元震等的朝鮮「真儒輩出」之說並非少數，以下朝鮮儒者的言論，可以證明：

(1)我聖朝右文為治，崇孔孟程朱之教，以迪民彝而壹士趨。於是上好丅甚，真儒輩出，蔚然為天下道學之區，於戲盛矣。[23]（郭鍾錫）

(2)嗚呼！盖自生民以來，道之託於天下，有三截焉。上古道在於上，而善治興焉，自庖犧，至周公，是也。中古道在於下，而真儒作焉，自孔孟，至程朱，是也。下代上下無道，而道在於外國，則宋子（按：宋時烈）其人也。[24]（金時習）

(3)晦翁夫子生於周程，張子之後，折衷群言，發揮經傳，以垂萬世之典，則所謂集

23 郭鍾錫，〈朱子語類重刊跋〉，《俛宇先生文集》卷一四一，收入《韓國文集叢刊》第三四四冊，頁三〇。

24 崔益鉉，〈華西李先生神道碑銘〉，《勉菴先生文集》卷二五，收入《韓國文集叢刊》第三二六冊，頁二〇。

群賢而大成者，信不誣矣。及夫子歿，聖學無傳，異言喧豗，斯道晦昧而不彰。天佑我東，真儒輩出，抽關啓鑰，縷析毫分，明理之功，駸駸乎濂洛之盛矣。至我尤菴先生，則擴而大之，闡而明之，遠接考亭之統，近集諸儒之成，蔚然為百世之師宗，其功可謂大矣。晦翁，孔子後一人；尤菴，晦翁後一人也。[25]（權尚夏）

以上三項資料，在在指出，在許多朝鮮儒者看來，朱子以後的中國元明時代無「真儒」，而紹續「真儒」者，乃在朝鮮，並且是「真儒輩出」。這種「真儒輩出」的論點，幾乎是朝鮮儒者的共識，唯每位儒者所中意的「真儒」有些微出入，亦多重疊，而一般必提及的儒者有李退溪、李栗谷、宋時烈等三人。宋時烈且被稱為「曠世之真儒，斯文之正宗」。

其次，真儒既出現在朝鮮，且真儒輩出，則哪些真儒被入祀孔廟，也成為討論的重點。揆諸韓國入祀孔廟者計有十八賢，撇開新羅時代崔致遠（八五七—九五一）、薛聰（約七世紀晚期到八世紀初期）及高麗時代安裕（安珦，一二四三—一三〇六）、鄭夢周（一三三七—一三九二）四人外，其餘十四位皆是李氏朝鮮時代，他們分別是：

東廡：金宏弼、趙光祖、李滉、李珥、金長生、金集、宋浚吉

西廡：鄭汝昌、李彥迪、金麟厚、成渾、趙憲、宋時烈、朴世采

高明士指出，李朝時代文廟從祀、學校及書院的祭祀制度，顯然受唐朝制度的影響，但並非沿襲不變，而常有配合其國情而選用中國諸制度，呈現東亞教育圈本土化的特色。如以上以韓儒從祀文廟，至於各地書院的主享則以韓儒為多，中國賢哲在李朝書院享祀，能排名十名之內，只有朱子。[26]

由於儒者能否被入祀孔廟的討論，常觸及「真儒」議題，有助於我們從這樣的角度，探索朝鮮儒者如何思考真儒的特色。以下任叔英（一五七六—一六二三）建議金宏弼等五臣入祀配享：[27]

> 臣等竊惟天眷我東，列聖相承，誘掖振作，人才輩出。時則有若文敬公臣金宏弼，文獻公臣鄭汝昌，文正公臣趙光祖，文元公臣李彥迪，文純公臣李滉，俱以命世之儒，遠承不傳之緒，出乎類拔乎萃，而山斗於一時，倡於前繼於後，而日月乎長夜。

25 權尚夏，《宋子大全・附錄》卷一九，收入《韓國文集叢刊》第一一五冊，頁五七七。

26 有關朝鮮孔廟、學校及書院祠宇的奉祀制度，與中國有同有異，高明士先生從東亞教育圈的視野，有相當詳細的研究，可參氏著，〈韓國李朝教育機構祭祀制度諸問題的探討〉，收入《唐代東亞教育圈的形成：東亞世界形成史的一側面》，頁四七一—五〇六。

27 任叔英，〈館學儒生請從祀疏〉，《疏菴先生集》卷八，收入《韓國文集叢刊》第八三冊，頁四八〇。

> 論其學則濂洛關閩，語其志則堯舜君民，誠可謂稀世之**真儒**，百代之宗師。而尚闕崇報之典，未享苾芬之祀，則明時之欠典，士林之缺望，孰為大於此乎！

以上提及五人是「稀世之真儒」，從「學」與「志」兩觀點，闡述接續濂洛關閩之學，及堯舜之志，皆有承先啟後之功。不過，這裡值得注意的是，朝鮮儒臣討論將本國的真儒入祀之時，在追溯朱子之後，自動將中國道脈直接接到朝鮮，亦即跳過元明，這並不是偶然，與前節所論道脈之真傳也息息相關，以下論之。

中國元明清無真儒，似乎是朝鮮儒者的共識，且看以下諸資料：[28]

> 是以孔孟後寥寥千載，真儒不作，至宋朝而程朱子出焉。以我東方言之，則箕子以後數千餘載，道學不明。至我本朝，右文興化，**真儒輩出**，有若文正公臣趙光祖，文純公臣李滉，文成公臣李珥，文元公臣金長生，文正公臣宋時烈，臣師文純公臣權尚夏，接踵而出。

上述宋朝程朱真儒出現之後，自動跳過元明，直接論及朝鮮的「真儒輩出」，所論趙光祖等六人，除權尚夏以外，也皆入祀孔廟。為何程朱之後，中國無真儒？以下吳光運（一六八九—一

七四五）的論點提供了說明：[29]

皇明二百年間，道術之興，大不及於宋氏。而方遜志、薛文清、王陽明、陳白沙其著者耳。其師友淵源之淳雜偏正，可得聞歟！我朝道學之盛，實自圃隱唱之，而師友相傳，真儒輩出，淵源純粹，門路端的，未嘗有釋老之教江西之派簧鼓於其間，豈非我列聖崇儒之化卓越前代，而皇天眷佑我箕聖之舊邦歟！

上述的論述，點出明代儒者之所以無真儒，乃從其師友淵源來看，多有「淳雜偏正」，而不夠「純粹」，指的是雜染釋老之教。若從這點來看，朝鮮真儒確實「純粹」，唯其「純粹」，始能生「真儒」，故宋後中國無真儒。類似這種論點，金益熙（一六一〇—一六五六）也論及：

皇明名儒，四人而已。而白沙之學，當時已議其禪。陽明之致良知，亦江右一派，其並與從祀之列者，何歟？朱子之後，文喪言堙，聖人之道，不明於世而然歟！我國

28 蔡之洪，《鳳巖集》卷四，收入《韓國文集叢刊》第二〇五冊，頁二七〇。
29 吳光運，〈策題〉，《藥山漫稿》卷一一，收入《韓國文集叢刊》第二一〇冊，頁五二二。

儒賢輩出，必有任傳道之責者，可歷數之歟！[30]

王陽明從祀孔廟在中國已多爭議，[31]更引起朝鮮儒臣諸多的憤慨，[32]王陽明因與程朱性理學歧出，也難列真儒之列，故論者有曰：「大明之世，終無真儒矣。」[33]自朝鮮儒者看來，明代有「名儒」而無「真儒」，咸認為與明代儒者雜染禪學有關，這樣的觀察，也常自然引發朝鮮認為程朱「道脈東傳」後，朝鮮才是真正純粹的道統繼承者。質言之，真儒自程朱以後並沒有出現於中國，卻出現在朝鮮，朝鮮儒者頗以此道脈繼承者自任，乃勢所必至，理所當然。

但是，光以雜染禪學，導致宋代之後中國無真儒，只能說明主要原因之一，並不是唯一，真儒本不世出，如聖君不易遇一樣。即使宋代真儒輩出，也歷經自孟子以降千五百年之久，可見真儒不世出之原因為何？必有障礙真儒出世之因，以下李栗谷道出了實情：[34]

嗚呼！程朱已歿，道統遂絕。人無聞道之志，士趨為人之學。才高者專事乎詞章，才短者奔走乎科場。六經為干祿之具，仁義為迂遠之路。文不為貫道之器，道不為經世之用。文弊至此，則世道之污隆，從可知矣。其所以為弊者，必有所自矣。今之取人，只有科舉一路而已，縱有經綸之才，廟堂之器，苟不由是路，則終不與於清班。彼囂囂樂道之流，孰肯俛首屈志，繫其得失憂樂於一夫之目哉！此所以真儒不出，俗儒日滋者也。

30 金益熙，〈執策問〉，《滄洲先生遺稿》卷一五，收入《韓國文集叢刊》第一一九冊，頁四九五。

31 有關陽明從祀問題之研究，朱鴻林有系列的研究，可參Chu Hung-lam（朱鴻林）,"The Debate Over Recognition of Wang Yang-ming," *Harvard Journal of Asiatic Studies* 48.1（1988）, pp. 47-70. 朱鴻林，〈陽明從祀典禮的爭議和挫折〉，《中國文化研究所學報》新五（一九九六），頁六七—一八一。朱鴻林，〈《王文成公全書》刊行與王陽明從祀爭議的意義〉，收入楊聯陞、全漢昇、劉廣京主編，《國史釋論：陶希聖先生九秩榮慶祝壽論文集》（台北：食貨出版社，一九八八）下冊，頁五六七—五八一。此文又收入作者最新集結出版的《中國近世儒學實質的思辨與習學》（北京：北京大學出版社，二〇〇五），頁三一二—三三三。

32 關於王陽明從祀孔廟的爭議，以及曾經引起朝鮮儒者諸多的憤慨，已有一些學者討論過，可參中純夫的〈王守仁の文廟從祀問題をめぐって——中國と朝鮮における異學觀の比較——〉收入奥崎裕司編，《明清はいかなる時代であったか：思想史論集》（東京：汲古書院，二〇〇六）。此文透過王陽明從祀問題，不僅比較入祀年代的萬曆十二年前後有關中國內部陽明學的爭議，也詳析陽明從祀問題在朝鮮群臣間所引起的爭議。另筆者〈十六世紀末中韓使節關於陽明學的論辨及其意義：以許篈與袁黃為中心〉一文也提及到朝鮮出使使臣許篈與中國士大夫的陽明學論辨，《臺大文史哲學報》第七〇期（二〇〇九年五月），頁五五—八四。

33 如金楺在《儉約集》中說：「知行之不可偏廢。只於日用間亦可見。雖尋常細事。豈有不知而可行者乎。若或不知而強行。則未有不　倒而錯亂者也。而王陽明之徒。主張陸學。撐眉努眼。力攻格致之說。而一世靡然。故大明之世，終無真儒矣。」卷三一，〈丁戊瑣錄〉，收入《韓國文集叢刊》第二一〇冊，頁六三七。

34 李珥，〈文策〉，《栗谷先生全書拾遺》卷六，收入《韓國文集叢刊》第四五冊，頁五七七—五七八。

以上點出「真儒不出，俗儒日滋」的原因，在於科舉取士將「六經為干祿之具，仁義為迂遠之路。文不為貫道之器，道不為經世之用。」結果製造出許多「俗儒」，而這些汲汲名利的俗儒又往往成為障礙真儒出現或出仕之路。栗谷更區分三類人：「士之上者，有志於道德；其次，志乎事業；其次，志乎文章；最下者，志乎富貴而已。科舉之徒則志乎富貴者也。」[35]不僅儒臣有此觀察，即使朝鮮國王正祖（在位一七七六－一八〇〇）對科舉之障礙真儒講得更具體：[36]

> 近聞燕中學士大夫，一切學問，以詩律與考證，為無上真儒，此皆捷於成就，便於誑耀。而其才器分限，亦有所不能過者。或見其全集之流布東方者，譬如烟雲之過眼，百鳥之感耳。非不欣然接之，其於去而不復念，何哉！八股盛而六經微，十八房興而廿一史廢，科文之有妨於實學，自古然矣。

八股取士成為著重詩律與考證，這種學問的缺點是「捷於成就，便於誑耀」，故世人還以此為「無上真儒」，但「其才器分限，亦有所不能過者。」點出了詩律與考證限定於某項專業，成為專技之學，實離著眼於義理之學的全體大用之真儒還相當遙遠的問題，這也是真儒難興的主因之一。由此可知，障礙真儒出世，在於儒者淪為文章事功之學，終成「假儒」或「俗儒」。

四、千載何以無真儒？真儒何以難為？

朝鮮君臣的經筵講論或廷試策問，經常有諸多精彩的問答或論辨，許多都是在中國君臣之間不會出現的問題，例如涉及國格主體性情感的華夷問題，又如迎接中國以外使臣禮制問題，再如明亡清興之際，朝鮮君臣之間對於寧可堅守大義而亡國或稱清帝號叛明而存國的實際問難，都是值得關注的研究課題，其中真儒的問辨課題亦然。

從以上兩節的分析，我們看到從「千載無真儒」到「真儒輩出」，不但中國命運如此，朝鮮的歷史發展亦然，何其相似。縱使有真儒出世，但中、朝兩國的真儒都難以有所作為，真正問題何在？何以「千載無真儒」？又何以「真儒」即使出現，也難有所作為，這個關鍵點何在？朝鮮儒者們也常思辨這個問題，以下論之。

35 李珥，〈文策〉，《栗谷先生全書拾遺》卷六，頁五七八。

36 正祖，〈文學〉，《弘齋全書》卷一六二，收入《韓國文集叢刊》第二六七冊，頁一八一。引文中所謂「十八房」，係指五經科考的總裁考試官計有十八員，清人趙翼《陔餘叢考》有「十八房」考，載曰：「本朝會試及京闈鄉試，所用同考官凡十八員，謂之十八房。按，分經本始于宋理宗紹定二年，但不載房數。今之十八房，蓋沿前明制也。……《易》、《詩》各五房，《書》四房，《春秋》、《禮記》各二房，共十八房，相沿已久。」參閱《清史稿．選舉志三》。

以下柳成龍（一五四二－一六〇七）曾摘錄以下策問，即討論到人君為何需要儒者治國，以及「若千載無真儒」，人君應如何等之策問？摘錄以下兩問題：[37]

問：(1)歷代人君，用儒而治者誰歟？不用儒而亂者，又誰歟？漢高祖輕士善罵，而不害為創業之主。宣帝厭薄儒術，而號稱中興。武帝招延文學之士，公孫弘、卜式、兒寬之屬相繼登庸，而海內虛耗。元帝牽制文義，貢、薛、韋、匡迭為宰相，而漢業愈衰，是何用儒者，不見其效，而不用儒者，反收其功耶？若是乎儒者之無益於治道耶？抑或有他故之可言歟？……

(2)先儒謂孟子之後千載無真儒，真儒之作，可謂稀矣。假使人君，有尊賢尚德之心，而世既無其人，則誰與興理耶？將置之無可奈何？而架漏牽補以度日耶？將培養興起，使之輩出，而拔茅彙征，有其道耶？諸生潛心聖道，待文王而興，願為真儒者也。其於義理公私是非得失之際，辨之已久，以其素定於心者，剖析以對，將以觀諸生之所向，以卜他日之事業。

以上兩個問題都相當尖銳，也讓我們看到朝鮮廷試策問的精彩。第一個策問尖銳地舉出漢代人君用儒的情形，提問：「漢業愈衰，是何用儒者，不見其效，而不用儒者，反收其功耶？」第二個策問直接面對「千載無真儒」，人君如何培養真儒的課題。我們也許可以想像，這樣的策問成為廷試題目，也有助於真儒的課題在朝鮮儒者之間的顯題化。我們無由得知策問後各儒生的回答，但類似策問相信歷代皆有，甚至也出現在儒臣向國王的問答。以下嘗試以金鍾秀（一七二八—一七九九）對朝鮮國王侍講日記，提供解答：[38]

賤臣曰：「說者每以文帝、宣帝雜伯道而國治，元帝、成帝好儒術而業衰。」為詆訾儒術之欛柄，**而元帝所用之儒，非真儒也**。如匡衡、韋玄成、杜欽、谷永之類，皆阿諛軟熟，無氣節之人也。漢業之衰，由於所用之非真儒也，非儒術之罪。

這樣的回答正可以來回應上述柳成龍摘錄的策問之部分問題，漢業愈衰，正所以用的是「人儒」而沒有用「真儒」，這都屬於人君因個人喜好及欲望的問題，不能真用真儒。以下安錫儆（一七一八—一七七四）更說得明白，直言真儒難以作為，其關鍵正在於國君：[39]

---

37 柳成龍，〈策問〉，《西厓先生文集》卷一四，收入《韓國文集叢刊》第五二冊，頁二八五。

38 金鍾秀，〈春宮侍講日記〉，《夢梧集》卷三，收入《韓國文集叢刊》第二四五冊，頁五一二。

39 安錫儆，〈滄洲精舍記〉，《雪橋集》卷四，收入《韓國文集叢刊》第二三三冊，頁五一一。

若在學者，則鮮可出之時，無可用之世，而一是窮於家而已，豈容有可展之日乎！世主之所好，大可見矣。學者**不可貶道而求合**，自東周而已然。如漢之高祖武帝，宋之神宗、孝宗，皇明之太祖、孝宗，蓋猶為可用**真儒**者。而漢失之魯二生、董仲舒，宋失之程子、朱子，皆由不學而昧乎真也。皇明立國之制，不容**真儒**之有為，時適無**真儒**，有亦恐不用之也。君臣蓋有義，惟義，君可為之臣，則夷狄女主奸雄之據天下，天下之所可棄也，固無論已。惜乎！英睿不世出，知唐之太宗，宋之太祖，顧以其篡也，士亦斷不可出。漢之文帝、宋之太宗時，無聖人之灼知，士以完潔之身，恐亦不可冒疑而出也。當出而處，不過為果；當處而出，誰曰其可。帛之污可濯，玉之玷可琢，士之一失於出，寧可復乎？學者之出處既嚴，而難於遇合，歷數數千年，其無可為之日。噫！其如此，人之學也，要以全吾天受，隨分及人，而闡發前言，開導來學則得矣。苟欲身行之於天下，則嗚呼可冀哉！余嘗曰：「**自衰周以下者真儒，乃當世之窮士**。」

以上點出真儒何以難為的幾個因素：其一是真儒本身堅持出處進退原則，自不會「貶道而求合」；其二是君主用人問題，雖然如漢高祖、武帝，宋之神宗、孝宗，明之太祖、孝宗，都是有為之君主，似乎是可用「真儒之士」，但魯二生、董仲舒、程朱在漢宋亦初用或淺用而最後終是不用，關鍵在於君主本身「不學而昧乎真」。至於明太祖之世，根本是「不容真儒之有為」，蓋指太祖廢宰相一事。而唐太宗、宋太祖等開國之君又有篡位之虞，即有真儒也是「斷不可出」。漢文帝、宋太宗之世，則處於微妙的二代君主之世，若非有聖人灼知，真儒也不可貿然而出。最後，作者安錫儆得出結論，自東周末年以來，「真儒」都是「當世之窮士」，語雖諷刺，但亦道出真儒難以有為，關鍵亦在於君主。至於君主的關鍵問題，乃在於家天下之專制體制，以及「世主之所好」的個人私欲克制之問題，故難以開出公天下的「政統」理想。

由此，我們看到真儒若未遇到明君，得到的下場通常不好，甚至罹禍殺身。前引韓元震指出在朝鮮「士禍頻作」，感嘆即使有真儒也難有所作為的現象：[40]

> 臣於此又有所慨恨者，我朝道學雖盛，士禍頻作。金宏弼死於戊午羣小之手，趙光祖死於己卯羣小之手。李滉雖免慘禍，乙巳之禍，其兄瀣死於杖下，禍及家門，身廢山林。李珥始為朴謹元、宋應溉、許篈之所齮齕，終為洪汝諄、李潑輩之所詆毀，誣謗之言，死後未已。宋時烈始為鑴、穆之黨所仇疾，終遇門墻之變，表裡交搆，卒被慘禍。臣師亦為壬寅兇黨之所搆誣。前後君子之禍如此，豈不痛哉！趙光祖有言曰：

40 韓元震，《南塘先生文集》卷六，收入《韓國文集叢刊》第二〇一冊，頁一五二—一五三。

> 「我朝士禍不絕，君子欲有所為，輒為小人所敗。」此乃筵中所陳之說，不數月而光祖遂被禍，尤可恨也。此等事，殿下不可以不知也。

韓元震上述所稱「我朝道學雖盛，士禍頻作。」這樣的士禍比起中國，實有過之而無不及，常有血光之災，身死而憾。相較於中國唐代以後士人的黨爭，即便下台貶官，仍能全身而退，顯見朝鮮士禍刀刀見血，不容異己之甚。由於朝鮮士禍頻仍，雖然歷代有真儒，但往往「真儒不作」。這種論點以李栗谷說得最明白，如栗谷在以下有關真儒的問答：[41]

> 道學之士，謂之**真儒**。孟子之後，**真儒**不作。千載之下，始有濂溪周子，闡微發奧，繼之以程朱，然後斯道大明於世，如日中天。第恨有宋之君，不知道學，使大賢沉於下僚，斯民未蒙其澤耳。

上述「真儒不作」之論，是出自《栗谷全書》的〈東湖問答〉，栗谷的「真儒不作」並不等於「沒有真儒」，乃特指世雖有真儒，但不被君主充分信任且任用而有所作為。這個問題主要出現在君主並不真懂「道學」，故也無法真用「真儒」。因此，在〈東湖問答〉中，栗谷接著歷數漢唐各君主從漢高祖、漢文帝、漢武帝、東漢光武帝、東漢明帝、唐太宗等，透過問答方式，說明這些看似雄才大略的君主，實不知「道學」，故也不能用「真儒」。即使宋代「真儒輩出」，依然還是「真儒不作」。唯一的例子是東漢末年的劉備用諸葛孔明，由此說明他們君臣之間是「有為之主，必有所敬信之臣，相親如父子，相得如魚水，相調如宮商，相合如契符。然後言無不用，道無不行，事無不成焉。若堯之於舜，舜之於禹、皐陶。湯之於伊尹，武丁之於傅說，文王之於太公。」[42]栗谷之言，當是有為之言，希望朝鮮君主能真用真儒。但從上述士禍頻仍的現象以及栗谷以後朝鮮政局看來，士禍還是不斷，栗谷所期待的理想君臣關係，也只能望而興嘆。

牟宗三先生（一九〇九—一九九五）嘗有「道統」、「學統」與「政統」的新三統說，對應本章所謂「道學之士」的真儒定義而言，真儒也難以成就「政統」，原因來自真儒只能守住「道統」與「學統」的純正性，但對涉及擁有國家權力主體的國君而言，卻難以轉其家天下的心理，真儒面對家天下的君主政體，即使出仕也難以開出「政統」。[43]此即為何「千載無真

41 李珥，〈東湖問答〉，《栗谷先生全書》卷一五，收入《韓國文集叢刊》第四四冊，頁三一八。

42 李珥，〈東湖問答〉，《栗谷先生全書》卷一五，頁三一九。

43 牟先生的「道統」、「學統」、「政統」三統之說，「道統」指的是「根源的文化生命」，是一個民族文化創生的智慧泉源，指的是孔孟的生命與智慧與宋明儒的生命與智慧。「學統」含括「德性之學」或「心性之學」，今日科學知識之學，可來彰顯「德性之學」的特殊之學。「政統」是指公天下的政體與政治型態，儒者在過去

儒」，即便真儒出現也難有所為，關鍵之處即在於國君不能真用真儒。真儒難以有為，終成窮士，看似悲哀，今日亦面臨更錯綜複雜的環境，是否更難為？或是能更有所為？不同的是，如今家天下的專制體制已經不在，加上廢除科舉後，儒學也不再是功名利祿之學，障礙真儒的條件似乎移除。不過現今面臨之問題是培育真儒的環境也逐漸消失，書院不再具有講學的功能，孔廟也趨觀光化，成聖成賢的讀書目標也被束之高閣，新式學校多以「道問學」的知識學習為主流，「尊德性」之學成為末流，儒學成為可有可無的學問。不過，儒學在中國近現代發展的過程中，也出現相當弔詭的現象，雖然儒學曾歷經五四反傳統、文化大革命之破壞，卻沒因此而消失，顯見儒學仍然在社會民間有股深厚的文化底蘊潛藏著。如今二十一世紀儒學在中國又重新被大歡迎、大利用，能否繼續保住「道」、「學」元氣，真儒能否再興，再興的真儒如何面對二十一世紀自由資本主義當道所引起的科學、民主及環境倫理等新問題，都值得我們進一步觀察。而過去「真儒輩出」的朝鮮，他們的堅持與理念，在二十一世紀儒學復興趨勢的過程中如何得到繼承與創新的發展，也是值得關注。

五、結語

朝鮮儒者趙絅（一五九一－一六六六）曾經與德川初期儒者林道春（羅山，一五八三－一六五七）書信時，提及朝鮮真儒：「至於我朝，列聖相承，滌濯麗末佞佛之俗，以復箕子之風，真儒輩出，有若寒暄堂金公宏弼，有若一蠹鄭公汝昌，有若靜菴趙公光祖，有若晦齋李公彥迪。前後倡明道學，立言垂訓，皆以濂洛關閩為標準。若退溪李先生則尤有功於學者，其學大中至正，壹遵朱子之旨，其於冠昏喪葬祭祀之禮，尤兢兢焉。由是一國之中無論遠近內外，無論士大夫，雖輿臺田畯，安有一人不喪其親，不為冠昏祭祀者乎！」[44]類似這樣的「真儒輩出」論，在先前兩節已經充分說明了，但這個書信的可貴之處，是通信的對象——林道春。林道春歷仕德川四代將軍，受到幕府的重用，開啟了德川朱子學的風氣。趙絅在面對一個儒家文化剛興起階段的日本，所要凸顯的是還是朝鮮有「真儒」，並列出道脈的傳承，這可能羨煞了林道春，因為在日本武士的國度中可能無法孕育像朝鮮一樣標準的「真儒」。由此可知，朝鮮真儒論，並不是國內自家論述而已，對國外儒者依然如此說。而且明帝國滅亡後，在清帝國藩屬下，朝儒的真儒話語依然不變，所以真儒的話語並不是國力強弱的政治認同問題，而是文化核心有無的認同問題。

委屈於家天下的君主專制，但今日正可逼出民主政體建國之大業。參氏著，《生命的學問》（台北：三民文庫，一九九七年第八版），頁六〇—七一。

44 趙絅，〈重答林道春書〉，《龍洲先生遺稿》卷二三，收入《韓國文集叢刊》第九〇冊，頁四一六—四一七。

中國在近代以前歷史上出現兩次外來文化的滲入，經過百千年的消化與融合，皆成為中國文化的一部分。第一次是東漢末年傳來的佛教，第二次是近代的馬克思主義在中國的影響。兩次外來文化的滲入，有其共通的現象，都是在中國高度內憂外患之際，佛教流行於魏晉南北朝，此後大興於唐代。馬克思思想被引進中國也是中國革命成功之初的內憂外患之際，此後在中日抗戰前後大為流行，一九四九年中共建國後成為中國治國理想之指導意識型態。儒學道統之說，也是在這樣外來文化滲入的背景下產生，所謂「軻死不得其傳」，承接儒學道統要到宋代真儒出現，歷經了千五百年之久，並且高度吸收了佛教、道教文化，成就了全體大用的性理之學，一方面在理論上足以抗衡佛教，另方面在士人的人格自覺上，堅拔挺立，進一步發揮儒家的內聖外王之學。但是，「宋代以後無真儒」這種論點，在中國士人看來也許突兀，而在朝鮮儒者看來卻又是不爭的事實，元明清三代雖然以朱子學為宗，但元、清兩代受外族高壓統治，難有真儒，頗可理解；至於明代大儒在朝鮮儒者看來，依然「不純」，雜有佛老思想的陳白沙、王陽明竟然入祀孔廟，難以說服堅斥佛老而以程朱性理學為宗的朝鮮。於是，真儒自宋代以後不在中國，只能在朝鮮，這種以儒學道脈自任，捨我其誰的儒者自覺意識，中國士人恐怕難以理解。質言之，以儒學道脈繼承之姿所展現的朝鮮儒學，已經跨越的國族、種族的情感，帶有天下責任之重的普世情懷。所以，儒家道統不會亡墜，即便不在中國，也在中國周邊繼續保存元氣，不斷發揮作用。如果我們沒有把握這點來看朝鮮性理學的內涵，往往不能真正體會何以朝鮮會出現中國士人沒有的「四端七情之辨」、「無極太極之辨」？何以朝鮮會實施連中國都無法普及的《朱子家禮》？何以朝鮮朱子學表現的比中國朱子學還更朱子學等等的問題。

由此可見，真儒課題也涉及儒家核心價值的「中心」與「邊陲」之辯證關係。昔日魏晉南北朝之際，夷夏之辨成為當時論爭的焦點，當時佛門人士僧佑（四四五—五一八）曾面對佛教被貶為夷狄之道，而強調：「丘欲居夷，聃適西戎。道之所在，寧選於地。」[45]同理，宋代後無真儒，而朝鮮誕生了「真儒」，故儒家文化的核心價值在朝鮮，且還「真儒輩出」。至於真儒何以輩出？不忍道脈失傳也，如兒子繼承父子遺志，懷抱繼承中華道統的大任，朝鮮發展出「父子關係型」的中華意識情結，其意義在此。「真儒」議題的延燒其實與前章所言「小中華意識」有異曲同工，均是在承接中華道統的學術氛圍中被逼出而不得不然產生的文化意識。因此，我們若從中國周邊區域國家的視野來看，他們認為誰丟失了或不要儒學文化核心價值，誰就會被認為邊陲；誰努力承擔文化核心價值，誰就可以自認是中心；質言之，對中國周邊國家而言，中心與邊陲之間，並不是以地理中心或源頭中心為準，彼此之間的關係是隨著歷史更動而具有移動性。

45〔南梁〕僧佑撰，《弘明集》卷一四，收入《大正新脩大藏經》第五二冊，頁九五。

第三章

從東亞視域看鄭成功形象的「中華」意識之爭

戰勝強權，復興中華。協和萬邦，威振邇遐。
完成國民革命，建立平等自由大中華。[1]

——蔣介石，〈大中華歌〉

朝鮮在十七世紀中葉「天朝」崩潰之際，逐漸發展出以朱子學為正統的小中華意識，這種「小中華意識」特色，如本書第二章所言「宋代以後無真儒」，道統繼承者在朝鮮。若將十七世紀中葉以後的情景搬到台灣的明鄭王朝，他們也撐起道統，延續明朝香火，但明鄭在一六八三年被清帝國滅亡後，知識分子喊出「明鄭亡後無中國」。[2]「無中國」這個語詞符號，不免引人遐想，它指涉的內容當然是文化認同的中國，並非政治認同的中國；其次，「無中國」表示的話語是「你那邊已經沒有」，「我這邊尚且保留」的文化移動概念，中華正統的遺民意識便是在大量的移民過程的時空環境中逐漸產生，台灣地近福建、廣東兩省，又有海峽天險，正是移民或遺民最佳容身之處，歷史上有漢人移民到台灣的兩波大浪潮之領導者，第一波是一六六一年的鄭成功，第二波則是一九四九年的蔣介石，本章則集中探討第一波作為遺民意識中核心人物鄭成功涉及的中華意識之爭。

一、前言

鄭成功（一六二四—一六六二）的形象在東亞地區，因其時空環境與政治文化認同的複雜性，常有被「脈絡性轉換」的情形，各取所需，展現多元辯證的現像。儘管歷史學家證實活躍於十七世紀東亞海域的鄭芝龍、鄭成功、鄭經三代父子是屬於「海上傭兵」性質的「邊境新興勢力」。[3]但由於鄭成功的出身及其反清復明的事蹟太過戲劇化，隨著時間的推移，小說戲劇

1 蔣介石的〈大中華歌〉寫於中華民國三十四年（一九四五）十月九日於重慶，全文為：「戰勝強權，復興中華。協和萬邦，威振邇遐。完成國民革命，建立平等自由大中華。民族解放，民權吐葩。民生樂利，自由開花。實現三民主義，建立富強康樂大中華。五權並立，五族一家。民國萬歲，憲政孔嘉。厲行五權憲法，建立統一獨立大中華。」

2 基本上「明鄭亡後無中國」與「明亡之後無中國」二者不同，因明鄭王朝基本延續明帝國的政治與文化意識，詳細分析可參楊儒賓，〈反抗原型—明鄭亡後無中國〉，收入氏著，《中國現代性的黎明》（聯經出版公司，二〇二五）第七章，頁三五四—三九二。

3 鄭維中用「海上傭兵」稱鄭家父子的政權性質，如是定義：「〈海上傭兵〉指向一群因應一組特殊歷史結構而存在於世的集合體，在具體的事例上，這裡多指涉鄭氏三代的鄭芝龍、鄭成功、鄭經，以及其所帶領的一群軍事人員，他們因著海上貿易的利益而立足於東亞海域當中，大概可以與岸本美緒教授所說的『邊境新興勢力』等同。」《海上傭兵：十七世紀東亞海域的戰爭、貿易與海上劫掠》（新北：衛城出版，二〇二一），

化與中華民族英雄的鄭成功形象一直延燒不退。

在日本，鄭成功形象被刻意弱化中華意識，強化日本的大和魂意識。在朝鮮，對鄭成功的評價則褒貶不一，朝鮮儒者在肯定了鄭成功繼續奉明正朔之餘，不忘批評鄭成功殺害魯王，雖然歷史證明鄭成功殺魯王一事是訛傳，但朝鮮士人特注意此事，關注的依然是皇明政權的延續，從而並沒有特別期待他的反清復明。在中國，鄭成功成為近代革命分子反清保種的形象，中國的革命成功也波及當時被日本殖民的台灣知識分子，台灣史學家連橫（一八七八—一九三六）特撰文遙告鄭成功，希望台灣也能早日脫離異族的日本統治，回歸中華祖國懷抱。至於鄭成功在台灣，堪稱最多元也最兩極，清朝末期欽差大臣沈葆楨（一八二〇—一八七九）恢復了鄭成功在台灣的祭祀，立了「延平郡王祠」，但在二十年後卻成為日本殖民政府的「開山神社」，多少也助長了鄭成功廟宇在台灣民間的信仰。台灣光復後，鄭成功又名正言順地恢復了延平郡王祠，蔣介石在歷史的輪轉中好像扮演著第二個鄭成功。鄭成功在兩岸所出現政治認同與文化認同的張力，黃俊傑教授稱是「離心力」與「向心力」的交互作用與推擠的中心點，是四百年來台灣史的一大主題。[4]鄭氏政權及其族群對中原的「離心力」與「向心力」的雙重性格，徐宗懋過去在《台灣人論》曾表述從「復國」到「重現故國家園的理想」之轉變。[5]「復國」展現的是高度的向心力，鄭成功、鄭經時代都展現這種強烈的企圖心；但另方面「重現故國家園於臺灣」是承認故國再也回不去，帶有準備老死在台灣，只能將未完成的政治認同之缺憾「還諸天地」，重生於新生地的台灣。另外，陳昭瑛敏銳地觀察到鄭成功來台後「寓兵於農」的政策，從〈告諸將屯墾書〉分析其治台的雙重性：「一是以臺灣為家、為國，故連橫稱其述鄭成功開臺事蹟為『建國紀』；另一方面，是鄭成功以臺灣為濃縮的中國，治臺之終極目的，是將臺灣這一濃縮的中國地圖放大為真實的中國土地。」[6]鄭氏這種「重現故國於臺灣」，即使永曆帝早在一六六二年去世，明鄭仍奉明正朔二十一年之久，保留漢族衣冠、不薙髮、不蓄辮、建孔廟、設學校，在海外之地保留了另一個「故國」的政治與文化認同。連橫以鄭成功入臺為「建國紀」，台灣民間以鄭成功為「開山聖王」都充分說明了「開中國於臺灣」的新局面貌。

頁一四。

4 參黃俊傑，〈歷史意識與二十一世紀海峽兩岸關係的展望〉，收入氏著，《戰後臺灣的轉型及其展望》（台北：臺大出版中心，二〇〇六），頁一九二—一九六。

5 徐宗懋，《台灣人論》（臺北：時報文化公司，一九九三）中說：「追隨鄭成功來臺的族群的後代也因久居臺灣而習慣那裡的一切。因此，『復國』的意思逐漸由恢復國土變成在臺灣重現故國家園的理想。」，頁五二。

6 陳昭瑛，〈明鄭時期臺灣文學的民族性〉，收入氏著，《臺灣文學與本土化運動》（台北：臺大出版中心，二〇〇九），頁四一—四二。陳氏在此文中也特別考察鄭成功這個有名的〈告諸將屯墾書〉是由江日昇的《臺灣外紀》起草，由連橫的《臺灣通史》定稿的，對照此屯墾書內容，實是鄭成功與諸將討論屯墾的文字大同小異。

當然，鄭成功在台灣民間也早成了神，民間流傳玉皇大帝將輪到鄭成功接位，並且在二〇一九年十月舉行了登基大典。一個鄭成功，不僅在兩岸之間熱鬧非凡，放大視野來看，更在東亞放光發熱。本章特別著重鄭成功在東亞區域的多元歷史形象，並扣緊這些形象本身所帶有的「中華意識」之課題，折射出這個「中華意識」既複雜又富辯證性的論爭現像。

二、鄭成功形象在日本的脈絡性轉換：「大和魂」取代「中華心」

鄭成功在德川初期即為日本朝臣上下知曉的人物，當與成功及其父親鄭芝龍曾向德川將軍乞師的軍事活動及透過民間的戲劇故事廣為流傳息息相關。

關於鄭氏父子向日乞師，時人黃宗羲（一六〇一—一六九五）特有〈日本乞師記〉之作，記載一六四五年代表唐王遠赴向日本乞師的人物有崔（鶴）芝、副水師提督黃斌卿及弟黃孝卿等人前後有數次前往乞師，一度還得到善意回應。[7]但隨後福州淪陷，鄭芝龍降清，唐王（隆武帝）在汀州殉難。御使馮京第親自赴長崎乞師，效法申包胥哭秦庭事，打動了薩摩藩主，〈日本乞師記〉有如是記載：「京第效包胥故事，於舟中朝服拜哭不已。會東京遣官行部，如中國巡方御史，禿頂坐藍輿，京第因致其血書。薩摩王聞長琦王之拒中國也，曰：『中國喪亂，我不遑恤，而使其使臣哭於我國，我國之恥也』！與大將軍言之，議發各島罪人出師。」

後因黃孝卿等行為不檢點，引起日人的輕視。隨後又有澄波將軍阮美赴日乞師，可惜被奸僧湛微所騙，自得不到薩摩藩的援助。[8]

向日乞師一事，最受關注的莫過於鄭芝龍及成功父子，畢竟成功之母是日本人。毫無疑問，乞師最大的目的當是維護鄭家海上貿易的利益，特別是鄭芝龍的立場。一六四六年《德川紀實》記載一位署名「平戶一官」的鄭芝龍乞援於德川第三代將軍家光，德川君臣為此乃召開兩次會議：第一次係在一六四六年一月二十日已決議不出兵支援芝龍，並下令西國諸大名防患備變；第二次是在同年十月二十八日，儒臣林道春、信勝父子參與密議討論此事。[9]一六五八

7 黃宗義〈日本乞師記〉這樣記載：「將軍慨然約明年四月發兵三萬，一切戰艦、軍資、器械，自取其國之餘資，供大兵中華數年之用。自長琦島至東京三千餘里，馳道、橋梁、驛遞、公館，重為修葺，以待中國使臣之至。」不過，這裡的「將軍」當不是德川將軍，而是私底下承諾的薩摩藩之武將。黃宗羲，〈日本乞師記〉，收入彭孫貽，《靖海志》（台北：臺灣銀行經濟研究室，一九五九），頁一〇四。

8 以上皆見黃宗義，〈日本乞師記〉，頁一〇五。

9 以上兩次的記載，參《增補國史大系》第六五卷，正保三年（一六四六年）十月，頁四六〇—四六一。鄭芝龍兩次向日本德川將軍乞師的前後脈絡，可參前引鄭維中，《海上傭兵：十七世紀東亞海域的戰爭、貿易與海上劫掠》，頁二七九—二八〇。鄭維中提到第一封是半官方信件，信函簽署日期是一六四六年一月二十八日（按：這個日期與日本記載的有點稍後），幕府的老中會商後拒收信函，因當時幕府已經實施鎖國政策。第二次得到隆武帝的授權與同意，於一六四六年七月派出正式使節前往日本，親自致函日本天皇與幕府將軍，這

年七月十日，鄭成功亦請德川幕府援兵不果，但《德川紀實》並未載之，《華夷變態》一書中則有記載。顯然，德川朝對新政府的滿清之外交策略是靜觀其變。[10]當時日本九州地區亦逢鎮壓天主教的島原戰爭（一六三七—一六三八）不久，瀰漫著肅清天主教徒的氛圍，對海上來往相當警覺，德川政權本無暇他顧，對新成立的滿清之外交策採取靜觀其變的態度，故對來乞援的鄭芝龍及鄭成功父子均予以拒絕。

乞師一事在政治上引起德川君臣的騷動，加上因戰亂而有大量漂流人至長崎避難，在民間便開始有鄭成功的戲劇故事流傳。根據學者的研究指出，一六六一年也就是鄭成功驅逐荷蘭人的同年，日本已有鵜飼石斎（一六一五—一六六四）所著《明清闘記》關於明清之際與鄭氏一族興衰故事的記載。另外，通俗的軍事講談書《國姓爺忠義傳》在一七一七年出版，內容則專以鄭成功故事為主。以上二書後來成為江戶名劇《國姓爺合戰》的參考底本。[11]

《國姓爺合戰》於一七一五年在大阪松竹座首演，演出鄭成功反清復明的故事，此作在當時演出相當轟動，連續上演了一七個月。在此戲劇中，鄭成功的名字被日本化成為「和藤內」，日語稱為「わとうない」，「わ」代表「和」，表達鄭成功有母性日本血統身分，「とう」（藤）代表「唐」的中國人身分，「ない」日語是否定意味，表示鄭成功是非中非日的身分，但用漢字「內」亦似有表示亦中亦日的意涵。總之，「和藤內」一語雙關地隱喻鄭成功是個非中非日、亦中亦日的特殊混合體，但根據戲劇內容則更多有意弱化鄭成功「華」的身分，強化其「日」的特質。根據學者的研究指出，當地竟動員了當時占大阪人口總數三十萬人當中的八〇%人次前往觀看。該劇連續公演了十七個月，時跨三個年度，在日本的演劇史上，堪稱空前絕後。鄭成功被塑造成日本武士，劇照也都是日本武士裝扮，凸顯其忠孝不能兩全的忠君武勇形象。由於鄭成功亦有日本母性血緣之關係，內容不免涉及母親曾勸請天照大神，發揮神力，助其攻城的劇情，所以成功軍隊陣旗有日本伊勢神宮的護身符；其次描述成功母親臨死不屈，於自殺之際，特交代遺囑「不可令日本國蒙羞，對君盡忠」。值得注意的是，由於該作品中包

次將軍有收到，最後還是遭到拒絕。以上兩次時間與日本記載略有出入，但確實都在一六四六年。

10 前引鄭維中《海上傭兵：十七世紀東亞海域的戰爭、貿易與海上劫掠》一書中對一六五八年七月鄭成功向德川將軍的乞師船之描述頗為盛大，光特使的隨員就有一四七人，至於遞給德川將軍的書信中包括正式恢復與日本的朝貢關係、派船接回自己在平戶的弟弟，以及尋求支援武器精良的大量軍隊，條件是承諾願意將南京最好的島嶼贈送給日本。頁三九五—三九六。事實上，直至一六七八年七月，幕府方給長崎奉行指示，尚受理清朝平南親王尚之信的書狀。另外，鄭氏一族向日本乞師，除鄭氏父子外，尚有鄭成功族兄鄭彩。以上乞師文件及內容均可參林春勝、林鳳岡共編，《華夷變態》卷一，頁一七—三〇及頁四五—四六。

11 有關鄭成功在日本的劇本與歷史的研究分析，可參藍弘岳，〈你的忠臣也是我的英雄：鄭成功、江戶文藝與日本帝國的臺灣統治〉，《思想》四一期（二〇二〇年十一月），頁一五七—二〇一。以及藍弘岳新作〈《臺灣鄭氏紀事》與鄭成功和臺灣歷史書寫：從江戶日本到清末中國〉，《歷史語言研究所集刊》第九五本（二〇二四年三月），頁一六六三—一二二五。

含了將「韃靼」譬況為「畜類同然」等大量資訊，營造出一個「新華夷」的氛圍。極力將清朝「夷狄化」進而反襯自身的「真中華」地位。[12]

《國姓爺合戰》此一透過戲劇所形塑的忠義形象及扭轉華夷觀念的企圖，在日本引起一股風潮，學者也不例外。江戶末期為成功寫傳記者亦不少，其中幕末儒者東正純（澤瀉，一八三二—一八九一）著有《鄭延平事略》，楠本碩水（孚嘉，一八三二—一九一六）為之寫序中說：「吾舊平戶藩治西一里，有鄭延平遺跡，藩主源侯每歎其盡力明室，忠勇義烈，有我日本人之氣象。且恐遺話古蹟湮沒不傳，乃使朝川善庵撰文。後命葉山鎧軒，更刪修之，雜以土人所相傳者，建一大碑於千里濱表之。頃者，東君崇一著《鄭氏事略》一卷，以問于余。〔……〕」[13]以上提及的傳記就有平戶藩出身的朝川善庵（一七八一—一八四九）《鄭將軍成功傳》及葉山高行（鎧軒，一七九六—一八六四）相繼增刪的《鄭延平慶誕芳蹤》，再加上岩國藩的東澤瀉（即東崇一）自己寫的《鄭延平事略》。特別是朝川善庵因處平戶藩（今長崎縣）地理之便，其所著《鄭將軍成功傳》，是把鄭成功描述成為日本人的將軍鄭成功，而不是中國人的將軍鄭成功。[14]又，鄭成功忠於明皇室這樣的形象，對應到江戶幕末的尊王攘夷志士看來，不正也是拿來尊王倒幕的利器。而在明治維新以後，特別在甲午戰後，台灣割讓給日本，鄭成功的日本將軍形象又自然被解讀為台灣早已是日本人的台灣。

日本幕末除了有以上的鄭成功傳記外，其中最可注意者是水戶藩國史總裁川口長孺（一七七二—一八三五）寫的《臺灣鄭氏記事》。[15]《臺灣鄭氏記事》特注意成功與清廷談判之際有關「剃髮」相關的華夷問題，引述清朝《三朝實錄》（康熙、雍正、乾隆三朝）資料，言及清朝皇帝給成功之勸降書信：[16]

> 念爾父鄭芝龍投誠最早，忠順可嘉，故推恩延賞，封爾公，給與敕印，俾爾駐劄

12 有關《國姓爺合戰》營造出一種「新華夷」觀的論點，參韓東育，《從「脫儒」到「脫亞」：日本近世以來「去中心化」之思想過程》第四章〈「華夷」理念的非對稱變化與晚明之對日「乞師」〉。

13 東澤瀉，〈鄭延平事略序〉，參東敬治編，《東澤瀉全集》（東京：白銀日新堂，一九一九），頁七〇五。

14 相關論點參江仁傑，《解構鄭成功：英雄、神話與形象的歷史》（台北：三民書局，二〇〇七），頁五四—五六。

15 川口長孺之所以寫《臺灣鄭氏記事》的動機，根據江戶水戶藩彰考館總裁青山延于為此書寫跋文時，稱乃因當時水戶藩主德川齊脩（一七九七—一八二九）收到鄭成功遺留下來的書信，載曰：「我公嘗獲成功書，愛其筆畫道逸類其為人，展翫不置，乃命同僚川口長孺纂其事蹟。」參〈青山跋〉，收入川口長孺，《臺灣鄭氏紀事》（台北：臺灣銀行經濟研究室，一九五八），頁七五—七六。按：水戶藩主獲得的書信，當是川口長孺在傳記中提及：「成功之詩，世不多傳，本藩藏其所自書詩曰：『禮樂衣冠第，文章孔孟家；南山開壽域，東海釀流霞』。其詩不書題，蓋似賀本邦人詩，書法亦飄逸可愛。」（頁四二）可見鄭成功此賦詩藏於水戶藩。

16 川口長孺，《臺灣鄭氏記事》，頁三四。

泉、漳、惠、潮四府，撥給遊營兵餉，養爾部下官兵。朕之推誠待爾，可謂至矣。爾自剃髮傾心，義不再計。今據爾疏奏，雖受敕印，尚未剃髮，冀望委畀全閩；又謬稱用兵，屯箚舟山，就近支給溫、台、寧、紹等處錢糧；詞語多乖，要求無厭，乃復以未撤四府官兵為辭。爾尚未歸誠，豈有先撤官兵之理！

當時清人以剃髮受降作為誠心歸順的檢驗標準，晚明投降將領多循此模式，成功不受降也不剃髮，史載：「成功不受。報父書末曰：『萬一不幸，兒惟有縞素復仇，以結忠孝之局耳』。」[17]如所周知，剃髮輸誠，不僅有華夷變態的文化認同轉變，也有政治認同的忠誠度轉移問題，韓東育敏銳地指出，明清鼎隔的東亞巨變，「華夷變態」輿論的一世風行，極大地助推了東亞內部文化正統地位的搶奪浪潮和國族獨立傾向。對日本而言，這已被集中表現為「道統」的「東移」和「自立」過程之中。[18]實則鄭芝龍、成功父子本身的形象也充分展現這個華夷變態的張力，鄭芝龍這個父系血統被學者描繪為代表的是「中國」形象，而鄭成功及其母親代表的則是「日本」形象，為了凸顯中日的華夷轉變，川口長孺接著記載：[19]

夫芝龍反覆之徒，固無足道，然妻為烈婦而子為忠臣，忠義貞烈咸萃一門，何其盛也！蓋成功母子雖其忠烈出於天性，亦非我神州風氣之所使然歟？然則鄭氏之有成功，不翅明國之光，亦我神州之華也！

成功母子的一門忠烈，出於日本本有忠烈的「天性」，也成了日本「神州之華」。在此比對出現實中國滿清的「夷」及日本的「華」；當然也對比出成功父親芝龍的「反覆」，與成功母子的「忠烈」。由此對照，鄭成功儘管再有如何的忠烈精神，這種忠義精神不會是來自父系的中國，鄭成功儼然只能成為日本的鄭成功。當然，上述戲劇及日人傳記中刻意強調鄭成功之忠義精神只來自日本，頗多牽強附會，鄭成功七歲即被父芝龍接回中國後，接受的是中國傳統的經學教育，黃宗羲《賜姓始末》論及成功的童蒙教育：「弘光時，入南京太學，聞錢謙益之名，執贄為弟子」。[20]並在諫父不聽，母死非命後，「詣孔廟，焚儒服」，清人的鄭成功傳記中均提到成功性喜《春秋》，好孫吳兵法。[21]可見，鄭成功的養成教育多是傳統的中國儒學涵養，並

17 陳衍，《臺灣通紀》（台北：臺灣銀行經濟研究室，一九六一），頁三九。

18 韓東育，《從「請封」到「自封」：日本中世以來「自中心化」之行動過程》（台北：臺大出版中心，二〇一六），頁二三五。

19 前引川口長孺，《臺灣鄭氏記事》，頁七五。

20 〔清〕黃宗羲，《賜姓始末》，頁一。

21 如清人沈雲的《臺灣鄭氏始末》（台北：臺灣銀行經濟研究室，一九五八）載鄭成功：「能讀書，稍長，通《春秋左氏傳》及孫吳兵法，喜擊劍馳射。」頁六。

深諳春秋大義精神，其忠義、其武勇，都在中國薰習。

另外，我們也注意到鄭成功在日本的魅力不僅止於江戶時代，亦延燒到明治、昭和時期，以下的作品出版即可略窺其盛況：

明治維新以後《國姓爺合戰》出版一覽表

	作者	書名	出版年	出版資料
一	尾関トヨ	《絵本国姓爺合戰》	一八八六	東京：自行出版
二	名作三十六佳	《近松門左衛門著国姓爺合戰》	一八九二	東京：金桜堂
三	山崎暁三郎	《義太夫丸本》（稽古本）	一八九四	東京：自行出版
四	塚越芳太郎	《近松著作一斑》	一八九五	東京：民友社
五	不詳	《影芝居声色独まなび》	一八九四	東京：金盛堂
六	水谷不倒（弓彥）校	《義太夫百番・上》	一八九九	東京：博文館
七	鈴木義一編	《義太夫全集》	一九〇一	東京：義盛堂
八	関根正直	《国姓爺合戰》	一九〇三	東京：富山房

九	鶴沢名門二　口演・竹本其太夫筆授・鶴沢秀作校	《淨曲百段語り物の訳》	一九〇六	名古屋：其中堂
十	神谷竹之輔編	《義太夫さわり百段》 目次：歌舞伎座（明治三十三年十一月狂言「名高忠臣藏」「國姓爺合戰」の衣裳）	一九〇九	東京：三芳屋書店
十一	佐々政一、田中敬編	《孝道文学》 目次：二十五　国姓爺合戰（淨瑠璃）	一九一一	東京：富山房
十二	大川錠吉編	《義太夫二百段集》	一九一二	東京：聚栄堂
十三	五十嵐力	《評釈国文史》	一九一九	東京・博文館
十四	近松門左衛門著［他］	《傑作近松時代淨瑠璃集成》 目次：第廿四　老の姿、熟鐵の涙（近松門左衛門、国姓爺合戰、天の網島）	一九二二	東京：大同館書店
十五	尾崎久弥編	《近松淨瑠璃読本》	一九二五	京都：三学社
十六	近松門左衛門著〔他〕	《近松名作選》	一九二五	東京・明治書院
十七	近松門左衛門著〔他〕	《国姓爺合戰・百合若大臣野守鏡》（新型袖珍名著文庫）	一九二六	東京：富山房

十八	鈴木春浦	《歌舞伎の型》	一九二七	東京：歌舞伎出版部
十九	井川洗	《國姓爺合戰：和唐內物語》（講談社の繪本）	一九三九	東京：大日本雄辯會講談社
二十	五十嵐力	《大日本古典の偉容》	一九四二	東京：道統社
二一	斎藤清衛	《われらの日本文学のイメージ》（青少年日本文学）（內含介紹「國姓爺合戰」）	一九四三	東京：至文堂

若我們對照當時中國人寫的有關鄭成功的戲劇或傳記，大概沒有像日本人如此熱衷鄭成功的戲劇。換言之，鄭成功幾乎在近代中國偶爾雖被提及，但在日本卻透過歌舞伎、淨琉璃的演藝方式，廣泛地流傳在日本學界及庶民百姓印象中。

在《國姓爺合戰》戲劇中，鄭成功父親芝龍並非叛國叛君之形象，父子尚且同心協力攻進南京城。但明治維新後，隨著日本國內皇國精神愈來愈高漲，鄭成功逐漸被塑造成具有「日本魂」的形象，以相對於鄭芝龍的變節叛君形象，例如一九三四年《皇道宣揚》這本書在闡述鄭成功的忠孝觀點，有如下的敘述：[22]

以忠孝為支那原產，此誤也。彼國之忠，是「三諫從，遂去之」的忠；孝是「三諫不從，哭而從之」的孝，真正的忠孝，實是皇國的特產。父變節而趨利，但子能盡忠及於子孫，是真正能繼承身為日本人母親的田川氏與日本魂。

文中特舉出中國經書的「三諫從，遂去之」的典故，係出自《禮記．曲禮下》：「為人臣之禮：不顯諫。三諫而不聽，則逃之。子之事親也：三諫而不聽，則號泣而隨之。」[23]以此對照日本皇國的忠孝觀。由此，鄭成功之所以被當時皇國精神所重視，並非只有成功母親是日本人的血胤，更重要的是其背後有皇國獨特的忠孝國體精神——即「日本魂」或「大和魂」，而其證明就在於鄭成功「殺父成忠」。關於「殺父成忠」一事，不可匆匆看過，實有必要說明。根據晚明華廷獻的《閩事紀略》載：[24]

鄭芝龍以福州降清。芝龍欲出降，弟鴻逵、子成功力阻之；不聽。既降，貝勒謂其

22 昭和青年會，《皇道宣揚》（東京：昭和青年會，一九三四），頁七九。
23《公羊傳．莊公二四年》亦有三諫之義：「戎將侵曹，曹羈諫曰：『戎眾以無義，君請勿自敵也。』曹伯曰：『不可。』三諫不從，遂去之，故君子以為得君臣之義也。」
24 華廷獻，《閩事紀略》（台北：臺灣銀行經濟研究室，一九六七），頁四七。

親從，俾離左右。尋發遣赴燕都，惟狎客陳鼎隨之去。芝龍妻，日本人也；以兵死。成功樹「殺父報國」旗，至今出沒海上。

鄭成功因父親的投降清人，勸阻不聽，乃樹立「殺父報國」之旗，大義滅親，最終鄭成功雖沒有直接殺父，但也因鄭成功不降清而導致父親芝龍被滿門抄斬於北京的悲慘結局。日本皇國特歌頌這樣「移孝作忠」的精神，也就是國體論宣揚的「忠孝一體」論。換言之，鄭成功可以順理成章地成為「日本魂」或「大和魂」者，一是出自日本母胎之腹的鄭成功，一是來自鄭成功的「殺父成忠」，前者寄託皇國之「腹」，後者實現皇國的國體精神，並且「殺父」的「父」有一語雙關的想像，「父」不光指那血緣意義的「父」，更影射的是「中國」，鄭成功以上形象正巧妙地貼近皇國日本需要宣揚的國體精神及對中國侵略的野心，鄭成功的「中華心」完全被移入「日本魂」中。

鄭成功以上非中非日、亦中亦日、「中華心」或「日本魂」的糾葛，在革命家的孫中山看來，卻成為「同文同種」的依據。一九一三年三月二十二日孫中山在日本接受長崎官民歡迎會上的談話，突然提到了鄭成功：[25]

以前漢人學者亡命日本，在文學方面對日本做出不少貢獻。如鄭成功等人，他不過是生長在南方漢人中之一。回顧及此，中日兩國關係之形成決非一朝一夕之功，而今日是我們漢人的時代，大有回到三百年前之感。如今這兩個同文同種的國家，不但通商貿易，在政治上，相互合作，關係日趨密切。如中日兩國保持一致，可雄踞東亞。在世界上亦成一重大勢力。

歷史上漢人亡命日本約有三大波，一是宋元初期，一是明清鼎革之際，但這兩波多為禪僧，並非孫中山這裡提及的文學家，另有少數儒者，最有名的則是明清之際的朱舜水（一六〇〇—一六八二），日後成為水戶藩主德川光圀的賓師。第三波則是清末民初，革命派與維新派的亡日之徒甚多，孫中山本人亦是其中之一。但不知為何孫中山獨提鄭成功，更耐人尋味地是為了中日兩國能「雄踞東亞」互相合作，提到了中日兩國是「同文同種」，又遠推到三百年前的明末時期。鄭成功這位中日混血的歷史人物，在孫中山眼裡，竟成為未來中日兩國可以在政治與經濟上互相合作、「雄踞東亞」的指標人物。日本人只要「大和魂」，但孫中山則寄望將「中華心」還原回來，中日「同文同種」的話語，增添了鄭成功在各時代被脈絡性轉換的多元辯證關係。

25 孫中山，〈中日兩國在政治上保持一致可雄踞東亞在世界上亦可成一重大勢力〉，收入《國父全集》（台北：中國國民黨臺灣省執行委員會，一九七三）第二冊，頁四九八。

三、近代中國作為「恢復中華」形象的鄭成功

鄭成功在近代中國再次受到注目，有兩大事件：一是沈葆楨被派往協防台灣，恢復了鄭成功的祭祀；一是孫中山反清復明的革命事業，鄭成功持續扮演反清復明的「恢復中華」之角色。我們先從孫中山有關的革命志業談鄭成功的恢復中華形象。

清末時代陳匪石（一八八三—一九五九）支持孫中山的革命事業，入同盟會，特撰有《鄭成功傳》呼籲孫中山革命中喊出的「驅除韃虜，恢復中華」。[26]《鄭成功傳》在緒論中藉著鄭成功，表現中華民族之悲痛：[27]

> 嗚呼！吾國民以是歲橫渡大江，西極滇境，過郡城北門外，徘徊故明桂王墓下不忍去。上溯夏四月戊午，王與諸妃嬪、諸王子實殉國難於此。於是甲申之歲北都亡，越一年乙酉南都亡，又一年丙戌閩浙亡，又十五年辛丑粵疆亡；蓋終始相距僅十九年，其未遠也。而所謂中國本部二萬萬面積之土地乃為博物館歷史部之名詞，而所謂自黃帝以降所嫗育嬌愛四萬萬之子孫乃為博覽會人類參考館之陳列品，而奄奄以病、以群病、以死、以群死！嗚呼！其能勿哭？其能勿哭？吾將哭鄭氏，哭鄭氏所據之非地

也，哭鄭氏子孫之不卒也！雖然，其勿哭矣。吾將哭吾國民。吾國民負東方大陸之重擔，又力不勝荷則棄之，棄之而不復顧，無復有一試負焉者。有之，仰指大、俯畫地，徒手跳踉，弓不足一矢，車不足一馬，進無可據之寸地，退無可守之尺土；若是者其興也驟，其亡也忽，史家悲之，掇拾以為材，猶慮不足焉。吾惡乎能勿哭也？

上述引文，悲痛之情，躍然紙上。作者藉著哭鄭成功，實哭當時中國處境。作者悲憤：在中國內部民族中，因滿清統治下成為剃髮的民族，而在中國外境的世界民族相較下，更成為落後種族的標記，淪為當時世界博覽會陳列的劣等民族。[28]作者不得不哭鄭成功身死未竟之功，全書借鄭成功作為民族英雄抒發驅除韃虜意旨，響應孫中山革命的情懷，喚回中國本有的英雄氣

---

26 一九〇六年五月七日中國同盟會在東京成立的規章，第二條即稱：「本會以驅除韃虜，恢復中華，創立民國，平均地權為宗旨」。參《國父全集》第九冊，頁二五一。

27 匪石，《鄭成功傳》（台北：臺灣銀行經濟研究室，一九六〇），頁六三—六四。

28 按：陳匪石文中所言「自黃帝以降所嫗育嬌愛四萬萬之子孫乃為博覽會人類參考館之陳列品」云云，當指所謂「學術人類館事件」，是一九〇三年於大阪舉行勸業博覽會，以學術之名，在館內陳列北海道愛奴族、臺灣原住民、琉球、朝鮮、支那（中國）、印度、爪哇等七種「土人」，特別引起中國、韓國人的抗議。

概：[29]。

吾中國果有鄭成功其人者，衝決又衝決，排蕩又排蕩，使吾中國數千年來輕浮不正、似雲非雲、似霧非霧之妖氛，盡散之於廣漠無人行之野，而雷以震之，風以蕩之，雹雨以衝激之，久之又久，乃始可歡迎世界之英雄，而紹介於我東方大陸之舞場也。故中國之英雄乃為世界英雄之先導，而世界之英雄又為我中國英雄之後勁也。故吾不得不曰，中國之英雄乃鄭成功也。

作者要喚回中國的愛國精神，不得不追溯到鄭成功，並認為鄭成功不僅是「中國之英雄」典範，亦足堪為「世界英雄之先導」。由於鄭成功出生日本平戶，作者留日期間親訪平戶，觀看成功「誕兒石」史蹟，蒐集成功出生神話。當是時，革命派的孫中山、章太炎等，其反清意識都高於反日。由於陳匪石此書意在反清革命，故不避諱鄭成功出生日本且薰陶「大和魂」之記載：[30]

福松幼稟日本大和魂之薰陶，又久受中國國粹學，故居平喜讀《春秋》、《孫》《吳》書，嘗作「當洒掃應對進退」文，其終言云：『湯武之征誅一洒掃，堯舜之揖讓一應對進退』。時福松年方十一，已慷慨自負若是。

如所周知，一八九五年甲午戰敗，中國知識分子留日激增，欲效法日本明治維新，加上一九〇五年日俄戰爭日本獲勝，更激發中國維新與革命分子，由向西方學習，轉而向日本學習，將自己反滿的漢民族主義與戰勝清朝的日本精神連結而產生共鳴。作者強調鄭成功既有人和魂之薰陶，又有中華國粹學之洗禮，印證了上述孫中山所言「同文同種」的結合，似乎遙想著中日合作的前景，故這部《鄭成功傳》對於台灣割日情事未見對日本有絲毫之批評。值得注意的是，匪石在描述鄭成功母親田川氏殉難安平城時記載：[31]

成功母在圍城中而題曰：「余夫非中國人乎！今惜一死，何顏面以對中國！」死之。

29 匪石，《鄭成功傳》，頁六五—六六。

30 同註二八，頁七二—七三。

31 匪石，《鄭成功傳》，頁七六。又，有關鄭成功母親田川氏之死，張溪南所著《明鄭王朝在臺南》（台南：台南市政府文化局）從各種傳記中整理三說：一是根據江日昇《臺灣外記》、陳衍纂輯的《臺灣通紀》之切腹說，一是日人川口長孺《臺灣鄭氏紀事》的投河自盡說，一是黃宗羲《賜姓始末》的被淫自縊說。頁八七—八八。

這裡的描述與先前幾本的傳記如《臺灣外記》、《臺灣鄭氏紀事》等均不同，顯然是作者匪石刻意加入，將鄭成功母親之死係為中國而死，這樣的敘述則扭轉前節《國姓爺合戰》戲劇中所描述田川氏及鄭成功的日本本位角色，忠烈依舊是忠烈，只是田川氏是為中國人而死，並非捍守大和魂而亡。對作者來說，改寫鄭成功母親田川氏為中國而亡，應也有期待日本人共同守護中國的願望。故在作者眼中，鄭成功是中日兩國共抗強權的接合劑，有著共同的敵人——滿清與西方帝國主義。最後，作者借鄭成功飲恨於台灣，其志業終被清人消滅，生無限的感懷，興「國無國民，乃真亡也」之嘆：[32]

> 光陰如駛，忽忽二百數十年。前於此之臺灣為何屬？後於此之臺灣為何屬？披圖檢視，其色再易，吾國民何未之見？憑弔城郭，欷歔疇昔，騷人墨客，連袂雜沓，而求所謂愛國士夫如瑪志尼、古魯家、阿圭鴉度者流，吾國民何未有其人？吾國人負有文明古國民之資格，又優占膏腴沃壤、廣大無垠之國土，東亞盟主，未遑多讓。而顧使國勢日益窮蹙，以如今日。歐洲入十九世紀，生息蕃殖，已無餘土，乃發明所謂殖民主義者，流為學說，著為政策，莫不鷹瞵鶚視，驤騰虎步，各以其相當方法，集中於亞東大陸之一隅。今日吾國內地，自東、自西、自南、自北，何片地絕壤非此主義之所流行者？而吾國民何猶未之覺？嗚呼！吾國其無國民也耶？其真亡也耶？凡國大

患，莫無國民若。

國民者，國之幹也。使有國民，雖無國而亦國；使無國民，雖有國而亦不國。臺灣已矣！自餘四百餘州，吾宗祖之所廬墓、孫子之所田宅，奮袂而起，吾國民將何以處之。嗚呼！其存其亡，事在今日，豈有他哉，自決而已！於是傳鄭成功既終，迺敢告我國民曰：吾悲臺灣，非僅悲臺灣，實悲中國；傳鄭成功，非僅傳鄭成功，實傳我將來無量數之國民。我之所言，止於此語，遂輟筆。

上述引文中出現「國民」十二次，作者悲嘆中國之「無國民」，當然有所指涉。在作者眼中，清帝國統治下的中國，只有「臣民」而無「國民」。嚴格言之，中國歷朝也只有「臣民」而無「國民」。與「國民」相近的是種族的夷夏之辨，這是從春秋時代即有的傳統思想，但在滿清的高壓統治及滿人身分下，連這種夷夏之辨都不能談，民族氣節乃為之蕩然無存。但是，「國民」、「國家」（state）或「民族」（nation）的概念是近代西方帝國主義殖民亞洲所帶來的概念。[33]東方的日本最能接受這種用國族或種族來定義西方意義下的「國家」，並且日本使用

32 匪石，《鄭成功傳》，頁一一五—一一六。

33 參Benedict Anderson, *Imagined Communities: Reflections on Origin and Spread of Nationalism*, 吳叡人譯，《想像的

「國家」一詞不免均帶有日本「忠孝一體」的國體思維。明治維新以後，建立以天皇制為尊的國家，天皇代表國家，毫無疑問，「忠」於天皇即是忠於日本國。至於「孝」，因日本有萬世一系的天皇體制，日本人的歷代祖先也都效忠過天皇，所以忠於天皇也等於盡到孝於祖先，故在日本這種體制下可稱「忠孝一體」，也因日本有「國民＝臣民」這種特殊的國體制度，迥異於西方近代意義下的「國民」。晚清革命派與維新派人物流亡至日本，驚訝於日本竟有如此忠君愛國的「國家」意識，欲如法炮製於中國，特別是革命派高舉「驅除韃虜，恢復中華」口號，但「韃虜」是被驅逐了，具有統一意識的「中華」國民觀卻還遙遙無期。

一九一二年孫中山革命成功，建立中華民國，當然也激起了台灣知識分子的波瀾，當時還是日據時期的台灣，連橫欣聞革命成功，在興奮之餘，不禁想到要告慰鄭成功，特寫〈告延平郡王文〉的哀祭文：[34]

> 中華光復之年壬子春二月十二日，臺灣遺民連橫誠惶誠恐，頓首載拜，敢昭告於延平郡王之神曰：於戲！滿人猾夏，禹域淪亡，落日荒濤，哭望天末，而王獨保正朔於東都，以與滿人拮抗，傳二十有二年而始滅。滅之後二百二十有八年，而我中華民族乃逐滿人而建民國。此雖革命諸士斷脰流血，前仆後繼，克以告成，而我王在天之靈，潛輔默相，故能振天聲於大漢也！夫春秋之義，九世猶仇；楚國之殘，三戶可

復。今者，虜酋去位，南北共和，天命維新，發皇蹈厲，維王有靈，其左右之！

連橫巧妙地將孫中山推翻滿清，算在實踐「春秋之義，九世復仇」的大義精神中，以此連結鄭成功恢復中華未竟之功，在二百多年後，這個未竟之功終於在孫中山的革命事業中實現了。連橫特將孫中山一九一一年的革命成功之年稱為「中華光復之年」，而這個「中華光復」在當時充滿著強烈「華夷」對立的種族意識上。當然，這種嚴重的華夷對立，源於滿清異族的統治，這個異族還將本屬中華之地的台灣割讓給日本，這便激起了「中華民族」的同仇敵愾。只是，連橫還沒說出的是，顯然清人的統治台灣本非中華正統，因台灣本屬鄭成功奉明正朔的中華之地，而清人又將台灣割讓給異族日本，而此日本殖民政府更非中華正統。因此，這篇〈告延平郡王文〉當有更深沉的寄望，那就是希望下個階段孫中山更以「中華」光復台灣，讓台灣回歸真正的「中華」。但這個遙想，到了蔣介石的身上終於實現，並且意想不到的是，竟為台灣帶來了一個「大中華」，蔣介石彷如第二個鄭成功。歷史的巨輪不斷翻騰著，也不停地複製命運，更引無數英雄競折腰。

共同體：民族主義的起源與散布》（台北：時報文化公司，一九九九）第一章導論，頁七——一五。

34 連橫，《雅堂文集》（台北：臺灣銀行經濟研究室，一九六四），頁一一五。

四、日據時期台灣鄭成功形象的爭議：中華心與大和魂之爭

清朝官方允許鄭成功在台灣第一次的重新立廟，已在清末年代。一八七四年因牡丹社事件後，清廷派欽差大臣沈葆楨來台協防，深知台灣民間私下祭拜鄭成功，為了表彰忠節，收攏人心，乃向禮部呈〈請建延平郡王祠摺〉，「奏請封海神、立廟崇祀；予可，並諡忠節。」[35] 翌年，乃拆除舊有的「開山王廟」，在原址重建一座「延平郡王祠」，鄭成功被官方的重新恢復祭祀，距離明鄭時期將近兩百年之久。[36]

沈葆楨為鄭成功立廟祭祀不到二十年，台灣割讓給日本，日本殖民政府在據台後不到三年，認為清廷此廟「不足以壯觀瞻」，官紳乃集資七千餘兩，初期將延平郡王祠改為「開臺神社」，但於一八九八年由台南縣知事磯貝靜藏，在二月三日正式改為「開山神社」，列為神社中的縣社層級。[37]

如前所言，由於鄭成功具有日本母系血緣及其忠義精神，為了凸顯成功母親在福建安平的英勇犧牲，在開山神社後殿中央尊祀成功母親田川氏。不過，「開山神社」的位階，是屬於神社位階的「國幣小社」或「別格官幣社」，位次在於「官幣社」之下，府縣社之間。[38] 一九三〇年日本平戶村長亦要求將鄭成功的「開山神社」分靈至其誕生地平戶。[39]

毫無疑問，開山神社的改祀目的，殖民政府當然也試圖移轉台灣民眾對鄭成功情感，而這種情感的可移植性正是基於兩個共同點：其一鄭成功與日本共同的敵人都是滿清，其二鄭成功

35 〔清〕唐贊袞，《臺海見聞錄》（台北：臺灣銀行經濟研究室，一九五八），頁一三〇。

36 按：「開山王廟」的興建，已是清領時期的一六九五年（康熙三十四年），《臺灣府志》記載澄天府東安坊有一座「開山王廟」。但未說明祭祀的是哪一位神明，不過後世傳言，該廟祭祀的就是鄭成功，乃為避免清朝官方猜忌，而託名為開山神廟。參江仁傑，《解構鄭成功：英雄、神話與形象的歷史》，頁一七。

37 作者不詳，《開山神社鄭成功小傳》（出版者不明，一九〇一），頁二—三。

38 當時要封祀開山神社，日人引起諸多討論，可參內藤正由，〈鄭成功の社名社格を正定せられんとを望む〉，《臺灣日日新報》（明治三一）一八九八年四月三日。還有金光潔稿，〈封祀明延平郡王鄭成功廟於別格官幣社義〉，《臺灣日日新報》（明治三〇）一八九七年十一月三十日。按：日本神社位階依次為「官幣大社」→國幣大社→官幣中社→國幣中社→官幣小社→國幣小社→別格官幣社等。在國幣社之下有地方的「府社」（＝縣社＝藩社）→鄉社→村社→無格社。

39 報社新聞，〈望將開山神社分靈奉遷於平戶：鄭成功誕生地代表者訂定今秋來臺磋商〉，《臺灣日日新報》第一〇七六九號，（昭和五年）一九三〇年四月十日第四版。以及〈開山神社の分靈を守護神として奉祀：長崎縣中野村平戶で正式交涉あり次第決定〉，《臺灣日日新報》第一〇八五三號（昭和五年），一九三〇年七月三日第五版。雖然日本戰敗歸還台灣，但鄭成功出生的日本平戶仍保留鄭成功文物及遺物，還有相關傳說。每年七月日本平戶市還會定期舉辦鄭成功誕祭，甚至每年四月二十九日均會派市級官方代表參加台南舉辦的鄭成功祭典。日本觀光客每到台南，多至延平郡王祠參訪或拜謁。

有母系的日本人血胤。如今甲午戰爭中打敗滿清的正是鄭成功有母系血統的日本人，因此將臺灣的鄭成功廟再改祀為日人的神社，有從中華心轉移到大和魂的目的。我們或可從一八九九年為開山神社祭典時所特寫的一段〈國姓爺〉一文充分看出這個端倪：[40]

其血統借支那人之胤，宿皇國人之腹，其勳功之數數，逞強烈之肝魂，鍛鍊於國事多難中，捐家為國，移孝竭忠義，四百餘州之草木，為之激濁揚清。（原日文）

上述所謂「借支那人之胤，宿皇國人之腹」之語，值得引人注目。在這些歌頌鄭成功的日本軍、政要員的眼中，鄭成功只是假借中國人的父系血統，但卻是從皇國人的腹中誕生。「腹」這個詞，有其深意，切不可忽悠，日本武士都相信，其忠誠的靈魂正是深藏於腹中，為了展現忠誠之心，必要時可用切腹來表明忠貞之心。[41]質言之，鄭成功胎生於日本人母親之腹，正可想像大和魂藏於武士精神的腹中，將鄭成功的出生塑造成天生就帶有大和魂的使命。

隨著「開山神社」鼓吹鄭成功的大和魂精神，以籠絡台灣人轉向日本認同，一九〇三年由東京富山房出版的名著文庫中《國姓爺合戰》的作品，首先被介紹到台灣來，刊於《臺灣日日新報》，是由關根正直所校訂。[42]接著一九一三年在台灣本土亦上演鹿島櫻巷的《國姓爺後日物語》戲劇，是由愛國婦人會的台灣支部推動上演，並在翌年不斷連載於《臺灣日日新報》的日文版中，內容除延續《國姓爺合戰》的劇情，更延續到鄭成功死後的東寧王朝的歷史故事，並非僅限鄭成功本人的戲劇故事。《國姓爺後日物語》將鄭成功塑造為遠征南洋各國，積極向海外擴展領土，媲美戰國時代豐臣秀吉征服朝鮮的「海外雄飛」的英雄形象。[43]

縱然「延平郡王祠」被改為「開山神社」，即使「國姓爺合戰」這類宣揚大和魂戲劇被介紹到台灣來，日本殖民政府企圖扭轉鄭成功的中華心為大和魂，但台灣民間依然要的是鄭成功的中華心。例如在台灣民俗中，鄭成功已從人變成神，民間傳說頗多，一些民間習俗今日仍存，這些傳說絕無日本官方宣揚的日本色彩。至於鄭成功的神像依然是明代漢人衣冠而不是日本和服，髮式也非武士薙髮形象，更有五綹長鬚，建築風格依然是閩南式風格，而不是神社樣貌，即便在日據晚期的皇民化運動與「寺廟改正」風潮中，依然保留漢人式的鄭成功形象。[44]

40 冠者，〈國姓爺〉，《臺灣日日新報》第二三一號，（明治三十二年）一八九九年二月十日第五版。

41 參大隈三好，《切腹の歷史》（東京：雄山閣，一九九五）。

42 關根正直校訂，〈名著文庫：國姓爺合戰〉，《臺灣日日新報》（明治三十六年）一九〇三年十二月二十六日。

43 相關研究可參前引江仁傑，《解構鄭成功：英雄、神話與形象的歷史》，頁七六—八三。另有關，由署名「臺陽」的作者，《國姓爺後日物語》（劇と史實），連載於《臺灣日日新報》（大正三年）一九一四年五月三十日是第一篇，一直連載到六月二十一日，共二十篇。

44 相關的探討可參前引江仁傑，〈民間祭祀活動中的鄭成功〉，《解構鄭成功：英雄、神話與形象的歷史》，頁九六—八三。

據研究統計全台有關鄭成功廟宇至少有一四六座（含陪寺廟宇），就建廟時間而言，明鄭時期有三座，清領時期有四十一座，日據時期有三十九座，光復後有五十座。[45]又如在台灣有玄天上帝的信仰，本是明朝政權的護國家神，在台「奉明正朔」的明鄭政權，第一座官方所建的廟即是真武廟（一六六九年建，真武大帝即玄天上帝），此後台南地區在明鄭時期共蓋有八座。真武廟經過清領時期到日據時期，建廟愈來愈多，到了日據時期的皇民化運動前，全台已有一七二座，但在皇民化運動期間（一九三七—一九四五），由於進行「寺廟整理運動」，真武廟及各種民間宗教廟宇被整頓，或被拆毀，或被「改正」或移作他用。但台灣光復以後，這些廟宇又都逐漸恢復起來。[46]明鄭奉明正朔的中華精神，透過玄天上帝信仰，一直在台灣流傳至今，如今台灣玄天上帝的信徒，每年都還要至武當山回鑾謁祖進香。

除了民間百姓祭祀鄭成功的廟宇日增，以及奉明正朔的玄天上帝信仰保留著中華心，民間知識分子如小說家鄭坤五（一八八五—一九五九）則用演義小說創作《鯤島逸史》，出版年代正是在皇民化運動最激烈的時代。[47]《鯤島逸史》的主角本身就是鄭成功部將子孫，一些配角也都有遺民身分，主角尤守己最終的歸根地也是中國大陸的長白山，而不是土生土長的台灣。[48]日據時期台人的「遺民情結」源自於台人受異族統治後所衍生出對祖國的一種特殊的民族情感，在當時許多台灣知識分子展露無遺。[49]相較於祖國意識是一種自然的、純粹的「中華心」認同，「開山神社」則是一種不自然的、被迫的「大和魂」轉換。

45 研究者金善惠根據政府調查資料、地方志與前人研究成果，列出全台鄭成功廟宇的位置與建廟時間、緣由，估計全台至少有一四六座（含陪祀廟宇），並詳細表列之，參氏著，《鄭成功文化再現研究：從文史論述到日常意象》（臺灣海洋大學海洋文化研究所碩士論文，二〇一三），頁一三八—一四七。此碩士論文在二〇一六年十二月於博揚文化事業以專書出版。

46 有關玄天上帝在台南地區的發展，可參考張溪南、黃明漢所著，《臺南上帝爺信仰研究》（台南：台南市政府文化局，二〇一三），頁七五—八六。

47 這本書最早的版本是刊載於《南方》半月刊自一六〇至一八八期（一九四二年九月十五日至一九四五年一月一日）的連載刊本，因此可以說是太平洋戰爭時代的作品。鄭坤五在日本殖民時期另有一部作品，即一九二七年開始寫作的《大陸英雌》，這部小說立意在於凸顯大陸軍閥混戰、南北分裂、萁豆相煎、遍地烽火、人民塗炭的悲慘歷史以外，作者要激發出中國人拋卻萁豆相煎，寄寓一顆熱誠報國的心在女主角劍秋身上，期盼一個統一強盛的祖國。

48 一九五八年鄭坤五因病逝於高雄，大去之前，鄭坤五曾預作自己的墓碑詩云：「街名明治盡翻身，縣號高雄太不倫；日化恥從光復後，墓碑猶署鳳山人。」日人把文雅的「鳳山縣」改為「高雄縣」，但鄭坤五仍覺其不倫不類，故寧在自己墓碑上署名自己是鳳山人，足見其風骨氣節。詩人雖已萎，典型依舊留存給後人。關於鄭坤五的生平分析，可參林翠鳳，〈鄭坤五及其《九曲堂詩集》〉，收入林翠鳳主編，《鄭坤五研究（第一輯）》（台北：文津，二〇〇四），頁三一〇—三三〇，以及照史，《高雄人物述評（第二輯）》（高雄：春暉，一九八五），頁八一—一〇〇。

49 關於日據時代台灣知識分子的祖國意識的分析，可參黃俊傑，〈日據時代台灣知識分子的大陸經驗——「祖國意識」的形成、內涵及其轉變〉，收入氏著，《臺灣意識與臺灣文化》（台北：正中書局，一〇〇〇）第四章。文中分析了知識分子葉榮鐘、作家吳濁流、醫生兼作家吳新榮、當時在大陸經商的吳三連等人的經驗及其反省言論中，印證台灣人的「祖國意識」的主要原因有二：第一是由於台灣人身處日本殖民統治之下，民族意識自然高漲，這是政治的原因（如葉榮鍾）；第二個原因則是由台灣人的漢族文化的認同所激發的歷史文化意識，這是文化的因素（如吳濁流）。

五、鄭成功「奉明正朔」在朝鮮士大夫引起的激盪

朝鮮王朝在明清鼎革之際，面對華夷之辨的問題實比中國及日本更為複雜，主要不是只有朝鮮本身選擇「華」或「夷」的問題，更在於涉及宗主國是「華」或「夷」的問題。朝鮮在他們所謂「丙子胡亂」（一六三六—一六三七）事件中，被迫棄明降清，須奉清政府為正朔、稱臣跪拜，但偏偏清帝國又是一個舊宗主國所稱的「胡虜」、「奴酋」、「虜夷」，引起諸多儒臣的論辨與爭議，因此華夷之辨在朝鮮乃成為一個極端複雜的課題。[50]這個問題的複雜也在於明帝國並沒有馬上覆亡，還有南明政權持續抗清，更有明鄭勢力在台灣奉明正朔，使得朝鮮儒臣對於要否繼續「奉明正朔」這個議題特別敏感。黃宗羲在《賜姓始末》中，對鄭成功的評價是尚以維持明朝正朔肯定鄭成功偏安台灣，可惜成功其子鄭經對內雖奉正朔，對外自稱「東寧國」，故黃宗羲稱其不能申大義於天下。[51]不過，「奉正朔」在當時明帝國滅亡之際，除了對海外中國遺民意義甚大以外，其中對「正朔」尚存於台灣而興起無比感動者，當屬朝鮮。

朝鮮過去因曾奉明帝國為宗主國之關係，對於南明政權的存續相當關注，自然也注意到鄭成功延續著明朝正朔。在朝鮮關注鄭成功或明鄭政權者最引人注目的莫過於儒臣成海應（一七六〇—一八三九）的《研經齋全集》。《研經齋全集》記載大量南明與明鄭政權遺事，還有一

六六七年的「丁未漂流人事件」所引起的朝鮮君臣對台灣漂流人是否北送清廷的爭議事件。以下便扣緊這兩事來討論鄭成功在朝鮮的形象。

成海應《研經齋全集》及《研經齋全集外集》所寫的鄭成功部分，在《全集》雜錄中錄有〈臺灣羣雄記〉，皆有詳細描寫鄭成功的事蹟，著重在他攻打至何處，及其在台灣的相關建設，可視作鄭成功的傳記。不過，對於鄭成功的評價卻呈現兩極化現象，例如「鄭成功逐荷

---

50 朝鮮這個華夷之辨複雜的問題，可參拙著，〈朝鮮陽明學者鄭霞谷與朱子學者閔彥暉的華夷論辨〉，《域外漢籍研究》第十九集（二〇一九），頁一八一—一九六。此文亦收入本書【下篇】第八章。

51 黃宗羲在《賜姓始末》最後如是評論明鄭政權：「史臣曰：鄭氏不出台灣，徒經營自為立國之計，張司馬作詩誚之；即有賢鄭氏者，亦不過躋之田橫、徐市之間。某以為不然！自緬甸蒙塵以後，中原之統絕矣；而鄭氏以一旅存故國衣冠於海島，稱其正朔。在昔有之：周厲王失國，宣王未立，召公、周公二相行政，號曰『共和』；共和十四年，上不系於厲王、下不系於宣王，後之君子未嘗謂周之統絕也。以此為例，鄭氏不可謂徒然，獨怪吾君之子匿於其家，而不能奉之以申大義於天下！愚聞海外尚多人物，當必有說以處此。」《賜姓始末》（台北：臺灣銀行經濟研究室，一九五八），頁七—八。按：明鄭政權在鄭成功亡後，繼任者鄭經「對內奉正朔」，對外稱「東寧國」，在一六六九年鄭經在給滿清的官員率泰的書信中說到：「曩歲思明之役，不佞深憫生民疾苦暴露、兵革連年不休，故遂全師而退；遠絕大海，建國東寧，於版圖疆域之外，別立乾坤。自以為休兵息民，可相安於無事矣。」頁三三。文中所謂「東寧建國，別立乾坤」，意謂對內奉南明永曆帝正朔，對外則以獨立的東寧國稱之。

蘭，偽置東都僭王」，特意用「僭」字，實是因為多數記載皆引用《明史列傳第四．諸王》之資料所致，並認為鄭成功殺害了魯王。如以下所載：[52]

> 臺灣在南海中，明季鄭成功所雄據也。成功嘗弒魯王矣，不可謂純臣。永曆皇帝於是乎在桂林，皇統不絕如綫。成功奉正朔而不渝，又招聚豪傑壯士，自任以復明室，東南忠義之士多從之。……

又成海應在《明季書藁》中說：[53]

> 成功居南海上，侵掠海上郡縣，魯王往依之，為其所殺，其殘忍如此。然定國力護永曆皇帝，拒清人破桂林，誅孔有德，陳邦傳，殺虜將尼堪。及帝被弒，猶屈彊滇緬間，終不降清以死。成功奉永曆年號，國亡而猶不變其節，常出師鎮江，雖被摧敗，其義聲亦足暴於天下，居島中十七年，終不為清人所制，其義亦足記也。

以上成海應之論，雖肯定鄭成功是永曆皇帝所封的延平郡王，稱他為藩，而不稱海盜，也讚揚他奉明正朔，是有義之士，但對於成功弒魯王此事，便認為他不可謂「純臣」。成海應對鄭成功形象有褒有貶，貶的是殺魯王一事，但魯王實未被鄭成功所殺，今存金門的魯王碑，詳載其在鄭成功死後病故金門。[54]有趣的是，成海應記錄南明諸事，嘗懷疑清廷在記錄明朝相關史料時，會因「凡屬皇朝事，多遏而不章」，但在魯王被殺一事卻引用《明史》材料而不細察。[55]另外，值得注意的是成海應褒揚鄭成功的部分特指「奉明正朔」不變其節一事。有關奉明正朔問題，仍沿用已亡的明帝年號，在朝鮮士人看來是有關華夷爭辯之大事，如以下柳重教（一八二一—一八九三）所說：[56]

52〔朝鮮〕成海應，《研經齋全集》卷之三一，〈風泉錄一．丁未傳信錄序〉，頁一八四。

53〔朝鮮〕成海應，《研經齋全集》卷之三六，《明季書藁》二七四冊，頁二九三。

54魯王墓在一九五九年的八二三金門砲戰中意外被發現，胡適曾考證《明史》中記載魯王被鄭成功令人沉之於海中，並非事實。根據魯王碑，魯王亡於一六六二年十一月，但鄭成功亡於六月，去世日期還在鄭成功之後，可見《明史》稱鄭成功將魯王沉入海中殺死並非事實。

55魯王是否為鄭成功所殺，日本江戶時代儒者広瀬旭荘在《九桂草堂隨筆》中認為是訛傳：「鄭成功，沈明魯於海，《明史》雖書之，全屬訛伝，南境繹史亦辨之。」收入《日本儒林叢書》（東京：鳳出版株式會社，一九七八）卷二，頁三六。

56參〔朝鮮〕柳重教，〈廟祝用永曆紀年說〉，《省齋先生文集》卷三二，收入《朝鮮文集叢刊》第三二四冊，頁一四七。

吾東士大夫今用皇明年號，其意蓋曰既不可以夷狄為君，又不可以一日無君，仍以舊君為吾君，以竢天下義主之興爾，此大義也。其用皇明年號有二例，一則用崇禎，盖於崇禎甲申皇京屋社之後，國人士大夫守義者，仍舊號紀年，若唐李克用之於天祐。其後漂海人傳南京消息，宋子門人請用永曆。

朝鮮官方雖然降清，也奉清年號，但這裡所說「國人士大夫守義者」，仍然私下奉明正朔，並且立廟祭祀，以「皇明」為正統，故初時年號沿用崇禎年號，不過在陸續知道有中國漂流人至朝鮮後，朝鮮士人驚見仍有人沿用南明政權的永曆年號，乃建議祭祀沿用永曆年號。其次，沿用明帝年號的內心深處，在政治認同上「不可以夷狄為君」，故在年號堅持私下用明正朔，延續皇明正統，並且渴望「竢天下義主之興」。而在文化認同上，認為中華之地已不華，故自認唯華在己，如今看到漂流人衣冠依然是華，不免震撼與感動。

南明政權陸續覆亡，江南士人有義不帝秦者，往來東亞海域上經商貿易，籌備資金，伺機反清復明，最有名者當是朱舜水。朱舜水往來海外之地，以日本為多，甚至遠至越南。但亦有士人漂流至朝鮮，與朝鮮文人互相唱和，如以下有關陸蘇的記載，他於一六六四年（載顯宗甲辰年）漂流至朝鮮：[57]

> 皇明之淪喪也，遺民多居海島中，殆鄭思肖畫蘭之意也。華亭徐孚遠破家舉義，兵敗浮海，去死島中。江陰陸蘇毀巾衫，舉家遷於舟，嘗漂至朝鮮，與朝鮮詩人國鼇輩十餘人，唱酬月餘而返。國鼇未詳其姓氏。
>
> 海上遺民，只知永曆皇帝即位桂林，不知庚子歲為吳三桂所弒。海路悠遠，無得以詳。若鄭成功造永曆二十一年大統曆者，以是故也。江南民心不忘皇朝如此。孝廟義旗若建。自登萊入中國。此輩豈不為前驅歟。

值得注意的是，朝鮮士人仍稱已經滅亡的明帝國為「皇明」，足見思明之心仍然強烈。漂流人至朝鮮，見其仍沿用永曆帝之大統曆，難免激起朝鮮士人思明之情。成海應這裡所記載的江陰陸蘇與朝鮮詩人國鼇等詩人的交往，固然成就一段佳話。[58]但是，一六六七年的漂流人丁未事

57 〔朝鮮〕成海應，〈風泉錄三〉，《研經齋全集》卷三三。

58 〔朝鮮〕黃景源（1709—1787），〈與李元靈第二書〉，《江漢集》卷六，載陸蘇這位亡國遺民事蹟：「有陸蘇者，年十一，毅宗皇帝棄羣臣，白衣冠，哀臨七日如成人。弘光元年，南都陷，遂毀巾衫，焚筆硯，遷於水次，駕扁舟，漂泊海濱，三十年誓不履岸，冠婚皆在舟中焉。惟日日投網得魚，令童子入市易米以自給，風雨之夕，輒繫棹仰天慟哭，呼毅宗皇帝不輟。其卒時，遺命家人，葬於海島曰：『我死，無令魂魄遊中土也。』悲夫！三人（按：前此載陸蘇，尚有鄧凱、魏豹兩人）忠足以輔翼帝室，志足以掃清中原，而天命已

件，一群為數不少與明鄭政權有關之華人漂流至朝鮮，所受到之待遇卻和陸蘇有著天壤之別，這也凸顯朝鮮君臣對中華認同的無奈與窘境。

發生在一六六七年的「丁未漂人事件」，分別記載在朝鮮儒臣的文集中，這個事件是來自台灣的明鄭政權前往日本貿易經商者林寅觀等九十五人，載著台灣出產鹿皮、藥材等前往日本交換錢穀軍需用品，[59]因遭風漂至朝鮮濟州島，朝鮮人發現他們身著明人衣冠亦未剃髮，且尚用明大統曆，經過君臣上下激辯，國王顯宗決議遣送回中國處置。[60]按此一台灣貿易船商漂流至朝鮮事件，詳載於《朝鮮王朝實錄》顯宗八年，成海應之《研經齋全集外集》卷三三及三四中，特收錄《丁未傳信錄》、〈解送漂海人口咨文〉、〈漂人問答〉（上）（下）、〈漂人詩〉、〈林寅觀從人投示眈羅書〉、〈漂人在弘濟院投書〉、〈漂人投詩〉等記載。當時對於這九十五位的漂流人如何處置，有主張不可遣送中國者，以宋時烈（一六〇七－一六八九）為代表，有主張要北送遣送中國者，以右相鄭致和為代表。[61]當是時，朝鮮士人聞知林寅觀等漂流人至，特別攔來皇明大統曆，喜極而泣，悲不自勝。然當聞知決議北送後，思明儒臣或痛哭不能自已，深覺忘恩背義，違背「天地間大義理」。儒臣趙宗著上疏〈請放漂人疏〉更謂：「臣竊惟此舉，係宗社存亡之機，神人向背之臣，而議者昧於名義之重，徒知利害之切迫，爭勸殿下以天理人情所不忍為之事。」[62]亦有儒臣上疏曰：「若然則朱召之子孫尚在，而此乃吾父母國之人也。謂大明之已亡而今知其不亡也，不見漢儀之已久，而今復見也，則可幸可喜，孰大於是。……

改之後，非人力之所可移也，故終世無所成功，天下惜之。」

59 參〔朝鮮〕成海應，《研經齋全集外集》卷三四，《丁未傳信錄》之問答，記載：「問：以何人標下，行貨於日本耶？長崎拒福建幾日程耶？答：延平王受封據守，軍糈浩大，錢穀不足以供請命，故暫准權宜，即將本國聊產藥材砂糖鹿皮諸貨，逐年發販外國，少佐軍需。寅等乃奉委領駕四船前來耳，五月初十日開駕，至二十三日，倏忽東風大作，三船俱收日本，寅等一船槎篙失壞，無奈任其漂流，是夜遇礁衝破濟州也。長崎至福建水道，順風八九日也。」

60 有關此一「丁未漂流人事件」的來龍去脈、人員、目的、所載貨物之詳盡考察，並針對此事件朝鮮政府對漂流人政策的改變，以及在事件後一三〇年國王正祖追悔丁未漂流人的犧牲給予恩恤並祭祀等之分析，詳參孫衛國，〈從丁未漂流人事件看朝鮮王朝之尊明貶清文化心態〉，收入氏著，《從「尊明」到「奉清」：朝鮮王朝對清意識的嬗變（一六二七—一九一〇）》，頁二三一—二五八。如作者篇名所述，該文主旨是藉此事件窺探朝鮮王朝的尊明貶清之文化心態，本章則扣緊中華意識相關的華夷意識分析之，取徑不同。

61 《朝鮮王朝實錄》載國王顯宗八年十月二日條：國王與右相鄭致和之對話：「上引見曰：『漂漢已到乎？』致和曰：『昨到弘濟院。而渠輩聞將入送清國，皆抵死不肯行，至有欲自縊者，而獨曾勝者，少不動念，言笑自若云。當令譯官，反覆開諭，而終不肯行，則已有前事，勢將依此處之。』上曰：『前事何如？』對曰：『庚辰年刷送漢人時，一如罪人，着枷以送矣。』上曰：『勢將如此也。』致和曰：『漂人語間必稱鄭成功形勢之盛，蓋成功，自大明時，亦不歸順，入於海島云。此必其管下而非永曆之人也。』上曰：『此人等，稱永曆在雷州，據有三省云，三省乃天下四分之一，果能有之，天下震動，豈有如是寂然之理乎？』致和曰：『漂漢入送事，朝家既已議定，非人人所可非毀。而外間論議紛然，殊甚可駭。』」

62 趙宗著，〈請放漂人疏〉，《南岳集》卷五，收入《韓國文集叢刊》第三九冊，頁五八八。

嗚呼！古今天下，寧有是哉！吾東方數百年禮義之稱，至此而掃地盡矣。」[63]視漂流人是父母國之人，若不顧義理北送，將使朝鮮百年的禮義之稱掃地而盡。一個漂流人北送事件，提升到攸關「宗社存亡之機」，可見這個漂流人事件，將朝鮮儒臣還未沉澱的思明中華情結，一夕間爆發開來，充滿政治認同與文化認同的強烈張力。

有關中華意識的「奉明正朔」與「衣冠」議題，以下特節錄兩筆資料分析之：

1. 時人宋時烈（一六〇七—一六八九）的記載及賦詩：[64]

今丁未夏，唐船一隻漂到濟州，同載九十五名，福建泉漳人，皆唐服色，不削髮。其中陳得、林寅觀、鄭喜、曾勝四人能文，謂永曆皇帝保有南方四省，宗社不替，衣冠依舊，今為永曆二十一年，其所持曆書亦然云。積歲未知存亡之餘，忽得此信，喜極而悲，感涕无窮，因成拙句，情見于詞。右唐船乃官商而往販日本者也，洋中遇颶風，敗舡於濟州見獲，上書陳情，願得還去，朝家竟捉送北京。

宋時烈並賦詩感慨如下：

○皇家消息廿年餘，今日初聞淚滿裙。尚有衣冠全海甸，應懃謨　壯戎車。天心眷德人思奮，胡運垂亡賊易除。從此吾皇恢舊業，幾時奇烈勒巫閭。

○自古艱危開聖業，天心行合掃腥膻。惟將海外孤臣淚，霑洒重冥日御邊。

○忽得皇家信，還如父母廻。蒼天存漢曆，聖德必重恢。喜極誰先淚，傷深骨欲摧。長吟出師表，沾洒望河魁。

○痛念燕京覆，年今廿四還。腥膻何日掃，社稷一隅艱。志士思捐命，天心合去頑。北辰高夜夜，悵望淚長潸。

從以上宋時烈所述及賦詩，可知這些漂流人對朝鮮士人所帶來的衝擊，堪稱當時人盡皆知的大新聞，首先漂流人的衣冠「皆唐服色，不削髮」，明朝衣冠文物勾起朝鮮士人的思明之情，更令人驚嘆的是漂流人所用的年號是永曆年號，表示明朝尚未滅亡，不禁「喜極而悲，感涕无窮」，更燃起恢復皇明之心。宋時烈詩句中充滿「天心」、「吾皇」、「聖德」、「皇家」、「父母」

63 成海應，〈趙根損菴集一則〉，《研經齋全集外集》卷三四。

64 宋時烈對漂流人的感懷，收入於成海應，〈宋子大全九則〉，《研經齋全集外集》卷三四，收入《韓國文集叢刊》第二七七冊，頁四一。

等以對比清廷的「胡運」、「腥膻」，那種殷切期待皇明重光的心情躍然紙上。[65]

2. 成海應記載：[66]

顯宗丁未，福建人林寅觀等九十五人漂至耽羅，時鄭成功在臺灣，遙奉永曆號，為永曆二十一年大統曆。然永曆皇帝十七年，為吳三桂所弒，成功未之知也。寅觀等貫人也，為成功販海中，攜大統曆而至，時草野士大夫憤滿洲殄明室，日夕思報之，及聞皇統猶存，競駢闐于道，求見寅觀等，握手涕泣，悲不自勝，或筆談相酬答，以抒其慷慨。

成海應距離丁未事件已經百餘年，雖非當時人，但思明之情並不亞於宋時烈。根據以上引文，福建人林寅觀等九十五人漂至耽羅（今濟州島），引起朝鮮上下震動之因，其一是聞知鄭成功在台灣仍奉明朝正朔（按：當時明鄭政權已是鄭經時代）；其二是漂流人帶來了一部明代沿用的「大統曆」，讓朝鮮思明士大夫深感「皇統猶存」，並「憤滿洲殄明室」，競相來訪觀看鄭成功派去赴日的漂流人。當然從外表一見即令人好奇又感動的是漂流人的衣冠，也勾起朝鮮人的思明情結，確實見證到皇朝之民尚在。[67]

以上朝鮮的思明情結，顯見朝鮮士人仍然堅守尊明貶清的華夷心態，雖然也殷盼皇明重光，但從各文集看來，似乎朝鮮士人並不寄望鄭成功或明鄭政權可以反清復明，筆者認為這與朝鮮士人普遍認為鄭成功沉魯王於海一事及鄭經另立「東寧國」息息相關，成為無法將反清復明之情感投射在鄭成功身上的主因。但是只要一提到奉明正朔這件事情，朝鮮儒臣皆仍肯定鄭成功不變節的大義精神。鄭成功形象在朝鮮並未如前節所分析受到日本人的歡迎程度，而是毀譽參半，至於鄭成功的母系血胤，更不是朝鮮士人關注所在。

六、結語：作為遺民的中華意識

鄭成功的形象爭議，可從紀念他的廟宇一再被歷代政權改建或更名窺出其複雜性。在清領

65 宋時烈更有北伐「復讎雪恥」計畫，據孫衛國指出，朝鮮在對待明朝上是採取「尊周思明」的態度，對待清朝則是「復讎雪恥」的心態。「復讎雪恥」更明確講還分「復讎」即弘光以下南明諸帝之仇，「雪恥」即指一六三七年清兵逼仁祖降於皇太極而有南漢盟約之恥。相關分析，參孫衛國，〈清初朝鮮之「復讎雪恥」理念〉，《從「尊明」到「奉清」：朝鮮王朝對清意識的嬗變（一六二七—一九一〇）》第六章，頁一九九—二三〇。

66 成海應，〈草榭談獻三・黃功〉，《研經齋全集外集》卷五六，收入《韓國文集叢刊》第二七五冊，頁一六六。

67 成海應，〈丁未傳信錄〉載：「及見寅觀等全髮，以為皇朝民也，競就之問皇緒尚存。」，《研經齋全集外集》卷三三，收入《韓國文集叢刊》第二七七冊，頁三。

初期，一六九五年民間便偷偷興建起「開山王廟」奉祀鄭成功。到了清末年代，一八七五年因沈葆楨的上奏，終可名正言順地在原址改建為「延平郡王祠」，這時候已經過一百八十年。又經二十三年後的一八九八年日本人將之改為「開山神社」。而在一九四五年台灣光復後，又馬上被改回今日的「延平郡王祠」。以上鄭成功廟宇多次的更名與改建，充分顯示在政權轉換之際，鄭成功常遭脈絡性地轉換成當局所需要的形象，展現鄭成功評價中的政治認同與文化認同的高度張力。

本章企圖從「中華意識」的核心觀念，窺探這個與「中華意識」息息相關的鄭成功歷史形象，如何在東亞時空環境下被脈絡性轉換成「他們的鄭成功」的多元現像。本章發現在日本意象中的鄭成功形象，至少有兩個不同階段形象：其一是殖民台灣前的江戶日本及明治中期，具有大和魂精神的日本武士男兒形象；另一則是殖民台灣後將延平郡王祠改為「開山神社」想要移轉「中華心」成為「大和魂」形象。前者的觀眾是在日本國內推銷鄭成功，觀眾是日本人，故無須轉換鄭成功的「中華心」；但後者的觀眾是殖民地的台灣人，本有強烈的「中華心」，因此須想辦法「移轉」至「大和魂」。但日本殖民政府這種操弄鄭成功為大和魂之目的，不僅沒有達到目的，反而有助長中華心的蔓延現像。至於鄭成功形象在近代中國革命分子的運用上，如孫中山捕捉到鄭成功這位中日混血人物，強調中日「同文同種」，寄望日本與中國同心協力對抗西方帝國主義；至於革命人物陳匪石則著眼鄭成功的「驅逐韃虜，恢復中華」的反滿種族主義，希冀借鄭成功來喚醒中國魂，而陳匪石加添的鄭成功母親是「為中國而亡」之情結，亦有寄望中日合作對抗帝國主義的心願。至於朝鮮人眼中的鄭成功形象，由於他延續了明朝正朔，給予朝鮮諸多儒臣表達對於明帝國宗主國的眷念之意，也激發朝鮮人的中華正統意識，甚至少數儒者如宋時烈有北伐抗清復明之策。

以上鄭成功在兩岸或日韓不同的形象，均涉及到「中華意識」的詮釋辯證問題。透過本章的研究指出，鄭成功的「中華」意象，均呈現脈絡性轉換的不同詮釋，各取所需，各立其義。不過，明鄭王朝在台灣，留下不少「遺民」，座落於彰化鹿港的文開書院，至今仍供奉有明末遺民如沈光文（一六一二－一六八八）、徐孚遠（一六〇〇－一六六五）、盧若騰（一六〇〇－一六六四）、王忠孝（一五九三－一六六六）、沈佺期（？－一六八二）、辜朝薦（一五九八－一六六八）、郭貞一等神位，當時清朝官員的台灣知府鄧傳安（一七六四－？）在創立文開書院之初，除祭祀朱子外，也將上述隨鄭成功來台的遺臣等一併奉祀，其理由是「戀故君故國，閱盡險阻艱難，百折不回。」[68] 沈光文東渡來台，曾設教於台灣；徐孚遠嘗過鄭成功的老師，盧若騰奔走抗清最後客死澎湖，王忠孝、辜朝薦輔佐鄭經，沈佺期、郭貞一擔任鄭成功

68 周璽，〈新建鹿港文開書院記〉，收入《彰化縣志》（台北：臺灣銀行經濟研究室，一九六二），頁四五九－四六〇。

幕僚，他們都是明朝遺臣，懷著義不帝秦，最後歸骨田橫之島。以上台灣從大陸移民最終成為「遺民」所懷抱的中華正統意識，便是從明鄭時期遺留下來，這種遺民性格也充分展現在日據時期的台灣知識分子，嚮往著「祖國情懷」、無奈地奢望「看不見的祖國愛」，對異族統治懷有強烈的抗拒精神，知識分子被慣稱為「遺民」，如章太炎（一八六九—一九三六）為《臺灣通史》寫序，稱作者連橫為「遺民連雅堂」，[69]經商致富的李春生自稱「棄地遺民」等[70]。當然遺民的中華意識，最大的浪潮即是光復以後蔣介石帶來的近乎百萬的軍民到台灣所產生的漣漪效應，蔣介石當是最能感受鄭成功處境者，歷史上很難找到命運如此相似的政治人物。一九五〇年蔣介石題「振興中華」的牌匾於延平郡王祠，被懸掛於正殿的入口上方，充滿強烈的有為之言，這個「振興中華」不僅有反攻大陸的政治意義，也有文化傳承的使命意義。[71]不僅蔣介石思念鄭成功，台南有個成功大學，全台各縣市都有成功路、成功中學，還有一百多座鄭成功廟宇，每年都還不斷祭祀著鄭成功，鄭成功這種遺民型的中華意識所帶有的向心力與離心力雙重性格，迄今還在台灣不斷發酵著。

69 連橫，《臺灣通史》（台北：臺灣銀行經濟研究室，一九六二）之〈章序〉：「偉哉！鄭延平之啟臺灣也。以不毛之地、新造之國，而抗強胡百萬之眾，至於今遂為海中奧區焉。余昔者聞其風烈，以為必有遺民舊德在也。直富有票舉兵，余與其人多往復，為有司所牽，遯而至臺灣。臺灣隸日本已七年矣，猶以鄭氏舊事，不敢外視之。逾十年，漢土光復。又十四年，遺民連雅堂以所作臺灣通史見示。」頁五。

70 李春生，《東遊六十四隨筆》（福州：美華書局，一八九六），頁五一。有關李春生的「棄地遺民」之研究，可參古偉瀛，〈從棄地遺民到日籍華人——試論李春生的日本經驗〉收入李明輝編，《李春生的思想與時代》（台北：正中書局，一九九五），頁一六六—二一九。

71 一九六五年蔣介石第一次以元首身分參觀了延平郡王祠，由於他有基督教信仰的身分，在祠內被奉祀已久的鄭成功神像被請出了延平郡王祠，只保留楊英風泥塑的鄭成功塑像在正殿內，不被以「神像」膜拜。一直到二〇〇五年才又被台南市政府迎回奉祀。如所周知，一九六六年中國開始了文化大革命，一九六七年蔣介石在台灣成立了「中華文化復興運動委員會」。

第四章
日本德川時代神儒兼攝學者對「神道」「儒道」的解釋特色

光華孝德續無窮，正與犧皇業亦同。
默禱聖人神道教，照臨六合太神宮。[1]

——（江戶）中江藤樹

中日雖皆屬漢字文化圈，但中日文化存在許多差異，因為日本有太多與中國不同的地方，如在政治制度上，日本有特別的天皇與將軍制度，以及封建和嚴密的身分制度，這些都是中國所沒有的制度；在倫理與家族觀念方面，日本武家有養父重於實父的觀念，也與儒家重視先天血緣關係的思想不同，因此孝與忠的倫理亦迥異於中國。另外，在「士」的觀念與責任感上，武家的「武士」與中國的「士大夫」不同，二民族雖都重文武兩道，但真正的發展可以說一重武一重文，所以「士」的思維與責任感也自然不同。又如在統治者方面，中國自魏晉以來即有非漢民族統治過，夷狄觀較淡，日本則從來沒有異民族統治過，故其儒者的夷狄觀較強烈。其他在宗教方面，它又有特殊的神道思想，地理上又是屬於島國，境內民族又無如中國複雜。以上種種，都證明日本是個與中國非常不同的民族，這種不同超過韓國之於中國的不同。因此，我們自然不能期望日本思想家在解釋中國經典之際，還會與中國思想家想法相同，反而我們可以從它所解釋的差異，看出日本民族的思維特色與長短處。由於日本儒者面對中國經典時，自然有他的主體性思維，而且他們所懷抱的主體性，都比中國與朝鮮儒者強烈，因為日本儒者的持論都指涉到風土的時間與空間之差異。渡邊浩及前田勉的研究均指出宋學的思維內容和構造，與在德川初期的政治和社會難以相容，其統治的真正實情是以「御威光」及「兵學」的武力象徵進行其支配體制，而不是「儒學」的教養。[2]換言之，儒學在德川政教體系中並非一枝獨秀，不能拿之與中國、朝鮮兩個儒教國家相比擬。

本章選擇德川時代一些「神儒兼攝」學者，旨在探索他們對中日「儒道」與「神道」思想內涵的解釋特質，分析他們一方面作為神道思想的信仰者，一方面又是儒家思想的傳道者，如何尋求神道與儒道的共通性，以及如何解決神、儒之道所產生的衝突。由此窺探日本的中華意識中，如何由「爭中華」到「反中華」的過程，關鍵在於神皇之道逐漸取代中華之道，形成本書所稱「養父子關係型」的反中華意識。

---

1 參柳町達也，〈中江藤樹・解説〉，收入《日本の陽明學・上》（東京：明德出版社，一九七二），頁四六。

2 參渡邊浩，《東アジアの王権と思想》（東京：東京大學出版會，一九九七），頁一八—二〇。以及前田勉，《兵學と朱子学・蘭学・国学》（東京：平凡社，二〇〇六），頁二〇—二一。

一、前言

從思想型態而言，一般區分日本的神道教大致有三類：其一是神佛調和，此在奈良時代就出現「神宮寺」的形式出現，「本地垂跡說」是其代表思想。[3]其二是神儒調和，指的是「理學神道」或「儒學神道」，是指德川時代朱子學者山崎闇齋（一六一八－一六八二）所倡「垂加神道」與林羅山（一五八三－一六五七）的「理學神道」為代表。其三是復古神道，則是以本居宣長（一七三〇－一八〇一）等國學者為代表所提倡的日本純粹之神道。

由於本章旨在探討神儒之間的關係，所以處理重點僅扣緊在第二類。換言之，本章所謂的「神儒兼攝」學者，是指該學者一方面是作為儒者，一方面又有鮮明的日本本土的神道信仰，而第一類、第三類都不是被認定為儒者。然而，本章即使處理第二類，並不限定在羅山、闇齋的神儒學說，而是擴散到只要在江戶儒者思想中，如果有鮮明的神道思想者，都是在本章處理範圍內。因此，如陽明學者熊澤蕃山（一六一九－一六九一），兵學者山鹿素行（一六二二－一六八五）、松宮觀山（？－一七八〇）、吉田松陰（一八三〇－一八五九），以及幕末尊皇攘夷的水戶學者與勤皇學者等，都具有「神儒兼攝」的特色，這類學者在德川學者中的比例不算少數，本章只是選取比較有名的學者，或是立論比較特殊者，以凸顯這些神儒兼攝思想家，面對中國經典解釋時所表達的特色。[4]

由於儒家經典係記載中國聖人或聖王之道，所以德川的神儒兼攝學者，均不得不借助記載日本的神話作品《古事記》與《日本書紀》的神道思想，以凸顯日本文化精神的主體性，雖然二書皆是神話書，但一般德川儒者並不否認它的神性存在與功用性，並企圖進一步調和神、儒

3 按：所謂「本地垂跡」，係指日本本土之眾神，是由如來、菩薩、觀音，為濟渡眾生，假神之姿而現身於日本。

4 日本、中國以及台灣學者對於日本德川思想的神、儒思想關係的研究，日本方面可以前田勉的《近世日本の儒學と兵學》（東京：ぺりかん社，一九九六）以及《近世神道と國學》（東京：ぺりかん社，二〇〇二）兩書作為代表，基本上前田氏認為日本近世思想史發展的對立核心，即是朱子學和兵學的對立，而兵學與朱子學對立的武器，就是其主張的「神武合一」來對抗儒學，因而兵學者帶有濃厚的本土神道之色彩。由於本章選擇山鹿素行、松宮觀山、吉田松陰等兵學者，以及陽明學者熊澤蕃山等的神道學，這些學者在前田氏上述二書中均為分析重點，可資參考。大陸方面可以王建的《「神體儒用」的辨析：儒學在日本歷史上文化命運》（鄭州：大象出版社，二〇〇二）一書為代表，不過王書中只是在第五章中論述「神體儒用」的課題，而且著重在社會功用的實踐層面來處理神、儒之關係，並沒有分析思想內涵的複雜性。台灣方面可以童長義的《神儒交涉：江戶儒學中「誠」的思想研究》（台北：商鼎文化，一九九三）為代表，童書以儒學思想中的重要道德觀念之「誠」，來比較神道思想中的「まこと」與一些江戶儒者解釋「誠」或「正直」的關係，其中他指出多數的儒者都著重以實際踐行的德目「忠信」來詮釋「誠」的特色。本章從「道」的觀點，分析與比較日本神儒兼攝儒者的解釋特色，與童書之研究取徑略同。

之道，但也難免面臨無法調和之窘境致產生思想的衝突。因此，本章第二節首先論述日本「傳統」的發展與演變，並分析神儒兼攝思想家在捍衛自己文化傳統之同時，也必須斬斷與中國文化淵源之關係。第三節則分析這些神儒兼攝學者，如何展現他們的文化主體性，以尋求彼此之「道」的共通性。但是，中日之「道」也難免產生無法調融的情形，故第四節即分析有關於堯舜禪讓與湯武放伐的政治思想，[5]帶給神儒兼攝學者們無可避免之緊張性。最後，在結論中兼論異邦學者解決神儒之道衝突的方法，是採取以「神」對抗「人」的思維，達到宣示中日之道仍有根本不同的目的。

二、日本「神道」的內涵與對中國「儒道」之對抗

（一）日本「傳統」之內涵與「恢復傳統」三階段

「傳統」概念在中國可說是歷經鉅變之洗練，從「挑戰」（清末與西學的接觸）→「反對」（五四前後）→「破壞」（文革前後）→「重建」或「回歸」（大陸八〇年代的儒學熱），在短短一個半世紀中，傳統雖然面臨極大的挑戰和衝擊，但並沒有被摧枯拉朽，甚至可以說傳統被批判的同時也正孕育著另一嶄新的「傳統」，但無論破壞或創新，始終褪不掉「原傳統」的色彩。不管是有意識地恢復傳統抑有意識地創造新傳統，不論是批判或平反傳統；傳統就像遊

魂，隨時會觸動知識分子的心靈深處，這種情形中日皆然。

如果復古或回到傳統，是追求一個共同精神資源的話，而這個共同精神資源，往往來自聖賢經典以及聖人、聖王的一些神跡。故當代人處在當代時空學術風氣，他們在解釋傳統時，常會創造另一「新傳統」，致有各種意義的「傳統」產生。以儒學為例，孔孟時代是個傳統，但若嚴格區分，孔子時代的傳統與孟子時代的傳統已經不同，至少孔子還沒有像孟子一樣主張行仁政者即可以為王，孟子也不再像孔子那樣繼續尊周代王室。發展到宋代，宋代理學是根據孔孟理想之傳統凝塑而出的「理學新傳統」，用牟宗三先生的話即是「別子為宗」了。再如清代重考據學者，反對宋明理學與心性之學，也標榜要回復孔孟之學，但是，他們之於現代人，也成了另一個學術新傳統。因此，縱觀中國儒學史（這還不包括道家、佛教的歷史傳統），我們

5 在中國習慣用「湯武革命」，如《易經・革》卦說：「天地革而四時成，湯、武革命，順乎天而應乎人。」日本儒者則慣用「湯武放伐」一詞，如古學派伊藤仁齋在《孟子古義》以及荻生徂徠的《論語徵》均用「湯武放伐」，從未用過「湯武革命」。但應注意的是，「革命」與「放伐」二詞並不等同，「放伐」一詞在日語的意思是「討伐失德的君主，而放逐之」；「革命」一詞，則是指有德者討伐暴君，代之而取得天子之位，特指的是中國的易姓革命。日本儒者不用「革命」一詞，應該是尊重日本萬世一系的皇室制度，因為天皇從沒有被易位過，這也就是天皇為何沒有「姓」的原因。由此可知「放伐」與「革命」用詞之間，即存在政治思想的緊張關係。

所說的儒學傳統內涵，有各種傳統，這些傳統的產生也都是根據「原傳統」而不斷地被創新出來，所以傳統在各時代有不同的「視域」（Horizont），它是變化的、運動的。[6]

相較於中國，日本的傳統也有各種「視域」，而什麼是日本傳統？討論日本傳統時不可避免地必須要論及神道思想，一般人以為日本神道是結合佛教與儒教之混合體。但事實上，許多強調日本神國的思想家，卻都極力撇清這種混淆，反而致力追求純真神國的思想。他們一面反佛，一面強調儒、神「其揆一也」，這並不意味儒、神是一體或相混的，因為日本古代的傳統不是儒教，而是「神道教」。因此，是否可以把尚未廣泛受到外來思想文化影響的神道思想，當作原始日本的傳統呢？答案是肯定的，不過要論一個「純粹的神道」當然有困難。首先，神話的著作年代已是八世紀初期（一說九世紀）的產物，難免雜揉後代的思想色彩，例如《日本書紀》一開始有關天地開闢之說：「古天地未剖，陰陽不分，渾沌如雞子，溟涬而含牙。及其清陽者薄靡而為天；重濁者滯而為地精妙之合摶易，重濁之凝場難，故天先成，而地後定。」這段話實引用自中國《淮南子》與〈三五歷記〉。[7]其次，古代日本並沒有文字，書寫皆用漢字，而且從內容來看，這兩部神話書一開始就有濃厚的中國漢代陰陽五行色彩。不過《古事記》、《日本書紀》是經過「語部」（類似中國古代的記錄史官）代代相傳口授，保留了許多日本的固有名詞，以及各種神的意義名稱。另外，由於在《日本書紀》、《古事記》的〈神代卷〉中，找不到有關佛教思想，所以如果排除佛教思想來定義日本古代的傳統，應該也是合理的定義，這就像中國學者論古代傳統時，會以儒、道為主，而以佛教為外來思想一樣。

事實上，上述定義下的日本傳統，在往後日本思想史的發展中確實也可以得到證明，因為恢復傳統（即所謂的「復古」，不過這裡所謂的「復古」是指恢復古代日本的神道思想）一直

6 本章所用的「視域」一詞，是根據Hans-Georg Gadamer在《真理與方法》（洪漢鼎譯，台北：時報文化公司，一九九九年四刷）一書的概念，Gadamer在討論歷史客觀主義的問題時，如是定義「視域」：「視域就是看視的區域，這個區域囊括和包容了某個立足點出發所能看到的一切。把這運用於思維著的意識，我們可以講到視域的狹窄、視域的可能擴展以及新視域的開闢等。」（頁三九五）Gadamer並用這個「視域」之概念這樣主張：「歷史理解的任務，需要獲得歷史視域的要求，以使我們試圖理解的東西，以其真正的質性呈現出來。」（頁三九六）並認為理解任務需要達到彼此的「視域融合」，來作為探求真理的方法。

7 《日本書紀》這段話出自中國典籍，分三段考之如下：（一）「天地未剖」類《廣雅》「二氣相接，剖判分離，輕清者為天」，另外《史記．孟子荀卿傳》、《漢書．陸賈傳》、《韓非子．解老》等也都說：「天地剖判」。（二）「渾沌如雞子」則根據收入於《玉函山房輯佚書》之吳人徐整所撰〈三五歷記〉（收入馬國翰輯，《玉函山房輯佚書》第四冊〔台北：文海出版社，一九六七〕，頁二三六七）所說：「未有天地之時，混沌狀如雞子。」（三）自「清陽」至「後定」一大段，皆出自《淮南子．天文訓》：「清陽者薄靡而為天；重濁者凝滯而為地，精妙之合專易，重濁之凝竭難，故天先成而地後定。」（參劉文典，《淮南鴻烈集解》〔北京：中華書局，一九八九〕，卷三，頁七九—八〇）以上引文粗體上標點之字，表示與《紀》內文不同）。而〈三五歷記〉則記為：「天地開闢，清陽為天，濁陰為地，盤古在其中。」由此二文比較可知，〈三五歷記〉還是直承《淮南子》之思想。

在日本神儒兼攝學者的思想中產生激盪，他們所謂的復古，就是要排除佛教與儒教思想，尤其是佛教思想，以下我粗略區分日本三種復古階段：

第一階段的「神佛鬥爭」時期：發生在六世紀中末期，佛教在公元五三八年，由百濟的聖明王公開始傳入佛像與經典，得到貴族與天皇的信奉，免不了要和固有的神道信仰互相衝突。先是欽明天皇（在位？—五七一）因篤信佛教，大臣中臣連鎌子奏曰：「我國家之王天下者，恆以天地社稷百八十神，春夏秋冬祭拜為事，方今改拜蕃神，恐致國神之怒」，[8]這裡提到「國神」、「百八十神」都是日本神話中的諸神。其後，代表佛教勢力的聖德太子（五七四—六二二）、大臣蘇我馬子（？—六二六），與力主反對「捨國神而事蕃神」的物部守屋（？—五八七），發生激烈的政治奪權鬥爭。這場政治鬥爭，其實也可說是神、佛之思想鬥爭，其結果造成日本史上第一個以弒天皇收場的歷史悲劇，物部氏被滅，崇竣天皇（在位五八七—五九二）被弒，佛教經蘇我氏以及聖德太子的推廣之後，得到空前的發展，而這個時期同時也是日本積極學習漢化和吸收佛教的時代。到了七世紀中期，孝德天皇（在位六四五—六五四）「尊佛法，輕神道」，[9]一度還要讓位奉佛，可見佛教勢力之盛，致使神、佛勢力仍然明爭暗鬥，孝德天皇終於在公元六四五年正式承認日本為佛教國家，下了「佛教興隆」之詔。佛教傳入日本（五三八年開始），經一百多年的發展，快速成為日本的國教，可以說贏得了初期的勝利，這對往後日本文化史的發展產生非常大的影響。顯然在這個時期，日本傳統的神道勢力退居到佛教影響之下，故以後的神道思想發展史，一直是以「神佛習合」的姿態出現，[10]儒學思想在這段期間，顯然也從沒有主導過日本的思想界，這種情形持續到十七世紀初期的德川時代朱子學與國學、兵學的勃興為止，才得到改觀。

第二階段的「復古」時期：這個時期是以德川時代所崛起的山鹿兵學、國學者以及部分儒學者為代表，他們掀起一股反佛教思想的風潮，提倡排除佛教，並恢復傳統固有的神道思想。此階段又可區分兩派「復古」勢力，一是以朱子學為中心的「神儒合一」，二是以幕末兵學者、水戶學為中心的「神儒一其揆」。前者如林羅山的「理當心地神道」和吉川惟足（一六一六—一六九四）的「理學神道」，山崎闇齋則直承吉川這一系統，而自創「垂加神道」。由於儒學

8 丸山林平編撰，〈欽明天皇．一三年〉，《定本日本書紀》（東京：講談社，一九六六），卷第一九，頁三九〇。

9 丸山林平編撰，〈孝德天皇．即位前〉，《定本古書紀》，卷第二五，頁五〇二。

10 有關日本「神佛習合」思想的關係，自佛教傳來即一直存在神佛同體思想，即「本地佛，垂跡神」之說，此說來自於以日本神道的天照大神附會佛教的大日如來法身（毗盧遮那佛）。八世紀這種神佛習合的神佛合體論開始流行，平安時期的日本天皇幾乎都是佛教信徒，又兼主神道教的天皇，這種情況堪稱是主流，一直到德川初期的十七世紀也沒有多大變化。相關發展研究可參看廣神清，〈神道理論の成立と神仏習合論争〉，收入今井淳、小澤富夫編，《日本思想論争史》（東京：ぺりかん社，二〇〇四），頁五三—六九。

在宋儒已嚴辨異端，這種辨異端的思想，強烈地影響日本學者，所以當德川時期儒學大興之際，出現許多排斥佛教的「神儒習合」者。但是，藉著附會儒教的理學、心學來提倡神道，難免還是會遭「以儒掩神」之譏，神道的主體性還是不能彰顯。於是，出現另一種辨異端的思想，即是後者所提倡「神儒其聖同揆」的思想，它企圖追求純真的「神道」信仰，主張日本也不缺像中國文邦一樣的「道」、「聖人」與「經典」，一切思考以日本主體的神聖性思維為主，在這樣的前提下，他們未必都反對儒教，而是反對那些儒學者，忘卻自己是神國的子孫（也就是把日本神話當作無稽之談的學者），兵學者、後期水戶學皆屬於此類，但這股反佛教勢力在德川幕府時代雖然已成氣候，顯然也沒能成為主流。[11]本章第三、四節將進一步分析這兩種儒學神道思想，如何與中國儒學調和，以及他們思想之間的緊張關係。

日本第三個復古傳統，則是明治維新初期的「復古趨新」運動，推動「廢佛毀釋」的政策，以明治官僚政府為主導，一八六八年下令「神佛分離」，以神道家等為中心，破壞在各地的寺院、佛像，並強制僧侶還俗。雖然此令實施不久，以佛教在日本已有千年以上歷史，歷代天皇甚至遵奉不已的原因，最後無疾而終，但極具復古的象徵意義。

以上是對於日本三個恢復傳統階段的簡略描述，第三階段的日本近代復古運動，不但沒有批評傳統，反而以「神話」為中心，使之成為一切權威的最終泉源。相較於日本，中國儒學傳統可以說是個「理性化的傳統」，因為堯舜的原始形象，在孔子刪修詩書後，已經過由神變人的理性化過程，弔詭的是，在近代中國，反傳統思潮幾乎是前衛知識分子的鴉片，考古學者如顧頡剛（一八九三—一九八一）等，還是要努力進一步考證儒學的典範聖王如堯、舜、禹等，只是神話傳說中的人物，有的說是傳說之天神、上帝，有的說只是古代某強人部落的神話象徵。與中國相反，日本的近代發展，對傳統的態度卻由國家力量來強化其「神性化的傳統」，尤其是近代許多推動主體性的學者，極力要去塑造傳說人物的神性象徵，以凸顯日本是個由天孫統治的民族國家。由此可見，在中日的近代發展史中，這兩種面對傳統的「神」、「人」態度，截然相反，實值得比較與研究。

（二）日本「神道」對中國「儒道」之對抗：以吳太伯是否為神武天皇為例

如上所述，探討日本傳統必須論及神道，而神道的思想內涵，是依附在《日本書紀》、《古

11 有關日本近世的儒家神道或國學與神道之關係的研究，可參阿部秋生的〈儒家神道と國學〉與平重道的〈近世の神道思想〉二文之分析，二文皆收入阿部秋生、平重道校注，《近世神道論・前期國學》（東京：岩波書店，一九八二年日本思想大系版）。

事記》這樣的神性經典，為了保持這種神性面紗，捍衛傳統之士在面對足以顛覆其神性的傳說之時，常會群起而攻之。本小節扣緊日本德川時代的一些學者，極力撇清吳太伯與日本神武天皇的關係之傳說，來探討中日兩個傳統存在著緊張與對抗的關係。

吳太伯是否為日本的開國之君神武天皇，在日本思想家中曾經引起不小的波瀾，因為向來深信《日本書紀》、《古事記》神話記載的日本思想家，第一個要面對的是「吳太伯是否為神武天皇」的傳說，[12]因為如果吳太伯成為日本開國的神武天皇，則不僅使得天皇由神變為人，而且也使日本成為中國文化的附庸，毫無主體性可言。因此，即使遵奉朱子學的儒者林羅山，在面對這類傳說時，也認為是荒誕不經，他在〈神武天皇論〉一文中，曾經舉出僧人中巖圓月（號中正子，一三〇〇—一三七五）以中國的吳太伯作為日本的神武天皇的說法，他寫道：[13]

> 東山僧圓月，嘗修《日本紀》（案：指《日本書紀》），朝議不協而不果，遂火其書。余竊惟圓月之意，按諸書以日本為吳太伯之後。夫太伯逃荊蠻，斷髮文身，與交龍共居，其子孫來于竺紫，想必時人以為神，是天孫降于日向高千穗峰之謂乎。（原漢文）

幕末水戶學者藤田東湖（一八〇六—一八五五）也提到水戶藩主德川光圀（一六二八—一七〇〇）關於吳太伯為神武天皇的修史事件。他說：[14]

公嘗與尾、紀二公在幕府，適有撰一史請刊行者，公繙閱，至於以吳太伯為神州始祖，大駭曰：「此說出於異邦附會之妄，我正史所無。昔後醍醐帝時，有一妖僧，倡斯說，詔焚其書。方今文明之世，豈可使有此怪事，宜命速削之。」二公左袒其議，遂停刊行。（原漢文）

---

12 大陸學者王勇曾撰〈東渡日本的吳越移民〉（收入《中日文化交流史大系一〇・人物卷》〔杭州：浙江人民出版社，一九九六〕）一文，探討有關「吳太伯後裔說」、「徐福東渡說」與日本古代部落國家之關係，值得參考（頁三八—四八）。唯該文僅探討渡日之吳人曾建立或統治某些小國，未涉及吳太伯或徐福是否為神武天皇之說。另一則傳說是以徐福為日本的神武天皇，但這項傳說在德川思想家並未形成討論，可見這項傳說並不普見。筆者以為徐福與吳太伯相較之下，吳太伯至少是孔子《論語》所稱讚的「至德」之典範人物，故儒者尚討論之；徐福則不過是一介方士，討論方士是否為日本之建國天皇，殊為無禮。但是，香港學者衛挺生有一系列的著作，考證徐福就是日本的開國神武天皇，引起許多日本學者的質疑與批判，這些考證與批判，皆參氏著，《日本神武開國新考：徐福入日本建國考》（香港：香港商務印書館，一九五〇）、《日本神武開國新考補編》（香港：香港商務印書館，一九五〇）和《徐福與日本》（香港：新世紀出版社，一九五三）等三書。

13 林羅山，〈神武天皇論〉，《林羅山文集》（京都：京都史蹟會，一九七九），卷第二五，頁二八〇。由於德川原典中，有日文與漢文，因此本章有必要在引文方面做一體例上的說明，本章凡引原典資料，出自漢文者，在引文後標明「原漢文」，出自日文者，則在引文後標明「原日文」，但引文若出自同一著作或文章者，不再特另標明。

14 藤田東湖，《弘道館記述義》，《東湖全集》（東京：博文館，一九四〇），頁一七五—一七六。

這樣看來，以吳太伯為神武天皇之始，最早不是儒學者，反而是佛學者，而且以後陸續有私家修史者一直以吳太伯為日本之神武天皇。僧人中巖圓月所修《日本紀》，由於觸犯日本神國的禁忌而被燒毀，今日已不可見其書，但這個以中國至德之人取代神武天皇的修史事件，卻值得探討，畢竟這牽涉到一個以日本傳統神道對抗中國儒道的根本問題。

由上二引文可知，縱然日本儒者再怎樣欣羨中國文化，但要用一個中國至德的典範人物取代日本神話中的開國人物神武天皇，不免將喪失自己文化的主體性。朱子學者林羅山也抱持懷疑的態度，羅山說：「聞太伯可謂至德，則仲尼之語也。後世執簡者，以為本邦為其苗裔，俗所稱東海姬氏國之類，何其誕哉！本邦元是靈神之國也，何故妄取而為祖乎。」（原漢文）[15]連朱子學者都稱日本是「靈神之國」，相信神話記載的事實，那麼我們就不可期望日本思想家在接受中國文化時是照單全收，他還是擁有日本的主體性精神文化——神道思想。[16]

復次，德川初期最反對吳太伯是神武天皇說的，莫如山鹿素行，他罵那些以日本皇室之始祖為吳太伯之苗裔的儒者為「腐儒」，[17]他在晚年作品《中朝事實》中，將「中華」當「日本」，把「神話」當「事實」，是一本懷有強烈的國家主體性之書，他在該書這樣設問：「中華（按：指日本）者，吳泰伯之苗裔，故神廟揭三讓以為額。」他的回答是：[18]

中華（按：指日本）之始，舊紀所著，無可疑，而以吳泰伯為祖者，因吳越可一葦，吠俗書之虛聲，文字之禪，章句之儒，好奇彫空之所致也。夫中華（按：指日本）精秀於萬邦乎，悉出神聖之知德，故國稱神國，祚稱神位，器稱神器，其教曰神敕，其兵曰神兵，是神體物不遺也。（原漢文）

接著素行批評那些傾慕中華主義者：[19]

---

15 林羅山，〈太伯〉，《林羅山文集》，卷第三六，頁四〇八。

16 到了幕府中期冢田大峰（一七四五—一八三二）論吳國之事時，成為吳人來貢，他說：「我方國初，有與吳國通耶。吳服、吳竹、吳藍、吳羽鳥之類，以吳為稱者，何為多也。神后服新羅之前，與吳國通，未之嘗聞也。〈應神紀〉有百濟國使王仁來貢冶工卓素，吳服西素等。又雄略帝時，初與吳國通使，吳人來貢云。」（原漢文）氏著，《隨意錄》，收入《日本儒林叢書》（東京：鳳出版株式會社，一九七八）第一冊，卷一，頁四一。大峰雖未直接論吳泰伯之事，但他否定神功皇后以前，日本尚未與吳國相通，而以後透過百濟始與吳國來往。他更引證「吳人來貢」，間接斬斷吳太伯在遠古與日本的一切關聯。

17 素行將那些以太伯為日本神武天皇者，將之與佛教異端同列，他說：「如佛教者，徹上徹下，悉異教也。……天下終習染不知其異教，牽合附會以神聖為佛之垂跡，猶腐儒以太伯為祖。」氏著，〈附錄．或疑〉，《中朝事實》，收入《山鹿素行全集》（東京：岩波書店，一九四一）第十三卷，頁三七〇。

18 山鹿素行，《中朝事實》，頁三五五—三五六。

19 山鹿素行，《中朝事實》，頁三六六。

> 中華（按：指日本）之人多靈武，凡自人皇逮崇神帝十世，年歷七百年，聖主壽算各向百歲。外朝（按：指中國）之王者，此間三十有餘世，若泰伯之苗末，何異外朝之壽，況帝之聖武雄才，果拱手長視之屬乎。蓋居我土而忘我土，食其國而忘其邦，生其天下而忘其天下者，猶生於父母，而忘父母，豈是人之道乎。唯非未知之而已，附會牽合，以我國為他國者，亂臣也賊子也。朝儀多襲外朝之制，亦必非效此，自然之勢也。且外國通好之後，多有留學生，以精外國之事儀，故摘其美茹其嘉，是君子之知也。況彼此同氣之相通乎。如三讓之榜，皆附益之弊而非因證之也。

素行這一段解釋，否定了吳泰伯三讓其國的事蹟，與日本伊勢神廟的「三讓」神跡有任何的關聯，認為這類傳說只不過是學者附會罷了。這裡他特別以「神國」、「神位」、「神器」、「神敕」、「神兵」來稱呼日本，以凸顯日本是「精秀於萬邦」，因此之故，像儒、佛等外來思想文化，只能輔佐神道，不可如「俗儒」一般反客為主，將神道放在次要的地位，畢竟「神道」是日本主體精神文化的象徵。

總之，上述反吳太伯為神武天皇的事例，之所以會碰觸到日本神儒兼攝學者的敏感神經，在在顯示日本不能是中國文化之附庸，不可「以我國為他國」，因此，當有人如僧人中巖圓月或水戶德川光圀所提到的那位修史之人，把吳太伯當作神武天皇的傳說進而記入國史之時，他們不是斥為誕妄就是罵為腐儒。雖然吳太伯在《論語》中是被孔子尊稱的兩個「至德」人物之一，[20]他的讓國形象當然也成為中國儒學傳統的典範聖賢人物，儘管吳太伯的歷史事實經不起歷史學者的考證，但吳太伯作為「歷史記憶」的傳說人物實強過作為「歷史事實」的人物。[21]

20 《論語．太伯》篇記載兩個被孔子稱讚為「至德」人物，一為「太伯」，一為「文王」，二者還有伯姪之關係。關於「文王」，孔子說：「三分天下，以服事殷。周之德，其可謂至德也已矣！」關於「太伯」，孔子說：「太伯其可謂至德也已矣！三以天下讓，民無德而稱焉。」查太伯讓國事跡不載於《尚書》，《詩經．大雅．皇矣》篇也只說「帝作邦作對，自太伯王季」，並未顯言讓國；《左傳》僖公五年只言「太伯不從，是以不嗣。」亦未提及讓國。以後司馬遷《史記》以吳太伯為世家之首，在〈吳太伯世家〉與〈周本紀〉中記載其讓國事跡。關於太伯「三讓」之解釋，歷代以來各有諸說，阮芝生先生〈論吳太伯與季札讓國——再論禪讓與讓國〉（《台大歷史學報》第十八期，一九九四年十二月）一文之分析，認為皇侃《論語疏》引范寧之第二說比較合理，范寧第二說為：「太王病，而託採藥出，生不事之以禮，一讓也；太王薨，而不返，使季歷主喪，死不葬之以禮，二讓也；斷髮文身，示不可用，使季歷主祭禮，不祭之以禮，三讓也。」換言之，所謂的「三讓」是「托採藥出」、「不還奔喪」以及「文身斷髮」，較與孔子思想相應，其說甚是。

21 王明珂從考古遺址資料的比對，考證太伯奔吳的地點，當在陝西省寶雞附近的渭水流域一帶的「夨」國，而非太湖地區的「句吳」；另外，從歷史記憶的理論，認為吳國的季札讓國與太伯奔吳的歷史記載有相當大的關聯，是吳國進一步想要華夏化，從而假借華夏祖先傳說，而進行重新建構的「心理構圖」（Schema）。參氏著，〈邊緣人群華夏化歷程：吳太伯的故事〉，收入氏著，《華夏邊緣：歷史記憶與族群認同》（北京：社會科學文獻出版社，二〇〇〇），頁一六三——一八四。

但是，不管吳太伯是聖人或至德之人或是歷史記憶的傳說人物，日本學者縱然如何地欣羡中國儒教，對於要以一個中國聖賢典範人物作為日本的開國始祖，不免還有些忌諱，尤其對於日本主體性甚為強烈的思想家而言，這更是反感。從以上所舉林羅山、山鹿素行之例，可以看出：當日本儒者要展現其主體性精神時，都要以一個「靈神之國」或「神國」，來對抗無神性的中國聖人或先王，這種以「神」對「人」的對抗方式，充分顯露在神儒兼攝學者的思維中，而在近代日本的軍國主義時代裡，學者的著作中也不乏類似的思想。

三、神、儒之道的共通性：「神儒合一」與「神儒一其揆」

如前所述，相信日本神道的儒者，均懷有強烈的民族主體性，而當他們面對中國經典關於「道」的解釋時，經常展現出他們的解經者主體性，進而尋求神、儒之道有其共通性。但是，這種共通性並不是要喪失自己文化的主體性，去迎合中國儒家之道，它強調的是：「道」既是普遍存在，則神、儒所各自體現的道之內涵，應是不衝突而且有其共通性，因為「共通」並不是一個圓去依附另外一個圓，而是找到一些重要根本的相同焦點，所以這個共通焦點的形成方式，並非每個神儒兼攝學者都是一致的，我大致歸納為「神儒合一」與「神儒一其揆」兩種方式，前者是指善用儒學來解釋神道，終不免遭受以儒掩神之譏，此種調和神儒之學者，以朱子學者林羅山、山崎闇齋的學說為中心；後者是指作為日本人，應以神道為主，儒學僅能基於輔佐的意味而存在，主張這個學說者以兵學者山鹿素行、松宮觀山以及勤皇之武士學者、後期水戶學為中心。當神儒兼攝學者為了找尋這兩圓的共通焦點時，必須有一些附會，我區分為「內部義理」與「外部文字」兩種附會方式，以下論之。

（一）追求神、儒之「道」的「共通性」之兩種附會方式：

1. 內部義理附會方式

所謂「內部義理之附會」是指以神話中的象徵物，作為比附中國經典核心道德之根據，最常被引用就是以「鏡玉劍」來比附中國《中庸》的「智仁勇」三達德。關於日本神話「鏡玉劍」的出典，《日本書紀》這樣記載天孫降臨之際，天照大神曾賜寶鏡的經過：[22]

> 是時天照大神，手持寶鏡，授天忍穗耳尊，而祝之曰：「吾兒視此寶鏡，當猶視吾，可與同床共殿，以為齋鏡」。

22 丸山林平，〈神代下・天孫降臨〉，《定本日本書紀》卷第二，頁五六。

另一說的記載是：[23]

故天照大神乃賜天津彥彥火瓊瓊杵尊，八板瓊曲玉及八咫鏡、草薙劍三種寶物。又以中臣上祖天兒屋命，忌部上祖太玉命，猨女上祖天鈿女命，鏡作上祖石凝姥命，玉作上祖玉屋命，凡五部神，使配侍焉，因勅皇孫曰：「葦原千五百秋之瑞穗國，是吾子孫可王之地也。宜爾皇孫，就而治焉，行矣。寶祚之隆，當與天壤無窮者矣。」

以上所引前後兩說，信仰神道者常引用前說來當作「孝」精神的出典，後說有關「鏡玉劍」則常被後來儒者用儒教道德的「智仁勇」來加以附會。但二說記載顯然有出入。首先，前說是天照大神賜「鏡」給天孫降臨的「天忍穗耳尊」，後說則成為天照大神賜「鏡玉劍」給「天津彥彥瓊瓊武尊」，成為人間天皇的統治者，也是日本建國的第一代神武天皇之曾祖父。其次，前說僅提及「鏡」，後說則加上「玉」與「劍」，又前說無後說所說的「寶祚之隆，當與天壤無窮」，以及具體地指出五部神作為配侍在寶物身邊的齋戒神。但無論如何，二者的目的旨在確立(1)一個具有神性後裔的天孫，綿延不絕地統治日本，此為政治性的宣示；(2)為保持與天神相通，以「鏡」作為祭祀、通天神的媒介物，此為宗教性的宣示。但為何選擇「鏡」作為祭祀、通天神的媒介物呢？這與三世紀末，「鏡」從中國大陸大量移入有關，因為從被挖出的古墳出土物中，發現有許多是由中國大陸傳來的「鏡」，所以這個時代在日本歷史中被稱為「古墳時代」（約三世紀末至六世紀中）。這可以充分說明，古墳時代是以「鏡」作為政治權力與宗教來源的象徵，歷史學家認為這個時期同時也是日本國家的起源。[24]

日本最早將「智仁勇」三德附會神道的「鏡玉劍」者，相傳是南北朝時代的北畠親房（一二九三—一三五四）所著的《東家秘傳》，北畠親房另有《神皇正統記》，非常強調儒教的正統思想，極力主張南朝為日本皇室的正統。其中《東家秘傳》以「正直」為中心，配之以柔順的慈悲、剛利的決斷之心，附會中國《尚書》之「剛、柔、正直」三德以及《禮記．中庸》的「智仁勇」三達德，與神道所強調的「正直、慈悲、決斷」三者的治世要道相同，所不同者在於日本的「三德」，是以「顯於神器而為萬代之靈」，但「梵、漢無此類的神道之妙」。[25]以上

23 同上，頁五二。

24 關於古墳文化與日本國家的起源，可參西嶋定生，〈古墳出現の國際的契機〉，《日本的考古學．月報》四，以及〈日本國家の起源について〉，《現代のエスプリ》一—六，一九六四。而直接探討古墳出土的「鏡」與首長的世襲關係的文章，可參小林行雄，〈古墳の發生歷史的意義〉，《史林》三八—一，一九五五。以及小林三郎，〈古墳副葬鏡の歷史的意義〉，收入《日本考古學論集．四》（東京：吉川弘文館，一九八六）等論文。

25 度會延佳、參平重道校注，《陽復記》，《近世神道論．前期國學》（東京：岩波書店，一九七一年日本思想大系三九），頁四五七。

北畠親房的附會說法影響深遠，以後許多神儒兼攝學者都依此附會，例如朱子學者林羅山（一五八三—一六五七）在《神道傳授》推演其神儒合一的思想時說：[26]

神璽，印之玉也。一寶劍，草薙之劍也，亦云天村雲之劍也。一八咫之鏡，內侍所之事也。右以玉劍鏡為三種神器，由天照大神授之而為代代帝王之寶物也。此三之內證，鏡智，玉仁，劍勇，以智仁勇之德保持一心之義也。在心有智仁勇，成顯靈器之時，鏡玉劍也。以是治守國家也。又鏡象日，玉象月，劍象星，如有此三光而天地明。**三種神器備而王道治，王道、神道，理也**。（原日文）

羅山旨在陳述三種神器是由天照大神授「鏡玉劍」給神武天皇之寶物，所象「智仁勇」三德皆懷於王者之心，以此心治理國家，則「王道」也是「神道」，二者皆是同理。由於羅山思想中的「王道」，是指權力的實際能力者—幕府將軍，「神道」則是指權力的象徵者—天皇，而羅山作為朱子學者，強調「王道」與「神道」同「理」，企圖以朱子理學來統括「王道」與「神道」，是典型的「神儒合一」方式。

再如陽明學者熊澤蕃山，他也以三種神器當作經典的象徵物，以之比附《中庸》「智仁勇」三達德，他說：[27]

三種之神器，則神代之經典也。**上古無書無文字，作器為象，以玉為仁之象，以鏡為知之象，以劍為勇之象。**知仁勇三者，天下之達德也。（原日文）

由於日本古無文字，所以蕃山只能以神話中的神器作為經典的象徵物，他更認為在古無文字之下，中國古代《易經》八卦中的三爻有如日本神話中的「鏡」、「玉」、「劍」三種神器之象，類似智仁勇三達德等儒家核心道德之名，皆出自中國經典聖賢之言，日本雖然沒有相應的語言，但不意味日本並沒有這些「德」的事實，蕃山接著論「德」與「名」說：[28]

有智仁勇之德而後有其名乎，抑或有名方有德乎；耳目先有而後有名乎，抑或有名而後有耳目乎。夫人生而後有名，有耳目而後有耳目之名，在中國云耳日，在日本曰「みみめ」，語言雖有變，所指物則一也。夫三極（案：天地人）具備後，而有智仁勇。上古無名而有德，篤厚之至也。及後世不能無教，故其時之聖人付其名以為教，

26 林羅山，《神道傳授》，收入《近世神道論・前期國學》，頁一二—一三。
27 熊澤蕃山，〈水土論・三八〉，《集義外書抄》，收入《日本の陽明學・上》（東京：明徳出版社，一九七三，陽明學大系第八卷），頁四九四。
28 熊澤蕃山，〈水土論・三八〉，《集義外書抄》，頁四九四—四九五。

> 唐土之聖人，以此曰智仁勇之三德；日本之神人，則象之以三種之神器。

這段蕃山以「名」、「德」之先後，來比喻日本古代雖無「智仁勇」之「名」，但無損於上古即有智仁勇之「德」的內涵，中國用文字表之為「智仁勇」三達德之「名」，日本則象徵在鏡玉劍的三種神器，雖無文字，但日本「神人」與中國「聖人」認知「德」的內涵還是有其共通之處，像這種方式的附會都可說是「內部義理」的附會。

2. 外部文字附會方式

所謂外部文字附會方式，是指直接找出中日經典都有的記載文字，進而附會中日之道的共通性。最常被找出印證的，莫如「神道」與「正直」的相關經典內容。「神道」之詞，出自中國《周易．觀卦》彖辭：

> 觀天之神道而四時不忒，聖人以神道設教，而天下服矣。

日本學者經常引用此文以論神道、儒道是相通無二，如山鹿素行即說：[29]

上古之神道，而乃聖人之道，《易》所謂『觀天之神道，而四時不忒，聖人以神道設教，而天下服矣。』愚謂：《易》所謂神道者，天地之妙陰陽不測之神道也。聖人觀之法天地，以立此教，是於〈觀卦〉所以言觀神道也。（原日文）

這裡素行巧妙地把〈觀卦〉所說的「天之神道」，附會日本神話中由二神伊弉諾神與伊弉冉神陰陽和合，創造了日本國以及神道起源之傳說，並以此證明日本的「上古之神道」與中國的「聖人之道」是契合的。再如朱子學者林羅山，由於《易經》談到許多有關神明之事，他就引《周易》所說「神明其德」而申論：「謂以具明道理於人心之中為神道也，故在微妙而成清明。」[30]羅山這樣的解釋，凡是碰到經典（尤其是《易經》）有「神明」或「神道」之詞時，他便拿來附會成他自己獨特的理學神道之思維，這種方式都屬外部文字的附會。

另外一個最常被神儒兼攝學者所附會的中國經典道德內涵，即是有關「正直」的思想，此「正直」意涵與日語的「誠」、「忠」、「真」等義相通，但「正直」出典並不是從《日本書紀》、

29 山鹿素行，〈神道如何〉，《謫居童問》，收入《山鹿素行全集》第十二卷（東京：岩波書店，一九四〇—四二），第一八五條，頁二八四—二八五。

30 林羅山，《神道傳授》，收入《近世神道論·前期國學》，頁二二。

《古事記》中來，而是從一部後代人的偽書《倭姬命世記》而來，其成書約在鎌倉時代（一一九二—一三三三）中期，其中有關「正直」的思想記載如下：[31]

神垂以祈禱為先，真加以正直為本。夫尊天事地，崇神敬祖，則不絕宗廟。……日月迴四洲，雖照六合，須照正直頂。（原漢文）

以後朱子學者山崎闇齋晚年學神道，就是直接受到《倭姬命世記》此語之影響，而自創「垂加神道」。[32]將「正直」思想找出與中國經典相應者，莫如赤穗藩儒村上勤所著的《國字訓蒙附錄》，他說：[33]

吾邦自神代以正直為宗，萬世不易之教，仰尊之至也。非唯我邦，唐土之聖經《尚書·洪範》曰：「無反無側，王道正直」，《詩·小雅》亦云：「靖共爾位，正直是與，神之德之，式穀以女。」左氏《傳》亦有「神聰明正直而壹者也」之語。（原日文）

村上勤以經典內容的「正直」出典作為公分母，以論中日之道有共通之處，而上述最常被引用的則是《尚書・洪範》篇的「王道正直」思想，因為〈洪範〉篇旨在論述王者之道，與日本神話書的〈神代卷〉的「正直」思想相通。[34]接著作者更找出中國亦有鏡玉劍三種神器之類的神話傳說：[35]

> 又以劍、璽、鏡為寶器，在異邦亦有類此。《西京雜記》漢帝相傳說，以秦王子嬰

---

31 《倭姬命世記》，收入大隅和雄校注，《中世神道論》（東京：岩波書店，一九七七），頁一六三。所謂《倭姬命世記》是神道五部書之一，該書假托古人之編，加寫神宮之古代傳承事蹟，約在鎌倉中期時成立。「倭姬命」是神話中垂仁天皇之皇女，相傳在日本武尊東征時，依神命授與草薙劍。

32 闇齋在〈垂加社語〉首先就引《倭姬命世記》說：「『神垂以祈禱為先，冥加以正直為本』之語，此神託出鎮座傳記，寶基本記《倭姬世記》，嘉（按：即闇齋自稱）自贊，神垂祈禱冥加正直，我願守之終身勿忒。」又曰：「日月迴四洲，雖照六合，須照正直頂。此託宣出《倭姬命記》。」參氏著，《垂加社語》，收入《近世神道論．前期國學》，頁一二〇。

33 村上勤，《國字訓蒙附錄》，收入《日本儒林叢書》（東京：鳳出版株式會社，一九七八）第七冊，頁四二—四三。

34 津田左右吉曾分析以神道五部書為主的伊勢神道之思想，相當受到儒教思想影響，其中一點即提及神道五部書的「正直」思想，出典均來自中國之經書內容，參氏著，《いはゆる伊勢神道に於いて》，收入《津田左右吉全集》（東京：岩波書店，一九六四）第九卷，特別是頁六七—六八。

35 前引村上勤，《國字訓蒙附錄》，頁四三—四四。

所奉白玉璽，高祖斬白蛇劍。《大戴禮》曰：「武王踐祚於鑑為銘焉，銘曰：『見璽前慮爾後。』」又《潛確類書》亦有：「昔黃帝氏，液金以作神物，於是為鑑，凡十有五，采陰陽之精，以取乾坤五五之數，故能與日月合期間，與鬼神通其意，以防魑魅，以整疾病」，此鏡之始。又唐之制，以神璽鎮中國，藏而不用。此等之事，本朝漢異國雖有所異，然器有所似也。又所謂神道二字，《易．彖傳》曰：「觀天之神道，而四時不忒。聖人以神道設教，而天下服矣。」又所謂「嘗」為「祭」之名，周之世有之，亦有「新嘗」之祀。

村上氏是直接在中國典籍中找出類似日本神道之鏡玉劍三神器的傳說，他舉出在《西京雜記》、《潛確類書》、《大戴禮記》等都有記載這類傳說。他並從《易經．觀卦》也論及「神道」，以及一些日本神話的祭祀名稱如「新」、「嘗」等，在中國周代時就有一樣的稱呼。[36]質言之，村上勤論證中日之道，不是如其他許多學者，用儒教象徵性的道德如「智仁勇」來比附「鏡玉劍」，他直接找出中國也有「鏡玉劍」之傳說或記載，以及神道、祭祀等名稱，藉以支持他論證中日之道有其共通相印合之處，這種方式可說是一種外部文字的附會。

（二）「神儒合一」與「神儒一其揆」

1. 神儒合一

由於江戶時代以前的儒學勢力是依附在佛教羽翼之下，神道思想亦復如此，所以佛教思想的力量可謂一枝獨秀。洎乎德川初期，儒風大盛，開宗的儒者除朱子學的林羅山、山崎闇齋外，如陽明學者中江藤樹（一六〇八－一六四八）、兵學者山鹿素行（一六二二－一六八五）、古義學派伊藤仁齋（一六二七－一七〇五）、古文辭學派的荻生徂徠（一六六六－一七二八）等名家輩出，而當他們受到現世性格強烈的儒學之薰陶時，如何調和本土的神道信仰與儒學，便成為他們關懷的重大課題。筆者將德川神儒兼攝學者，對「道」的調和分為兩種態度，一是主張「神儒合一」、一是強調「神儒一其揆」，二者皆重在辨異端，而異端的對象往往是佛教與耶教，二者之不同主要在於以神、儒何者為主。「神儒合一」者，表面上雖調融神、儒之道，但大皆仍由儒學來理解神道；「神儒一其揆」者，則以神道為主，儒學為輔，更有以儒教

36 日本的「新嘗祭」是指天皇進新穀給天神地祇，或天皇親食新穀之祭儀。古代係在陰曆十一月中之卯日舉行此種祭禮，現在日本將此祭名稱改為「勤勞感謝日」，並成為國定節日。另一「大嘗祭」是指天皇即位之初，亦要舉行「新嘗祭」，進新穀給天照大神以及各種天神地祇。

為異端者。朱子學者林羅山的《神道傳授》與山崎闇齋的《垂加社語》及神道學者度會延佳之《陽復記》，均可歸類為「神儒合一」之學者，他們提倡結合日本水土的神道與儒學，來對抗耶教與佛教，以下論之。

歷任四代將軍而執幕府儒官牛耳的朱子學者林羅山，著有《本朝神社考》一書，旨在排佛而尊本土之神道，他在序文中這樣希望：「庶幾世人之崇我神，而排彼佛也。然則國家復上古之淳直，民俗致內外之清淨，不亦可乎。」[37]可見他致力於要世人回到上古「淳直」、「清淨」的民俗，以區別佛教與神儒，他又說：[38]

> 夫本朝者神國也。神武帝繼天建極已來，相續相承，皇緒不絕。王道惟弘，是我天神之所授道也。中世寖微，佛氏乘隙，移彼西天之法，變吾東域之俗。王道既衰，神道漸廢，而以其異端離我而難立。……時之王公大人，國之侯伯刺史，信服不悟，遂至令神社佛寺，混雜而不疑，巫祝沙門，同住而共居。嗚呼！神在而如亡。（原日文）

值得注意的是，羅山這裡所用的「王道」與「神道」之詞，「神道」指的是神武天皇以降萬世一系、綿延不絕的天皇神性體系；而「王道」指的是現世性政權的將軍體制。換言之，「神道」是保證日本是神國統治的國家，「王道」是確立日本是由幕府將軍代行天皇行使政權，其權力的來源，亦由「天神所授之道」，在這樣的意義之下，如前述所引過的資料，羅山用朱子的理學原理，配合儒教「智仁勇」道德，來象徵日本神話的三神器鏡玉劍，更提出「王道＝神道」的口號，他說：「理當心地神道，此神道即王道也。心之外，別無神，別無理。」[39]因此，羅山要回復古代的神道，用的是朱子的「理」，來統括「神道」與「王道」，這是典型的神儒合一思想。

其次，如山崎闇齋也是典型的「神儒合一」之代表者。他十五歲為僧，二十五歲逃佛歸儒，四十八歲為會津侯之賓師，從神道家吉川惟足（一六一六—一六九四）專攻神道學說。由於闇齋堅持學習孔子「述而不作」的精神，所以他所遺留下來的著作，除了一些與學生的問答外，幾乎沒有任何解釋經典的專著，在《山崎闇齋全集》中，許多是抄錄宋儒精采的思想文集以及他與學生之間的問答。闇齋雖然信朱子學甚深，但卻極厭惡幕府儒官的林羅山，甚至罵羅山是「不忠不孝」之人，[40]筆者以為很大的理由之一是：羅山不用朱子的「理」，來解釋神道

37 林羅山，〈序〉，《本朝神社考》，收入《日本思想鬥諍史料》（東京：名著刊行會，一九六九），頁二。

38 同上註，〈序〉，頁一。

39 同上註，頁一九。

40 闇齋在斥責羅山欲仿朱子妄修「本朝綱目」時說：「林氏何人也？其不孝，舉世所知，且歷世四君，不陳四君，不陳堯舜之道於君前，是不敬君也。曾謂『吾君不能乎』，是賊君者也。不敬與賊，不忠莫大焉，林氏與

的主要思想內涵——「正直」，而「持敬」與「正直」的思想正是闇齋結合理學與神道學的主要內涵。

由於闇齋中年以後漸對神道感興趣，著有《神代卷講義》、《垂加社語》、《風水草》等，都是析論有關日本神道的著作，並自創「垂加神道」，所以，在近代國家主義當道、天皇崇拜盛行的時代中，他常是被稱譽的一位思想家，甚至被喻為「遠泝伊洛千載之源，近開吾黨百年之統，而唱尊皇之大義」。雖然如此，闇齋對神儒的態度，依然可以歸類為「神儒合一」者，年譜提到闇齋對神道儒道的態度說：[41]

> 先生崇其（神）道特甚，其意以為，本邦與支那，雖異域殊俗，而其道無二致焉。抑我神代之古也，猶彼三皇之世也。我神武之皇圖也，猶彼唐堯之放勳也。嘗言宇宙唯一理，神聖之生，雖東西異域，萬里懸隔，而其道自有妙契者存焉。是吾人所當敬信也。（原漢文）

揆闇齋之意，中國與日本風俗雖異，但其道無二，故日本神道之遠古久遠，猶如中國的三皇時代；神武天皇之東征，統一日本，猶如中國傳說之聖王堯之功蹟。因為「宇宙唯一理」，所以中日之「道」自然有妙合符契之處。他又特著《洪範全書》，以闡明〈洪範〉篇的王道宏

旨，而在序言即說：[42]

斯道也，朝鮮之所宜傳，而李退溪嘆失其傳也，我倭開國之古伊弉諾尊、伊弉冊尊，奉天神卜合之教，順陰陽之理，正彝倫之始。蓋宇宙唯一理，則神聖之生，雖日出處日沒處之異，然其道自有妙契者存焉，是我人所當敬以致思也。（原漢文）

箕子相傳為韓國之先祖，而箕子正是為武王陳〈洪範〉篇之王道或皇極思想之人，但是朝鮮儒者李退溪已經嘆此王道皇極思想失傳，而闇齋認為日本神話的〈神代卷〉正是與〈洪範〉篇所記載的王道皇極思想互相合契，以此推論「宇宙唯一理」，證明尊崇神道與中國古代之王道思想亦有「妙契」之處。

最後，神道學者度會延佳在他所著的《陽復記》，是以「智仁勇」三道德作為媒介，來強

於此，孰不與此。」氏著，〈辨本朝綱目〉，收入《山崎闇齋全集》（東京：ぺりかん社，一九七八）第三卷，頁五一〇。

41 山田思叔，《山崎闇齋年譜》，收入《日本儒林叢書》第三冊，頁六—七。

42 山崎闇齋，〈洪範全書序〉，收入《山崎闇齋全集》第三卷，頁二三六—二三七。

調孔子之道＝日本之神道，他說：43

堯舜之道，同於我國之神道。……此三種之神寶，古傳表智仁勇之三德。故**孔子之道，同於我國之神道**。或玉取柔，劍取剛，鏡取正直，同於柔剛正直之教，此親房卿作《東家祕傳》之物，亦自古所傳，故〈洪範〉亦同於我神道。（原日文）

度會延佳亦提到〈洪範〉篇，可見〈洪範〉篇的「正直」思想是神儒兼攝學者論中日之道的共通資源。度會氏用《中庸》的「智仁勇」三達德，以及《尚書．洪範》的「剛柔正直」，來與日本三神器所象徵的「柔剛正直」之治道相同，這種調和方式亦屬「神儒合一」之態度。

綜合言之，從以上神儒兼攝學者所提出的內容看來，林羅山提倡「王道」＝「神道」＝「理」，來結合神、儒之道；山崎闇齋以朱子所特重的「居敬窮理」之「敬」與「理」，來配合神道之「正直」與「陰陽之理」思想；羅山、度會延佳皆以「智仁勇」來比喻神道的三種神器之象等等，這些都可統歸到「神儒合一」之思維模式，他們並沒有反對儒學的思想，也絕不主張神道只是儒學的附庸。但是，儒學畢竟還是舶來品，對於這樣的「神儒合一」態度，一些主體性強烈的學者仍然不滿這種調和方式，於是才有「神儒一其揆」的調和態度。

2. 神儒一其揆

「神儒一其揆」比「神儒合一」更強烈地表現日本主體性，進而尋求神、儒之道的調和精神。抱持這樣態度的學者主張中日之道非出於同源，各有其道，藉以區別日本「神道」與中國「儒道」。然而，二者「道」之內涵並不衝突，在此意義之下強調「神儒一其揆」，所謂「一其揆」是指雖各有其道，但「儒道」與「神道」可相共通，因而這類學者往往不是如「神儒合一」者，用儒學來解釋神道，而是認為應該用神道來解釋儒學，這樣才不會喪失解釋的主體性。這類以神道為主、儒道為輔的學者，企圖追求純真的神道信仰（不是民間迷信的神道信仰），並從神話書中汲取遠古的尊皇思想，尤其在幕末中結合攘夷思想，促成了明治維新。這種以神道思想為主的思維，非常強調日本武邦其實不缺像中國文邦一樣的「道」、「聖人」與「經典」，他們的一切思考均以日本主體的神聖性思維為起點，在這樣的前提下，提倡中日之道，其揆一也。這類學者以陽明學者熊澤蕃山與兵學者山鹿素行、松宮觀山、幕末勤皇學者以及後期水戶學為主，以下依序論之。

主張「神儒一其揆」者，德川初期的陽明學者熊澤蕃山（一六一九－一六九一）與山鹿素行（一六二二－一六八五）可以為代表者。蕃山的核心思想即是「時」「處」「位」的水土論，

---

43 度會延佳，《陽復記》，收入《近世神道論・前期國學》，頁九〇。

素行也認為如果周、孔是出自日本，也絕不會變異日本風俗，因為日本與中國的水土之差甚遠。[44]換言之，他們都深切地注意到中日時空與制度之不同，不可把日本水土的神道思想簡單地依附在儒、佛上，從而喪失日本主體性，他們都有個共通特色，就是以「神之道」抗衡「聖人之道」（先王之道），換言之，即是從「神」、「人」的不同思維，區隔中日精神文化之不同，如熊澤蕃山說：[45]

上古無文字亦無書，以心之智仁勇示之為三種之象。以玉之溫潤，象光明之仁德；以鏡之靈明而明辨善惡，象智之靈明；以劍之剛而善斷制，象勇之神武，如《易》之八卦六十四卦。智仁勇，天下之達德也，神書不過注解此三種之象也。三種之注解，於《中庸》詳之。**中夏之聖人，日本之神人，其德一也，其道不二也。故其象、其書若合符節。……道，天地之神道也，中夏聖人之道，日本神人之道，皆天地之神道也。**（原日文）

蕃山在這段文字中，認為中國「聖人」、日本「神人」之道仍是同一，均是以「智仁勇」作為道德淵源。中國是在《中庸》一書注解「智仁勇」，日本則是以鏡玉劍三種天皇神聖傳承寶器作為象徵，也如同中國《易經》的八卦六十四卦之象。由此可知，蕃山找到日本的「象」可和中國經書的道理互相符應。另外，他用「天地之神道」來統括中國的「聖人之道」與日本的「神人之道」，來強調「其德一」、「其道不二」，沒有羅山與闇齋的朱子理學思維，特用中日均出現過的「神道」一詞來結合「中夏聖人之道」與「日本神人之道」，這種思維與以下分析的山鹿素行之「神儒一其揆」的思維相近。

兵學者山鹿素行這樣設問：「儒與釋道，共異國之教，而異中國（指日本）之道乎？」他

---

44 素行曾設問：「若周孔出自本朝，政道如何？」素行說：「生乎今之世，反古之道，如此者災及其身也。居其國當然要馴其古今之風俗，否則災必及之。況本朝與異國水土之差甚遠，雖聖人來此，亦未易其俗而立其教，此不待論也。」（原日文）氏著，《謫居童問》，收入《山鹿素行全集．思想篇》第十二冊卷五，〈治平．一九〉之「周孔若出自本朝政道如何」條，頁三二八。即使折衷學的井上金峨（一七三二—一七八四）也是抱持中日時勢不同，而說：「我邦表東海與中國風馬牛不相及，先王之制，尚大古之風，緣飾以李唐之禮典，焉得求之中國，而一一無差乎？秦漢以後，不循三代禮樂之治，何況我邦之今乎？即風土之異，我之不能為彼而我也，今之不能為古而今也，時使之也，勢使之也。」（原漢文）井上金峨，《金峨先生焦餘稿》，收入《日本儒林叢書》第十三冊，卷一，頁七。總而言之，日本學者這種用風土時勢不同，以論中日之道或制度相異的例子甚多，並不只限於倡神道思想者。

45 熊澤蕃山，〈神道再興〉條，《大學或問》，收入《熊澤蕃山》（東京：岩波書店，一九八二年四刷，日本思想大系版），頁四四八—四四九。

回答說：[46]

愚謂：神聖之大道，唯一而不二，法天地之體而本人物之情也。其教異端者，皆因水土之差，風俗之殊，五方之民各有其性以不同。唯中華（指日本）得天地精秀之氣，一于外朝（指中國），故**神授之**，**聖受之**，建極垂統，天下之人物各得其處，殆幾于千年，而後住吉大神，[47]賜三韓於我，初與外國之典籍相通，以知一其揆，**其曰神教其曰聖教**，其皇極之受授天下之治政，猶合符節，自是通信修好，摘其經典，便其文字，以為今日之補拾也。如佛教者，撤上撤下，悉異教也，凡西域者，外朝之西藩也，其水土偏于西，天地寒煖躁濕甚殊，民生其間者，必有偏塞之俗。

這段旨在從水土風俗的觀點，說明中國的儒道與日本神聖之大道，其揆一也。至於佛教因其地理水土偏於西，則是徹底的異教，並不適合中國與日本之水土。這裡應注意的是素行的用語，他稱日本之「道」為「神聖之大道」，日本的「教」為「神教」或「聖教」，來區別中國（即他所謂的「外朝」）的「儒道」（即聖人之道）或儒教。換言之，在日本的「道」、「教」上特別冠上「神聖」、「神」、「聖」之用語，以別於中國基於「人」（即如「聖人」、「聖王」）之「道」或「教」。職是之故，他雖然很強調中日「一其揆」，但基本上還是以日本的「神聖之道」作為「道」之共同標準，不是如前節的「神儒合一」學者，或以朱子學的「理」或孔子的大道作為標準。因此，素行雖然還強調日本的「神聖之道」與中國的「聖人之道」有共通性，但其主要目的還是在於凸顯一「神」一「人」的差別思維。按照素行的解釋，由於日本往古的神聖者是基於「神之道」的奉行者，所以他自然有其「神跡」與「神教」。素行更將日本「神敕」比擬為堯舜之「授受」，他以這樣的比附，強調中國之「聖」與日本之「神聖」，其揆一也。他說：[48]

> 地有東西之祖，世有前後之差，而**中華（按：指日本）之神聖與外國之聖人，其揆一者**，上知之不移，而同天地之秀氣也。夫往**古神敕可以比堯舜之授受**；清廟茅屋，粢食不鑿，可以比神廟之制；人統之授時可以比用夏時。姑捨之不論。

上引可知，「神敕」的授者與接受者都是「神」，堯舜的「授受」則是「聖人」而非「神」。而

46 前引山鹿素行，《中朝事實》，頁三七〇。

47 按「住吉大神」是指航海神，是天照大神父神從黃泉國奔出時，去除身上污穢（禊）時所生之神。素行這裡引用，當是神功皇后徵三韓時，掌航海的住吉神助日本軍隊順風征服三韓。

48 山鹿素行，《中朝事實》，頁三六八—三六九。

日本「神」的事蹟，全部記載於《日本書紀》或《古事記》兩部神話書中，並不缺乏與中國古代經典記載相應的事蹟。例如神話中的「清廟」可以比喻為堯舜傳說的「神廟」制度；又如天孫降臨後，由天皇授時統治日本，則可以比擬為夏禹一姓相承後的授曆。與之相較，中國儒家「聖人」或「聖王」之「道」或「教」，則全部記載於《六經》或《四書》，尤其《四書》是經過理性化的「人」之「道」或「教」，這就是素行《中朝事實》所要區隔之中日不同處。至於中日之所以有這樣的不同，是基於自然水土各有特色，二者雖相通，卻不可相混。

到了幕府中期，依循素行「神儒一其揆」思想者，可以兵學者松宮觀山為代表，他特論「神道本天」、「儒道本人」、「佛道本地」三教之本，他說：[49]

> 抑三教之本，以愚見考之，**神道本天**，其教以天語人，以人語天，天人一體，幽明不二，與儒教絕地天通不同，……百王一胤，萬國無比類。**儒道本人**，雖以無後為不孝，然重人之材德，不問氏族，故雖起民間，乘運得勢之時，恣昇天位，以此立始祖之大統，成君臣分定之禮。**佛道本地**，地為物歸藏之所，以無後為悟，幻妄今世為穢土，來世為極樂淨土，以輪迴出離為教，以極滅為樂，其風如老極之人。三**教似雖不同，然循人性以治之則一也**。神教率據天道，不及人地；儒教大概以人道為本，說至天地，佛道雖專依地道，具眼之衲僧，亦不廢天人。（原日文）

松宮觀山提出「本天」、「本人」、「本地」來區隔神、儒、佛的思維，實有其時代的背景。由於德川中期儒學蓬勃發展，民間佛學勢力亦興，神道被依附在儒、佛勢力之下，所以他所論三教之本，雖然還強調「循人性以治之則一」，但從松宮觀山一向倡導日本本土之武士道精神看來，所謂「神道本天」之意涵，基本上還是站在主導性的地位。

德川時代愈近末期，已經處於外患內憂頻仍的時代，日本主體精神的神道思想則愈被強調，其中可以後期水戶學作為代表。水戶學者欲借天皇神道信仰之力量，統合全日本志士的向心力，他們雖不致排儒，但「敬神」或「崇儒」的優先順序或上下之別辨析得很清楚。如以下東湖在《弘道館記述義》所說：[50]

既**曰敬神**，**又曰崇儒**，然則神之與儒，故無有尊卑，敬唐虞三代之君，必如事我神祇，而後為無偏黨乎。曰：是徒泥於其文，而不本於其意也。**神州**（**按：指日本**）**自神州**，**西土**（**按：指中國**）**自西土**。彼指我為外，我亦斥彼為下。西土之教，尤嚴內外之分，我貿而用

49 松宮觀山，《三教要論》，收入《日本儒林叢書》第六冊，頁五—六。
50 藤田東湖，《弘道館記述義》，收入《東湖全集》，頁一八九。

之，亦不可不正上下之別。單就西土之教而論之，猶且然，況尊國體，慎名分者，固皇朝所尤重耶。且夫所惡於浮屠者，非以其法一傳，遂尊西竺，奉其胡鬼乎。若崇儒教，遂抑其國，又推及歷代人物，以與我神聖並奉，則是又生一浮屠也，豈可乎哉！

我公（按：指水戶義公）恆有言曰：「**讀西土之書者，宜以其所以尊堯舜，尊我神皇，以其所以事上帝，事我天祖。**」（原漢文）

由此可知，「敬神」與「崇儒」是不相違背，水戶學上至藩主德川光圀，下至親藩儒臣，都仍強調神儒之道同其揆。但是，不能因為有相同之道，便不分彼我，畢竟「神州自神州，西土自西土」，尤其幕末思想家最強調的是「尊國體」、「慎名分」，中日之「道」雖不相違背，因各自有不同的淵源，故應有所區隔，定一優先次序，這種思維即是典型的「神儒一其揆」之態度。

四、神、儒之道的緊張性焦點：堯舜禪讓與湯武放伐

研究德川思想時，必須要認清一個事實，即使連朱子學者，也都要強調日本的萬世一系天皇制比中國還優越，如前面所分析過的林羅山，他特著有〈神武天皇論〉，就說日本是「靈神

之國」。這種思維也出現在大阪懷德堂學者中井履軒（一七三二—一八一七）所著的〈神武紀〉上，履軒在該著中也把天孫降臨以及神武建國之歷史當作國史而非神話來看待，[51]職是之故，凡是神儒兼攝學者，都會有一種「日本神人，中國聖人」的區分思維。根據一項日本古代傳說之記載，早在應神天皇時代（約五世紀前後），首傳《論語》到日本的百濟博士王仁，已經碰到這類問題了，該記載說王仁解讀神語之時，被住吉大神（海神）顯靈給天皇說王仁「頻為異解，謾神代輕皇代」，天皇召王仁問其所以，王仁曰：「如吾國之理，解此國文，著書持之以奉」，天皇即敕告之：「汝國，人國；吾國，神國。向後以汝國理，勿解吾國文」，王仁頓時愕然而驚。[52]這個故事說明日本神國或神皇，與中國或朝鮮的人國或人皇是相異的。這類思維也充分展現在一些強調日本神國的思想家上，如兵學者松宮觀山就說：「神人、聖人各生其國，立適性之道，亦天理之自然也。皇天無親，豈彼出聖，此不出聖哉！蓋無識聖之眼也」。[53]（原日文）按照這種「神、聖有別」的思維，則中國經典有關「堯舜禪讓」和「湯武革命」的王道政治思想，最令日本神儒兼攝學者感到衝擊與緊張，因二者都牽涉到「易姓」思想，亦

51 中井履軒，《履軒弊帚》，收入《日本儒林叢書》第九冊，〈神武紀〉，頁一七—一八。
52 以上王仁故事，引自山崎闇齋，《風水草》，收入《山崎闇齋全集》第五卷，頁三六三。
53 松宮觀山，《三教要論》，收入《日本儒林叢書》第六冊，頁一。

即王位無法綿綿不絕，尤其是後一項「湯武革命」，更令思想家對於孟子大加撻伐，「神儒合一」學者往往婉轉解釋這兩項議題，但「神儒一其揆」學者則正視此二項課題進而批判之。不論是「神儒合一」者或「神儒一其揆」者，「堯舜禪讓」與「湯武放伐」這兩項議題在德川前中期尚未被顯題化，山鹿素行只是不承認孟子在道統之列，未見明顯反對堯舜禪讓與湯武革命。但江戶中期以後，以佐久間太華為首，[54]以後更在幕末時代反對禪讓與湯武革命論者輩出，顯見一股尊皇思想力量在幕末時期澎湃洶湧，如幕末一位勤皇學者高松芳孫，乾脆認為《孟子》之書是後人偽造，甚至說「古來亂聖人之道者，無如孟子之甚」。[55]以下以朱子學者古賀侗庵（一七八八－一八四七）與後期水戶學者藤田東湖作為代表論之。

古賀侗庵是寬政異學之禁（一八九〇）三博士之一古賀精里（一七五〇－一八一七）之子，亦為幕府代表朱子學的昌平黌儒官，[56]他這樣反對禪讓思想說：[57]

> 三代以降，國祚不長，長者不過三百年，短者十餘年，甚或數年。蓋自堯舜禪代之後，斯風一啟，天下習熟見聞，社屋鼎革，恬不知怪，此所以不可永保社稷也。**本邦上世以來，聖哲相承，固迴絕西土，然不必君盡堯舜之君，民盡堯舜之民，而萬世一系，極天壤而不易，亦以先王未嘗行禪代故也。**（原漢文）

古賀侗庵認為三代以降的帝世，之所以國祚不長，是因為自堯舜禪讓之風開始，而日本足以自豪的是有萬世一系天皇制，所以可永保社稷，在這樣的解釋下，古賀侗庵當然也反對湯武革命。他說：[58]

> 本邦神武以來，聖神相承二千五百年，中間無道之主，獨數雄略武烈（按：約五世

---

54 佐久間太華這樣反對堯之禪讓：「堯之讓也，雖出於愛民，而大圮大倫矣。國君死於社稷，況立於天下乎？雖非受於祖宗之天下，然天下重器，以天下比之敝屣，其本既輕矣，宜乎？惠民不如有常之大，惠者小也，有常則民自安，而惠在其中矣。以惠民，卻詒孽于千歲，大矣堯之過。」前引氏著，〈和漢明弁〉，頁二。

55 高松芳孫說：「茲《孟子》之書，善與聖人之言相似也，以是古來亂聖人之道者，無如孟子之甚，實覆利口之邦家者也。其書全是後人偽造所成，的然也。雖然天下滔滔之碩儒，咸沉醉其說，更不知其非，雖少有知其非而誹難者，即被視之為狂客。……以而後世弒君者，必食《孟子》之言，假令受萬人之譖，深惡《孟子》者，必誠忠之徒也。」（原日文）參氏著，《正學指要》，收入《日本儒林叢書》第十一冊，頁三七—三八。高松芳孫所處時代已經是在幕末一片尊皇攘夷的氛圍中，他批判孟子之思想與幕末「尊皇」論有很密切之關係。

56 所謂「昌平黌」，是幕府以儒學為主所設立之學校，林羅山始創於上野忍岡，一六九〇年將軍綱吉建孔子廟先聖殿之同時，將之移於湯島，並令林家主持之。一七九七年成為幕府直轄之學問所，受教對象多為貴族子弟。

57 古賀侗庵，〈堯舜禪代〉，《劉子》，收入《日本儒林叢書》第九冊，卷之九，頁一七七。

58 古賀侗庵，〈湯武〉，《劉子》，收入《日本儒林叢書》第九冊，卷之九，頁一八〇—一八　。

紀末之天皇），然雄略武烈，即位之始，實多失德，而晚年悔悟，不啻漢武輪臺之詔，武烈真暴主，然其惡奚嘗有桀紂百分之一，固可無易姓之虞。然使時有湯武，必**有臲卼不安之患。即湯武不出，使湯武順天應人之說，盛傳乎天下，未必無借以濟私之姦雄，此大可懼。然則皇朝所以萬代一姓，絕無鼎革之慮者，特以無如湯武之人，與尊信湯武之說也，益見世之行湯武，固不如其無也。**

古賀侗庵舉出日本歷代天皇唯有一堪稱無道之主的武烈天皇，但他因晚年曾像漢武帝一樣悔悟，故其惡也遠不如中國之桀紂，因之可以沒有易姓革命的顧慮。但是，古賀侗庵重點並不在此，他旨在說明像「湯武順天應人」之類的學說，如果遍傳於天下，難免會有人借其學說，奮起而興革命想當皇帝，因為即使像中國皇帝賢能，也有被易位的可能，所以日本之所以萬代一姓，是沒有像湯武這類之人，與相信湯武革命之說者。古賀侗庵上述之論，尚未直接點名孟子而批判之，這是「神儒合一」學者的共通性，因他們大皆出身朱子學，故尚保持適度的尊孟，但水戶學與幕末勤皇學者就直接批判孟子。

水戶學者甚重「名分」與「國體」論，如藤田幽谷（一七七四—一八二六）有名之《正名論》，可說是十足地宣揚日本神道精神，並斥禪讓放伐論，強調日本國體的「祭政合一」之特色，並對時勢採尊王攘夷的態度，主張日本武尊之原始精神在於尊奉神道。其子藤田東湖特著有《孟軻論》，從書名可知，他不稱「孟子」而謂「孟軻」，可見並不尊孟。滕田東湖這樣表達他對孟子不尊周思想的譴責。他說：[59]

> 為軻者，誠宜奉孔子之遺意，明《春秋》之大義。苟可以扶彝倫，尊周室者，汲汲為之，不遺餘力。今也不然，開口則談王道，要其說之所歸，不過使齊梁之君王於天下而已。**嗚呼！周室雖衰，尚有正統在焉，軻生於周之世，食周之粟，何心能忍而發其說**。

又曰：[60]

> 軻平生貴仁義，賤霸術，而無一語及名分，乃反欲隱然移周世之鼎於田魏強僭之國，其為仁為義，果何物，假使桓文而在，則鳴罪討之，將不旋踵，軻豈暇於賤霸術**乎哉！由是言之，軻之王道，非孔子所與也**，亦明矣。

59 藤田東湖，《孟軻論》，收入《東湖全集》，頁二三六。
60 同註五八，頁二三五—二三六。

上引二資料，東湖旨在從正統論之「尊周」的立場，來區隔孔、孟之「王道」，他特對孟子的易姓革命論大加撻伐：[61]

> 夫禪讓放伐，姑置不論，周秦以降，易姓革命，指不勝屈，人臣視其君，猶奴僕婢妾之於其主，朝向夕背，恬不知恥，其風土然也。……獨赫赫神州，天地以來，神皇相承，寶祚之盛，既與天壤無窮，則臣民之於天皇，固宜一意崇奉，亦與天壤無窮。**而腐儒曲學，不辨國體，徒眩於異邦之說，亦以軻之書與孔子之書並行，欲以奴僕婢妾自處，抑亦惑矣**。

根據東湖之論，首先他拿日本萬世一系與中國的異姓革命對比，來強調日本對天皇的忠貞無二思想，這是典型的反孟思維。其次，東湖反對孔孟之書並行，他厭惡「孔孟並稱」的態度，與徂徠學者思想一致。[62]東湖更在《弘道館記述義》，解釋「乃若西土，唐虞三代之治教，資以贊皇猷」時，說「禪讓」與「放伐」這二事決不可用於日本：[63]

> **有決不可用者二焉，曰禪讓也，曰放伐也**。虞夏禪讓，殷周放伐，而秦漢以降，欺孤兒寡婦，以篡其位者，必藉口於堯舜，滅宗國，而弒其主，以奪天下者，必託名於

湯武。歷代之史，既過二十，不啻上下易位，或併內外之分而失之。所謂拓拔、耶律、完顏、奇渥溫、愛親覺羅者，何等種類，何等功德，而九州臣民，若崩其角，又從而贊揚其美，動比諸唐虞，不亦可憫笑乎？赫赫神州，自天祖之命天孫，皇統綿綿，傳諸無窮，天位之尊，猶日月之不可踰，則萬世之下，雖有德匹舜、禹，智侔湯、武者，亦唯有一意奉上，以亮天功而已。**萬一有唱其禪讓之說者，凡大八洲臣民，鳴鼓攻之可也**。況藉口託名之徒，豈可使遺種於神州乎；又況腥羶犬羊之類，豈可垂涎於邊海乎！故曰：資以贊皇猷，若資彼之所長，併及其所短，遂失我所以冠絕萬國者，安在乎其為贊猷也。

東湖在上述之論，認為禪讓是開啟後世僭亂的理由，所以自秦漢以降，篡位、弒主、奪天下者，不外皆藉口堯舜或託名湯武，而這種思想絕不可使之行於日本，萬一有人提倡禪讓、湯武之說者，就是日本臣民之仇，全日本臣民都要鳴鼓而攻之。由上述之論可知，在德川歷史上，

61 同註五八，頁二三七。

62 德川初期荻生徂徠反對將孔孟並稱，他的態度是如他所說：「孔孟之稱，不倫殊甚」，參氏著，《蘐園隨筆》，收入《日本儒林叢書》第一冊，頁一八七。

63 藤田東湖，《弘道館記述義》，頁一五六。

以儒者之姿來顯揚日本主體性精神的最高峰，當非水戶學莫屬。

五、結語：兼論主體性膨脹的問題

近代以前中國向來以天朝自居，並對外邦藩屬國發展出一套「朝貢體系」，即使在異族政權下，儒家文化經過長時間與士大夫的努力，往往能馴服異族政權，漸漸使之認同儒家主導的文化。因此，在中國受儒家文化薰陶的士大夫，由於自認為在文化上是居於先進國，故並不必積極去學習異民族文化；在軍事的防衛心態上，不論是漢族或異族政權，長期以來都有「朝貢主」的大國心態，視周邊國家為藩屬國，其防衛心態往往是消極對內，而不是積極對外。反觀日本，面對國土疆域如此之大、軍事力量如此之強，文化又受其影響的周邊巨大中國，要擺脫藩屬的地位，勢必要建立起自己軍事的地位與文化的主體性。從地理位置上來看，日本與中國存有一海之隔，歷史上中國從來沒有統治過日本，儘管蒙古軍試圖兩次征日，卻都敗北。又，神功皇后（在位約在三世紀初中期）、豐臣秀吉（一五三七－一五九八，一說是一五三六－一五九八）的征韓之役，都證明日本的確想擺脫只是中國的附庸角色，甚至有足夠的能力與中國相抗衡，故他們在軍事上的防衛意識是積極對外的。同樣的，日本在文化上也表現出積極對外之防衛意識，從本章的分析可知，德川神儒兼攝學者強調傳統神道的用意，是要積極面對儒教之「道」，以防衛自己文化之主體性，以免遭到邊緣化，於是很自然地去尋根追溯自己傳統的神道淵源。

因為日本有個基於神道的傳統，所以自然有像本章所分析「以神對人」的「神儒合一」與「神儒一其揆」的調融或對抗方式。因此，日本神儒兼攝學者，在受到儒家文化薰陶之同時，仍時刻注意表明自己的神道傳統文化，如第二節所分析，吳太伯是神武天皇的傳說，很難讓懷有主體性精神的日本學者所接受，因為只要一承認，便將使天皇由「神」成為「人」，而日本民族的統治者，不過也只是中國民族的後裔，從而日本文化也都淪為中國文化之附庸。簡言之，就是使日本成為中國之附屬國，所以神儒兼攝學者必然要斬斷這層與中國有根本淵源之關係。

神儒兼攝學者既要區別中日，卻又要強調同「理」或「道」有共通性，他們的難處便在於此，如本章第三節所區分的「神儒習合」與「神儒一其揆」兩種調和態度，在當時都難免被批判。「神儒習合」者被譏為不過只是再另立一儒學之「浮屠」而已；而「神儒一其揆」的主張也難逃被批判之命運，他們也被國學者譏為主張神道還不夠徹底，並且在現實的政治上，則又觸怒當時的幕府政權。畢竟強調神道就是尊皇，尊皇難免壓抑幕府將軍之權力，本章所列「神儒一其揆」之學者，除水戶學以外，山鹿素行被流放，熊澤蕃山晚年受幽禁而歿，松宮觀山遭禁錮，幕末吉田松陰則被梟首。但從中國學者立場看來，這些主張日本是神國或靈神之國以及卓爾萬邦的思想，不免譏之有「主體性膨脹」之患。所謂「主體性膨脹」是指為了強調自己文化的主體性，而以自我國家為中心，不惜抬高自己民族文化的價值地位，而輕視其他國家民族文化的優越心態。依此定義而言，日本神儒兼攝學者自認神國或卓爾萬邦的思想，均不免有此偏鋒。

但是，「主體性膨脹」的問題，並不只是日本學者的問題而已，全世界喜歡提倡民族主義或具有大國心態者，都會存在這種問題，只是大國的主體性膨脹與小國的主體性膨脹有很大的差別。大國的主體性膨脹常是扮演壓迫者，自命為「道」的中心者與傳播者，視周邊國家為文化的接受者。至於小國的主體性膨脹問題，往往扮演被壓迫者，因為他們長期處於文化後進國之故，常要積極地向文化先進國學習，但也相對地帶來主體性精神失落的問題，為了提振這種頹勢，衛道之士不得不以「膨脹」的方式反抗之。因此，小國這種膨脹思想的背後，是自覺到自己重要的東西被「壓迫」或「壓縮」了，為了取得吸收外來文化與保存本國文化的平衡，才會產生這樣的防衛意識，故在這一層面而言，「膨脹意識」其實等於「防衛意識」。職是之故，神儒兼攝學者寧願去相信一個神性的經典，或者說他們有意地創造「神性化的精神傳統」（與孔孟所塑造的「理性化的精神傳統」不同），主要是因為他們要使這種神性的傳說，變成歷史的實在，藉以凝塑國人固有傳統與歷史記憶，確立本身的主體性精神，以對抗外來的強勢文化。而讓這些神儒兼攝學者不斷地相信這種神性的理由，與現存的天皇體制有莫大之關係，如

第四節所分析，堯舜禪讓、湯武放伐以及孟子君臣相對觀等政治思想，常在神道主體思維下產生衝突，因為人不可成為神或神皇，但在中國由於皇帝非神，故常發生篡亂、更迭、弒君等無道事件。由此可見，神儒兼攝學者其實是在創造一個神性的精神傳統，故面對儒家經典義理之時，已帶有「神性」的前見解，這種前見解的自身投入，使自己自然區分日本是「神」國，中國是「人」國，故不免過度渲染日本解經者的文化傳統之主體性。

其次應注意的是，神儒兼攝者這種前見解的自身投入，不只是解經者個人之意識而已，其背後所代表的是一個民族、歷史的傳統，所以當面臨中日之「道」相衝突之際，以「神」對「人」的膨脹主體性便油然而生，有的罵孟子文字思想荼毒日本學者，[64]甚至有人欲起孔孟於地下與之辯論。[65]因此，懷有「神」、「人」對立思維的日本思想家，往往所思考的「道」不

64 幕末勤皇學者高松芳孫不遺餘力地批判孟子，他就是著眼於孟子文字思想之害，他說：「軻也是仁義之賊，聖人之大罪人，君子宜誅討之也。然倭漢之儒者不尊信其書者，古來甚希，是何等之故哉？倭漢儒者，一同沉醉文字，悉盲失心眼，惟奔走言語文字之間，未探索事之實地，讀之雖數數，更不知其是非，不解其愚論。」（原日文）參前引氏著，《正學指要》，頁四六。

65 如幕末知名之兵學者吉田松陰，在所著《講孟餘話》（收入《吉田松陰全集》第二冊〔東京：岩波書店，一九八六〕）中，要起曾經去國求仕的孔、孟於地下與之辨論，他說：「我邦臣若為譜代之臣，和主人死生同休戚，雖至死，絕不云棄主之道。嗚呼！我父母何國之人，我衣食何國之物，讀書知道亦誰恩，今稍以不遇

是從普遍意識著眼，而是從日本個別的特殊時空著眼，不論羅山的「理學神道」、闇齋的「垂加神道」、蕃山的「水土神道」以及素行的「中華神道」，都是在日本這個特殊時空下所思考的「道」，所以，自然不可期望他們面對中國儒家義理的「道」之解釋還會一樣。[66]

本章處理的神儒論爭性質，實質上也與追求中華秩序下的主體性論爭息息相關。在本章我們清晰地看出「神儒合一」儒者那種對「中日共道」的期盼，但也明顯看到以神為主、以儒為輔的「神儒一其揆」的神道優越論。歷史證明，邁入了近代的明治維新時代，神道取代了儒道，這可說是追求中華秩序的另一變貌，投射出中華之道的反面，並且欲取華而代之，作為養子取代了哺育他的養父，出現本書所稱「養父子關係型」的中華秩序型態。下一章我們將持續這一「養父子關係型態」，將時代與範圍從近世拉到近代，從神道教中迸出了「皇道」此一核心概念，最終目的還是想取代儒教的「王道」。

主，忽然去是，於人心如何哉！我欲起孔孟與之辨此義。」頁二六三—二六四。

66 甚至在日本的佛教發展中，也有從特殊時空的變遷過程中，思考佛教法的普遍性，以是佛教在日本的發展，也產生了「特殊神寵論」之思維方法，即認為日本是特別被神所眷顧的民族，而往往這種思維，容易與國家主義結合。以上論點可參中村元著，林太、馬小鶴等譯，《東方民族的思維方式》（台北：淑馨出版社，一九九〇），頁三〇〇—三〇二。

第五章
從近世「王道」到近代「皇道」的轉折

王道本是不變的內涵，但現存於支那的，
究其實，不過是霸道或霸王之道，
真正的王道是輝映在日本天皇之道。

——安岡正篤

作為中華秩序中的「養父子關係型」的日本，從「中華文化」中滋養成長，如前一章所分析，在江戶初期還出現山鹿素行這樣的兵學派等「搶中華」、「爭中華」的現象，但同時也發展自己主體文化的神道意識。直至江戶末期這個主體神道意識逐漸凌駕中華聖人之道，漸漸「去中華」，更用「支那」一詞代替起「中華」。本章從「王道」這個與中華意識極度相關的關鍵詞，再探日本如何從江戶初期接受中華聖人之道，進一步轉折到江戶末期「神皇之道」的發展，更到明治維新後的成熟發展過程。

一、前言

一九四六年元旦昭和天皇下達「人間宣言」，內容如下：「朕與爾等國民在一起，常欲利害共同而分擔休戚。朕與爾等國民之間之紐帶，始終依相互之信賴和敬愛結合，非只依神話與傳說而產生者。非基於天皇為現御神，且以日本國民優越於其他民族之民族，從而持有支配世界命運之架空觀念。」這個透過天皇自我否定是現世神的宣言，宣告了天皇的神性是經由戰前軍界、政界、學界、產業界等所結合的國家一體化而產生的「建構之物」。戰前這類視「神話／傳說」為「事實」，將「人皇」當成「神皇」，深信「日本國民」是「天孫民族」的優越性，透過國家祭、政、教三合一方式，深植日本人心中。今日看來，這些「建構之物」都是十九世紀「民族—國家」（nation-state）風潮下的「近代產物」，日本堪稱是東亞國家中在「民族—國家」的近代轉型中最具典範者，並且日本知識人對「民族—國家」的論述，也深深影響當時東亞其他國家的革命者及知識分子。[1]

關於天皇不是現世神，涉及本章要討論的「王道」與「皇道」之間的關係課題。然而從「王道」到「皇道」的過程中，在江戶時代還曾有一段長時間「王道」與「神道」之間的醞釀期。本章接續前一章的神道與儒道消長的課題，選擇關鍵的「王道」思想，進一步延伸到近代日本由「王道」邁向「神道」的「轉折」過程，由此證成日本作為中華秩序的「養父子關係型」，

1 其中最受日本「民族—國家」觀影響的不外是中國的革命派與維新派，孫中山的革命前的「驅除韃虜，恢復中華」以及革命後倡議的「五族共和」，都有日本「民族—國家」的思想成分。維新派梁啟超受日本影響，感嘆中國沒有「國家」或「國民」觀念，也不無受亡命日本期間的影響。相關研究可參王柯，《民族主義與近代中日關係》（香港：香港中文大學，二〇一五）。

逐漸發展出取代中華意識的神皇意識。本章所謂「轉折」，係指作為儒學的「王道」理念在江戶時代「轉折」了一次，即被注入了「神道」內涵而成為神儒結合之物。接著在近代日本又「轉折」而滲入了「皇道」內涵，成為超越「王道」之超國家理想。本章認為無論「神道」或「皇道」，均還需要「王道」作為對照理念，顯見「王道」還是滋養與醞釀日本「神道」或「皇道」的「源流」，但在日本近代轉折成為自己本身的「原型」。[2]

二、江戶時代：「王道」注入「神道」內涵階段

「王道」本是儒學的治世理想，自宋儒以後，以孔孟思想為主要內涵。孔子對於君德的王道理念，一方面承繼了《尚書》、《詩經》、《易經》的君王中道思想；一方面則有所創發地運用到普遍的道德規範上，即中正之道不再只是限於王者之德，也許可用司馬遷（西元前一四五—八六）的話來概括孔子的王道思想：「夫《春秋》，上明三王之道，下辨人事之紀。別嫌疑，明是非，定猶豫，善善惡惡，賢賢賤不肖。存亡國，繼絕世，補敝起廢，王道之大者也。」（〈太史公自序〉）。「別嫌疑，明是非，定猶豫，善善惡惡，賢賢賤不肖」，是內聖之學；「存亡國，繼絕世，補敝起廢」，是外王事業。當代新儒家熊十力（一八八五—一九六八）如是概括孔子的內聖外王之道：「孔子之道，內聖外王。其說俱在《易》、《春秋》二經，餘經皆此

二經之羽翼。《易經》備明內聖之道，而外王賅焉。《春秋》備明外王之道，而內聖賅焉。」[3]到了孟子所倡的王道政治論，是欲王者先具內聖之德而行外王之道，更強化了孔子的「內聖之學」，此即「性善論」的提出，而孟子的「王道政治論」正是由此而擴展而來。

「王道」理念傳到日本泛起了陣陣的漣漪，特別是在江戶時代。江戶儒學曾有過鮮明的「王道」之辨，起之於古學派內部之爭，古文辭學派荻生徂徠（一六六六—一七二八）以「先王之道論」反對古義學派伊藤仁齋（一六二七—一七〇五）的「王道論」。要言之，徂徠的「先王之道」是根據《六經》主義以論「先王之道」，不同於仁齋根據《論語》、《孟子》，以孔孟思想為主而闡述的「王道」精神。[4]儘管如此，二者的「王道」論爭，純是儒學內部之爭，並不涉及「皇道」與「王道」之論爭。但筆者認為，儒門的「王道」論爭滋養了「神道」論述的

---

2 眾所周知，「原型論」是丸山真男有名的理論。丸山氏所謂「原型論」是指日本的思想史就是外來思想的受容與修正的歷史，但此「受容」特別是經主體性的「攝取」選擇，因此這些被攝取的外來文化逐漸地成為日本精神結構的內部，透過新生層次與古層之間不斷的相互作用，沉積於最下層者，被稱為「原型」。參氏著，〈原型．古層．執拗低音〉，《丸山真男集》（東京：岩波書店，一九九六），第十二卷，頁一四九—一五三。

3 熊十力，《讀經示要》（台北：廣文書局，一九九三）下冊，卷三，頁一四二。

4 有關荻生徂徠與伊藤仁齋的「王道政治論」之研究，可參拙著，《日本德川時代古學派之王道政治論：以伊藤仁齋、荻生徂徠為中心》（台北：臺大出版中心，二〇〇四）。

養分，更成為日後「皇道」的基礎，這也就是本書所稱中華秩序中的「養父子關係型」，「皇道」是在「王道」基礎上進而衍化的近代產物。

揆諸江戶時代的王道注入神道內涵，又可區分前期的「王道與神道無別」及後期發展為「王道輔佐神道」。前期以朱子學及陽明學者為主，後期則以水戶學的勤皇論者為代表。

（一）王道與神道無別

王道政治是儒家治世的理想。簡言之，王道即是聖人之道，聖人之道以仁義之道為主。但到了日本，經過脈絡性的轉換，透過江戶時代儒者，別開生面，將「王道」注入了「神道」內涵，呈現儒學在日本轉折的現象。最有名的當是江戶初期著名的朱子學者林羅山（一五八三—一六五七）以下之論：[5]

「三」，天地人之三也。「丨」，貫天地人也。貫天地人者，神道也。王道，其第一之人，天下之君也，故曰「王」。「主」，王上之點，火焰之貌也；「日」，火珠也，其首在日輪，即天照大神也。日神之子孫，坐日本之主，故曰日本國。

羅山如此解釋「王」與「主」之關係，凸顯「天皇」與「將軍」或「神道」與「王道」的密切關聯。換言之，代表整個日本國的是日本之「主」，管的是神國，其統治者即是具有神性的天照大神及其子孫之歷代天皇，其象徵意義大於現實的權力意義。而代表天下之君者，則為不具神性的將軍代替神性的天皇行使統治之政權，這樣「王」與「主」的關係，就如同「聖」與「俗」的關係，各安其份，各司其職。

林羅山上述王道與神道合一論，當是改造董仲舒《春秋繁露．王道通三》之說：「古之造文者，三書而連其中，謂之王。三書者，天地與人也，而連其中者，通其道也。取天地與人之中以為貫而參通之，非王者孰能當是？」中國漢朝當時無神道，但日本有神道教，王道論進入到日本江戶初期，很快地被神道化，林羅山可謂著其先鞭。

另一朱子學者貝原益軒（一六三〇—一七一四）在《神祇訓》亦是一部闡明儒道、神道和聖人之道並行不悖的著作，他說：「殊中夏之聖人，以神道設教，是《易》之道也。神道、《易》道同也。凡天地之間，只一也，非有天道、神道、聖道三事。人道則從天地之道，行也。然曰神道別於聖人之道，是異端也。」[6]以上可說是「神道」、「聖人之道」無別，雖未言及「王

5 林羅山，《神道傳授》，收入阿部秋生、平重道校注，《近世神道論．前期國學》（東京：岩波書店，一九八二年日本思想大系版），頁二一。

6 貝原益軒，《神祇》，收入《益軒全集》（東京：國書刊行會，一九七三），第三卷，頁六四五。

道」，但儒者言「聖人之道」，實則蘊含「王道」理想。

不只朱子學者如此主張「王道與神道無別」之論，江戶初期的陽明學者亦不乏有此論述，只是稍有不同，喜歡援引《易經》以論「神道」。眾所周知，「神道」之詞，出自中國的《易經》，《周易．觀卦》彖辭曰：「觀天之神道而四時不忒，聖人以神道設教，而天下服矣。」日本學者經常引用此文以論神道儒道是相通無二，陽明學者是其中翹楚者。如熊澤蕃山（一六一九—一六九一）比喻《易經》的八卦，有如日本神話中的「鏡」、「玉」、「劍」三種神器之象，他說：「日本之象，三種神器也，唐土之象，八卦也。」[7]蕃山並在《大學或問》「神鬼再興」條所云：「道，天地之神道也。中夏聖人之道，日本神人之道，皆天地之神道也。」[8]以上附會目的，不外表達神道與儒道之相通，神道屬之日本天皇，將儒家智仁勇之德象徵天皇的皇者之道，如是儒家聖人的「王道」被注入「神道」內涵，形成神儒合一的鑲嵌體。

上述這種神儒合一論，即便到了江戶中後期仍不乏有人倡議，例如一位折衷儒者帆足萬里（一七七八—一八五二）在其《入學新論》中強調：「神道以忠信為宗，以明潔改過為行，皆與孔子之道無異。但推皇祖以為天神，頗類權教，然不為出世，又無因果報應之設，且運屬草昧，書契不興。大本雖立，細節不備，故至應神、仁德二帝，並崇儒術，以導斯民。後世治國家者，彝倫之敘，政刑之設，莫不因儒以為名，人知忠孝五倫之道，有所持守者，皆二帝與教之德。」[9]帆足萬里此論，主張神道內涵與儒教道德無異，他甚至認為日本將「皇祖」推尊到

「天神」，很像佛教的「權教」，但因不主張出世，所以與佛教不同，這是一種排佛的神儒合一論。

（二）王道輔佐神道

江戶初期上述儒者們的神儒結合現象，看不出神儒之間以何者為優先或主從的次第關係，但隨著德川政權在政治與經濟上的處理問題上漸成疲態，加上天災，在一八五〇年代前後，出現百姓一揆動亂（即農民起義）頻仍之狀況。先是一八三三年（天保三年）開始的全國性的「天保大飢饉」，接連幾年又有關東大水害，東北大洪水，凶年稻作無成，造成米價暴騰，民不聊生，在這樣的背景下，一八三七年發生了「大鹽平八郎之變」，即陽明學者大鹽中齋（一七九三—一八三七）為解救貧民而起義的事件，尤令學者震驚。在大鹽起事之後的同年，連續有四月之備後三原、六月之越後相崎、七月之攝津能勢之一揆連鎖反應。特別是一八五三年美國貝里（Matthew Calbraith Perry，1794-1858）率四艘艦隊抵浦賀港，要求親睦，訂立通商條約，

7 熊澤蕃山，〈水土論．三九〉，《集義外書抄》，收入《陽明學大系》之《日本の陽明學．上》（東京：明德出版社，一九七三），頁四九六—四九七。

8 熊澤蕃山，《大學或問》，收入《蕃山全集》（東京：蕃山全集刊行會，一九四〇），第三冊，頁二六九。

9 帆足萬里，《入學新論》，收入《近世後期儒家集》（東京：岩波書店，一九七二），頁三九二。

更引起尊攘志士的不滿。在上述內憂外患的背景下，出現提高皇權、壓抑幕府的聲浪，「尊皇論」在此風潮下成為對抗幕府的最佳武器。

例如一七七八年佐久間太華出版著名的《和漢明弁》，開宗明義即說：「彼所宗之聖人之道者，亞我神皇之教者」，[10]至於什麼是「神皇」，就是從天照大神（天祖）以降，派神孫（天胤）掌管日本國，到日本神武天皇建國，萬世一系，神聖相承二千五百多年。「天祖」與「天胤」是一脈相承的神性血緣關係。上述的「亞」字是關鍵詞，前此論神儒相合者，並沒有神主儒輔的思維，如今佐久間太華之論表面批評儒教，實則抬高皇權，挑戰幕府當局權威。時代愈近德川末期，已經處於外患內憂頻仍的時代，日本主體精神的神道思想則愈被強調，其中可以後期水戶學作為代表。

水戶學者藤田東湖（一八〇六—一八五五）經常提及「神皇之道」或「皇道」，二者是同義詞。筆者認為東湖這種用法，當是日後明治維新以後的「皇道」論之濫觴，因為「神皇之道」，一方面也可簡稱「神道」，另方面也可簡稱「皇道」，但二者還是有側重面的不同。簡稱「神道」者，較不凸顯當代天皇的地位，例如前引林羅山引用「神道」並沒有凸顯當代天皇的地位，但幕末的「神道」成為「神皇之道」、「皇道」的共用詞，具有刻意凸顯當代天皇的敬意，這在幕末的尊皇攘夷理念之脈絡下特別顯著。僅此一「轉折」，雖同樣用「神道」，但已大異其趣。

東湖曾詩云：「苟明大義正人心，**皇道**悉患不興起。斯心奮發誓神明，古人云斃而後已。」[11]亦云：「神州尊神尚武之政，萬世不可變者也，極天不可易者也。今**皇道**雖衰，天祖之訓，奕世罔墜。……故尊神之義明，則皇室自尊，異端自衰，忠孝之教立，而**神皇之道**與矣。」[12]以上「皇道」用語均透漏對當世天皇衰微不興的慨嘆，希冀幕府帶頭興起「尊皇」尚武之風，攘除來患的「夷狄」。水戶學者欲借天皇神道信仰之力量，統合全日本志士的向心力，他們雖不致排儒，但區隔中日「聖」／「神」或「先王」／「神皇」之別甚為明顯，如藤田東湖說：「宜知彼邦曰先王，我曰神皇，彼國有昊天上帝，猶我有敬畏之天照大神。」[13]又曰：[14]

> 孔子，聖人也，誠為人之標準。然在神國，若唯祭孔子而捨神皇之道，均從漢土之神，斯道之本也；孔子之教，為弘助斯道也。故宜示先祭神而崇道之本，次敬孔子，

---

10 佐久間太華，〈和漢明弁〉，收入《日本儒林叢書》第四冊，頁四—七。
11 藤田東湖，《回天詩史》，收入《東湖全集》，頁四四。
12 藤田東湖，《回天詩史》。
13 藤田東湖，《常陸帶》，收入《東湖全集》，頁一〇三。
14 同註一五，頁一〇五。

以使此道彌盛。

以上東湖之論，十足表明了神主儒輔的思維，孔子之教是作為「弘助」神道的角色，主次地位相當明顯。不可如前期神儒合一論者那樣主客顛倒或不分，應以「祭神」為先，其次才來尊敬孔教，這是從水戶藩主德川光圀（尊稱「義公」，一六二八－一七〇〇）向來一致的理念。受到水戶學影響甚鉅的維新志士吉田松陰（一八三〇－一八五九）更有所謂「神道之讎」論：[15]

以神道比儒佛，曰三道鼎立云者，我未得其解也。儒佛，正所以輔神道也。神道，豈可以儒佛比哉。神道，君也；儒佛，相也、將也，相將而與君鼎立，是安免於誅乎哉。然俗儒或以夷變夏，妖僧或奉佛遺君，皆神道之讎。

上述之論，道出儒佛與神道之間不可「三道鼎立」，並用「將」、「相」與「君」之間的主輔關係的鮮明比喻，凸顯出日本神道主體性地位。

三、明治維新至戰前：「王道」轉折到「皇道」內涵階段

明治維新以前，儒者或學者除了水戶學以外，幾乎少用「皇道」一詞，即便強調神皇意識的勤皇學者多用「神皇」、「皇國」等詞，也難以窺見其使用「皇道」一詞。但明治維新以後到一九三〇年代滿洲事變以前，「皇道」一詞還未成為普遍用法，除了極少數學者偶爾使用以外，但也多與「王道」混雜而用，未有明顯區分。雖然，在大正到昭和前期間出現一個名為「大本教」的民間宗教團體宣揚「皇道」理念，但因其教義在當時過為激烈，主張取消私有財產與租稅制度，且以超越神道教為其鮮明旗幟，觸犯當局法令而被兩度取締。[16]此與日後一九三二年透過國家及知識人有意識地宣揚「皇道」理念有根本的相違，故只能說是「皇道」滲入「王道」的一個小插曲。職是之故，以下就以一九三〇年代作為分界點，討論有關「皇道」

15 吉田松陰，〈讀浮屠虞淵護法小品〉，《野山獄文稿》，收入《吉田松陰全集》第二冊，頁三四。

16 「大本教」的教主名為出口王仁三郎（一八七一—一九四八），於一八九八年在京都成立「皇道學會」，一九〇三年組織「皇道會」的教團，並於一九〇九年發刊機關報《直靈軍》，批評教派神道及排斥其他宗教，一九一二年教團名稱改為「大本教」，一九一五年又改為「皇道大本教」。因其教義思想當局判定思想過為激烈，曾於一九二一年（大正十年）及一九三五年（昭和十年）兩次被大規模取締。相關研究可參水內永太：〈皇道大本の思想と行動——皇道大本前史〉，《人文學報》一〇八期（二〇一五），頁八五—九六。

內涵之間的關係演變。

一般追溯日本有「王道」之始，係來自日本神話書，即日本天照大神降下了「可王之地」的神敕，《日本書紀》載曰：「葦原千五百秋之瑞穗國，是吾子孫可王之地也。宜爾皇孫就而治焉。行矣，寶祚之隆，當與天壤無窮。」但這裡的「王道」，在維新往後的「皇道」論者，都解釋成為「皇道」，不可與中國孔孟的「王道」理想相提並論。由此可知，「皇道」與「王道」的辨析，道道地地是近代的產物。質言之，前此江戶時代除後期水戶學及抱有皇國史觀的少數學者外，「皇道」並未形成一種公共論述，它是依附在「王道」與「神道」關係下的偶爾話語。

真正將「皇道」推到一個顯學的地位，是自一九三二年九一八事變後，日本扶持溥儀（一九〇六—一九六七）成立偽滿洲國，企圖在此國度建立「王道理想」或「王道樂土」之國，而其指導者是「皇道」者日本。在此之前，「王道」與「皇道」並非涇渭分明，有時依然強調皇道是「惟神之道」，王道是中國的「帝王之道」，二者相輔相成；但有時王道與皇道混同而說，例如有日本實業之父之稱的澀澤榮一（一八四〇—一九三一）即曾有論〈王道と皇道〉中說：「皇道，先王之道也，在支那解釋為王道。」[17]這個出版時間是在一九二二年，在同年由東京大學教授加藤玄智（一八七三—一九六五）出版的《神道の宗教学的新研究》，也唱「神道、王道或皇道為一」之論，[18]此後也有人認為日本歷代天皇都很多都是「王道」的實踐者。[19]質言之，在一九三〇年代以前，「王道」與「皇道」的區別關係，並不是很明顯，雖有神、人之別，但「王道近似皇道」之論述大有人在。

但一九三一年九一八事變爆發以後，一直到二戰結束前，日本在中國東北成立偽滿洲國的期間，是「王道」與「皇道」論述的集中期，這已是學者的共識。[20] 從本章最後附錄的出版表即可窺其端倪。

自一九〇五年日俄戰爭以來，日本上下瀰漫著日本人的「天職」氛圍。這種「天職」責任感，在併吞了韓國成為其殖民地後，接著順勢蠶食中國，尤以地近韓國的中國東北地區為主，故一九三一年的九一八事變可說是歷史發展過程的必然結果。滿洲國成立後，黑龍會的靈魂人物的內田良平（一八七四—一九三七）所著《皇道に就いて》如是說：「支那文明、印度文明、

---

17 澀澤榮一，〈王道と皇道〉，收入安達大壽計編，《渋沢子爵活論語》（東京：宣傳社，一九二二），頁一八一—一八二。

18 加藤玄智，《神道の宗教学的新研究》（東京：大鐙閣，一九二二），参第六章第九節〈神道と皇道若くは王道との關係〉，頁三六五—三七二。

19 例如山田義直，《国史教材の観方》（東京：目黒書店，一九二七），其中有一節「御歷代天皇の王道一貫」，就歷數過去天皇實踐「王道」的事蹟，頁七二—七八。

20 陳瑋芬，〈「道」、「王道」、「皇道」概念在近代日本的詮釋〉，收入高明士主編，《東亞文化圈的形成與發展：儒家思想篇》（台北：國立臺灣大學歷史系，二〇〇三），頁二七八—二八二。

歐洲文明皆有長短得失，其中歐洲文明於現代文明中產生很大的弊害，眼前之大急務而能革新此一大弊害，即此闡明**皇道**而善化人心者，不獨救濟日本，也救濟全人類，是我日本之使命。」[21]內田良平這邊所提出的「皇道」當然有其發言對象，即是當時擔任滿洲國國務總理兼陸軍大臣、文教部長的鄭孝胥（一八六〇—一九三八）。鄭氏是在滿洲國推動「王道」理念的核心人物。學者的研究指出，來自傳統詞彙的「王道」，在一九三〇年代滿洲國成立後開啟了嶄新的生命，成為另一套「概念工具」，甚至是東亞地區認知和形塑出來的「新國際法」，鄭孝胥推行王道思想的動機，除了有維護秩序、強調恢復帝制的正當性外，也是用來抵抗西方文明價值和體制的武器，同時還要拿來回擊一九一二年以後效習「西化式民主體制」的民國。[22]只是，鄭孝胥這個「王道」，僅是作為「理念」而無「實力」，故在「實力」上要靠日本關東軍，讓內田良平這裡的「皇道」成為實現「王道樂土」、光披「王道樂土」的實踐者。

值得注意的是，滿洲國成立前並無「皇道」的成熟論述，此後「皇道」成為日本當時顯學，這證明了「皇道」還是受到「王道」的刺激，不管鄭孝胥的「王道」是假王道還是真王道，「皇道」確實也需要從「王道」中滋養養分。但這個「顯學」並不是自然產生，而是透過國家機制宣揚且付諸行動，故即連當時佛教界也需要配合這個「顯學」而有所謂「皇道佛教」、「皇道禪」，隨著「皇軍」到中國大陸宣教。[23]

「皇道」既形成顯學，日本知識人如何進一步區隔「王道」以及二者之間的關係，筆者僅就目前初步研究成果，約略歸為以下五種：

1.「王道」與「皇道」的四大區別

有關「王道」與「皇道」的區隔，可從以下大森研造（一八八八—一九三六）之論為典型來進行分析。大森如是說：[24]

統於現神的眾族謂之「皇」，奉天命而臨；事天而代表人民的是「王」。使天壤無窮成為傳統的現神，將之定為「皇極」；以天下為一家，以君臣為父子的忠孝為一事之大道是為「皇道」。有聰明仁德者，起於民間而受天之明命稱王者，擬制天帝之正

21 內田良平，《皇道に就いて》（東京：黒竜会出版部，一九三三），頁五。
22 相關分析可參林志宏，《民國乃敵國也：政治文化轉型下的清遺民》（新北：聯經出版公司，二〇〇九）第七章〈王道樂土：情感的抵制和參與「滿洲國」〉之第四節、第五節，頁三三一—三五九。
23 有關「皇道佛教」之研究，可參新野和暢之作品《皇道仏教と大陸布教——十五年戰争期の宗教と国家》（東京：社會評論社，二〇一四）。所謂「十五年戰爭」指的是從一九三一年九一八事件至一九四五年日本戰敗投降期間。
24 故大森研造教授記念事業會編，《大森研造教授遺稿》（故大森研造教授記念事業會，一九三七），頁三三一。

嫡而撫育萬民者，謂之「王道」。……因此，值滿洲國建國之際，顯揚王道精神，宣揚與我國一心一德，但一定要注意日滿之間有截然區別的相異點。

以上大森之論有四大區隔「皇道／王道」之重點：其一是「神／人」，其二是「奉神之天命／事天代表人民」，其三是「以天下為一家／以帝王正嫡傳位」，其四「忠孝／仁德」，上述四大區隔中，前三者可歸為自圓其說，也經不起檢驗，但第四點有關「皇道」偏向「忠孝」，「王道」側重「仁德」一事，涉及日本的國體論之本質，且從幕末水戶學即強調「忠孝建國」，如會澤正志齋（一七八一－一八六三）在《新論》的主旨所說：「一曰國體，以論神聖以忠孝建國，而遂及其尚武重民命之說。」[25]日後「忠孝建國」或「忠孝一體」確實成為明治政府建國之核心理念，並在一八九〇（明治二三）年〈教育敕語〉公布後，最終定案。〈教育敕語〉中無一「仁」字，並非偶然，而是經過爭議後的結果，[26]也是作為區隔作為「文德之教」的「儒教王道」與作為「尚武崇實」的「日本皇道」，二者有不同的根本精神。

2. 「皇道」早於「王道」說

主張日本皇道論者，並不認為皇道源自中國的王道，江平重雄在一九三二年有一篇〈皇道主義日本與王道主義滿州〉一文中如是說：[27]

有云日本的皇道主義係由支那的儒教傳來而發祥，實則大不然。我國受支那思想的浸潤是在仁德天皇即位之前後，皇道主義比這個時期是在更早以前，日本建國之當時，否也，乃從神代時代，即已經成為大和時代的指導原理了，只是儒教是現世的教育，因偶爾適合我國醇化的固有思想，故不過甘願接受其文字之影響，而如孟子肯認禪讓放伐的思想等，終究不容於我民族，故僅巧妙地接受其對於我國民思想的發展有助益之處。

以上透露出思想史發展的三項訊息：其一是日本的皇道自成一格，不必然受儒教影響；其二皇道是以神道為主，與儒教有別；其三，皇道國家日本無法接受孟子的禪讓放伐之論，僅能接受

25 會澤正志齋，《新論》，《水戶學》，收入《日本思想大系・三二》（東京：岩波書店，一九七二），頁三八二。

26 〈教育敕語〉頒布之前尚有〈教育聖旨〉、〈教育附議〉都還見有「仁義忠孝」相提並論，如〈教學聖旨〉說：「教學之要，在明仁義忠孝，究智識才藝，以盡人道。我祖訓國典之大旨，以為上下一般之所教也。」收入《教育の體系》，頁七八。明治天皇的儒學侍講官元田永孚（一八一八—一八九一）的〈教育議附議〉也說：「是聖旨之本義，其要在明仁義忠孝而已。」收入《教育の體系》，頁八四。

27 江平重雄，〈皇道主義日本と王道主義滿州〉，《現代思想界の動向と新興日本主義》（東京：ニ友堂書店，一九三二），頁一〇四。

有助於日本「國民思想」發展的內容。上述三項說明，印證了近代日本皇道論學者極力想擺脫中國儒教的影響，凸顯皇道乃固有之物，凡是中國思想進入日本，都要經日本有條件地「脈絡性轉換」成為適應日本的風土。不光是儒教傳入日本而被日本化，佛教進入日本也被日本化。值得注意的是，作者提到的「國民思想」，透露出以今釋古的過度解釋，即以近代「國家意識」的概念強加解釋，將「日本國民」這樣「國家一體化」的近代概念讀入了古代史。當然，這樣解釋有其政治目的，一九三二年正是日本成立偽滿洲國之時，日本要在滿洲國建立一個在「皇道主義」之下的「王道主義滿洲國」，將滿洲國當成也是服膺日本的「國民」之一，也是皇道主義的對外延伸。

3.「王道」理想需要透過「皇道」來實現

「皇道」可以輔翼「王道」樂土的滿洲國，當時日本御用學者及軍人，創立了所謂「王道樂土」之口號，意味實現了向來中國只停留於霸道，使王道理想無法彰顯。以下佐藤慶治郎之說即如此主張：「對於現在佔有滿蒙民眾之大部分（三分之一即兩千萬）的漢民族，他們自身的理想王道主義，單單止於文章上的理想，所謂易姓革命不斷反覆，其結果始終在霸道的治世上，遂如今日所見彼等之本土，所以馴至不可收拾之頽廢現狀。」[28] 上述之論，主張頽廢的中國無能實現王道，歷代以來只有停留於霸道，要實現王道理想，需要日本「皇道」的力量協助，「皇道」扮演著指導者的角色。中國王道僅是理想，沒有實踐力，顯然需要有一更高於實踐力者，那就是「皇道」。

抱持以上說法者，安岡正篤（一八九八—一九八三）的王道論述亦可為代表。安岡正篤曾於一九三二年出版《王道の研究：東洋政治學》，這個出版時間也說明與滿洲國的成立是有現實上的關懷之意。從書名中感受到他將「王道」理念當成「東洋政治學」的核心。安岡向來反對用「革命」來稱日本的明治維新，日本之「維新」與中國之「革命」之不同，正如「王道」與「霸道」的體現。故安岡極力質疑孟子所說：「民為貴，社稷次之，君為輕。」認為這句話只適用於身為國君者自省之語，但不可適用於臣道，當然更不用說反對孟子的「暴君革命論」，主要擔心下位者假救民之名，偽託天命，行放伐篡奪之實，結果在中國只成就「霸者之國」，而非「王者之國」，而霸者終究不能長保霸者地位，故經常形成放伐革命之國度。[29]王道之國在中國既不可行，在安岡看來，只有日本特殊的天皇體制，才能實現真正的王道國家：[30]

28 佐藤慶治郎，〈王道樂土の建設とその批判〉，《極東変局と日本の将来》（東京：神武會本部，一九三二），頁五〇。

29 安岡正篤，《王道の研究：東洋政治學》（東京：致知出版社，二〇一三年三刷），頁二六一—二六四。

30 同上，頁二七一—二七二。

王道本是不變的內涵，但現存於支那的，究其實，不過是霸道或霸王之道，真正的王道是輝映在日本天皇之道。

由此可知，安岡的「王道」＝「皇道」，而且不將「王道」歸之於中國，中國僅是成就「霸道」的國家。依這樣的思維，我們將之聯繫到「東洋政治學」的理路來看的話，原來真正能落實「王道」理想的，也只有唯一的日本。

如實言之，中國從「王道」被孟子提出來以後，確實在歷代王朝中被束之高閣。魯迅（一八八一－一九三六）曾這樣說過：「在中國，其實是徹底的未曾有過王道」，並用諷刺的筆調談到：「據長久的歷史上的事實所證明，則倘說先前曾有的王道者，是妄言，說現在還有者，是新藥。」[31]無獨有偶，中國史學名家內藤湖南（一八六六－一九三四）在滿洲國成立以後，日本上下皆談「王道」，經他認真考察，也說：「王道一語雖產自支那，觀其歷史，真正實現王道之時代幾不曾見。換言之，王道不過是古來之理想、訓詁而已。」[32]「王道」之所以空有理想，主要是輕忽了「力」，且將「力」歸入「霸道」，以下江平重雄之論，重新翻轉「德」與「力」的關係：[33]

王道主義輕蔑力，以德為要素，但皇道主義在自然精神上肯認了力的發現，即從愛肯認了發現的力，是植根於愛的基礎上的力，成為自然精神的具現之一，對此二者有解釋上的不同。要言之，從對抗權力國家的道德國家觀，是儒教思想發展的當然歸趣，與日本思想傳統的淵源與出發點的思維不同。

「德」與「力」本是孟子王道與霸道之間的區別，所謂「王者以德服人，霸者以力服人」，故如江平重雄上述所說王道向來輕忽「力」，而皇道雖強調「力」，卻是植根在「愛」的基礎上，且這是一種「自然精神」上具體展現之「力」，如母愛一般，有保護其子的自然精神之「力」。主張王道理想無法在「力」上展現，意味僅是停留於理論文章。如是解讀，承認有一高級皇道是基於愛的「力」，是超乎僅只是作為武力或權力之「力」的霸道，作者以此推論，「皇道」因具有這種承認「力」的特質，故能實現「王道」所不能實現的理想。

31 魯迅，〈關於中國的兩三件事〉，《且介亭雜文集》，收入《魯迅全集》（北京：人民文學出版社，一九九六年再版）第六卷，頁九—一一。在這篇文章中，魯迅將「王道」與「霸道」形容成是兄弟之間的關係。

32 內藤湖南，〈滿洲國今後の方針に就て〉，《大亞細亞》（一九三三年七月號，收入《內藤湖南全集》〔東京：筑摩書房，一九九七〕）第五卷，頁一八一—一八五。

33 江平重雄，〈皇道主義日本と王道主義滿州〉，《現代思想界の動向と新興日本主義》，頁一一〇。

4. 中國是狹義的王道，日本皇道是廣義的王道

將王道區分廣狹二義，是熱衷王道國家論的橘樸（一八八一—一九四五）。橘樸將「廣義的王道」當成超越民族的普遍理想，「狹義的王道」則是局限於民族的特殊性理想，前者由具有皇道的日本民族實踐成功，後者則一直在中國存續。如以下之論：[34]

> 所謂王道，意味著一個體系——以東洋道德社會的完成為目的之政治實踐及理念。廣義的王道經由民族史的媒介而被具體化，成為狹義的王道。嚴格來說，狹義的王道，唯有支那最為妥當，即使滿州假呼王道，但與支那相異的內容，如後述建國僅十年來已明顯發育。在日本，數年來發展被通稱為皇道的特殊性王道。遍滿濕潤地帶的廣義王道，透過日本民族的實踐，成為皇道。皇道的特色是什麼？「國體」一語可盡矣。實際上，我認為廣義的王道加上日本國體的特殊性，即說成「皇道」也無不當。然國體是什麼？由〈教育敕語〉中所說「我皇祖皇宗，肇國宏遠，樹德深厚。我臣民，克忠克孝，億兆一心，世濟厥美，此我國體之精華」可以知矣。

橘樸除了用「超民族」與「民族」來定義廣狹的王道，同時也將「廣義的王道」用所謂「濕潤地帶」的地理環境的空間論，來判定居住在這樣的環境空間者有追求王道理想的共通文化現

象，亦即這些濕潤地區的文化發達，有著散發道德的香味，追求較高的政治體制的王道思想之特色。橘樸以此來區別居住於乾燥地帶地區的文化發展。日本、中國、滿州、朝鮮都是橘樸所謂的濕潤地區，而中國僅是「狹義的王道」，日本則是用「皇道」來實踐「廣義王道」的代表者。橘樸這個「皇道」是基於「國體」論的「皇道」，而其實驗的成功作品就在滿州。依其邏輯，則將來也一樣會在中國逐步擴大而實驗成功。

5. 王道是相對的，皇道是絕對的

除了上述廣狹二義以論皇道與王道之別，亦有學者提出絕對／相對的對立觀點分析皇道與王道之異。以下松原致遠即持此論：[35]

> 王道是相對的，皇道是絕對的。王道尊民意，計量考慮符合成就我之民意，因其計量考慮的主體是個人，因此會產生對立，故王道不能成為永世之道。王即使是王，因

34 橘樸，《職域奉公論》（東京：日本評論社，一九四二），頁一七四—一七五。

35 松原致遠，《日本倫理の特性：生死超越の行としての忠孝》（東京：日本教學研究會，一九四三），頁二五—二八。

> 其代表民意的是王，人心一旦失去，即失去權力，或與臣同列，或亡於臣安祿山，此王與臣所以常處於對立關係，故王道有其脆弱性。幕府是學習王道的霸道者，此其所以興亡也，故王霸之道在我國，可說是永不得其處也。
>
> 王道亦有安民之意志，但那是我個人的意志。皇道則是自然地承肩平等大悲，將一切的苦樂當成自身的苦樂，將蒼生的善惡當成自身的責任。……皇道即是此道之顯現，吾臣亦信順此道，成全臣道。西洋因無此道，王朝常不保久，即使自己完成美名，思想之戰亦無絕時。支那雖似此道，卻無此道之全現，故有禪讓放伐、易姓革命之事。此道可摧破一切禍害根源的自我性，超越自我性的產生及自他的對立。

松原致遠上述之論，旨在闡發日本「皇道」的倫理特性，將「皇道」提升到超越「王道」及西方帝國之道的相對性。姑且不論「皇道」為何能夠「自然地承肩平等大悲」的一廂情願說法，僅依其所論，皇道之所以是「絕對」，王道之所以是「相對」，其關鍵之別在於王道之「王」，是以「我個人意志為意志」（即便是安民之志），因我個人意志的意志，會產生相對立的他者，故臣可代其君甚至弒其君，易姓革命由此而生。「皇道」展現的是「超越個人意志」，是很「自然」地承擔人民之苦樂、善惡之責任。易言之，王道是「人為的」，有強烈的「自我意志」，故君臣之道也是相對的；皇道是「自然的」神胤繼承結果，超越人為的「自我意志」，故君臣之道是絕對的。

以上簡略分析五種「王道」與「皇道」的區隔關係，儘管各種說法，看似言之有故，說之成理，其實都經不起邏輯檢驗或歷史論證，不免自圓其說或是一廂情願。但這種「皇道」論述之背後，也讓我們都看到一個基於「民族—國家」成功建立起來的皇國日本，當它要擴張到其他國家領土時，必須思維如何超越「民族—國家」的界線，故抬出更具普世的價值理念，以便族群共榮共存。結果當時日本知識人竟然為了超越了本已具普世價值理念的儒家「干道」，而抬出了「皇道」，自圓其說地認為「皇道」高於或優先於「王道」，如此一來，一個「超越普世價值的價值理念」到底會是什麼呢？那只能是「神」了。只是，日本的「天皇」是神這件事情，若從其神話結構來看，道道地地只創造了日本國，也無法與《聖經》中上帝創造了普遍的「世界」相較，結果往往出現刻意膨脹「特殊性」來超越「普遍性」的理論困境問題。歷史證明，這樣的荒謬理論，只會將國家推到法西斯的極權政治，並且不斷地成為造神運動，使國家百姓也難逃這樣的「精神總動員」，可不慎哉！

四、結語

幕末水戶學提出「神皇之道」之際，可以說是「皇道」論的萌芽期，當時旨在凸顯被壓抑的「皇權」，故強調「尊皇」。逮至明治維新（一八六八）到〈教育敕語〉的頒布（一八九〇），日本確立了祭、政、教三合一的國家神道權力系統，[36]也出現海外擴張的殖民勢力，明治天皇是有歷史以來皇權最為擴張的時期，天皇成為所謂「現御神」而被當成帝國憲法的「事實」。此期凸顯的「神皇」的造「神」運動，「皇道」是在「神道」之下而偶被論及，此期可說是「皇道」的醞釀期。到了一九三二年偽滿洲國成立之後，受到國務總理鄭孝胥大呼「王道樂土」之刺激，並寄希望於日本，「皇道」成為「王道」的指導者，順理成章邁入了「皇道」成熟期的階段。

無論皇道的萌芽期、醞釀期或成熟期，儒教的「王道」始終都是不可缺少的對照理念。易言之，王道扮演了刺激神道、滋養神道，進而提升了皇道的關鍵思想。由此值得我們再進一步深入探析，「皇道」道道地地是個近代的產物，如Eric Hobsbawm等人所稱的「被發明的傳統」。[37]由原是「王道」與「神道」無所分別，到幕末「轉折」成為「神主儒輔」的「神道為主，王道為從」的主從關係，進而在近代「轉折」出一個指導理想——「皇道主義」，扮演更高於

「王道」的價值理念。儒教的「王道」經過上述日本近代的雙重「轉折」，愈來愈廉價，愈來愈被擠到一個可有可無的地位。「皇道」取代了「王道」也宣示中華秩序中的「中華意識」退場，置換為神皇之道，「養父子關係型」的養子取代養父，進而驅逐養父的理論與實踐型態於焉完成。但「皇道」終究是「王道」滋養而成，從更廣袤的中華秩序而言，「皇道」取「王道」而代之，看似異質性的「非中華」之物，有脫中華或凌駕中華之貌，但亦在「非非中華」的迴圈之中，「皇道」與「王道」之間終究還是有剪不斷的關係。

36 有關「國家神道」論的最近研究，可參島薗進，《国家神道と日本人》（東京：岩波新書，二〇一〇），此書區分「狹義的國家神道」與「廣義的國家神道」，前者指局限於神社神道，後者還包括皇室祭祀與國體論。

37 可參Eric Hobsbawm and Terence Ranger, *The Invention of Tradition*（Cambridge: Cambridge University Press, 1983）。

一九三二年滿洲國成立後至戰前有關「皇道」與「王道」之著作（依年代）

書名	作者	出版者	年代	目錄有關「皇道」與「王道」
1.現代思想界の動向と新興日本主義	江平重雄	三友堂書店	一九三二	皇道主義日本と王道主義滿洲
2.皇道に就いて	内田良平	黒竜会出版部	一九三三	日本の使命と皇道 王道と皇道 皇道の淵源
3.皇政明誼論	久米嵒	周天宇	一九三四	一節　大義名分を鮮明し、皇道安國を復活せしむべきを論ず。 第二節　皇道安國は名實を尚ぶ論 第十二節　王道政治の理想を論ず
4.皇道宣揚		昭和青年会	一九三四	二、天佑神助と皇道精神 4、皇道・王道・覇道 一二、皇道の具現
5.皇道講話	今泉定助	山洲堂書店	一九三四	第一節　皇道の意義 第三項　皇道と王道、覇道 第一章　皇道精神 に　王道附列國の君主

6.日本の皇道と満洲の王道	井上哲次郎	東亜民族文化協会	一九三五	如書名
7.大森研造教授遺稿	故大森研造教授記念事業会編	故大森研造教授記念事業	一九三七	王道と皇道
8.新興教育の理念	葛西国四郎	明治図書	一九三七	第一節　王道と皇道との區別 第二節　王道主義の教育
9.日本倫理と日本精神	深作安文	目黒書店	一九三七	第一二　皇道・王道及び覇道
10.我国体と皇道	小倉鏗爾	ダイヤモンド社	一九三七	皇道，皇道は『天皇の道』 皇道は皇祖の道又は皇祖皇宗の道
11.国民精神文化研究・第三一冊御誓文謹解	国民精神文化研究所編	国民精神文化研究所	一九三八	第一　民主的「君民協約」か、王道的「君臣會盟」か
12.皇王道新東亜建設論叢・第１輯皇道日本と王道新支那　新支那更正原理としての王道	田崎仁義	田崎仁義	一九三九	皇道日本と王道新支那 新支那更生原理としての王道
13.皇王道新東亜建設論叢	田崎仁義	田崎仁義	一九三九	第２輯新東亞建設と三民主義　支那の於ける王道と覇道

14. 皇王道新東亜建設論叢	田崎仁義	田崎仁義	一九三九	第3輯邵康節の皇帝王覇の論
15. 皇王道新東亜建設論叢	田崎仁義	田崎仁義	一九三九	第4輯四億の民をして如何に安居樂業せしむるか
16. 漢土の王道思想	亘理章三郎	金港堂	一九四一	第一章　漢土の皇道・帝道・王道及び覇道の訓詁的意義 二　皇道の意義 四　王道の意義 五　皇道・帝道・王道の意義の異同
17. 皇道原理日本教	岡本利吉	日本電報通信社	一九四一	王道不能
18. 皇道世界経綸の理念	藤沢親雄	甲子社書房	一九四一	第三節　王道と惟神道 第四節　皇道の顕現　滿洲帝國 第七章　皇道と獨伊
19. 詔勅		神宮皇学館惟神道場	一九四一	二二王道再興ノ綸旨 三〇皇道興隆ニ關スル御下問
20. 時局と洪火会を語る	洪火会文教部編	洪火会本部	一九四一	六　皇道王道覇道並びに民主主義について

21. 日本統制経済の将来	浜薫明	風間書房	一九四一	第四節　王道統制經濟 第五節　皇道統制經濟 第四節　皇道統制經濟の運營
22. 水戸学の心髄を語る	高須芳次郎	井田書店	一九四一	一　皇道精神の發揚 四　皇道即神道の理念と正氣説 皇道と水戸史學の原理的意義
23. 会沢正志斎	高須芳次郎	厚生閣	一九四二	(1)支那の王道精神を政治の上に活かす (2)皇道の淵源
24. 職域奉公論	橘樸	日本評論社	一九四二	第二項　指導原理としての王道主義，一　王道闡明の二つの面 第三項　王道と皇道及び國體
25. み民われの信念（暫譯：皇國臣民之信念）	小倉鏗爾	明世堂	一九四二	第四章　神道と皇道　王道・臣民の道
26. 皇国精神講座・第四輯自警・中朝事實上	小林一郎	平凡社	一九四三	王道の政治

27.日本倫理の特性：生死超越の行としての忠孝	松原致遠	日本教学研究	一九四三	皇道と王道 第三節　皇道と臣道，皇道の根源
28.皇道の研究	河野省三	文学社	一九四四	一、皇道の要義（祭政一致と敬神尊皇） 二、神ながらの道と皇道 三、皇道の大精神 十五、神道と王道との關係を論ず
29.戰爭と思想	野村重臣	富強日本協會	一九四四	イギリス精神と皇道精神 第十一章　皇道・王道・覇道 王道と覇道

表註說明：

1.本表書目係根據「日本國立國會圖書館近代數位彙編」（National Diet Library Digital Collection）整理而成。

2.本表必有遺珠，例如柳澤正樹自印出版的《皇道》（一九三四）便未收錄在上述近代數位彙編中。

第六章

越南「史臣」與「使臣」對「中國」意識的分歧比較

莊誦瑤章咀麗華，不妨世號阿瞞槎。
古來先進開新進，謝道無涯役有涯。
向闕多君頭未雪，望塵使我眼生花。
此身如作衡山雁，北望南翔總是家。[1]

——陳文熔

一、前言

越南與朝鮮位於中國之南方與東方，自古迄今，政治、經濟與文化均與中國密切不可分。政治上，近代以前兩國都是向中國朝貢的藩屬國；在文物制度上，兩國自古無文字，均以漢字作為共通文字，國家運作的律令體制也均模仿中國。至於兩國的文化泉源，近代以前知識分子都認定源自中原文化，朝鮮以箕氏朝鮮為其文化之始，越南的開國神話則追溯自中國神農之後。從人類學的角度來看，王明珂指出這種追溯族群與文化淵源往往帶有「結構性失憶」與「集體性記憶」的特徵，不僅族群是利用「共同過去」來凝聚人群，甚至在更基本的血緣團體，如家庭與家族之中，造成人群凝聚的「親親性」，都仰賴「集體記憶」來維持。相反的，族群的發展與重組以「結構性失憶」及強化新集體記憶來達成。王明珂稱此種社會文化現象為「文化親親性」（cultural nepotism）。[2]朝鮮與越南在近代以前民族與文化起源上都強調他們與華夏之深厚關係，以避免被歸類到夷人之列，多少帶有「文化親親性」的特質。不過，這種「文化親親性」並不代表這是中國周邊國家或族群自願要如此，而是可以視為中國對華夏邊緣民族進行「內地化」政策的成功。如箕子傳說的朝鮮與神農後裔的越南均與漢人置郡縣、遷移居民及推行禮儀教化、設學校推廣經學，以及創造、提供華夏的歷史記憶，讓當地人能找到華夏祖源息息相關。[3]

由此，我們來看近代以前越南知識人如何描述這種「文化親親性」。根據史臣黎嵩的《越鑑通考總論》中記載：[4]

---

1 陳文燿，〈答天朝冊史詩〉，轉引彭國棟，〈談越南漢文詩〉，收入郭廷以等著，《中越文化論集（一）》（台北：中央文物供應社，一九五六），頁一六九。

2 王明珂，《華夏邊緣：歷史記憶與族群認同》（北京：社會科學文獻出版社，二〇〇六），頁二四—二八。所謂「結構性失憶」指的是忘記一些祖先或特別記得一些祖先，以忘記或虛構祖先以重新整合族群範圍，這在人類社會中是相當普遍的現象。所謂「集體性失憶」則是藉著強調某些集體記憶，以強化某一人群組合的凝聚，往往仰賴某種媒介，如實質文物（artifact）及圖像（iconography）、文獻或各種集體活動來保存、強化或重溫。

3 王明珂，《華夏邊緣：歷史記憶與族群認同》，頁二〇二。

4 黎嵩，《越鑑通考總論》，收入陳荊和編校，《大越史記全書》，卷首，頁八四。

粵自鴻厖氏涇陽王繼神農之後，娶洞庭君女，明夫婦之道，正風化之原。君焉則以德化民，垂衣拱手，民焉則耕田鑿井，出作入息，其炎帝太古之風歟。貉龍君繼鴻厖之世，娶甌貉氏女，而生有百男之祥，百粵之祖，實始於此。享國歷年，最為久長，富壽多男，自古以來未之有也。雄王嗣貉龍之統，務施德惠，而撫綏其民，專事農桑之業，靡有兵戈之警，繼世子孫，並以雄王為號，祚凡十八世，歲經二千餘年，結繩為政，民無詐偽，可見淳厖樸野之俗也。

但另一使臣吳士連在〈鴻厖紀〉中則有更詳盡的描述其間關係：[5]

涇陽王

初炎帝神農氏[6]之後也。壬戌元年初，炎帝神農氏三世孫帝明，生帝宜。既而南巡至五嶺，接〔娶〕得婺僊女，生王。王聖智聰明，帝明奇之，欲使嗣位。王固讓其兄，不敢奉命。帝明於是立帝宜為嗣，治北方，封王為涇陽王，治南方，號赤鬼國。王娶洞庭君女，曰神龍，生貉龍君。

貉龍君

諱崇纜，涇陽王之子也。君娶帝來女，曰嫗姬。生百男（俗傳生百卵），是為百之祖。一日謂姬曰：「我是龍種，儞是僊種。水火相尅，合併實難。」乃與之相別。分五十子從母歸山，五十子從父居南居南作歸南海。封其長為雄王，嗣君位。

綜合以上兩位史臣對神話系譜的描述，圖示如下頁：

以上兩段神話系譜側重面有不同，前段神話顯然著重文化起源與北中國的關連，並未刻意切割南北中國，但後段神話則著重政治及民族起源的南北中國分治脈絡。先論前段神話在文化的起源上，其所謂「有太古之風」指的是「明夫婦之道，正風化之原」的純樸風氣，以後還有以德化民、從事農桑之業等文化內涵。質言之，越南既然文化與中國同源，自然是中華文化系統，不是夷狄系統。次論後段神話所側重的政治及民族起源，仔細分析，實包括兩層的南北分治，第一層是「帝宜－涇陽王」兩兄弟，一統北中國，一領南中國（以五嶺為界），並且統領

5 同上，頁九七。

6 炎帝與神農有說是一人，或說是二人，學界尚有爭議，本章不涉入此考辨，依越南史書說法，均將炎帝與神農視為同一人。

南中國的涇陽王本得父愛，應繼承王位，謙虛讓位其兄帝宜，如此確立了南北中國分立。第二層又從南中國涇陽王之子貉龍君與北中國的帝來之女嫗姬生出百男，分為「龍種—仙種」，五十子屬「龍種」，「從母歸山」，即回到北中國，五十子屬「仙種」，「從父居南」，再由這個居南方的仙種五十子中選其長者雄王繼承王位。當然，越南早期神話版本，絕不只上述兩類，也不盡可信，但神話的功能主要是隱喻式的，主要表達文化與民族根源上是與中國同文同種，此則確保自己的「同華性」，但在政治認同上是南北兄弟分治，主要確立自己的「政治獨立主體性」。

當然，現在越南只承認雄王以下那一段，但近代以前與中國緊密的政治及文化上的糾葛，從歷史發展與歷史文獻上皆有不容否認的事實。在文化認同上，我們只要翻閱《大越史記全書》，一旦涉及「中國」或「華夷」概念時，越南史臣往往展現其政治與文化

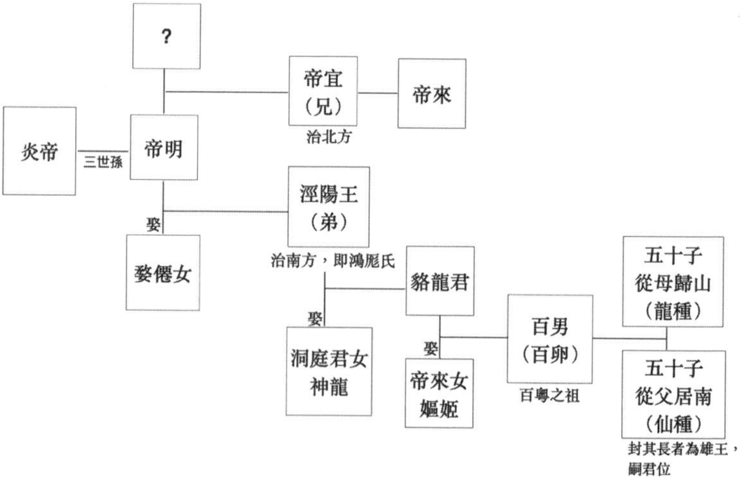

的主體性，不甘自居於「夷」，或只是中華文化的附庸而已。在政治認同上，長期以來，越南雖向中國朝貢，但內部史書「南北各帝其國」的狀況，是高麗與朝鮮時代史書所沒有的現象。由於敢於「各帝其國」，故在國力鼎盛之際，甚至展現「各華其華」，與朝鮮在明帝國滅亡後出現的「獨我中華」意識，[7]展現相當不同的「中華」意識風格。

本章擬考察越南史書及燕行使中的「華夷」意識，運用的主要史料以《大越史記全書》及《越南漢文燕行文獻集成》，兼及部分文集，探索越南內部史臣與派外使臣對「中國」意識的分歧比較，由此進一步觀察越南「中國」意識的多元風貌。

二、史臣「各帝其國，各華其華」的「中國」思維

越南古稱交趾、越裳，漢初趙佗（西元前二〇三—一二七）建立過南越國（西元前二〇三

7 朝鮮的「獨我是華」意識，是指一些儒者堅持即使明帝國已亡，仍高度推崇明朝的正統，卻不承認清朝的正統，主因在於清人「變華為夷」，舉天下人成為「薙髮胡服」，故即使清帝國建國已居兩百年，儒臣宋秉璿（一八三六—一九〇五）仍稱：「孔孟講道之所，淪入於腥羶之中，而惟我東土獨能為衣冠之國，可謂周禮在魯」，「獨我是華」的自我意識，不言可喻。參宋秉璿，〈衛正新書序〉，《淵齋先生文集》卷二三，收入《韓國文集叢刊》第三二九冊，頁三九六。

—一一一），唐太宗（在位六二六—六四九）設安南都護府，此後「安南」一詞沿用至清。一八〇二年清嘉慶皇帝應阮朝國王阮福映（在位一八〇二—一八四〇）之請，冊封其為「南越」國王，後因「南越」包含太廣，翌年改封「越南」國王，取代向來唐、宋、元、明朝以來一直沿用稱呼的「安南」。

越南通史性的史書，蓋有五本。計有最早的陳朝太宗（在位一二二五／一二二六—一二五八）時代的黎文休（一二三〇—一三二二），擔任翰林院學士兼國史院監修，編《大越史記》，自趙佗至李昭皇（在位一二二四—一二二五）。其次是修史官潘孚先奉陳朝仁宗（在位一二七八—一二九三）之命，撰成《大越史記續編》，年代自陳太宗（在位一二二五—一二五八）至明朝統治結束。再次為後黎朝聖宗（在位一四六〇—一四九七）於一四七九年命禮部右侍郎兼國子監司業吳士連纂修《大越史記全書》。復有一五一一年襄翼帝（在位一五〇九—一五一六）命兵部尚書兼國子監司業兼史官都總裁武瓊，撰《大越通鑑》，自鴻厖氏至十二使君，別為〈外記〉，自丁先皇（在位九六八—九七九）至國朝太祖高皇帝（在位一四二八—一四三三）大定天下初年為〈本紀〉。另有一五一四年命大學士兼國子監祭酒黎嵩撰《大越通鑑總論》。[8]不過，在《大越史記全書》之外，尚值得參考的史書有歸化元朝的黎崱（約卒於一四世紀四〇年代）所著的《安南志略》。以下即從上述諸史書中分析越南史臣的「中國」意識。

向來越南史書並未以「中國」稱呼過中國，慣以「北朝」或「北國」稱中國歷代各朝，或稱以「宋帝」、「漢帝」、「明帝」，或書為「元國」、「清」等，多以朝代名稱中國，反倒是常見越南自稱「中國」，如以下之述：

> 大行皇帝崩後（一〇〇五年，宋景德二年），帝與東城、中國二王，及同母弟開明王爭立，相持八月，中國無主。[9]

這裡出現兩處之「中國」，當有二義。一是作為越南全境的「中國」，文末「中國無主」的「中國」即是；另一是作為越南一個封國的「中國」，文中「東城、中國二王」指的是「東城王」與「中國王」及「開明王」三王互相爭立，這裡的「中國王」指的即是越南境內之封國。又，宋熙寧十年（一〇七七年）載：

> 三月，又大舉伐宋欽、廉州，聲言宋行清苗役法，殘害中國民，興師問之，欲相救

8 以上越南歷朝史書的編纂概述，參范公著於一六六五年所寫的〈大越史記序編書〉，收入陳荊和編校，《大越史記全書》卷首，頁五九—六〇。

9 陳荊和編校，〈本紀〉，《大越史記全書》卷之一，頁一九八。

也。[10]

按：欽、廉二州屬宋，但居此地之越南人稱為「中國民」，足見以「中國」自稱，宋崇寧三年（一一〇四年）載：

春，二月，命李常傑伐占城。初，李覺亡占城，言中國虛實，占城主制麻那，因之入寇，復取制矩所獻地哩等三州。[11]

按：此處「中國」，亦自稱。另外，元軍入侵越南時，興道王陳國峻（？—一三〇〇）為將，擊敗元軍，功不可沒，國峻撰有檄文，提及「中國之將」：[12]

汝等坐視主辱，曾不為憂，身嘗國恥，曾不為愧，為中國之將，侍立夷酋，而無忿心。聽太常之樂，宴饗為使，而無怒色。……

此處「為中國之將，侍立夷酋」，乃指責那些身為越南將軍，卻出賣國家投靠「夷酋」元軍。又，胡氏篡陳朝，內亂不已，越南短暫內附於明朝十年（一四〇七—一四一七年），黎利為中興之主。史書載：

時胡簒陳祚，明人南侵，郡縣我疆域，臣妾我兆庶，法峻刑苛，賦繁役重，凡中國豪傑之士，多陽假以官，安插以北。帝智識過人，明而能剛，不為官爵所誘，威勢所怵，明人巧計百端，終不能致也。[13]

此處「中國豪傑之士」，顯然以越南自稱「中國」。以上說明史臣記載越南歷史時，刻意以「中國」自稱，背後當有其政治與文化目的，筆者認為此與越南面對中國皇帝時「各帝其國」的特有現象有關，以下說明之。

越南在名義上雖朝貢中國，但在《大越史記全書》的纂修凡例中，有一條：「北朝歷代主皆書帝，以與我各帝一方也。」[14]這裡值得注意的是，越南史書稱自己君王為「帝」，如此與

10 陳荊和編校，〈本紀〉，《大越史記全書》卷之三，頁二四九。
11 陳荊和編校，〈本紀〉，《大越史記全書》卷之三，頁二五四。
12 陳荊和編校，〈本紀〉，《大越史記全書》卷之六，頁三八一。
13 陳荊和編校，〈本紀〉，《大越史記全書》卷之一〇，頁五一五。
14 陳荊和編校，《大越史記全書》卷首，頁六七。

中國「各帝一方」的情況也迥異於高麗、朝鮮。在高麗、朝鮮之君主僅稱「國王」，而越南稱「帝」，僭稱帝號，明顯違反「天下共主」的宗藩關係，刻意凸顯中國與越南「各帝其國」的國格主體性，超越於當時朝鮮。如果說，朝貢體制是保證「帝王」名號，那麼大陸東南亞的發展史上，即便沒有中國的軍事與政治的干預，緬甸、泰國、越南本身就常有周邊國家向之「朝貢」的記載。[15]例如泰國，有馬來半島的部落對之朝貢，又如越南則有中部占城王朝及西部柬埔寨向之朝貢，這即是所謂的「朝貢中的朝貢」或「雙重朝貢」，[16]這種獨立發展的朝貢體系與朝鮮半島自唐高宗新羅（西元前五七—九三五）統一朝鮮半島（六六八）以後以中國為尊的情況頗為不同。

「各帝其國」的記載經常出現於越南史書，如陳朝裕宗（在位一三四一—一三六九）曾說：「先朝立國，自有法度，不遵宋制，蓋以南北各帝其國，不相襲也。」[17]道出了「各帝其國」的實情。後黎朝的黎聖宗之鼎盛時期，降占城、討盆蠻、寮國等，周邊國家紛來朝貢，形成朝貢中有朝貢的雙重朝貢現象。《大越史記全書》如是載一四八五年全盛狀況：[18]

> 定諸藩使臣朝貢京國令。如占城、老撾、暹羅、爪哇、剌加等國使臣及鎮憲頭目至會同館，錦衣衛差壯士五城兵馬郎將司旗軍等，各宜如法監守，嚴謹關防，以至道塗往來，入朝進見之際，亦宜先後引行，驅斥諸小內人并公私奴婢，並不得接近訪問，

交通言語，以至透露事情，引誘生弊。該監官不能如法嚴防，徇私容縱，錦衣衛舍人，司旗牌壯士具實奏聞，拿來治罪。

以上朝貢國如此之多，還特訂出一套覲見秩序，堪稱未有，亦窺黎聖宗一朝盛世。然而，「各帝其國」是就政治主體性而言，其結果自然也衍生出「各華其華」的文化主體性思維，在史書中不乏看到自華其華的狀況，常出現在越南君主冊封有軍功將軍的冊文中，如以下兩例：

1. 一六五九年黎朝神宗（一六一九—一六四三年和一六四九—一六六二年兩次在位）尊封西定王大元帥鄭柞，冊文提到其：「英雄冠古，忠厚傳家，肆朕躬恢復輿圖，內修政事，外攘

---

15 陳荊和編校，《大越史記全書》經常記載有「真臘國來貢」（〈本紀〉卷三，頁二六三）、「占城來貢」（頁二七五）或「真臘、占城二國來貢」（頁二七八），而占城與真臘均同時也向中國朝貢。

16 濱下武志在《近代中國の國際的契機朝貢システムと近代アジア》（東京：東京大學出版會，一九九八）一書中用「二重朝貢」來形容琉球在近代時對中國與日本朝貢（頁三二），同書中也用「衛星朝貢體制」來看東亞諸國在近代中華秩序鬆動後的多重朝貢關係（頁三五）。

17 陳荊和編校，〈本紀〉，《大越史記全書》卷之七，頁四三九。

18 陳荊和編校，〈本紀〉，《大越史記全書》卷之一三，頁七二六。

夷狄，賴主帥匡扶宗社，功蓋宇宙。」[19]顯然以自己為華，周邊民族為夷狄。

2.一六七四年七月黎朝嘉宗（在位一六七二—一六七五）晉封元帥鄭根為定南王，冊文提及：「北掃莫（按：莫登庸之篡位）徒，功特高宇宙，總政炳則內安中國，外服遠裔，德彌暎乾坤，望允孚四海之心，位當冠百僚之首。」[20]復於八月又諭告定南王，有如下之內容：「如是，則政事得以脩，紀綱得以振，文德洽而武功成，中國安而外夷服，規模混一，宗社長久。」[21]云云，以上皆是「內中國而外夷狄」之思維，文中提到的「中國」皆指越南。

以上越南史臣強化「各帝其國」、「各華其華」的思維，早在越南陳朝史臣黎文休（一二三〇—一三二二）以下的史論即可略窺：[22]

遼東微箕子不能成衣冠之俗，吳會非泰伯不能躋王霸之強。大舜，東夷人也，為五帝之英主。文王，西夷人也，為三代之賢君。則知善為國者，不限地之廣狹，人之華夷，惟德是視也。趙武帝能開拓我越，而自帝其國，與漢抗衡，書稱老夫，為我越倡始帝王之基業，其功可謂大矣。

上述引文說明了華夷之分的關鍵，並不在於地域空間之遠近與廣狹，乃在「惟德是視」，如此越南史臣自稱是「有德」之國，故當在「華」之列。而其論證是從趙佗稱帝以後，在政治地位上可以「自帝其國，與漢抗衡」，在國書往來可向漢朝皇帝自降號為「老夫」，[23]而不是稱臣，強調其政治實體的獨立性。在文化上，黎文休也抬出舜帝與周文王本是夷人的身分，但文化的「華」與「夷」是超越空間地理意義，乃以「惟德是視」作為判準，如文王、舜帝皆可成為聖君，成為「以夷入華」的論述根據。由此可窺，越南史臣無論在政治上及文化上皆可找到「各帝其國」、「各華其華」的根源，企圖展現文化與政治上的獨立性。

---

19 陳荊和編校，〈本紀〉，《大越史記全書》卷之一八，頁九六二。

20 陳荊和編校，〈本紀〉，《大越史記全書》卷之一九，頁九九九。

21 陳荊和編校，〈本紀〉，《大越史記全書》卷之一九，頁一〇〇〇。

22 陳荊和編校，〈外紀〉，《大越史記全書》卷之二，頁一一三—一一四。

23 此處「老夫」之稱，當指漢文帝派陸賈第二次招降趙佗的時候，《史記》略而《漢書》詳，《史記．南越列傳》前後文看來，趙佗不但以夷自稱，且向漢稱臣，但《漢書．西南夷兩粵朝鮮傳》則在稱臣與自夷方面記載的比較保守，載曰：「老夫竊疑長沙王讒臣，故敢發兵以伐其邊。且南方卑溼，蠻夷中西有西甌，其眾半羸，師古曰：「羸謂劣弱也。」南面稱王；東有閩粵，其眾數千人，亦稱王；西北有長沙，其半蠻夷，亦稱王。老夫師古曰：「言長沙之國半雜蠻夷之人。」故敢妄竊帝號，聊以自娛。老夫身定百邑之地，東西南北數千萬里，帶甲百萬有餘，然北面而臣事漢，何也？不敢背先人之故。老夫處粵四十九年，于今抱孫焉。然夙興夜寐，寢不安席，食不甘味，目不視靡曼之色，耳不聽鍾鼓之音者，以不得事漢也。今陛下幸哀憐，復故號，通使漢如故，夫死骨不腐，改號不敢為帝矣！」

史臣如是對「各帝其國」、「各華其華」的探源，旨在指出越南「自帝」與「自華」的源出與中國息息相關，表示和中國是處於「同源異流」的平等身分，因中國歷朝以來有時也出現過「夷狄入中國」的「不華」情況。但這種「同源異流」的「各華其華」思維，在其國勢強盛之際，往往逼出強烈的文化主體性，如後黎朝（一四二八—一七八九）開國之君黎利（太祖，在位一四二八—一四三三）於一四二八年推翻明朝的十年統治，強調自己的舉兵起義是「仁義之師」，史臣潘浮先有以下的說明：[24]

> 以至仁而伐不仁，會見輿尸而皆就縛，檻中究獸，悼尾乞憐，即開湯網之仁，旋布舜階之德，竟放十萬之降卒，得全性命以北歸。四海欣瞻，而遂徯蘇之望，殊方懷畏，而勤職貢之脩。嗚呼！盛矣哉！是知亂之極，必治之隆，仁之深，必懷之遠，天之行，時之亨，適運會之一初也。

以上陳述，全然扣緊「至仁伐不仁」的議題，即越南仁義之師擊敗了派軍攻越的外來「不仁」者。但我們看明臣丘濬（一四二一—一四九五）的《平定交南錄》中在明軍平定安南時，對於僭位的胡氏政權如是稱：「黎賊苛政暴斂，悉皆除之，擢用賢能，優禮耆老，賑恤窮獨，革去夷俗，以復華風，使秦漢以來之土宇，陷於夷狄者四百四十六年，一旦復入中國版圖，詔布天下文武群臣，親王藩服，咸上表稱賀。」[25]這裡是翦除「苛政暴政」，復有將久夷的越南給予恢復華風的功勳。但「夷狄」、「華風」是中國對他者之稱，越南本身是否為「華」，乃是其自己的主觀認定，並不待他者證明，所以黎利在平定越南國境大誥天下時，其文更口：[26]

> 仁義之舉，要在安民，吊伐之師，莫先去暴。惟我大越之國，實為文獻之邦，山川之封域既殊，南北之風俗亦異。自趙、丁、李、陳之肇造，我國與漢、唐、宋而各帝一方，雖強弱時有不同，而豪傑世未嘗乏。

按，黎利的誥文表明越南與中國在政治與文化上是「各帝其國，各華其華」的政治實體與文化主體關係。但所謂「我大越之國，實為文獻之邦，山川之封域既殊，南北之風俗亦異。」凸顯了中越兩國風俗雖「異」，但強調越南也是出現過相當文化水平的典籍與賢人的「文獻之邦」，以此凸顯「自華」的主體性。黎利詔諭文又有：「賊在中國，民猶未定，於汝安乎？昔胡氏無

24 陳荊和編校，〈本紀〉，《大越史記全書》卷之一〇，頁五五〇。

25 丘濬，《平定交南錄》，收入《史料三編：安南傳、平定交南傳、奉使安南水程日記》（台北：廣文書局，一九六九），頁七五。

26 陳荊和編校，〈本紀〉，《大越史記全書》卷之一〇，頁五四六。

道[27]，賊因此而奪我國家，虐害之中，爾眾已見之矣。」[28]以「賊」稱明軍，以「中國」自稱，強烈凸顯其「漢賊不兩立」的政治主體性。

越南「各華其華」的心態，在黎朝聖宗時堪稱達到最高峰，甚至建立起自己的中華秩序，可從後黎朝鼎盛時期的黎聖宗征討哀牢（今寮國）的詔書中窺知：[29]

古先帝王，制御夷狄，服則懷之以德，叛則震之以威，其於禁暴誅凶，殄邊鄙侵陵之患，革心欽化，全天地覆載之仁，故軒皇有涿鹿之師，周宣有淮夷之伐，是皆體乾坤闔闢之機，法陰陽舒慘之化，豈為好大喜功，窮兵黷武之舉哉？我祖宗體天凝命，保境安民，仁育義征，貴前裕後，比朕丕繩祖武，光御洪圖，併中夏，撫外夷，廣大舜敷父之治，闡帝猷，開王志，迪周文闢國之規。

以上的詔書，像極了中國皇帝「華我夷彼」的論述，用的典故還是黃帝降蚩尤的涿鹿之戰、周宣王以仁義之師折服東夷的淮夷部落。詔書中更稱「併中夏，撫外夷」，「中夏」顯然也是自稱，此亦可見「各華其華」。此中「華」的論述仍不避來自遠古的華夏，但顯然採取的是仁義之師相對於無仁義的蠻夷之文化意義，而非地理空間意義。其次，越南諸帝之所以可以「各華其華」，也不避文化血緣意義來自中國的傳承，文中提到舜帝與周文王而說：「廣大舜敷父之治，闡帝猷，開王志，迪周文闢國之規」，舜帝的「敷父之治」，「敷」是傳布，「父」指五倫之首的「父子」之倫，當來自《尚書．舜典》言：「舜敬敷五教在寬」，關於「五教」有兩說，一是《左傳．文十八》所說「父義、母慈、兄友、弟恭、子孝」，一是《孟子．滕文公上》所謂：「使契為司徒，教以人倫，父子有親、君臣有義、夫婦有別、長幼有序、朋友有信。」無論如何都是有關儒教倫常的教化之道。至於周文王所謂「闢國之規」，當指文王及周公制禮作樂的文物典章制度之建立。因此，史臣論「華」或「仁義之師」可以追溯到繼承中國遠古的舜帝及文王事業，而把當時的明朝當成是「夷狄入侵」，堪稱「華夷變態」或「華夷逆轉」。

如是，我們看到越南史臣從同源異流的「各華其華」到完成自己的「中華秩序」，完全展露出越南高度的政治與文化的獨立性，這或許是中國朝貢藩屬國之中最為脫逸的一個國家。

27 此處「胡氏無道」，係指胡季犛（一三三六—？）身為陳朝的權臣及外戚，於一四〇〇年篡陳，引起明朝派軍攻越的事變，一四〇七年被明軍俘虜至當時明朝都城金陵。

28 陳荊和編校，〈本紀〉，《大越史記全書》卷之一〇，頁五四〇。

29 陳荊和編校，〈本紀〉，《大越史記全書》卷之一三，頁七〇八。

三、使臣的「同華意識」與「競華意識」

濱下武志在鑽研中國的華夷秩序觀時，提到一個有趣且值得令人省思的觀點，他發現中國史上的文獻，可以稱得上地理性的空間認識之紀錄幾乎沒有，在這樣認識基礎下，中國對外認識的方法，主要是華夷辨別的認識，也就是依據華夷秩序統治的認識。[30]濱下氏之論或許言過其實，但所稱中國往往用華夷秩序觀取代地理空間的認識，確實有其理據。質言之，中國比較欠缺對周邊民族獨立的地理性之空間認識，皆從中華關係的強弱程度來確立統治秩序或原理，也就是主觀的華夷秩序觀蓋過了客觀地理性的空間認識。強烈意識到這項特質者，莫過於出使到中國的使臣，使臣們感受到中國士人對其中華「程度」的興趣，往往強過對使臣所來自的國家地理及人文之興趣。因此，使臣們常遭「夷人之譏」的對待（如接待會館寫「夷館」），而為回應這樣的譏刺，使臣們不免也常「自我華裝」。所謂「自我華裝」，如同「自我武裝」一樣，意指使臣為了避免中國接待官員屢稱其「夷人」，必須挺而防衛，從而刻意凸顯自己「文化之華」的抗議行為，這種「刻意性」的防衛意識，筆者稱之為「自我華裝」。使臣們的「自我華裝」，約可分兩意識，其一表現出與中華同華的「同華意識」，強調彼此有同樣的文字、服制、典章及科舉制度等，其二是越南使臣與朝鮮使臣之間因互相爭華的「競華意識」。以下分析之。

（二）越南使臣的「同華意識」

與前節史臣常稱越南本身為「中國」，反而出使中國的使臣們例稱明朝或清朝為「中國」或「中州」，[31]且展現高度認同「中華」的文化，而不是如前節所說的「各華其華」之態度，在一些出使筆記中，經常出現「與中華同華」的宣告。早期歸化元朝的黎崱所著的《安南志略》中，即提到越南是「聲教文物所尚，近乎中國。雖曰風土之異，而事之可為紀述，不可泯也。」[32]意謂「聲教文物」的文化上與中國相似，但在風土上仍有其特殊之處，並不排除與中華同華的立場。值得注意的是，此處使臣所展現的「同華意識」若與前節所云「各華其華」相較，這裡完全不凸顯自我文化的主體性，而是強調歸返中華的同一性。筆者目前掌握比較多的

30 濱下武志，《朝貢システムと近代アジア》（東京：岩波書店，一九九七），頁三八。

31 例如後黎朝武輝珽（一七三一—一七八九）在《華程詩》的序中說：「先生詩學蘊之於心，而發泄于中州山水之觀。」收入《越南漢文燕行文獻集成》（上海：復旦大學出版社，二〇一〇）第五冊，頁二四三。又如阮朝斐文禩（一八三二—？）所撰《中州酬映集》，亦以「中州」稱中國。黎貴惇的《北使通錄》（收入葛兆光、鄭克孟編，《越南漢文燕行文獻集成》，第四冊）也例稱中國為「中州」。顯見「中州」是使臣們慣用的稱呼。

32 黎崱，《安南志略・自序》（北京：中華書局，一九九五），頁一一。

有關華夷資料多集中在出使清朝的使臣文集中，故以下扣緊十八、十九世紀的使臣文獻分析之。

首先，「同華意識」如十九世紀阮朝斐文禩（一八三二—？）所撰《中州酬應集》中說：[33]

越南為古交州，東南環大海，西毗暹羅，北通滇南，百粵瀕邊之境。自秦漢以來，故隸版圖，號稱同文，而官制章服文字，與夫取士之制，貨殖之宜，略皆依準中國，不甚殊異。其士大夫類托風騷好吟咏，以故國人務以文為治。有明之際，雖屢多故，然世世通中國不絕，入國朝、列藩屬，益敬以恭。

這段很鮮明地追溯與中國「同文」，且服制、典章及科舉制度及彼此經濟貨貿往來等與中國有密切關係，對於曾被納入中國版圖統治而尚未獨立時期的古代越南也表達一切都「依準中國」，以及被列為中國藩屬國亦抱持恭敬的態度。再如阮思僩（一八二三—？）在《燕軺詩文集》也如是描述「中國」的立場：[34]

越南自秦漢隸屬中國，唐代屬都護，其風土之所好尚，耳目之所濡染，未嘗異於他郡。即宋後，僻居徼外，車書之會，梯航之接，國無異政，家不殊俗，聲名文物，未嘗與中國間也。

此處亦不諱言越南曾經隸屬中國，早受中國政治文化薰陶。宋代以後，即便自立為國，但政治、文物、風俗都仍與中國無異，如此「與中國同華」的文化歸屬意識相當強烈。而當使臣到中國被當作「夷」對待時，不免激發使臣們的華夷之辨，例如後黎朝黎貴惇（一七二六—一七八四）使節團一行進見中國官員時，每有接待官員贊唱儀典，屢稱使臣為「彝官」、「彝目」（按：「彝」通「夷」字，故有歧視貶抑之意），在抵南寧謁見道臺、梧州謁見協臺，仍遭接待官員用「彝」贊，故在見到布政使葉存仁時，對此事呈上抗議文，使得葉存仁不得不回應。黎貴惇的《北使通錄》中這樣記載：[35]

布政使葉存仁，公服坐堂上，燈燭輝煌，喚通事近前免禮，先問貢使一路平寧，次

33 斐文禩，《萬里行吟》，收入葛兆光、鄭克孟編，《越南漢文燕行文獻集成》，第二二冊，頁一六七。
34 阮思僩，《燕軺詩文集》，收入葛兆光、鄭克孟編，《越南漢文燕行文獻集成》，第二〇冊，頁二〇五。
35 黎貴惇，《北使通錄》，收於《越南漢文燕行文獻集成》第四冊，頁二八一—二八二。

> 出呈文謂曰：「這箇甚好說得話裡，意思亦高，但古語云：『舜生於諸馮，東夷之人也；文王生於岐周，西夷之人也。』夷字非元輕慢貴國。令使臣以此為言，已蒙撫臺準允，因不使批當行一角公文，報左江道，自後停呼彝字，稱安南國使，貢使可回啟國王知道，通事叩謝傳免。

從以上黎貴惇的陳情而受到善意回應看來，可以想像對越南使臣而言，要向中國官員爭回自己的「華」似乎要費很大的力氣。越南使臣有關華夷論辨的高峰當是李文馥（一七八五－一八四九）所撰的〈夷辨〉（一八三一），〈夷辨〉堪稱越南燕行使臣之中最具有思考性與批判性的宣告文稿。〈夷辨〉撰寫的背景是因李文馥拒絕進入福州接待會館寫有「粵南夷使公館」，乃曰：「我非夷，不入此夷館」，並特撰〈夷辨〉以示抗議，欲一掃越南被中國士人當成夷國的刻板印象。〈夷辨〉中首揭：[36]

> 自古有中華、有夷狄，乃天地自然之限也。而華自為華，夷自為夷，亦聖賢辨別之嚴也。華之以為華，無論已，乃有華而不為夷，不夷而乃夷之者，此則不容以不辨。夫夷之為夷，聖經之賢傳鄙之，而周公之所必膺之也。何者？或專於道，暴横而不知有道，禮居分如古之荊楚是也。或乂夆之國而□端之，而於吾人之綱常道義，一棄而

> 不顧，如今之東西洋點夷是也，稱之曰夷固其所也，我粵若是班乎？（按：□，原文即缺）

以上李文馥刻意要釐清「華而不為夷，不夷而乃夷」及「夷之為夷」兩類別，這兩類別是對照「華自為華」（即本身就是華）而來。前者用白話翻譯即是「本是華而不是夷，雖不是夷，卻老是被當作是夷」，例如像越南這樣的國家；後者是「本身即是夷」，例如不學「綱常道義」的古代中原南方荊楚之地與今之西洋諸國。接著李文馥洋洋灑灑地發揮其華夷論，由於文長，僅摘取部分說明之：[37]

> 我粵非他，古中國聖人炎帝神農氏之後也。方其遐僻自晝、顓蒙未開，此辰而夷之，猶子也。而於周為越裳則氏之，於歷代為交趾則郡之，未有稱為夷者。況自陳安南以還，土地日闢至於今，而倍倍蓰焉。……（中略）或為高論者曰：舜，東夷之人也；文王，西夷之人也。傳有之於夷乎！何損不知此？蓋就生之地言之耳。舜文之所

36 李文馥，〈夷辨〉，《閩行雜詠》，收於《越南漢文燕行文獻集成》第十二冊，頁二五八—二五九。

37 同註三六，頁二五九—二六二。

以為舜文，自去籍以來有稱為夷帝者乎？有稱文為夷王者乎？或為卑論者曰：蓋因其夷服、夷言而夷之耳，是尤不然。且就目前言之，如福建一省，考亭朱夫子之遺教也。而所居泉漳人往往以巾代帽，豈非夷服？今公將從而夷之乎？又如十八省言語各各不同，而土語與官語又各不同，此豈非夷言？亦將從而夷之乎？其必不然也，明甚！通乎華夷之後，但當於文章禮義中求之，余之辨可無作也。而余豈好辨哉？余不得已也。

李文馥為證明越南不是夷，先將越南的血緣文化淵源推自神農、炎帝，證明與中華同血同脈。再證以舜及文王雖出身夷地，但從未稱舜為「夷帝」、文王為「夷王」。復以各地皆有其服裝、語言的特色以辯駁「夷服」、「夷言」之說。最後，申明華夷之辨的關鍵點在於「文章禮義」。李文馥義正辭嚴的〈夷辨〉，令當時接待的官員黃宅中（一七九六—一八六三）不得不說「議論正大，佩服之至」，從而將「夷館」改為「越南國使官公館」，爭回越南的國格尊嚴。[38]

綜而言之，使臣們在出使中國，一方面努力要在華夷論辨上爭回「華」的國格，而與中華同華；另一方面也常要與同屬中國藩屬國的朝鮮使臣相較，從而有所謂的「競華意識」。

（二）越韓使臣的「競華意識」

出使到中國的使臣往往必須站在第一現場遭中國士人「夷人之譏」的輕蔑。黎貴惇曾表達出使中國「殆如遇敵」的心境，他說：「沿途見中州官僚士大夫，問難談辨，殆如遇敵。」[39]「遇敵」心態可能有兩種情形：一是中國官員的故意刁難；一是涉及華夷的國格問題，一問一答之間，可能動輒受辱。例如黎貴惇一行回程時見湖南按察使，有如下有關「散髮」的問答：[40]

曰：「衣冠制度，遵前朝否？」曰：「是」。曰：「何故散髮？」曰：「本國從上俗，使民宜之，係平居亦散髮，惟見尊長官僚，則以齒髮為敬。」伊笑曰：「終是披髮。」

上述散髮之問，究其實即是華夷問題，中國官員最後的笑稱「終是披髮」，其輕蔑的言行溢於

38 有關李文馥這段華夷論辨的佳話，可參陳益源、阮氏銀，〈周遊列國的越南名儒李文馥及其華夷之辨〉，《越南儒教第二次國際學術會議論文集》（河內：漢喃研究院，二〇〇九），頁一八〇—一八八。亦收入陳益源，《越南　籍文獻述論》（北京：中華書局，二〇一一）。

39 黎貴惇，《北使通錄》，第四冊，頁一二。

40 黎貴惇，《北使通錄》，第四冊，頁二二二。

言表。

越南使臣除了對應中國官員外，若逢朝鮮使臣，則有「互較競華」的心理，唯恐同是使臣身分，被對方輕視，顯見華夷意識總是在外交場合的問答中經常發酵。因此，如以下黎貴惇與朝鮮使臣的筆談，透露他既喜又憂的複雜心境：

> 有朝鮮貢使欽差伴送官，皆一時文豪，不以海外見鄙，司累相接語。僕仰仗洪福，文字酬答之間，幸免輕哂，更見稱揚。[41]

可見越南使臣與朝鮮使臣的文來文往之間，往往戰戰兢兢，可能在文字酬答之間，因粗詞鄙文，而遭對方輕蔑，有損國格，或被貼為「夷人不知文」的標籤，顯見「文字酬答」之間，不免也有華夷的判別，使臣們的心理壓力，由此可見。越南使臣面對朝鮮使臣有「幸免輕哂」的壓力，但面對琉球使臣，卻又表現高人一等，李文馥在與琉球使臣的筆談提及：「筆談間字畫亦楷正，惟辭語頗澀，殊令人不甚暢。」[42]反應出使臣下筆即就的筆談中，往往立見華夷程度之別的心理狀態。

對越南使臣而言，為了抬高自己的「華」性，朝鮮常成為使臣相較的對象。有些使臣會以平等的文化意識看待，但難免也有些使臣會有「吾盛於彼」的文化優越思維。以下武輝珽（一七三一—一七八九）〈贈朝鮮國使詩并引〉：

> 共球盛會，萍水良緣，雖東海南海，利地有萬千，而心契道同。（後略）[43]

武輝瑨（一七四九—？）也有〈柬朝鮮國使詩〉：[44]

> 海之南與海之東，封域雖殊道脈通。王會初來文獻並，皇華此到觀瞻同。衣冠適有從今制，縞紵寧無續古風。伊昔皇華誰似我，連朝談笑宴筵中。

以上兩詩都高度表達越南與朝鮮共享「中華衣冠文物」且是能「心契道同」者，站在東海與南

---

41 黎貴惇，《北使通錄》，第四冊，頁一二。

42 李文馥，《閩行襍詠》，收於《越南漢文燕行文獻集成》，第十二冊，頁二六四—二六五。筆談完之後，李文馥寫下七言律詩：「所見何如昔所聞，重洋夢醒各天雲。琉球使驛程由海，襟袖文儒飭用紋。最喜禮文同一脉，為憐筆墨遜三分。茫茫客況誰相伴，半卷陳詩語夕曛。」

43 武輝珽，《華程詩》，收入《越南漢文燕行文獻集成》，第五冊，頁二四三。

44 武輝瑨，《華程後集》，收入《越南漢文燕行文獻集成》，第六冊，頁三六八—三六九。

海之國的文化平等意識上。朝鮮使臣也出現相知相惜的詩文，如徐居正（一四二〇—一四八八）〈次安南使梁鵠詩韻〉曰：[45]

萬國梯航日，同時近耿光。弟兄均四海，談笑即吾鄉。
已喜新知樂，那堪別恨長。他年南北思，雲水正茫茫。

彼此以弟兄相稱兩國。也有如洪貴達（一四三八—一五〇四）以「心共性天同」讚譽兩國，如以下〈次安南使阮偉挺夫韻〉：[46]

玉節天南使，金臺路上逢。語因風土異，心共性天同。
喜接城南杜，還慚吳下蒙。瓊瑤携滿袖，十襲以歸著東。

以上我們看到越南與朝鮮兩國使臣，或以弟兄相稱，或以心契道同相應，同是使臣，故有海外存知己之共感情懷。不過，以下鄧輝熠（一八二五—一八九四）則表達越南在「華」的程度上更盛於日本與朝鮮：[47]

洪惟我國朝孝道化成，聲教四訖，凡梯航琛賮之使，往還絡繹，指不勝數，其間雅被同文之治，則有日本、朝鮮諸邦，而安南為尤盛，稽其取士科目，略如中華風氣所趨，蔚為文采，干將、莫邪常有拔萃之英。

上述之論，可能是越南使臣的自我感覺良好，朝鮮李稷（一三六二—一四三一）曾有詩以「小蠻」稱安南，以自三韓以來即是禮義之邦稱朝鮮本身。[48]在明成祖平定安南之際，朝鮮儒臣卞季良（一三六九—一四三〇）特上〈賀平安南表〉時，稱安南為「小醜之夷」。[49]以上不論是

45 徐居正，《四佳詩集》卷之七，收入《韓國文集叢刊》，第十冊，頁三一五。

46 洪貴達，《虛白先生續集》卷之四，收入《韓國文集叢刊》，第十四冊，頁一九〇。

47 鄧輝熸，〈蘇心畬書贈〉，《東南盡美錄》，收入《越南漢文燕行文獻集成》第十八冊，頁四三。該作品是於一八六五年出使時所撰。

48 李稷〈奉次皇帝賜本國世子〉詩云：「聖人垂拱臨四域，建極明為天下式。紛然萬物各生成，盍緣瑾瑜瑕垢匿。重譯殊方百般容，梯山航海通商工。唐虞尚有頑苗梗，聖德直躡三皇蹤。安南小蠻肯肆譎，迅雷一震真俄瞥。……〔中略〕三韓自古禮文邦，君臣大義安敢隤。仗信世守東門鑰，布昭聖武除奸惡。但願年登萬姓安，古來固國非城郭。」氏著，《亨齋先生詩集》卷一，收入《韓國文集叢刊》第七冊，頁五三六。

49 該賀文如下：「帝德廣運，覃被萬邦，我武維揚，廓清南極。捷音旁達，慶頌交騰。欽惟勇智邁湯，聰明齊舜，聲教冒於出日，車書混於普天。豈圖小醜之夷，久懷奸譎之計，始焉誣上而騁詐，繼以梗化而干名，雖

「吾盛於彼」或譏對方為「夷」，都是在「競華意識」下而存在的現象。這類中國周邊使臣們彼此互相筆談的褒貶資料，值得我們進一步探討。

四、結語：三種中華意識的比較

本章透過考察越南對內的「史臣」及對外的「使臣」兩種「中國」意識，發現越南史臣在撰寫史書之際，頗刻意強化「各帝其國」、「各華其華」的政治與文化主體性，並不必費神辯解自己是「夷」的身分，甚至凸顯自主的「中華意識」。相較而言，越南出使中國的使臣常常需要向中國官員爭取「是華非夷」的國格主體性，刻意表現出「同華意識」的立場，同時在外交場合中，有時也要與朝鮮使臣互較「競華」。因此，越南的中華意識實有「對內」與「對外」鮮明的多元現象，至少有如下的三種中華意識，列表及說明如下：

三種中華意識對照表

三種意識	對內／對外	身分	說明	中華源流態度
各華其華	對內（越南國內）	史臣	可以擁有自己的華夷秩序	同源異流的平等性

同華意識	對外（中國）	使臣	積極展現自己與中華同華	同源同流的依託性
競華意識	對外（朝鮮、琉球）	使臣	積極展現自己是中國周邊國家中的最具華者	同源同流的依託性

上表最後一欄所稱「中華源流態度」分為兩類，一是「同源異流的平等性」，一是「同源同流的依託性」。「同源異流的平等性」之「同源」指的是血緣上可以追溯到神農、炎帝，文化上可以比配舜帝、文王的孝德與仁義之道；「異流」指的是越南諸多獨立王朝發展出自己的中華秩序，可與中國的中華秩序處於平等地位，同時對照出中國入侵者的「不華」，故往往在推翻中國的統治時，越南展現出「華我夷彼」的態度，如史臣對越南自稱「仁義之師」，對入侵的元軍及推翻明帝國的明朝軍隊為「夷狄入侵」。

其次，表中所謂「同源同流的依託性」，除了「同源」如前述以外，「同流」指的是並不否定歷史上越南曾被漢代置郡、唐代設都護府的統治歷史，甚至將之作為與華「同流」的印證，故「依託性」指的就是這種依託於過去受中國統治「既同源又同流」，歸屬性特別強烈，此與「同源異流」最大的區別是比較缺乏文化主體性。在「同源同流的依託性」之「同華意識」

聖人必欲保全，每加誨諭，乃頑俗莫知改悟，益肆跳梁，爰致聲罪之誅，實為弔民之舉，定戎功於一皷，迅掃妖氛，獎忠魂於九泉。」卞季良，《春亭先生文集》卷九，收入《韓國文集叢刊》，第八冊，頁一二四。

與「競華意識」下，越南只能作為「亞華」或「次華」、「副華」，或如朝鮮的「小中華」。最後，所謂的「競華意識」，主要針對的國家是朝鮮，朝鮮作為「小中華」，文風鼎盛，排斥佛教，獨尊朱子學，科舉制的實施都比越南徹底，堪稱學華之中的優等生，越南使臣與之筆談交流之際，常擔心被輕蔑取笑「不華」，或在個人文集中認為越南仍盛於朝鮮之華，「互競較華」的意思頗為濃厚。

以上本章的分析，可知在近代以前所謂的「中華」或「華夷秩序」並非鐵板一塊，且經常是一種交織的流轉變化關係，不論是中國或其周邊國家，都是透過「他者之夷」來凸顯「自我之華」，或是經由依附「他者之華」來彰顯「自我之華」兩類型。本章所分析越南「史臣」筆下的華夷觀就是透過「他者之夷」來凸顯「自我之華」，而出使的「使臣」則是依附「他者之華」來彰顯「自我之華」。顯見自我與他者的華夷關係之轉變，往往取決於所處時空環境的轉變，在國內的時空環境下常「華我夷彼」，到了中國的時空環境下則只能是「同華」或「競華」的意識。職是之故，筆者頗認同濱下武志在研究朝貢體系時，指出有關東亞國際體系中的華夷秩序所展開的朝貢體系，有必要重新評估「朝貢體系＝一元性的國際秩序觀」，以及僅以中國為中心的「內」與「外」關係來看東亞國際秩序。[50]經本章的研究指出，越南的「中國」觀本身也存在自己的華夷秩序，也就是一個大同心圓中也有小同心圓，大小同心圓彼此交織，互為運作與影響。質言之，中國有內／外的角度看周邊國家，周邊國家本身也有內／外的視角看中國及他國，不僅要從中國看周邊，也要從周邊看中國，[51]透過這兩種視角彼此跨文化交互觀察，可以指出中心、一元性的單向視角的存在問題，亦可開發多元互濟、共鳴共感的交流對話與模式。

50 濱下武志，《朝貢システムと近代アジア》，頁四—五。

51 如二〇〇七年由上海復旦大學文史研究院即舉辦一場「從周邊看中國」的國際研討會，會後復旦大學文史研究院將學者所發表之論文集結成專書《從周邊看中國》（北京：中華書局，二〇〇九）出版。

下篇

華夷論辨中的「中國／中華」意識

下篇引言

如果說【上篇】分析近世知識人追求中華秩序的四種關係類型，是作為宏觀的整體視野來看待東亞區域的發展趨勢，【下篇】則以比較微觀的個別視角，或以知識人，或以官員訪問，或以漂流人事件等，扣緊「華夷論辨」涉及敏感的「中華／中國」意識，佐證前面所爬梳的四種關係類型。

毫無疑問，十七世紀以前東亞有一共同的中華秩序，並且以中國為中心，直到明清鼎隔之際，中華秩序才形成多元的發展。第七章即是探討在十四世紀末到十七世紀中葉的明帝國時代所支配的中華體系在周邊國家的發酵現象，透過明帝國周邊的琉球與朝鮮之外交往來關係，分析他們常在意的「中國因素」及其所凸顯的意義。

第八章則以十七世紀末兩位朝鮮儒者鄭霞谷（一六四九—一七三六）與閔彥暉（一六四九—一六九八）兩位書信往來熱議的華夷課題，爭辯要以什麼禮節、處事態度來面對新興的清帝國。由二人對華夷論的不同立場，可窺知朝鮮華夷之辨的複雜性，此一複雜性在於不是只有朝鮮本身選擇「華」或「夷」的問題，更在於涉及宗主國是「華」或「夷」的問題，所以才導致「奉年號／應跪拜」、「奉年號／不應跪拜」、「不奉年號／不應跪拜」、「不奉年號／應跪拜」的多重辯證性之課題。由此延伸到儒臣是否出仕的問題，而由出仕問題則逼出是否堅持「正統」、「討伐」的問題，再由「正統」、「討伐」問題，逼出霞谷的陽明學立場，即導出一切以「本心」的初衷問題來盱衡這場華夷論辨之全局。因此，兩造之辨，實也有朱子學與陽明學對華夷立場之別。朝鮮儒者這樣細緻論辨清帝國的華夷問題，展現「中華作為自己」的極度關心，正印證本書所稱中華秩序中親密的「父子關係」型態。

相較於「中華作為自己」的朝鮮儒者，德川日本的華夷論辨則從否定自己是「倭奴國」的「夷」之身分，進而與中國爭搶「中華」解釋權，最終竟發展出「中華作為他者」，改以取代「中華」論，本書第九章即分析這個「中華」論述如何一步步在德川學者中被重構與解構的過程，以上日本對華夷的脈絡性轉換，也正呼應本書稱日本為追求中華秩序中的「養父子關係」之特徵。

日本明治維新以後，文明學習的對象轉而「脫亞入歐」，經一八九五年甲午一戰，以及一九〇五的日俄戰爭，兩場對東西兩大國的勝利，使日本躋身唯一東方國家的帝國主義行列，形勢如此逆轉，中國近代知識分子紛紛留日，出現「以日為師」風潮，清朝官員也「不恥下問」，希望向日本取經富國強兵之道，紛紛派遣官員赴日考察，中國第一次要向「東洋日本」低頭學習。本書第十章便分析甲午戰前的一八七八年到戰後一九〇七年的之間的晚清訪日官員的考察作品，透過這些具有官員身分，在親臨日本之後，處處感到「己不如人」的文明衝擊，進而重新認識有各種缺憾的中華形象。似乎預告中華秩序在此劃下尾聲，不久，清帝國為中華革命黨人孫中山建立的中華民國所取代。

第七章

明代朝鮮與琉球關係的中國因素

一、前言

本章所謂的「中國因素」（China factor）有別於「中國認同」（Chinese identity）。「中國因素」係扣緊中國周邊國家受到中國的政治外交關係之影響而言，如我們常說「韓國受美國或中國因素影響」，可能因為美國或中國的某些政策或措施對韓國造成某種衝擊或影響；「中國認同」則非專指政治上的國族或民族的認同，尚包括文化情感上的認同。探討「中國因素」這個課題，主要想凸顯從周邊的視角來看中國，而非從中國本身來看中國，在近代以前甚至今日的東亞區域，無論周邊國家如何的有意或不願意，都必須慎重地把「中國」考慮進來，過去的朝貢體系以及今日的經貿來往都充分說明了這一點。弔詭的是，無論中國本身有意或無意，周邊國家也很自然地要思考「中國因素」。換言之，中國作為「巨大他者」的存在，常讓周邊國家要將之拉向「自我」或推向「他者」，是一種既迎合又拒絕的推拉矛盾關係。本章擬透過中國周邊的琉球與朝鮮之外交往來關係，分析他們常在意的「中國因素」及其所凸顯的意義，時代焦點則扣緊在十四世紀末到十七世紀中葉的明帝國時代。

不論是中琉關係，或是琉日關係，均不乏相關的研究，不過仍比較偏向近現代。[1] 松浦章、沈玉慧等則是少數上溯十七世紀以前明代時期的琉、韓關係或中、琉關係的研究者。過去筆者曾關注過朝鮮使臣與越南使臣在北京的詩文交流，但尚未針對朝鮮與琉球之使臣交流進行研究。[2]松浦章早期已有針對朝鮮使臣在明朝嘉靖年間及明末如何透過琉球使臣獲得可貴情報之研究；[3]台灣的沈玉慧也有長期關注朝鮮與琉球兩國使臣在明、清兩代北京的詩文交流。[4]

過去可能受限於朝鮮史料的難尋，除了台灣中研院與臺灣大學圖書館有比較多的藏書，如《燕行錄》、《朝鮮王朝實錄》及《韓國文集叢刊》等上百千冊的藏書外，其他各大圖書館可說

1 例如被中國翻譯的西里喜行的著作《清末中琉日關係史研究》（北京：社會科學文獻出版社，二〇〇五），有上下兩冊。另外台灣、琉球及中國有關自一九八六年開始召開的「中琉歷史關係國際學術會議」，迄二〇一九年已經舉行過十七屆。

2 張崑將，〈朝鮮與越南的中華意識比較〉，收入張崑將主編，《東亞視域下的「中華」意識》（台大高研院東亞儒學研究中心，二〇一七年三月），頁二一三—二三二。

3 松浦章，〈朝鮮使節の琉球通事より得た台湾鄭經、琉球情報〉，《南島史学》第六三號（二〇〇四年四月），頁一—一三；以及松浦章，〈嘉靖十三年（一五三四）朝鮮使節が北京で邂逅した琉球使節〉，《南島史学》第七二號（二〇〇八年十二月），頁二一—三七。

4 參沈玉慧，〈明代朝鮮、琉球兩國於北京之交流—以致贈咨文為例〉，收入朱德蘭等編，《萬國津梁—東アジア視域中的琉球（第十四屆中琉歷史關係學術會議論文集）》（台北：中琉文化經濟協會，二〇一五），頁一九—四九。沈玉慧，〈清代北京における朝鮮と琉球使節の邂逅〉，《九州大学東洋史論集》三七（二〇〇九年三月），頁一一二—一一三。

付諸闕如。當然文史哲學界要進行跨區域的研究也不是件容易之事。不過隨著《朝鮮王朝實錄》及《韓國文集叢刊》、《韓國歷史文獻》等的數位檢索系統出現以後，研究者在面臨龐大的韓國近代以前史料之際，不再望而卻步。

由於《朝鮮王朝實錄》及《韓國文集叢刊》留下諸多關於琉球的君臣討論及儒臣的琉球評論，或可作為當時朝鮮人的琉球觀。本章即大量利用此文獻，加上出使使臣的紀錄，企圖勾勒明帝國時期（一三六八—一六四四）朝鮮與琉球交往過程中所涉及的「中國因素」及其展現的意義。

二、朝貢體系下的朝鮮、琉球關係比較

明太祖洪武五年（一三七二），琉球第一次入貢，[5]在此之前高麗、安南、占城都在洪武二年即已入貢。此後據學者統計，明廷對琉球的冊封，自洪武五年（一三七二）至崇禎二年（一六二九）共六一次，派出冊封使臣九二人，足見琉球與明帝國的朝貢緊密關係。[6]至於明廷派往封貢的冊封使臣之官階為何，根據明朝嘉靖年間陳侃（一四八九—一五〇七）出使琉球後，回國留下的《使琉球錄》，其中提到：「按我朝封錫藩王之制，如安南、朝鮮，則遣編修、給事中等官為使；占城、琉球，則遣給事中、行人等官為使；各以麒麟、白澤，公侯伯、

駙馬之服，恩榮極矣。」[7]按編修（翰林院掌典簿記載之事）、給事中（掌規諫、補闕、拾遺、稽察之事）屬七品官位，行人（掌邦國賓客奉使之事）則為九品官位，嚴格來說官階並不高。看來派往安南、朝鮮多以七品，且多了編修職務前往，應是需要具有相當的文翰水平者，而在琉球、占城則比較不需要派到「編修」級數的官員，仍是有所差別。

再者，封貢亦涉及制定朝服的禮制問題，朱元璋開國翌（一三六九）年，即訂定外國君臣冠服，《明史》載之如下：[8]

外國君臣冠服。洪武二年，高麗入朝，請祭服制度，命製給之。二十七年定蕃國朝

5 《明史．本紀》卷二，洪武五年載：「是年，瑣里、占城、高麗、琉球、烏斯藏入貢。高麗貢使冉至，諭自後三年一貢。」此亦是琉球向中國朝貢的開始，根據《大明一統志》所載：「唐、宋時，未嘗朝貢。元遣使招諭之，不從。本朝洪武中，其國分為三：曰中山王、山南王、山北王；皆遣使朝貢。嗣是惟中山王來朝，其二山蓋為所併矣。」又洪武五年明定為「琉球國」，隋唐宋期間稱「流球」，元朝稱「瑠球」，至明始定為琉球國。

6 李金明，〈試論明朝對琉球的冊封〉，《歷史檔案》，一九九九年第四期，頁八二—八七。

7 〔明〕陳侃，《使琉球錄》，收入《臺灣文獻史料叢刊（第三輯）》（台北：大通書局，一九八四），頁三二。

8 《明史》卷六七，頁一六五五。

貢儀，國王來朝，如嘗賜朝服者，服之以朝。三十一年賜琉球國王併其臣下冠服。永樂中，賜琉球中山王皮弁，玉圭，麟袍，犀帶，視二品秩。[9]宣德三年，朝鮮國王李裀言：「洪武中，蒙賜國王冕服九章，陪臣冠服比朝廷遞降二等，故陪臣一等，比朝臣第三等，得五梁冠服。永樂初，先臣芳遠遣世子禔入朝，蒙賜五梁冠服。臣竊惟世子冠服，何止同陪臣一等，乞為定制。」乃命製六梁冠賜之。嘉靖六年令外國朝貢人，不許擅用違制衣服。如違，賣者、買者同罪。

由上述資料可知，明廷開始有外國君臣冠服，還是因高麗國王之請，此後朝貢國日多，不得不在洪武二十七年（一三九四）制訂朝貢禮儀與冠服，但因來朝貢者往往是王子與群臣，故世子、陪臣冠服有了初步的定制。如上資料顯示，琉球中山王被頒賜二品官階，朝鮮國王則被賜予「冕服九章」，類親王等級。而在太祖、成祖時代，朝鮮與琉球雖同屬藩屬國，然從文獻來看，似乎琉球的表現較為中國皇帝所接受，此或從琉球派遣子弟入學，明廷卻大肆記載此事或可窺其端倪。《明實錄》特載琉球派遣子弟入中國受學：[10]

惟安南、占城、真臘、暹羅、大琉球，自入貢以來，至今來庭。大琉球王與其宰臣，皆遣子弟入我中國受學。凡諸番國使臣來者，皆以禮待之，我待諸番國之意不薄，但未知諸國之心若何。

但這個派遣子弟入學，在萬曆年間出使琉球的蕭崇業（？—一五八八）所撰《使琉球錄》中提及：[11]

> 國初，朝貢無定期；今二年一舉，尋以為常。若夫令子姪入太學，僅創見於洪武二十二年。嗣後惟遣陪臣之子進監授業大司成，處以觀光之館，教以誦詩、學禮；裘葛、廩餼，加儒生一等；其禮待不亦厚乎！

9 〔明〕謝杰，《琉球錄撮要補遺》亦載：「以其國有三王：曰山南王、山北王，後為所并，故獨稱中山封之者，仍其舊號也；賜以麟袍、犀帶視二品秩。」

10 中研院歷史語言研究所校勘，《明實錄．太祖高皇帝實錄》（台北：中央研究院歷史語言研究所，一九六六）卷二五四，頁三六七二。

11 〔明〕蕭崇業，《使琉球錄》，收入前引《臺灣文獻史料叢刊（第三輯）》，頁一一四—一一五。按：蕭崇業是萬曆四年（一五七六）以正使身分出使琉球。

按洪武二十二年是一三八九年，琉球國王子姪入學僅在此年，但日後僅派陪臣之子來學。[12]前此（洪武五年，一三七二年）雖有高麗子弟入太學，但得到的回覆是：「入學固美事，但涉海遠，不欲者勿強。」[13]比起積極肯定琉球遣子弟入學的態度而言，明廷似較為消極。而往後琉球乃成為派遣入學子弟中「于諸夷為最篤，國家待之亦為最優」的國家。[14]因此，太祖朱元璋特頒賜琉球國王中國冠帶，嘉許其欣慕中國禮義，這應是明朝諸藩屬國中的第一次。[15]由此看來，在朝鮮初期或明帝國時期，依其歸順的程度，琉球的藩屬國地位並不亞於朝鮮。[16]明帝國給予琉球封爵，准予其君臣子弟入中國受學，起了效學中國禮義的帶頭作用，相當具有指標性，亦可作為其他藩屬國效法之用。

其次，明朝太祖初期厚待琉球地位並不亞於朝鮮，亦可從朝鮮初期政權的不穩定看出。朝鮮對明帝國的「事大」之禮，在前期似乎進行的不太順利，這可能影響朝鮮必須「謹慎」面對明帝國的原因，並且可以追溯朝鮮太祖李成桂（在位一三九二—一三九八）。李成桂得國後，雖採「事大之禮」尊奉明廷，甚至請賜國號，但因李成桂係以政變方式，加上所用諸臣不為明廷所喜及邊疆紛擾狀況，所以常遭明廷斥責，明廷甚至有出兵朝鮮之議。如以下資料：[17]

> 朝鮮國王李旦（按：即李成桂）遣使臣柳珣等，奉表貢方物進賀。明年正旦，上見其辭不遜，謂禮部臣曰：「以小事大禮重修辭，前者朝鮮王李旦，數生釁端，已嘗詰

問，彼謝罪之使方歸，而侮慢之辭又至，朕非不能伐之，古人有言，不勤兵於遠，所以不即興師者，以此，今留其使者，可移咨李旦，令遣撰文者至，方歸之，俾知生釁之由。」珣言表文是其國門下評理鄭道傳所撰，遂命遣道傳，未幾，釋珣。

12 這些陪臣子弟至明朝入學，又多以三十六姓為主。夏子陽（一五五二—一六一〇）《使琉球錄》中有說：「余聞諸琉球者遣陪臣之子進監者，率皆三十六姓。」。夏子陽於萬曆三十四年（一六〇六）出使琉球，所著《使琉球錄》，收入《臺灣文獻史料叢刊（第三輯）》，頁二六〇。

13 《明史．朝鮮列傳》載：「（洪武）五年表請遣子弟入太學，帝曰：『入學固美事，但涉海遠，不欲者勿強。』貢使洪師範、鄭夢周等一百五十餘人來京，失風溺死者三十九人，師範與焉。」

14 關於琉球派遣子弟入學，乾隆時期擔任琉球官學教習的潘相特輯有《琉球入學聞見錄》（台北：文海，一九七三）以及王士禎《紀琉球入太學》（台北：廣文書局，一九六八），可資參考。

15 《明實錄．太祖實錄》記載：「賜琉球國中山王察度冠帶，先是察度遣使來朝，請中國冠帶，上曰：『彼外夷能慕我中國禮義，誠可嘉尚。禮部其圖冠帶之制，往示之。』至是遣其臣亞蘭匏等來貢謝恩，複以冠帶為請，命如制賜之，並賜其臣下冠服。」卷二五六，頁三七〇六。

16 即便在清朝，《琉球入學見聞錄》如是記載：「（琉球）自明初始通朝貢遣子入學，漸染華風，稍變舊習，至於聖清受命，威靈震疊，文教誕敷，皇綸二錫，宸瀚疊頒，定兩年一貢之令，沛三次入監之恩，百有二十餘年，其國之政俗，沐浴聖化蒸蒸然，日進於雅，視朝鮮國，殆弗讓焉。」頁一。

17 《明實錄．太祖高皇帝實錄》卷二四三，頁三五三三。

文中所謂「其辭不遜」，發生在一三九四年，恐怕是違反了「以小事大」之禮，加上前此李旦奪位及處理邊疆之事，觸怒了朱元璋，故有上述的斥責。[18]故在一三九八年（洪武三十一年），明群臣再次提出興師問罪於朝鮮：[19]

庚辰五軍都督府，及兵部臣奏言：「朝鮮國雖奉貢不絕，而疊生釁隙，請討之。」……（我至尊）每諭王曰：「請保爾疆，毋生邊釁，自始至今，切戒諭之，自王當國以來，假以入貢為名，陰說守邊將士，啗以財賄，群臣屢請興師問罪，我至尊恐傷生靈，故不忍為。」

由此看來，上述的「其辭不遜」指的就是「假以入貢為名，陰說守邊將士，啗以財賄」等事。由此亦可窺，朝鮮開國初期在朝貢上與明朝確實有其緊張關係，影響朝鮮在中國的朝貢地位。

如學者所稱，朝鮮半島早在高句麗時代即有過以「華」自居，將周邊民族納為屬民，朝鮮王朝世宗和世祖在對女真的政策上，也曾經接受女真的朝貢，也滿足日本稱朝鮮為「大國」或「上國」。[20]相較於此，朝鮮對於同屬明帝國藩屬的琉球，可能不如此造次。揆諸《朝鮮王朝實錄》，記載琉球向朝鮮進貢僅一見，即太祖李成桂取代高麗王氏建國之際，一三九二年載曰：「是年，琉球國中山王察度（按：在位四六年）稱臣奉書，遣通事李善等，進貢禮物，并送還被虜男女八口。」[21] 儒臣趙浚在歌頌李成桂文武之治時亦說：「文治既洽，武威遠昭。扶桑之寇，奉珍來庭。琉球南蠻，重譯入貢。王氏十六年既亡之業，實賴殿下而復興矣。」[22] 不過，到了一三九四年有關琉球遣使來朝的記載則不見「貢」字：「琉球國中山工察度遣使奉箋獻禮物，發還被擄男女十二名，請發回在逃山南王子承察度。其國世子武寧，亦於干世子，奉

---

18 上諭禮部臣曰：「自古分茅，胙土之君，必得正人君子，國家乃昌，任用小人，必亂其邦。朝鮮國王李旦，因王氏數終，天將更運，遂有三韓之地，更號朝鮮，儀從本俗，法守舊章，有國之道全矣。奈何謀慮不遠，罔事大之道，左右所用，皆輕薄小人，不能以德助王，撰述表箋，搜求構禍之言，置王於無容身之地，此徒用之何益？雖在朕不以為意，然神明有知禍不可逃爾。禮部移文移朝鮮國王，俾知朕意。」《明實錄．太祖高皇帝實錄》卷二四九，頁三六〇五。

19 《明實錄．太祖高皇帝實錄》卷二五七，頁三八五三。

20 參白永瑞，《思想東亞：韓半島視角的歷史與實踐》，頁六。

21 〈太祖實錄〉（一三九二年閏十二月二十八日），《朝鮮王朝實錄》（太白山史庫本）第一冊第二卷，頁二一。以下所引用的有關《朝鮮王朝實錄》皆屬「太白山史庫本」版本，不再重複說明。

22 趙浚，〈李成桂至誠事王氏箋〉，《松堂先生文集》卷四，收入《韓國文集叢刊》（漢城：民族文化推進會，一九九〇）第六冊，頁四三二。即便到了十八世紀的儒臣洪良浩（一七二四—？）亦說：「我太祖大王，以聖神之姿，當千一之運，南征北伐，奄有三韓。創業垂統，立經陳紀，斥佛老之異教，敷先王之大法，文章煥乎商周，聲明耀于寰海。琉球入貢，暹羅獻欵，兀良哈源了浚之屬，相率而聽約束。」《耳溪集》卷二〇，收入《韓國文集叢刊》第二四一冊，頁三四一。

書獻禮物。」[23]關鍵的「貢」字改為「獻」字，此後終朝鮮一朝，王朝實錄有關的琉球所獻之物，皆不見「貢」字。中國《明史》亦載一三九四年（洪武二十七年）是朝鮮正式入貢明朝的開始，蓋為避諱故，朝鮮實錄此後皆不載琉球入貢。[24]但儒臣也往往在文集中不經意地透露出琉球來貢，如十八世紀李德懋（一七四一—一七九三）在〈琉球使〉中即說：「琉球使祖宗朝來貢，路由慶尚道，似應抵于日本薩摩州，因隨日本使者，達于我國也。」[25]另李林松的文集也曾將琉球國當「屬國」而曰：「朝鮮八道六十六州，在屬國中，視琉球諸國較大。」[26]雖然如此，朝鮮君臣都相當「謹慎」地避免使用「貢」字而常用「獻」字，這與同樣藩屬國的越南面對周邊小邦來獻上禮物之際，則比較不那麼「謹慎」，史書動輒書寫「真臘國來貢」、「占城來貢」或「真臘、占城二國來貢」，而占城與真臘均同時也向中國朝貢。[27]由此可窺，朝鮮與越南兩國在面對大明帝國的不同態度，朝鮮謹慎以對，而越南則較不顧慮。

至於朝鮮本國，如何對待同屬朝貢國的琉球，以及其鄰國的日本，我們從《朝鮮王朝實錄》君臣討論鄰國使臣至朝鮮祝賀國王時，如何安排其位階，約可略窺端倪。如世宗與儒臣以下兩條的對話，一是一四三一年十一月七日：[28]

（上曰）「隣國使臣至京，累日不見，則殊無主人之意。且不於至日備禮之時，而見于移御狹〔窄〕之處，無乃不可乎？」（黃）喜等對曰：「琉球國，乃皇帝錫命封爵之邦，非野人、倭客之比，與本國群臣同班行禮未便，宜於受朝之後，入序西班三品之列行禮，仍賜引見。」

這裡凸顯琉球一樣與朝鮮都是明朝封爵之邦，不可與非封爵的野人（女真）、倭客相比，故將琉球列於文班而非武班的野人。同年十一月九日載曰：[29]

上曰：「前日議定琉球國使臣，依權豆例，序於三品班次，然權豆雖受中朝官職，

23《太祖實錄》（一三九四年九月九日），《朝鮮王朝實錄》第二冊第六卷，頁一四。

24《明史》載洪武二十七年（一三九四）：「烏斯藏、琉球、緬、朵甘、爪哇、撒馬兒罕、朝鮮入貢。」朝鮮入貢順序被排到琉球等之後，蓋因新朝成立，第一次入貢之故。但翌年即載：「朝鮮、琉球、暹羅入貢。」史書記載順序變化，亦可窺朝貢秩序國的位階，不過朝鮮與琉球之間的順序經常變動，有時琉球在前，有時朝鮮在前。

25 李德懋，《青莊館全書》卷六九，收入《韓國文集叢刊》第二五九冊，頁二六〇。

26 李林松，《金陵集》，收入《韓國文集叢刊》第二七二冊，頁四。

27 只要稍翻《大越史記全書》的〈本紀〉之卷，處處可見「XX來貢」之書寫辭語。

28《世宗實錄》（一四三一年十一月七日），《朝鮮王朝實錄》第十七冊第五四卷，頁二一。

29《世宗實錄》（一四三一年十一月九日），《朝鮮王朝實錄》第十七冊第五四卷，頁二三。

居本國境內，今琉球國使臣，乃敵國之使，序於從二品班次若何？」黃喜以為：「琉球國客人，既不與本朝群臣一時行禮，豈計其班次高下，宜序於三品之行。」孟思誠、權軫、許稠等以為：「前此日本國王使人，序於本國三品之列，其來尚矣。今琉球國王使人，亦依日本國王使臣例，序於三品班次，似不失宜。」申商以為：「琉球國小於日本。日本國王使人，已序於三品之行，則今此客人，不宜序於二品之列。」從之。

「權豆」是居住在朝鮮東北之境的部落首領童權豆，也受過中國的冊封，朝鮮將之列於二品班次，儒臣想援用此一例子將琉球使臣之班次列為二品。之後討論到琉球與日本的班次比較問題，若將琉球使臣序於二品之列，則高於序於三品之列的日本，最後定調琉球使臣為三品，與日本同班列。足見在世宗時代，將琉球地位與日本同等看待。不過即使與日本同列三品，在十六世紀末壬辰倭亂以前，朝鮮君臣眼中，琉球還是高於日本，《實錄》每書「召琉球國使臣及倭、野人設宴……」[30]云云，琉球往往高於「倭」。必須說明的是，這些十六世紀以前所指涉的「倭」通常多是九州地區與琉球有商貿往來的商人，即所謂的「倭客」，日本與朝鮮並無正式的使臣往來，故列於與琉球同列，此不可與十七世紀以後的德川時代的日本相提並論。值得注意的是，琉球與日本的班次問題，朝鮮的主要考量還在於「中朝」的宗主國因素，因琉球受封於中朝，與朝鮮同列藩臣，日本則無，故討論過程中甚至要將琉球使臣的品階列在日本之上。由此班次列序問題，可窺中國因素在朝鮮無所不在的影響。

以下兩節即從「國書回覆」及「漂流人送返」的兩事例中，細窺兩國交流過程中所顧慮的中國因素。

三、國書回覆所涉及的「中國因素」

儘管琉球在明朝的封貢特殊地位不亞於朝鮮，但從朝鮮的文獻看來，君臣對琉球的評價普遍不佳，甚至朝鮮儒臣視琉球為夷狄者不在少數，如李德懋特撰有〈夷狄尊孔子〉，文中之「夷狄」即指琉球。[31]但輕視歸輕視，放在自己國內講都不成問題，一旦面臨公開外交，不得不有諸多顧慮，顧慮的關鍵所在即中國。故本章探討朝、琉關係，不免也都涉及與中國之間的關係。

30 如一四六一年世祖七年載：「幸慕華館，御大門，召琉球國使臣及倭、野人設宴，宗親、宰樞二品以上入侍。令武士射侯，騎射、騎槍、射毛毬，又命倭、野人射侯。」，〈世祖實錄〉（一四六一年十二月二十日），《朝鮮王朝實錄》第九冊第二六卷，頁二七。

31 李德懋，《青莊館全書》卷五八，收入《韓國文集叢刊》第二五九冊，頁二一一。

朝鮮在接待琉球使臣之際，常顧慮到以下兩種情形：接待是否合乎外交禮儀？接待規格採取什麼原則？因琉球也是明廷封國之一，一樣與朝鮮同是列襲封爵之國，若失禮數，恐得罪明廷，此其一。因兩國皆為明朝的藩屬國，凡藩屬國互相使臣來往，理應回報明廷，因而擔心明朝懷疑朝鮮是否私通琉球，此其二。以下透過朝鮮君臣的討論，分析上述因素。

揆諸《朝鮮王朝實錄》，只要涉及琉球使臣來訪，常出現要用何種禮儀規格來接待的討論，甚至出現爭議。例如〈世宗實錄〉記載諸臣議事，其中提到日本通事金源珍從琉球攜來國王書信，質疑朝鮮：「朝鮮為國，境壤遼遠，禮儀詳備，素為中國所敬，今來書契，禮曹判書圖書，何其小也？」亦即針對朝鮮對琉球國的外交文書之回覆，僅用禮部官員（禮曹判書）的書信回應，未用國王的官印，顯然質疑輕視無禮，朝鮮君臣面對此項質疑，乃有如下之討論：[32]

「彼琉球國嘗通中國，曾受印章，自今每於通信，亦用印章何如？若倭人則散亂無統，各用圖書，故我國回答，亦用圖書。自今特鑄禮曹郎廳印章，通信之際，隨其等秩，皆用印章若何？」僉議以為：「倭人本無禮義，不告其主，擅用圖書，我國回答，獨用印章，未便。琉球國事大甚勤，而不知文學，故朝廷獨遣王官，來教禮文，我國以圖書相通，出於偶爾，聞於中國，似為無妨。若用印章，則事關大體，中國聞之，則必以為私交，仍舊為便。」

以上是一四六二年一月十一日的討論，結果還是僅以一般書信回應，不宜用國王名義的官印，怕的是若有兩國私交情況，將得罪中國。但同年十一月十五日，則有更細部的討論：[33]

上謂左右曰：「今琉球國王移咨本國，若使攸司修書契以答，似違於禮，以咨修答，則非隣國交通之禮，何以處之？以書契答之，彼雖有怒於大小強弱，何畏！然琉球國交通中朝，至受爵命，非倭人之比，中朝必見本國修答之文，不可不合於禮也。雖以書契答之，勿用圖書安印若何？故人有言曰：『彼雖無禮，我不可以無禮待之。』當稽古文以答。』孟思誠曰：「宜稽古文以答。」申商曰：「琉球乃至小之國，無衣裳之制、禮義之事。今咨文云：『右咨朝鮮國。』此必是指咨公廳也。臣意修書契以答，似無害也。」上曰：「咨內初面書名，咨下著署，亦非咨文之例，然指予也，非指公廳也，予更思之。」

32 《世宗實錄》（一四三一年一月十一日），《朝鮮王朝實錄》，第十六冊第五一卷，頁三。

33 《世宗實錄》（一四三一年一月十五日），《朝鮮王朝實錄》，第十七冊第五四卷，頁二五。

上述的書信所用的「咨」，是平行機關往來公文書的用語，琉球使臣攜來的國書用的即是「咨」，朝鮮若要回覆的話，宜用平等地位的國書回「咨」，因缺乏國王的官印，不宜僅用禮部官員的答書。朝鮮君臣面臨回應的兩難，如世宗國王所稱：若僅用禮部的書契回應，顯然「違禮」。這裡的違禮，指的是「彼雖有怒於大小強弱」，即輕視了琉球；但若用平等的咨文回禮，固然對兩國而言是合禮了，但何以又言「非隣國交通之禮」？這裡的「鄰國」，應指的就是宗主國明朝的「鄰國」而言，亦即同是藩屬國的朝鮮與琉球，兩國若要交往，依禮應該讓宗主國明朝知悉，否則就是「私交」，此不合禮也。

由此可知，兩國交往，要用何種禮儀的規格回應，朝鮮君臣之所以如此慎重討論，主要顧慮還在於明朝。而其根本原因即是前引文中所說：「若用印章，則事關大體，中國聞之，則必以為私交，仍舊為便。」以及後引文所說：「琉球國交通中朝，至受爵命，非倭人之比，中朝必見本國修答之文，不可不合於禮也。」前者提到「私交」，後者提到「不合禮」，無論是「私交」或「不合禮」，關鍵的顧慮都是宗主國明朝。

四、對漂流人處置的「中國因素」

撲諸《朝鮮王朝實錄》，記載不少琉球送還朝鮮漂流人，順便獻上外交國書與禮物，並往往要求朝鮮國王接見，國王也經常賜予豐厚禮物。此外，朝鮮君臣也透過漂流到琉球的朝鮮人之記載，了解琉球國之風情文物。[34]

如何處置琉球的漂流人，對這個問題朝鮮諸臣亦相當重視。重視理由在於，琉球人亦屬明廷列襲封爵之藩屬國，不僅涉及人道立場，也要顧及宗主國的立場。

以下記載，道出了朝鮮的外交顧慮：「鄭眉壽、李昌臣議：『琉球國世奉中國正朔，今漂流人口，就於明年聖節使，一時具奏辭送，則非但便於遞送，朝廷庶知本國不曾私交之義。』」[35]又如禮曹參議韓承貞所說：「琉球國，世奉上國正朔，則今此漂流人，無異上國之人，不可留置，故今付正朝使，解送上國，以聽處分。」[36]可見考量如此處置的原因，主要避免明廷懷疑兩藩屬國有所「私交」，同時乃因朝鮮人漂流到琉球，也往往一樣被送到中國，再

34 其中對琉球之文物制度有最詳細記載的莫若一四六二年「世祖實錄」，載有船軍梁成等人及肖得成八人漂流到琉球後對其國家風土民情的描述。參〈世祖實錄〉二七卷，八年（一四六二年二月十六日）之記載。

35 〈燕山君日記〉（一四九七年十月十八日），《朝鮮王朝實錄》第八冊第二八卷，頁一〇。

36 〈中宗實錄〉（一五三〇年十月八日），《朝鮮王朝實錄》第三五冊第六九卷，頁三七。

回返朝鮮，琉球也常因這樣的舉動被明廷褒獎。[37]如以下刑曹判書朴壕等議：[38]

琉球國亦我隣國，其國漂流人，圖還本國，要在萬全。聖慮實當。〔畀〕付倭人慮或難保。倭人惟利是謀，得此以為奇貨，終為禍媒，亦未可測也。琉球國人，間或貢于中國，且我國人曾漂琉球國，轉由中國而還。將此漂流人，奏達帝庭，使還本土，未為不可。今正朝使之行，先奏達緣由，中國若許，則付後行入送，亦無不可。

從上述議論中也可知歸還琉球籍漂流人，何以要費此大周章。輾轉送到中國再讓其回返琉球，除有讓明廷知道自己無私交藩屬國外，也顧及人道立場，因若直接送返，可能落入日本的人口販子，終究死路一條。

此外，朝鮮君臣還有更細緻的討論：[39]

且外國漂流之人，不先咨稟上國，而遽使轉解，有違於事大之禮。且若上國責其不稟命于朝，而輕易率來之意，推問之際，琉球國使臣，又謂非我國人，則應對實難。姑留于此，細知根，將漂流到國之意，咨達禮部，乃蒙準而知其入送之旨，然後待後行押送何如？且聞此漂流人，先聞付倭送還之奇，至於涕泣云。朝廷未定之議，輒漏傳于外國之人，事體輕淺。若此人，他日到于中原，盤詰之時，言我國初欲付倭入送之意，則我國之交通倭國事，亦自敗露，此亦不可不慮。請推漏通之因，更與大臣處之。（皆不允）

以上提及凡處理琉球的漂流人，宜先通報明廷，以尊「事大之禮」。當然，這一處理方法同時也是考慮到朝、琉兩國皆屬藩屬國，不可私交。儒臣們還考慮到，這些漂流人往往無法確認身分，任其隨韓國使臣到中國後，在移交給琉球國使臣時，萬一琉球國使臣否認這些漂流人口並非琉球人，就會出現相當尷尬的情形。

值得注意的是，琉球漂流人之所以排除直接交由給倭人護送回國的處置方法，是因為他們

37《明實錄》即曾載：「禮部覆奏琉球世子呈送被虜人民，請照例賞賚。上以尚永世敦忠誠，賞銀五十兩，彩段四表裏，降敕獎勵，仍賞其使臣，銀幣有差。」參《神宗顯皇帝實錄》卷二〇（第五四條）。

38〈中宗實錄〉（一五三〇年十月八日），《朝鮮王朝實錄》，頁三七。

39〈中宗實錄〉（一五三〇年十月九日），《朝鮮王朝實錄》，頁四〇。琉球將漂流到琉球的朝鮮人，也往往透過送至中國，再輾轉回到朝鮮，即便清朝時代亦然，如一七四一年仍有記載：「濟州民二十一人，漂海到琉球國，留一年，轉到福建，又留一年，至四年始還歸，而獨一人死。上聞而惻隱，命加恤典，生還者給衣糧。」〈英祖實錄〉（一七四一年二月十四日），《朝鮮王朝實錄》第三九冊第五三卷，頁一〇。

更擔心有可能會從漂流人之口中，傳出讓明廷誤會朝鮮私通日本之事。由此可知，漂流人之處置，頗為棘手，稍有不慎，將引起明廷的懷疑與猜忌，既不可私通琉球、日本，又要顧及人道立場。而如此種種考量皆因琉球漂流人物之特殊身分，而其身分之所以特殊，正是因為琉球對明廷的藩屬關係。

朝鮮方面的考慮和行動如此之縝密，明廷給予了肯定。我們看到在朝鮮中宗時代的一五三一年，明廷給謝恩使的一段敕書中寫道：40

> 勑書謄黃曰：「禮部題：『為發解瑠球國漂流人口事，主客〔請〕吏司案呈奉本部，送禮科秒出朝鮮國王奏等因，奏奉聖旨，覽王奏具見忠敬。』」云云。又曰：「再照，朝鮮素稱禮義之國，歲修職貢，罔敢〔怠〕違。況累次送回遼東走去人口，曾經巡撫衙門奏稱，各盡臣節。今又能撫玆外國流民，請命中國，不惟照恤憐拯溺之仁，抑亦盡忠君報國之義。迹其忠敬，實可嘉尚。」云。

這封敕書表彰朝鮮具有「不惟照恤憐拯溺之仁，抑亦盡忠君報國之義」，肯定相關舉措「忠敬」可嘉。明廷派至朝鮮的使臣也攜來皇帝詔書，褒獎朝鮮對待漂流人的處置方法。同年四月亦載：

正朝使吳世翰，奉皇帝勑書，還自中朝，百官迎于慕華館。皇帝勑諭：「朝鮮國王諱，得王奏稱，琉球國民馬木邦等七名，漂流到境，隨付進貢使臣，領解赴京等因，足見王恤隣拯溺之義，忠敬可嘉。除將馬木邦等遣歸外，玆特降勑獎勵。王其恪守臣節，益敦禮義，庶永享太平之福。故諭。」

由此，我們不斷看到明廷給予「恤隣拯溺之義，忠敬可嘉」的褒獎，前者具有人道之普世價值意義，至於「忠敬可嘉」完全是大國對小國肯定的特殊價值意義。漂流人的應對與送返，牽涉當時諸多政治外交的特殊敏感意義。

朝鮮送還琉球漂流人之舉，不僅贏得明廷的信任，同時也得到琉球國王的感謝。特別是在豐臣秀吉兵侵朝鮮之後，琉球中山王表達更為積極，萬曆二十九年（一六〇一）琉球國王給朝鮮國王宣祖的咨文即是證明：[41]

先前敝邦凡遇貴國漂流人口，俱即奏聞天朝，轉解回鄉；而貴亦如之。先年敝邦將

40 〈中宗實錄〉（一五三一年三月九日），《朝鮮王朝實錄》，頁三〇。
41 參楊亮功、周獻文等主編，《琉球歷代寶案選錄》（台北：臺灣開明書局，一九七五），頁二二—二三。

> 貴國運米、布員役奉解回鄉，此係遵行舊制，不足深謝；而貴國再行備物咨謝，又報賊酋死亡消息，厚意鄭重，無以為報。所據關賊罪盈惡積，天降之罰；此非但敝邦之幸，實是天下之幸！餘賊蠶食者，亦已俱被官兵驅剿過海去訖。煩乞貴國日後凡有賊情，不揀緩急，須徑報天朝以轉示敝邦。仍將不腆土宜遠表微忱，令賀至陪臣柳根齎赴京師轉交貴使，庶幾得達左右，擬合咨覆。

從上述咨文中，我們看到兩國漂流人口送返事宜均須奏聞明廷、轉解回鄉外，我們也從中看到，琉球國王在贊同朝鮮將日本相關情報呈給明廷之同時，也希望能「轉示敝邦」，以便已方隨時掌握日本情勢。萬曆三十七年（一六〇九）琉球國王致書朝鮮，進一步表達欲結兄弟盟邦的願望：[42]

> 敝邦適年荷天朝頒賜冠服，襲封王爵，始能與貴國，締兄弟之雅，同藩天朝，為股肱臣子。且蒙海不揚波，舟楫安寧，國泰民安，賊酋喪膽，不敢復挺螳臂以睥睨中原。顧天朝威命靈爽，有屈服之，亦友邦和睦，福有自來矣。自今以往，請結永盟，貴國為兄，敝邦為弟，以弟兄而仰事天朝父母，歡睦聘問。願與天長地久之耳，為此咨覆。

不過這封信雖表達謝意，但所謂結盟之語，透露出不尋常訊息。一六〇九年這一年，正是日本薩摩藩出兵滅琉球之年，琉球國王概尋求自保，希冀得到朝鮮的支援。但是「壬辰倭亂」（一五九二—九七）後，朝鮮元氣大傷，自顧不暇，甚至對南邊釜山雜居的日本人也無法看管，以致明廷浙江總兵楊宗業及遊擊守將沈有容懷疑朝鮮私通日本之慮。[43]豐臣秀吉兵侵朝鮮之後所出現的兩國大量漂流人口，以及凸顯中、朝、琉三國海防的嚴重問題，使得朝、琉兩國逐漸由冷漠關係而唇齒相依。可惜天朝的明帝國，不僅要應付東南沿海的倭寇及大量漂流人之問題，也須應付女真在東北的崛起，從而日益自顧不暇。東南沿海之患，終究不如東北之患嚴重，而「壬辰倭亂」及一六〇九年薩摩藩占領琉球國一事，似乎預告了天朝的無力，從而開啟中國周邊民族因應「新中國」的變化，展開另一「中國因素」的新里程。

42〈光海君日記〉（一六〇九年十二月二十一日），《朝鮮王朝實錄》（鼎足山史庫本）第五冊第二三卷，頁六。

43楊宗業及沈有容的奏文曰：「日本薩摩州兵強無敵，新滅琉球國，俘其王。今又借居朝鮮釜山，開市往來，全、慶四道，半雜倭奴，朝鮮君臣，怵而從之。今聞朝鮮，力辭吾人，不入彼國，名若吾人輕擾，實恐洩其從倭之情也。有如倭一朝舉事，則腹心肘腋，皆為敵，朝鮮何不慮耶？」，〈光海君日記〉（一六一三年五月八日），《朝鮮王朝實錄》（鼎足山史庫本）第十六冊第六六卷，頁一二。

五、結語：「中國因素」與「周邊國因素」之間

本章嘗試從朝鮮史料及使臣記載資料，挖掘其間的關係，在此過程中，既關注了朝鮮人如何評價琉球人及其風俗，也發現兩國交往中，天朝中國仍然是主要雙方顧慮的重點。

如本章在第二、三節指出朝鮮面對如何接待琉球使臣或是還送漂流人物時，都不是僅考量朝、琉關係而已，最重要的考量仍然是中國。由此可知，小國之間的交流，處處均要顧慮到大國的觀感，這在今日政治外交的場域中也是如此。當時朝、琉兩國皆作為明帝國的藩屬國，最要顧慮的即是宗主國明朝。

從本章的分析可知，明廷顯然相當重視琉球的封貢關係，並且似有意使琉球的地位不亞於越南與朝鮮，這點頗值得玩味。萬曆年間出使琉球的使臣蕭崇業曾如是稱琉球為：「夷王之冠」。[44]而朝鮮自稱「儒冠」之國，派遣到明朝的使臣，也相當在意自己在外國使臣中的排列位階。且看以下兩條資料的記載：

一是魚叔權（生卒年不詳）的《稗官雜記》有如下的記載：[45]

> 嘉靖丙午（按：一五四六年）。序班李時貞謂賀至使金僉知銛曰：「琉球、安南二

國，其冠服之制，與中國無異。而貴國冠服，獨異於中國。近日朝天宮演禮及會同館賜宴之時，御史及禮部諸官皆以為，朝鮮不及於琉球、安南二國。予力辯曰：『琉球、安南不知義禮，琉球則其俗無袴子，有同狗彘；來朝之日，二國之人，皆假着中國衣服。至若朝鮮，則有禮樂文物，凡天文地理醫藥卜筮算律之書，一如中國，衣服則有朝服公服紗帽團領，但其禮制少異而已。且服章有等差，堂上官乃紗羅綾緞，士庶人則皆不得着，非二國之所可比也。』於是皆相顧嘆嗟！諸公之初所以指二國為優者，徒以冠服之同於中國也。公輩還國，須告大臣，改其冠服體制。幸甚！

---

44 蕭崇業說：「臣等竊惟寰海之外，封界寥闊，以國稱者萬數。琉球固上仁之所不綏而強武之所不（上龍下言）者，迺獨於皇祖統馭之初，衷誠奔附，被服裳纓；繼今敬畏，秉忠不隳。臣節陳書奏表，有華士之風；履繩蹈規，為夷王之冠。翼翼然恭而有禮，郁郁乎文而不慙！」氏著，《使琉球錄》，頁一三〇。

45 魚叔權，《稗官雜記》卷二。原書有六卷，《稗官雜記》由〈大東野乘〉四卷、〈詩話叢林〉部分節錄二卷所組成。〈大東野乘〉在一九〇九至一九一一年間由京城古書刊行會印刷成十三冊，一九六八年慶熙出版社縮印成四冊出版。〈詩話叢林〉四卷四冊的手抄本在一九七三年由亞細亞文化社複印刊行，《稗官雜記》的譯本（漢字翻為韓文）在一九七一年由民族文化促進會所出的《國譯大東野乘》收入。

另一則是宣祖時代（在位一五六七—一六〇八）君臣之間一段耐人尋味的問答：46

上曰：「我國儒冠，可使與中國同歟？」對曰：「制冠之物，彼此殊宜，比而同之，勢似難矣。」上曰：「中國之待我國，視琉球如何？」對曰：「禮部之官，待臣等之時，猶恐失儀，宴琉球時，則不往矣。」白惟讓曰：「見《外國記》，我國居首矣。」

前一事件記載是一五四六年，由於書名為《稗官雜記》，雖其記載之真實性難以確定，但可反應出當時中國官員普遍以冠服之制為準，認為朝鮮冠服稍異於中國，故文化程度不如琉球、越南。後一朝鮮君臣問答是在一五八五年，距離朝鮮開國已經將近兩百年，朱子學成為朝鮮官學且在當時正處於發展鼎盛階段。而朝鮮國王尚有此問，更引琉球以相比較，足見朝鮮固然自視為禮儀要邦，但從明廷的角度來看，中國並非不重視朝鮮，只是在華夷政策上，是以歸順程度及禮儀制度作為區分對待的主要標準，而在實際政策運用上前者往往比後者更形重要。

由此可知，琉球於明朝國初時期，在歸順程度上及送子弟入學一事受到褒獎而言，朝鮮、越南都不如琉球。按理，過去海權不發達之時代對於有周邊陸地緊鄰關係的國家，其地位自然比隔海之邦更為重要，但明廷的思維並非如此。正是因為鄰近國家太過接近，所以常有邊境上紛擾的問題，越南、朝鮮在明朝開國初期，都出現緊張的邊疆問題，成祖時代更曾直接滅掉越南，占領了二十年；而朝鮮開國之君的李成桂時代，明廷諸臣尚多建議興兵討伐。由此可窺，明廷如是重視一個沒有邊境緊鄰、且禮儀文化也未如朝鮮、越南的周邊國家琉球，主要在於沒有邊疆紛擾的問題，而琉球也恰逢其時地表現出明廷所需要的藩屬國的「優等生」標準。

明廷開國之初如此刻意重視琉球的傾向，激發了朝鮮君臣努力改善中朝關係的願望。除了密集派遣朝天使外，官方取士採用嚴密的科舉制度，禮儀上採用《朱子家禮》，法典精神一如《大明律》，學術奉朱子理學為正宗，幾乎到了比中國更朱子學的程度，積極努力地要使自己成為明廷肯認的「華」者。這反映出周邊國家深受中國因素刺激而形成的文化氛圍。

由此可推知兩點結論。首先，明廷對周邊國家採取的是比較「抽象理想型」的華夷政策。言其「抽象」指的是「捨近求遠」，運用的是「借遠服近」方法，即對前來歸順的遠國施予特別禮遇，而令近國羨慕效法。

相較而言，清朝對周邊國家則傾向「具體實務型」的華夷政策型態，畢竟朝鮮是最緊鄰清朝的東北故居地，理所當然成為最被重視的國家，所以藩屬國晉見順序以朝鮮為第一[47]。清廷

46 〈宣祖實錄〉（一五八五年四月十七日），《朝鮮王朝實錄》，第十冊第十九卷，頁六。

47 晉見中國皇帝的順序也是先朝鮮後琉球，如使臣洪大容的記載：「日出後，通官引一行，坐御路西，皆北

接待外國使臣時，是把琉球與暹羅同列，令其住同館，朝鮮則是自住一館。[48]

無論是「抽象理想型」或「具體實務型」的華夷政策，前提是有一強大穩固的「天朝」。但「天朝」不會是永遠不變的「天朝」，每當天朝衰敗、自顧不暇之際，周邊民族就調整因應新的「中國因素」。弔詭的是，明帝國本擅長經營東南海防，尚不至閉關自守，卻亡於東北的遊牧民族；清帝國崛起於東北遊牧之地，不惜閉關自守，卻裂於來自海洋的叩關。看似兩個不相干的衰敗帝國，卻似又有其藕絲的關連。明帝國衰敗前，有琉球的亡國，而清帝國在衰敗前，則有朝鮮的亡國，此二者又都與日本息息相關。近代東亞的發展局勢中，「日本因素」一度取代了「中國因素」並非無跡可循。

其次，如果我們嚴肅思考何謂「中國因素」？無論從中國內部或中國周邊來看，都會發現所謂的「中國因素」並不是鐵板一塊。從中國內部來看，「中國」本就是與周邊民族互動而不斷累積形成的巨大中國，其「因素」的本質也在此。[49]質言之，所謂「中國因素」之本質原因，就是不斷與周邊互動融合的過程而形成，因此「中國因素」本身就不是變動不居的概念。

由此可知，「中國因素」常滲入周邊國家決策的內容，而非單純只有固定不變的「中國因素」。易言之，「中國因素」是周邊國家與中國內部之間的總和體的產物，彼此互相為因，亦互相為果。「中國因素」會激發周邊國家因素，而周邊國家因素也會影響中國因素。從古代史來看，「中國因素」融滲了周邊民族的族群、血緣、文化、經貿各種關係；從近代史來看，「中國因素」注入了諸多「日本因素」、「美國因素」甚至「馬克思主義思潮因素」等等，現在中國的發展也融滲了諸多「台灣因素」、「韓國因素」、「美國因素」。總之，「因素」絕非單一因素而成，而是互為因果，陳陳相因而成。亦即「中國」之所以為「中國」，不會只是因為自己而中國，而是在一定程度上周邊國家使之成為「中國」。

由此進一步思維，中國深深影響周邊國家，而周邊國家又何嘗不深深影響中國呢？試想，如果沒有明帝國在十七世紀末支援朝鮮的戰爭，還會有往後延續三百多年的朝鮮王朝嗎？反過來思考，如果沒有朝鮮時局的變動，會有清帝國的崛起嗎？朝鮮的問題一直延續到一八九四—

向。千官分班，列坐于午門外。琉球使在我使之後，行三拜九叩頭禮，通官言皇上率千官，朝于太后云。少頃午門上鼓聲大震，皇帝坐殿也。」〈正朝朝參〉，《湛軒書外集》卷九，收入《韓國文集叢刊》第二四八冊，頁二九七。

48 李尚毅在〈李芝峯安南使臣唱和集跋〉中說：「余與芝峯子，俱賀節於天朝，薄海內外，咸集闕下。而琉球暹羅則同寓一館。」收入氏著，《少陵先生文集》卷三（一七〇八年刊），收入《韓國文集叢刊》第十二冊，頁一五六。

49 這方面可參看王明珂的研究《華夏邊緣：歷史記憶與族群認同》（北京：社會科學文獻出版社，二〇〇六），尤其是第三部分「華夏族群邊緣的形成與擴張」。此部分主要闡述華夏邊緣的擴張向外漂移是藉由兩種變遷過程來達成：一是華夏心目中的異族概念向外漂移的過程（如西周時代羌在文獻中消失）；另一則是華夏邊緣群假借華夏祖源記憶以成為華夏的過程（如吳太伯的故事）。

九五年的甲午戰爭以及一九五〇—五三年的抗美援朝的戰爭，這也反映出周邊國家往往是牽動「中國因素」的關鍵。職是之故，當我們思考「中國」或「中國因素」之際，從周邊國家或從東亞乃至世界局勢來看中國，會比單純在中國看中國，或從中國看周邊國家會有更大的格局與胸襟。

第八章
朝鮮陽明學者鄭霞谷與朱子學者閔彥暉的華夷論辨

一、前言

朱子理學與陽明心學，縱有諸多思想論理之爭，但就筆者所見，好像很少有人比較過兩學派的華夷之辨，或因陽明本人從未挑戰過朱子的華夷立場，或因陽明所處環境沒有朱子面臨外患亡國的處境，因此華夷課題並未在兩學派論爭過程中而被顯題化。但在異域的朝鮮王朝，華夷論辨課題特別複雜，多少牽動朱子學與陽明學者不同的思想論爭。

明清鼎革之際，江戶初期幕府儒官林春齋（鵞峰，一六一八—一六八〇）、林鳳岡（一六四四—一七三二）父子奉命蒐集海外情報，特別對於中日的貿易往返訊息，兼及中國、朝鮮之局勢，將之彙編為《華夷變態》一書。德川朝可說是間接旁觀時局的變化，朝鮮則首當其衝，又有被迫棄明投清的掙扎，偏偏清帝國又是一個中國所稱「胡虜」、「奴酋」、「虜夷」，華夷之辨在朝鮮乃成為一個極端複雜的課題。如本書第一章所分析，朝鮮自稱「小中華」，對於拋棄舊宗主國（明）之「華」，而承認新宗主國（清）之「夷」，意味由「華」轉「夷」的巨變，而且有拋棄明朝在壬辰事件（一五九二—一五九七）的「再造之恩」，背恩忘義，莫此為甚；但若不承認清，則又有宗室社稷滅亡之虞，堪稱抱「華」一起而亡。

不過，隨著清朝統治中國一段時間後，華夷的界線出現詮釋裂痕，這時發現「夷狄入中國則中國之」，仍用儒教禮義統治中國。清康熙皇帝曾為朱子有關的《資治通鑑綱目》加以御批而彙編成的《御批資治通鑑綱目》，其中對於「夷狄入中國」的北魏政權與蒙古政權有不同的評價：「魏以夷狄主中國行事，一以華夏為法，蓋欲以華變夷也。春秋之法，夷而進於夏則夏之，元魏之好尚如此，其亦異乎蒙古之所為。」[1]以皇帝的姿態，強調「夷狄」可轉化為「華」，關鍵在於「以華夏為法」，如德川儒者伊藤仁齋（一六二七—一七〇五）解《論語》的「夷」字時所說：「苟有禮義，則夷即華也。無禮義，則雖華不免為夷。」[2]是從禮義文化上來判定華夷之別。

本章所關注的華夷論辨涉及的時空背景是「丙子胡亂」（一六三六—一六三七）前後，朝鮮須奉清政府為正朔、稱臣跪拜。針對此一大事，君臣上下有諸多議論，或持春秋大義，堅持「明大義，存國體」，寧可亡國而拒絕向清稱臣；或有不出仕者，甚至有自殺明志的儒臣；或持「保君存國」為「大義」者，主張和議降清，改清年號。在這個過程中，朝鮮儒臣爭論不休，

1 〔清〕宋犖彙編，《御批資治通鑑綱目》，收入《四庫全書珍本（第六集）》（台北：臺灣商務印書館，一九七六）卷二五下，頁一七。當然，康熙皇帝的「御批」內容，未必就代表朱熹的夷狄觀，反而更想轉化有關朱子學的夷狄觀。

2 伊藤仁齋，《論語古義》，收入關儀一郎編，《日本名家四書註釋全書》（東京：鳳出版，一九七三，第三卷），卷五，頁一三七—一三八。

雖然鄭霞谷（名齊斗，一六四九—一七三六）與閔彥暉（名以生，號誠齋，一六四九—一六九八）出生於丙子事件之後，有志節的儒臣尚持續選擇隱居不出仕，或死節明志，或死後碑銘不書清年號，亦有如宋時烈（一六〇七—一六八八）明確上疏「享祀祝詞，勿用偽清年號」。[3]即便到了一七二六年，仍有太學生俞郁基等，疏請「聖廟祝辭，勿書胡清年號，改以崇禎後幾年。」國王英祖（在位一七二四—一七七六）批曰：「爾等之言，出於秉義，當下詢大臣矣。」[4]鄭霞谷與閔彥暉的有關奉年號的華夷論辨，即是在此一時代背景課題而產生的爭辯。

其實在一六三七年朝鮮正式投降清之前，即有奉年號一事的爭議，起於一六二七年金使致書朝鮮國書勿用明朝年號，且須先以王子為人質。一六三二年金人遣使來廢除兄弟之盟，改為君臣之義，遭國王仁祖（在位一六二三—一六四九）之拒絕。一六三六（丙子）年三月，金建帝號，改國號為清，遣書朝鮮，迫令尊之，引起上下儒臣激辯，乃送羅德憲、李廓二使臣答禮，二使臣堅持不拜清主。此後，以崔鳴吉（一五八六—一六七四）為首的和議派，與以金尚憲（一五七〇—一六五二）為首的反和議派，針鋒相對。十二月清軍大舉入鴨綠江，入江華島屠城，擄二王子，國王仁祖自南漢城出降，向清帝三拜叩頭。[5]

《霞谷集》卷一與卷二，收入有關鄭霞谷與閔彥暉的書信往返論辨，卷一是有關朱子學與陽明學的心性論辨，甚為精彩，學者經常引用。至於卷二所涉及的華夷論辨，較乏人問津。本章以考察霞谷與閔彥暉的華夷論辨為主，主要根據《霞谷集》卷二的資料，前後計有五封書信。[6]從這些內容看來，涉及「奉正朔與跪拜是否一事」、「出處第一等義之辨」、「正統之辨」等論辨課題，雖是華夷之辨，但其解釋立場實際上也涉及二人的學術傾向，故亦可視為陽明學與朱子學的一場論辨。

二、鄭霞谷對「和議」的權變理解

為了有利於本章分析霞谷與閔彥暉的華夷論辨，有必要先釐清霞谷本人對於丙子事件所持的態度是「和議」或「反和議」。在《霞谷集》卷一與朴南溪（一六三一—一六九五）的書信

3 《朝鮮王朝實錄》，顯宗第二一卷，十四年（一六七三），十月十二日。

4 《朝鮮王朝實錄》，英祖第九卷，二年（一七二六），二月六日。

5 關於丙子之亂，可參金澤榮，《韓史綮》（一九一四年完成，原未載出版資訊），頁一五八—一六五。

6 閔彥暉與霞谷是同年出生，但閔彥暉僅得年五十歲，似無出色弟子為其整理文集，故不得見閔彥暉原有的書信，因此本章僅能就霞谷所保留的書信內容進行分析。從閔彥暉頻與時人的書信往返來看，可窺他在當時是相當活躍且受肯定的儒者，至少與時儒金昌協、尹拯（一六二九—一七一四）、朴世采（一六三一—一六九五）、崔錫鼎（一六四六—一七一五）、金榦等，皆有大量的書信往返。這些書信分別收入金昌協所著《農巖集》卷一四，尹拯所著《明齋先生遺稿》卷二〇，朴世采所著《南溪集》卷第三四，崔錫鼎所著《明谷集》卷一二，金榦所著《厚齋集》卷四〇。

中多所涉及，如以下〈上朴南溪〉的資料：[7]

孟子謂授受不親禮也，嫂溺援之以手權也。又謂以禮食則飢而死，親迎則不得妻，則奚啻食色重。朱子斷之曰：「義理事物，其輕重固有大分，然於其中又各自有輕重之別。聖賢於此斟酌，固不肯枉尺而直尋，從利而廢義亦未嘗膠柱而調瑟，執一而無權斷之一視之當然而已。」朱子說止此蓋以此為處事之權衡，實義理至要處也。凡天下道理，若只有箇不肯枉尺而已，則又安用更說未嘗膠柱邪！陳代之勸見諸侯，為聖賢濟時之功；牛溪之從於和議，關國家存亡之幾。之二者，義理之至重且大，殆有甚於得食得妻，則恐不可以從利廢義非斥之也。大氏古今人國，此訟甚多，日者丈席亦嘗以近日事承問，而妄意在國存亡為重，故敢以權輕重仰解。然竊謂必明此義，而後天下事理方可卞也；若只知有經而莫知有權，則可不謂之膠柱乎。雖然世或有揣摩事宜，斟酌經權者，則又必疑之為枉尺。何哉！（按：小字為霞谷所加）

上述引文可知，霞谷認為孟子弟子陳代勸孟子往見諸侯一事，[8]比較朝儒成牛溪（一五三五—一五九八）遵從議和主張一事，前者是「為聖賢濟時之功」，後者則是「關國家存亡之幾」，這兩件事情不可輕易判別為「從利而廢義」。霞谷上述的發言，當有針對性，因為朱熹解釋陳代勸孟子往見諸侯章時，就以「利」著眼而曰：「夫所謂枉小而所伸者大則為之者，計其利耳。一有計利之心，則雖枉多伸少而有利，亦將為之邪？」朱熹這樣的解釋，實是孟子立場，因孟子在此章也說：「且夫枉尺而直尋者，以利言也。如以利，則枉尋直尺而利，亦可為與？」不過，筆者認為霞谷並不是刻意反對孟子，而是從經典簡單的問答中，企圖推敲出問者的初衷，也就是陳代所謂「不見諸侯，宜若小然。今一見之，大則以王，小則以霸。」仍是以「為聖賢濟時之功」的王道為其初衷，勸老師應有所行動而往見諸侯，這應屬權變，不應輕易判別陳代有「計利之心」。同樣，霞谷也同情成牛溪的和議主張，因牛溪處於日本兵侵朝鮮的壬辰事件，迫於日軍兵臨城下，以存宗社為幸，為求緩兵之計，贊成和議。以上霞谷對兩事的詮解，顯然與朱子解釋大有出入，但可窺霞谷看到「義理」底下不應脫離當下的脈絡情境與當事人的心境，不可隨意輕判他們「從利而廢義」，故批評那些「只知有經而莫知有權」者，霞谷可謂藉此來論議權變的重要性，而且申明「必明此義，而後天下事理方可卞」，否則恐有對經文進行膠柱鼓瑟的詮解之弊。

7 鄭霞谷，《霞谷集》（漢城：民族文化推進會，一九八一）卷一，頁一〇。

8 《孟子‧滕文公下》）載曰：「陳代曰：『不見諸侯，宜若小然。今一見之，大則以王，小則以霸。且《志》曰：枉尺而直尋，宜若可為也。』」。

從上引文中，可窺霞谷頗欣賞成牛溪之權變立場，或許我們也可從牛溪如何評價曾經仕元的許衡（一二〇九—一二八一）一事，更能掌握其權變立場。如所周知，許衡作為仕元的朱子學者，歷來頗有爭議，但也不乏稱揚者，以其有「實學」、「實德」角度欣賞之，日本德川儒者伊藤仁齋即曾盛讚過許衡。[9]至於朝鮮儒者李退溪（一五〇一—一五七〇）、李栗谷（一五三六—一五八四）兩大儒對許衡仕元的出處大節則有不同評價態度。退溪認為「不害義」，[10]栗谷則有些質疑，嘗謂：「朱子之後，有真德秀、許衡，以儒名世，而考其出處大節，似有可議，故不敢收載。」[11]宋時烈（一六〇七—一六八八）亦曾批評許衡、吳澄等有「坐失身之律」，甚至建議撤去許衡在孔廟的牌位。[12]成牛溪則持贊同許衡的觀點如下：[13]

> 蓋用賢，人主之職也；賢才，有國之器也。良工不能以鈍器善其事，哲王不能以駑才成其績。是故，能用人則人君雖或凡庸，亦足以維持其國；不能用人則人君雖無失德，未免危亡。以衛靈公之無道宜喪也，而能用三賢，國以之治；以宋理宗之夙興夜寢，修飭如儒者，而不能用賢，終信小人，宋卒於危亡。許衡有言：「仁慈禮讓孝悌忠信，而亡國敗家者皆是也。」臣嘗以為過言，及歷觀古史，如許氏之言者，信有之矣，可不懼哉！然則任君子則治，任小人則亂者，古今天下不易之定理，而君子小人進退消長之分，又係於世道之升降焉。

成牛溪特檢擇出許衡的話：「仁慈禮讓孝悌忠信，而亡國敗家者皆是也。」[14]這是專指成天講

9 伊藤仁齋嘗兩次校刊元朝許衡所撰的《魯齋先生心法》，六十五歲那年在重刻《魯齋心法》時的「序」一文論古今人物：「予於古今（漢唐以下）人物得三大賢。宋明道程先生也、范文正公也、元魯齋先生也。……魯齋先生亦嘗自謂學孔子，不陳伐宋之謀。大非俗儒者流。區區文字者，比其議論文字，雖不免時習舊套，然見其所志所處若此，是何等學術、何等心膽，豈非有實學、有實德而有實材者邪！」（〈刻魯齋心法序〉，收入三宅正彥等編集，《近世儒家文集集成》（東京：ぺりかん社，一九八五）第一卷之《古學先生文集》，頁二五下。

10 李箕洪在其《直齋集》卷八〈尤齋先生語錄〉中，有段問答載退溪對許衡出處的態度：「問：許衡事元可疑，而退溪先生曰：『衡之為世而出，似不害義。』未知聖賢復生則其論如何。先生曰：恐當以栗谷之論為正。」收入《韓國文集叢刊》第一四九冊，頁四四七。

11 李栗谷，《聖學輯要》，《栗谷先生全書》卷二六，收入《韓國文集叢刊》第四五冊，頁七九。

12 宋時烈站在朱子春秋大義立場而說：「朱子於綱目。大書特書以正之。然後君臣大義。昭如日星。而亂臣賊子懼。只此一事。亦足以承三聖之功矣。此義已明。故胡元入主中國幾百餘年。而主續筆者承朱子之旨。不少假借。如吳澄，許衡之徒。皆坐失身之律。微朱子。吾其被髮左衽矣。」參氏著，〈丁酉封事〉，《宋子大全》卷五，收入《韓國文集叢刊》第一〇八冊，頁一九二。另頁二〇三載上疏建議撤去許衡從祀孔廟牌位。

13 成牛溪，〈辛巳封事〉，收入《牛溪先生集》卷二，收入《韓國文集叢刊》第四三冊，頁二八。

14 按：成牛溪引用許衡的原文應來自《魯齋遺書》卷二，但稍有出入，原文上下脈絡如下：「敬字最好，然有不合敬處亦多敗事，大抵百行皆用當其可得以成事，此聖門所以汲汲要格物致知，不然，則仁慈禮讓孝友恭默，亡國敗家者皆是也，可不務乎！」這段原文旨在發揮「敬字」的重要性，需要「格物致知」之工夫，以

「仁慈禮讓孝悌忠信」或「大義」等道德信條，卻提不出具體治國、救國的實際策略者，終導致亡國，而將這些人歸之為「小人」。細檢霞谷著作，雖無對許衡進行相關評論，但霞谷站在權變的立場，應會同意牛溪上述之論，以下三節有關霞谷與閔彥暉的華夷論辨，或可充分說明霞谷的立場。

三、既奉「正朔」是否行「跪拜」之爭

丙子事件導致朝鮮君臣上下的高度論辨，以下先從反對和議派的「丙子三學士」（吳達濟、尹集與洪翼漢）之一的尹集，從其上疏文一窺端倪。尹集說：[15]

> 和議之亡人國家，匪今斯今，振古如斯，而未有如今日之甚者也。天朝之於我國，乃父母也；奴賊之於我國，即父母之仇讎也。為人臣子者，其可與父母之仇讎，約為兄弟，而置父母於相忘之域乎？而況壬辰之事，秋毫皆帝力也。其在我國，食息難忘，而頃者虜勢張甚，逼近京師，震污皇陵。雖不得明知，殿下於斯時也，當作何如懷耶？寧以國斃，義不可苟全，而顧兵弱力微，未能悉賦從征，亦何忍更以和議，倡於此時乎？往日聖明，赫然奮發，據義斥絕，布告中外，轉奏天朝，環東土數千里，

舉欣欣然相告曰：「吾其免被髮左衽矣。」不圖茲者，獎勑纔降，邪議旋發，忍以清國汗三字，舉之於其口，又有承旨、侍臣屏去之說，噫嘻亦太甚矣。

以上尹集以明朝與清人對比，前者為「父母」，後者為「父母之仇讐」，甚至稱清為「奴賊」，加上一五九二—一五九七的七年期間明朝軍援朝鮮，使朝鮮免於亡國，今日朝鮮被清軍兵臨城下，盟定兄弟之國，乃是忘父母之恩，負君臣大義。此外，涉及大義的另一問題是華夷之辨，尹集高舉過去國王宣祖可以號召全國上下抵抗日軍，用的是「吾其免被髮左衽矣」之標語，今日更有理由也可用之於清軍，因此激烈主張不可承認「清」的可汗地位。易言之，承認了清國可汗之地位，等於自降「華」為「夷」。

然而形勢比人強，朝鮮終究承認了清國，也正式奉清為正朔，既奉清為正朔，則當行君臣之禮。依明制之禮，臣須向君行跪拜之禮，故昔日明朝出使朝鮮的使臣，宣敕詔書時，朝鮮國王亦須率群臣行跪拜之禮接旨。針對這個奉正朔後，君臣是否行跪拜之禮，閔彥暉與霞谷有不同的意見，閔彥暉認為「奉正朔」與「跪拜」兩件事可以分開，鄭霞谷則主張既「奉正朔」，

助其「敏」以成事，不能光有「仁慈禮讓孝友恭默」之德，而不去致力於格物致知之工夫。

15 《朝鮮王朝實錄》，仁祖第三三卷，十四年（一六三六）十一月八日。

則理應「跪拜」，這是一件事情，雙方各提出理由。如以下霞谷的回信內容：

夫正朔者，天王之事。既奉其正朔則是成之為天王，而自居於陪臣也。陪臣之稱陪臣行拜跪，誠亦無足怪者。雖能諱其名而惡其禮，其如自在之實，將焉避哉？負其名分之重，而徒欲不事於禮數之末，無乃所謂弟子而恥受教者耶！兄書前後皆以拜跪則主華夷而不屈，年號則主君臣而奉行，非不審盛意所在，而反復推究，終有不如此者。何則拜跪稱陪，皆年號之所驅使，則年號與拜跪，本非貳事。承其年號之後，此等節目，烏得以免。若無年號，縱欲行之得乎？故拜跪辱也，其禮反小，年號虛也，名義則重。從古以正朔為重，良為是爾。然則以拜跪為恥者，年號亦當恥也。若曰年號在朝廷承用，非我所手受，則稱陪拜跪，罔非奉國命而役使者，寧有彼此之可擇哉！大抵華夷之下，不容不嚴，君臣之義，不容不明之。二者俱有所指，俱不可廢。又無優劣之可言，但以華夷為重者，雖至於年號一也。年號雖欲不拘，既以拜跪為恥，則年號之當恥，亦無異也，不然無華夷。以君臣為重者，雖至於拜跪同也。拜跪雖不可為，既以吾君為重而奉行年號，則於拜跪亦無異也。不然無君臣。

以上之論，加上其他書信的論辨，筆者先將兩造的主張用下表顯示，以利理解：

鄭霞谷與閔彥暉有關華夷的論辨關係表

	閔彥暉立場	鄭霞谷立場
1. 國君是被逼與自居的態度	國君被逼為陪臣	國君自居於陪臣
2. 年號與跪拜關係	兩事，名義可不符。	一事，名義須相符
3. 年號與跪拜之禮孰重	跪拜為重。（跪拜之禮大）	年號（奉正朔）為重。（奉正朔之禮大）
4. 年號與跪拜涉及的華夷	君雖奉年號，迫於無奈。以行跪拜為恥，自甘為夷。	君既「不得已」奉年號，跪拜亦「不得已」而跪。並無華夷之問題。
5.「畏服」與「悅服」之間	奉年號是畏服，故是「虛」。跪拜是「悅服」，恐令「虛」轉為「真」。	若是「畏服」，則奉年號及跪拜俱是「畏服」。若是「悅服」，則奉年號及跪拜皆是「悅服」。
6. 正統立場	清非正統	正統應依承認正朔而有
7. 討伐立場	不得已奉年號，若行跪拜，則失去討伐立場。（若不跪拜，則保留討伐立場）	沒有明顯反對討伐態度。（但筆者推論，既是自居陪臣，奉年號、行跪拜皆沒有「不得已」情形，故應反對討伐）。

由上表可窺，一切的問題，皆是第一項國君到底是被迫，或自居承認自己是陪臣。表面看來，朝鮮國王是被迫稱臣，但我們只要對照前述尹集的慷慨激昂反對和議稱臣的上疏文即可理解，朝鮮國王本可在一念之間選擇「對抗可能亡國」或「和議忍辱存國」，就如同對抗日軍的壬辰事件一樣，而最後國王選擇了對抗日軍。在霞谷看來，既然選擇了和議，就該承擔一切的羞辱問題，甚至「華夷」分界的問題。霞谷其實另一層意思是說，國王若選擇對抗到底，就沒有「自甘陪臣」的問題，所以一切源流問題，在於國君實有自由意志決定自己是否稱臣？是否奉清為正朔？故主張「奉正朔為重」，既然稱了臣，行跪拜是當然之理。

霞谷這樣的立場，實則與陽明學知行合一之論相符，若依閔彥暉「年號」與「跪拜」可以是兩事之論，即雖奉了正朔，但可不行跪拜之禮，乃因感覺受到「恥辱」而無尊嚴。但在霞谷看來這是知行不合一，表面做的，心裡想的是不一致，既奉清為正朔，必須說服自己有兩點：其一須承認天命移轉，這是「勢」不可變之「理」，只能接受，作為臣子的，只能依據國君的抉擇而行事。其二是華夷問題，不在於什麼國家、什麼民族，而在於有無「禮義」文化的判準，自古有所謂「夷狄入中國而中國之」之例，不能對清國先存有「只是夷」的成見，並由此更見朝鮮之「華」的可貴。以上兩問題，儒臣若無法說服自己，則將出現出仕與不出仕的原則問題，所以有以下出仕標準之爭。

四、出仕標準之爭議

朝鮮因面臨所奉正朔的宗主國是「夷狄」的情況，導致出仕的標準呈現複雜的情境。顯然這邊的夷狄指的是滿清，《霞谷集》卷二〈答閔彥暉書〉第一封載：[16]

> 昨承盛論，復辱書示，何幸何幸！弟之初見，蓋以奉行正朔為重，今悉教意，以爵命所自出為大，斯無可疑者。來諭又云：「其國夷狄，其禮夷俗則士不當出；其國吾國，其禮吾俗則士無不可出；其國雖吾國，其禮夷俗則亦不當出。此義甚明，以是例之，雖夷狄之國，能行先王之典禮，亦可以出矣。如何？綱目凡例……」云云。

以上可看出霞谷的立場是「以奉行正朔為重」，而閔彥暉則強調「以爵命所自出為大」。「爵命」即是封爵受命，表面看來這應該沒有什麼衝突，但閔彥暉這裡應該是強調「所自出」，即「自己願意被受封」，不是「被迫受封」，顯然朝鮮是遭清廷兵臨城下而「被迫受封」，轉奉滿清為「正朔」，此與朝鮮「自願受封」於明帝國有別。因此才有以下所提到的出仕四標準：

16 鄭霞谷，《霞谷集》卷二，頁二四。

1. 宗主國是夷狄，且宗主國的禮是夷狄的習俗，不應出仕。
2. 宗主國不是夷狄，且宗主國的禮與我國的習俗同，則可出仕。
3. 宗主國雖然不是夷狄，但宗主國的禮是夷狄的習俗，也不應出仕。
4. 宗主國雖是夷狄，卻實行我國的習俗（先王之典禮），則可以出仕。

顯然以上四個標準，只有一與四是閔彥暉與霞谷立場差別的問題，閔彥暉傾向第一種「不仕」的立場，霞谷則傾向第四種。依霞谷立場，因既然已經奉清為正朔，不可貿然認定清朝不會行先王之典禮，仍有可出仕的理由。由此乃衍生往返書信有關「仕避之義」及「出處第一等義」的論辨課題，分析於下。

1. 仕避之義與「君臣之倫」、「華夷之辨」的關係

以上有關「奉正朔為重」與「跪拜為重」，此又涉及「君臣之倫」與「華夷之辨」的問題。依閔彥暉之立場，「奉正朔」屬君臣之倫，「跪拜之禮」屬華夷問題，閔彥暉企圖切割，但霞谷一貫堅持兩事是「一事」，並涉及「不得已」之情的問題。霞谷對此而論：

兄之前書曰君臣之倫大，某亦曰君臣之倫大。今書曰華夷之卞大，某亦曰華夷之卞大，是何有同異之可辨哉。惟此二端，既不可兼行，則於其不得已處，不得不為兩下

道理，要夫人之自擇而已。……

夫某說之所由起與其所蔽焉則不過曰年號是已。苟無年號之可拘，而只接待一事則兄之或仕或避，人孰不樂為。但年號終不可以不拘矣，仕避之義，誠無可施之處，則以夷夏為重者，雖欲一出，焉可得也。縱欲不為槁枯，如其無路何哉！然則某所云一出一處者，恐是俱有而不可無，兄試以此說作已言而觀之。出而為君臣，處而為華夷者，當兩有邪？當兩無邪？某始亦忽於年號，謂當仕避之如兄所說。近因拜跪一事曲折，以究年號與拜跪，竟莫能貳得。若有人責之曰汝既承彼之年號而不欲拜彼，何所據也。慎於拜而不慎於年號，豈非重其末而輕其本者耶云爾，則將有辭而解之乎？某故曰恥於拜跪則當自年號而不受，然不得已而受之則其於拜跪，亦當不得已也，安有異義於其間哉？

顯然「君臣之倫」（奉正朔）與「華夷之辨」（跪拜之禮）在承認清之年號即產生衝突。朝鮮因出於被迫情形而奉正朔，故有「不得已」之情。對於出仕者而言，閔彥暉可以當成兩件事分開處理，朝廷既承認「正朔」，但作為臣子，則有「不得已」之情而不行跪拜之禮，主張「年號無妨」、「跪拜當恥」，[17]也就是可以如引文中所說「出而為君臣，處而為華夷者」，作為出處進退的衡量標準。但霞谷看出這個「不得已」的兩分問題，若「不得已」接受年號，也就應貫徹「不得已」行跪拜，這樣的「不得已」才不會有矛盾的問題。而若恥於跪拜，當初就不應接受年號，這樣也不形成衝突的問題。可見，「君臣之倫」與「華夷之辨」實則與霞谷一貫主張的「跪拜」與「年號」不可分為兩事的立場一致。[18]

2. 「出處第一等義」之辨

有關「出處第一等義」這個課題是由閔彥暉拋出，因涉及上述行跪拜、奉年號是否一事以及華夷的立場，霞谷則對此亦有意見，而有如下之辨：

> 且兄每擧「出處第一等之義」見諭，引曾、閔事以問之，豈不知盛意？但所謂「第一等義者」，各在其人實德，未可易以一時所處之事言之也。孟氏之書，亦有事君安社稷天民大人之等，均一仕也。而等數之多端若是，則其第一等義果安在哉？是故其德必也出可以澤及天下，處可以垂教萬世，然後方可謂第一等。若徒以出處一事，欲論其等次，則虞仲、於陵，將同為其清；禹、稷、陽貨，將同為其任。後世之乍出乍入者，將與夫子之仕、止、久、速，同為其時。箕微、少師去就不比，則將不得同為

仁矣。周、呂、夷、齊趣舍相反則將不得同為聖矣。可乎哉？就令今世如有大德之人，足能驅虎豹而與一治，則何為之不可，何時之不能哉。苟其不然，力量有所不及，事勢不能兼全，則亦各隨其分而行其宜而已。若使曾、閔當之，又孰知其必出於某道某行，而乃敢臆測論列哉？

閔彥暉所謂「出處第一等義」，特舉閔子騫、曾子不出仕之例說明之，蓋以聖人弟子不出仕以說明此即是聖人之義。如所周知，《論語・雍也》篇記載閔子騫不仕的原文：「季氏使閔子騫為費宰，子騫不欲，乃語使曰：『善為我辭焉。如有復我者，則吾必在汶上矣。』」至於曾子也沒有出仕的記載，所以朱熹在《四書章句集注》引程子之語：「仲尼之門，能不仕大夫之家

17 參霞谷書信中提到：「兄曰拜跪當恥，某曰然則年號亦當恥。兄曰年號無妨，某曰然則拜跪何獨恥。因兄之所忽以見其重，因兄之所重以舉其忽，前書屢百言，雙提而對證，無非明二者之為一事而不可分之意也，曷嘗有所謂恥年號而成拜彼者耶。且兄以不拜為天下之大防，然既承其年號，承年號獨可為之防乎？」，〈答閔彥暉書〉，《霞谷集》卷二，頁三五—三六。

18 如霞谷所說：「年號之與拜跪稱陪，終無絲毫之異，鄙意終是如此。恥拜跪之人，當先自年號而恥之；不避年號之人，雖拜跪亦不必避。蓋彼若當恥則此亦當恥，此若不得已則彼亦不得已。鄙意所本源者止在是耳。」同上引，頁三六。

者，閔子、曾子數人而已。」不過，霞谷所謂的「出處第一等義」是有關「其德必也出可以澤及天下，處可以垂教萬世，然後方可謂第一等」，並且出仕也因人之「實德」、因人之所處之事境脈絡而有所不同，不能只是以「出處一事」判定之，並引用孟子評價在鼎革之際各種聖賢的事蹟行為為例，有「聖之任」、「聖之清」、「聖之和」、「聖之時」的等次。無法達到上述聖賢等次的，就只能依現實的情況，「力量有所不及，事勢不能兼全，則亦各隨其分而行其宜而已。」顯然霞谷堅持有權變的空間，但這個權衡標準是什麼？霞谷以下提出「心之所安」的出仕判準。他說：[19]

> 士於其間，或仕或不仕，只宜就其心之所安而為之，正如成湯、周武反正救民，未嘗非義；夷、齊、泰伯餓逃為清，未嘗非仁，亦各得其心之所安而已矣。誠如是，則君子之以君臣為重而出而為仕者，是亦道理，夫豈辱身之謂哉？若或主此而奴彼，執一而廢其一，非復通誼也。由此而言不仕、全仕二等之義，自當并行而不相悖矣。

以「心之所安」作為權衡判準，如眾所知，陽明的「心」即是「良知」，「良知」具有判斷是非善惡的能力，在此我們看到霞谷有陽明學的影子。若此「心」帶著以君臣為重的初衷而選擇出仕，此當符合良知，既以此為出仕的初衷，則承認年號、跪拜等事都是在這樣的初衷行事，所以才說「君臣之義」與「華夷之辨」是一事。若此「心」以華夷之別為重，則應選擇不出仕，作為民間人士，這樣就沒有又要承認年號卻又不跪拜的矛盾問題。霞谷上述的堅持意見都可在卷一〈答閔彥暉〉書中所論辨朱子學與陽明學同異的過程中，屢屢強調陽明的「一心理」、「合知行」、「無內外」、「一本末」的理論看出前後一貫的立場。[20]

五、「正統與非正統」之辨

閔彥暉之所以可以承認年號，但以跪拜為恥，所提出之主要理由，便是清廷屬於非「正統」。如是，這又涉及「正統」之辨的問題。霞谷書信中說：

19 鄭霞谷，〈答閔彥暉書〉，《霞谷集》卷二，頁三五。

20〈答閔誠齋書〉中強調「一心理」、「合知行」而曰：「自然之理，無非是此體也。吾人之能惻隱、羞惡，能仁民愛物，以至能中和位育也。無非良知良能，天之所與我，不慮不學而有之本然之體，即亦無非此體也。故一心理、合知行而有不得以分岐者也。」又說「無內外」而曰：「夫陽明之謂心即理，心在物為理，無內外，一而已者，只是此耳。」又有關本末、內外關係則說：「然其所言心即理者，正是由內達外，自本而末云耳。」《霞谷集》卷一，頁二九—三〇。

來諭又云：「非正統所與，則年號不過虛套，不足數也。」夫下代尚論之論其與奪，則雖如是言之可也。至若今世之人身，自承用則不足數之意，將焉在哉？以其不足數而反欲承用耶？竊所未喻。昔楚滅陳蔡，《春秋》書「陳侯蔡男復歸國」，不與楚之「滅中國」也。當時蔡人如有畏服於楚，承楚正朔如今日，則將以聖人不與滅之之故，而遂不謂之臣服於楚可乎？又如後來無統之世，或有力屈被服於僭竊之徒者，則謂其非正統不足數而以受用其年號為無妨，許之以非臣服，果有是理否？大氐今日之論，惟年號、拜跪，有別無別一言之下而已。不審高明亦以為然否？

上述霞谷針對閔彥暉認為清不是「正統」，而承認其年號的行為則是「不過虛套」，可以不算數。但這在當代或年代未久的下一代或者可以討論「正統」的正當性。但作為「今世之人」，也就是進入第三代的時空，奉正朔而臣服於清，已行之有年，豈能私底下說不算就不算，無論如何這是說不通的。霞谷並舉《春秋公羊傳》所載陳、蔡兩小國已為楚所滅，並為楚國所新封，但《春秋》仍書寫陳、蔡是「歸國」，目的是為了楚國作為諸侯，根本無資格封陳、蔡二國，也不承認楚「滅中國」這回事。霞谷舉此例的目的，無非要說明：現實上，陳、蔡兩國必臣服於楚，奉楚為正朔，且受封於楚，而陳、蔡兩國之人可以不承認這個事實嗎？如同今世朝鮮一樣奉清為正朔，卻又說不臣服於清，這不是很矛盾嗎？霞谷並沒有正面回應清是否為「正統」的問題，僅是就朝鮮已臣服於清多年的現狀析論閔彥暉的矛盾觀點，但約可略窺霞谷認為所謂「正統」仍應依承認正朔而有，而無法苟同既承認了正朔，卻又說對方「不正統」。

接著「正統」而來的問題是，若「正統」不被承認，則可否保留「討伐」的權利，閔彥暉的立場是肯定的。但霞谷看出其矛盾，如以下之辨：[21]

> 來教云：「天下之士，雖食其食、乘其車，皆可與之討伐。」夫食其食、乘其車者，尚可與之討伐，況力屈畏服、不得已而拜跪者，何獨不可以討伐也。以拜跪為可拘於討伐，則承其年號者，將不以討伐為拘耶？鄙說反覆。惟在此二者同異之下，欲定今日之義理而已。其他雖有精義，姑當以為別說如何。
>
> 前書陳蔡之證，實言其畏服於楚者。今兄乃反謂甘心悅服，奚翅千里。今日我國人士悅服者誰與？願兄不須漫評悅服人，直就窮迫畏服不得已者論之，其說正必有不如是者。兄每於年號則歸之畏服一邊而謂以可恕，拜跪則歸之悅服一邊而謂以甘心，弟未之釋然者此也。畏服，則二者俱是畏服，悅服則二者俱是悅服，實無異同。（按：小字為霞谷所加）

21 鄭霞谷，《霞谷集》卷二，頁三六。

由此看來，霞谷並不是反對「討伐」，而是反對閔彥暉認為「跪拜」了就失去討伐的立場，可見霞谷承上所討論過的「不得已」的一貫立場，因承認年號是不得已，跪拜也是不得已，所以當然可以「討伐」。而閔彥暉現在執著「承認年號」是「虛」，若真「跪拜」了，則「虛」轉「實」，豈有「討伐」之理。閔彥暉相當堅持此論，所以有以「虛實」區分奉年號與行跪拜兩事。如下所論：[22]

> 蓋盛意以年號與稱陪禮拜，為分虛實。然以某觀之，年號若虛，則稱陪禮拜亦虛矣；稱陪禮拜若實，則年號亦實矣。身承其年號而不名曰陪臣，自古未之有也。何則力屈畏服，不得已而承年號，與力屈畏服，不得已而行禮拜者，其義則同。雖不許正統，其年號、禮拜之同為一事無異也；雖許正統，其年號、禮拜之同為一事無異也。可以討伐，其年號、禮拜之同為一事無異也；不可以討伐，其年號、禮拜之同為一事無異也。甘心而悅服，其年號、禮拜之同為一事無異也；窮迫而畏服，其年號、禮拜之同為一事無異也。惟此一說，無往而不相同矣。兄毋曰年號是不得已也，必有曰稱陪禮拜亦不得已也者矣。如是窮論，有若斤對，還自不覺一笑也。且兄每以年號與禮拜為不同者，豈非以年號如今民間行用者而然耶。**苟如民間行用者，雖若兄言可也。立朝行仕之人則不然，受其年號之日，便受其陪臣之名，與行用於民間者絕不同。**兄

見此書。亦必謂恥年號而成禮拜之歸。然恥禮拜而不受年號一義。正亦並在中矣。如何。

霞谷千說萬說，就是以年號、跪拜為「一事」原則作為立論依據，沒有「虛」／「實」、「不許正統」／「許為正統」、「討伐」／「不討伐」、「甘心而悅服」／「窮迫而畏服」等之差別，若要做此區別而議論者，當個民間人士則可，但作為立朝出仕者，不可以如此曖昧態度，不僅難以對上，也無法臨下。

六、結語：陽明學對朱子學華夷論的挑戰

由以上有關鄭霞谷與閔彥暉的華夷論辨，約可窺知朝鮮華夷之辨的複雜性，此一複雜性在於不是只有自己選擇「華」或「夷」的問題，而在於還涉及宗主國是「華」或「夷」的問題，所以才導致「奉年號／應跪拜」、「奉年號／不應跪拜」、「不奉年號／不應跪拜」、「不奉年號／應跪拜」的多重辯證性之課題。由此延伸到儒臣是否出仕的問題，而由出仕問題則逼出是否堅持「正統」、「討伐」問題，再由「正統」、「討伐」問題，逼出霞谷的陽明學立場，即導出

22 鄭霞谷，《霞谷集》卷二，頁三七。

一切以「本心」的初衷問題來盱衡這場華夷論辨之全局。因此，兩造之辨實也有朱子學與陽明學對華夷立場之別。

王陽明在華夷之辨的立場上，未如朱子學者站在鮮明立場劃分華我夷彼。質言之，以陽明心學的角度視之，華夷之辨的根本問題並不在於「夷狄」的身分問題，而是「夷狄」是否用「華」的「禮義」來治理天下。《孟子．離婁下》裡有段記載孟子對華夷的看法：「舜生於諸馮，遷于負夏，卒於鳴條，東夷之人也。文王生於岐周，卒于畢郢，西夷之人也。地之相距也千餘里，世之相後也千有餘歲，行志得乎中國，若合符節，先聖後聖，其揆一也。」霞谷深諳陽明學，對孟子的華夷論當不陌生，但霞谷在與閔彥暉的論辨中，並未舉出孟子的這段「華夷一家」的觀點，也許考慮太過刺激閔彥暉，或顧慮會被質疑有稱頌清人之虞。孟子的華夷一家論，也出現在梁惠王突然發問「天下惡乎定」時，答以「定於一」（《孟子．梁惠王上》）。顯然這個「一」，是指「不嗜殺人者」的「仁義之道」的核心價值體系，而不是疆域的「統一天下」。因此，孟子的華夷觀本有超越族群身分，而以仁心仁德的普世價值理念作為華夷判別之標準，此種華夷觀也可從和孔子對管仲論的評價差別窺出端倪。

孔子讚許「微管仲，吾其披髮左衽」（〈憲問．一七〉），比較偏從族群、風俗角度看華夷之別，但孟子則極力斥管仲、晏子之事功，恥弟子將其比之於管仲，考量的也是管仲「以其君霸」，非以仁義為其君謀（〈公孫丑上．一〉）。有趣的是，嚴辨華夷者，喜歡舉孔子的「披髮左衽」、「夷狄之有君，不如諸夏之亡也」之論；而倡導華夷一家者，則愛從孟子「舜是東夷之人」論來發揮。

從本章的分析，可窺霞谷的華夷論顯然是孟子之論者，在他所處的時代也是清朝康熙到雍正年間的盛世期間，霞谷似乎敏銳地看出這個「夷狄之君」已經不是「夷狄」，而是「入中國而中國之」了。再者，對陽明學者而言，作為儒臣到底是「安什麼心選擇出仕或不出仕」，而不是激烈如朱子學者一開始即用春秋大義，嚴辨華夷之別，一副以「華我夷彼」的一貫立場，否定清廷之「夷」。霞谷在此看到這類儒者堅持「大義」卻又選擇了出仕，承認了清之「年號」，卻又表現出高風亮節的姿態而不肯行君臣跪拜之禮的重重矛盾問題，這與朱子所處的南宋時代之情境並不相同，而朝鮮儒者往往用朱子學來捍衛自己的主張。朱子與陽明對於華夷論的態度顯然有別，朱子將「春秋大義」、嚴辨華夷的問題均收攝在「理當如此」之論中，但在陽明的思想中，確實比較沒有討論「春秋大義」或嚴辨華夷的問題。然依陽明立場，「春秋大義」或嚴辨華夷之問題也必然將之收攝在「心學」或「良知學」中，而霞谷判定出仕／不出仕、仁者／不仁者，強調「亦各得其心之所安而已矣」，取擇的正是陽明學這種心學標準，故與朱子學者閔彥暉的立場格格不入。[23]

23 例如在丙子事件前後主張和議的儒臣崔鳴吉（一五八六—一六四七），非議崔鳴吉之儒者認為即使為大明而導致國滅才是符合「春秋大義」，若與夷狄的清人同盟而背叛大明則將玷污春秋大義，是百世千秋永劫之恥。近代韓國革命家鄭寅普（一八九三—？）著《陽明學演論》中將崔鳴吉視為朝鮮陽明學者的第一人，並同情地理解崔鳴吉的和議苦心，從良知學的「獨知」觀點切入，細膩地探索崔鳴吉的「獨知」的「本心」。相關分析參拙著，〈東亞陽明學與維新革命〉，《陽明學在東亞：詮釋、交流與行動》（台北：臺大出版中心，二〇一一）第七章，頁三〇七—三一〇。

第九章
日本德川學者的「夷夏之辨」思想論爭及其轉變

一、前言

日本學術思想上有關國家主體性的論爭，有神儒論爭、神佛鬥爭、「士道」與「武士道」論爭、尊孟與非孟論爭等，其中一個主要的論辨主題即是夷夏之辨。不過，本章所謂的「夷夏之辨」係指廣義而言，也就是不局限在文獻上「夷狄」的解釋意涵，而是有關日本主體性解釋的「夷夏」、「倭和」等風土性有關的思想論爭議題。由於「夷」與「倭」不僅事關國家被污名化的價值爭議問題，同時也含有民族文化主體性喪失的危機意識，故在德川一朝，有些學者往往特別敏感。本章係透過諸學者對「華夷」或「倭和」等的敏感性解釋，分析在前近代的日本學者是如何看待異域的「中國」，以及如何逆轉或轉化彼此的「夷」「夏」關係。有關德川時代的華夷論研究，戰前三浦叶曾經有短文討論過，但因是戰前作品，稍嫌簡略，華夷觀的轉變亦頗模糊。[1]黃俊傑教授過去亦頗對「中國」這個複雜的概念叢（ideas complex），做過梳理的研究，指出在東亞近世日本與現代台灣的知識分子對「中國」或「中國性」（Chineseness）呈現各種面向之轉化。[2]本章在其基礎下，從一個異域之眼，重新審視德川時代的華夷論課題，並釐清其華夷論之思想發展及轉變。

揆諸德川儒者，比較常見的是以「文化的道德意義」來區別「華夷」，古學派的伊藤仁齋

（一六二七—一七〇五）是此類主張的代表者，如仁齋解《論語》的「九夷」：「苟有禮義，則夷即華也。無禮義，則雖華不免為夷。」[3]由於以文化的道德意義區別華夷是一般比較常見的論點，本章並不處理這類課題，擬專門分析在此之外的「空間地理」及脈絡性解釋的觀點，

1 三浦叶，〈我國近世に於ける華夷論の概觀〉（一）、（二），《東洋文化》第一三七、一三八號（一九三五年十二月），頁一五—二三及頁三七—四四。

2 黃俊傑，〈論中國經典中「中國」概念的涵義及其在近世日本與現代臺灣的轉化〉，《臺灣東亞文明研究學刊》，第三卷第二期（總第六期），頁九一—一〇〇。在這篇文章中，黃俊傑教授特別指出：從「中國」概念的內在結構的角度來看，「中國」這個概念至少包括「文化中國」、「地理中國」與「政治中國」諸概念，而以「文化中國」居於最重要之地位，並且顯示「中國」或「中國性」的概念是一種「作為精神移住的中國」與「作為想像的共同體的中國」之「移動的」概念，並不是地理的疆域所能律定。

3 伊藤仁齋這段話全文是：夫子嘗曰：「夷狄之有君，不如諸夏之亡也。」由此見之，夫子寄心於九夷久矣。此章及浮海之歎，皆非偶設也。夫天之所覆，地之所載，鈞是人也。苟有禮義，則夷即華也。無禮義，則雖華不免為夷。舜生於東夷，文王生於西夷，無嫌其為夷也。九夷雖遠，固不外乎天地，亦皆有秉彝之性，況朴則必忠，華則多偽，宜夫子之欲居之也。吾太祖開國元年，實丁周惠王十七年。到今君臣相傳，綿綿不絕。尊之如天，敬之如神，實中國之所不及。夫子之欲去華而居夷，亦有由也。今去聖人既有一千餘歲，吾日東國人，不問有學無學，皆能尊吾夫子之號，而宗吾夫子之道。則豈可不謂聖人之道包乎四海而不棄？又能先知千歲之後乎哉？」氏著，《論語古義》，收入關儀一郎編，《日本名家四書註釋全書》（第三卷），卷五，頁一三七—一三八。

以凸顯日本學者對「華彼夷我」觀念的強烈回應。

約而言之，德川時代學者的夷夏論表現在以下的雙重否定論述上，其一是否定日本在「夷」之列，故有如中井履軒、山片蟠桃等考證「倭」之由來，進一步否定「倭奴國」之論述，此分析於第二節。其二是否定「中華」或「中國」專屬漢土，故有如山鹿素行（一六二二—一六八五）等爭日本亦是「中華」之論述，此詳於第三節。不過，上述與中國爭「中華」的論述，僅存於一些特別強調日本神道思想的學者中，十八世紀中期以後，這類「中華」論述多被脈絡化性地解釋，以轉移「華彼夷我」的困境，此詳於第四節。十九世紀中葉前後，隨著中國國勢的衰微，我們發現「中華」論述形成一個大轉向，即已不再出現與中國爭「中華」，甚至也不再需要脈絡性的解釋，而開始以「支那」論取代「中華」論。如所周知，「支那」一詞的使用一直沿用至戰前，常是被帶有貶意的使用著，本章追溯日本學者使用支那一詞的「緣起」，頗與少數自稱日本為皇國、神國，認為其民族優越於萬邦的日本中心主義論者息息相關，此分析於第五節。最後在結論中，檢視這些國名的「語詞」使用，在文化交流中產生的「誤解」之言說問題。

二、「倭」字考證

「夷狄」與「華夏」所帶有的文化價值差異，始自中國古代周人的文化天下觀。周人「尚文」，以華美文化自居，又自創「華夏」一詞，其「天下」觀念即是由文化較高的華夏諸邦和落後的蠻夷所組成。[4]

中國自東漢以降，即稱日本為「倭國」、「倭人」，《後漢書．東夷傳》更指名九夷是：「夷有九種，曰畎夷、于夷、黃夷、白夷、赤夷、玄夷、風夷、陽夷。」又「一曰玄菟，二曰樂浪，三曰高麗，四曰滿節，五曰鳧臾，六曰索家，七曰東屠，八曰倭人，九曰天鄙。」由於中國史書將「倭人」條列於「九夷」之列，在日本乃出現否定日本是「夷」的論述。如西嶋蘭溪（一七八〇—一八五二）《坤齋日抄》有「子欲居九夷」條曰：[5]

「子欲居九夷」，說者曰：「東方俗美，故夫子欲居之地，本邦在東方，則夫子欲

4 有關周人的文化天下觀之研究，詳參邢義田，〈天下一家：傳統中國天下觀的形成〉，收入氏著，《秦漢史論稿》，頁三—四一，特別是頁二〇—二六。

5 西嶋蘭溪，《坤齋日抄》，卷上，收入《日本儒林叢書》第七卷，頁一一。

居者，豈在本邦乎？」余按：《漢書・地理志》：「東夷天性柔順，異於三方之外，故孔子悼道不行，設言浮於海，欲居九夷，有以也夫。」說者之言，或援此歟。然有「君子居之，何陋之有」之語，則非東方俗美，故夫子欲居之也。要之，魯國于東方，故以所近而言九夷耳。浮槎之歎，亦以瀕海之國也。

折衷學者東條一堂（一七七八—一八五七）也有類似之說：

《魏策》：「楚破南陽九夷」，注云：「大事記，李斯書曰：『惠王用張儀計，南取漢中，包九夷，制鄢郢。』」按：九夷即屬楚之夷，此蓋孔子在楚時之語耳。《說苑》：「越王句踐與吳人戰，大敗之，兼有九夷。」豈謂此地邪？然則此特言客居之陋耳，而非謂地陋也，亦不恥惡衣惡食之意，何陋之有者，猶言何有於陋，言不足介於意也。[6]

上述西島蘭溪與東條一堂之論，旨在說明孔子欲居九夷的「夷」，並非指日本。「夷狄」之稱係來自中國對四方諸國的不良烙印，自然引起不少爭議。同時與「夷」相關而獨對日本稱呼的「倭國」也惹來不少爭議。例如以下徂徠學者動輒使用「倭」字自稱，遭到許多學者的圍剿。

徂徠學派著作常稱日本為「倭國」、儒者為「倭儒」、日本人為「倭人」、日本語為「倭語」。如古文辭學派荻生徂徠（一六六六—一七二八）以下引文，即提到「倭言」、「倭人」：「古言簡而文，今言質而冗，雅言之於俚言也，華言之於倭言也，亦猶如是歟。……故宋文之與俚言、倭言，其冗長脆弱之相肖，亦必從事古文辭，而後可盬倭人之疾。」[7] 崎門學派的朱子學者上月專庵（信敬，一七〇四—一七五二）即批駁：[8]

> 華言者以漢土為中華、中國，不識春秋名分，俗儒之紕謬也。夫天地廣大寥廓而無際限，是以天地之中，無一定之中，則所居之民人，各中其國、華其國，是天地自然，非人為矣。

上月專庵旨在強調「中華」、「中國」並非大陸中華所獨專，世界各地都會「中其國」、「華其

6 東條一堂，《論語知言》，收入關儀一郎編，《日本名家四書註釋全書》（東京：鳳出版株式會社，一九七三）卷六，頁二八三。

7 荻生徂徠，〈學則．附錄〉，收入《日本儒林叢書》第四卷，頁一六。

8 上月專庵，《徂徠學則辨》，收入《日本儒林叢書》第四卷，頁一四。

國」，這是天地自然的道理。如今徂徠僅稱大陸中華為中國，以「倭言」、「倭人」自處，上月專庵認為這有失春秋大義名分之道。

再如以下徂徠有名的弟子太宰春臺（一六八〇—一七四七）著有《斥非》專論古文辭法，必以華人為法，以孔子為斷，斥責後儒不識古文辭且妄意解孔子之道。在這本著作中，春臺在幾處用了「倭儒」或「倭人」自稱或稱其他日本學者，引起學者的批駁。[9]如程朱學者深谷公幹即批評道：[10]

> 太宰純所著《斥非》第一則，有「倭儒」之稱。字書「倭」字本音「猥」，又歌韻音「窩」，海東日本之人也，俗呼海外之諸蠻皆曰「倭」，《漢（書）．地理志》：「樂浪海中有倭人，分為百餘國」，（顏）師古曰：「魏略云：『倭在帶方東南大海中，依山島為國，度（原文如此）海千里，復有國，皆倭種。』」又唐〈東夷傳〉：「倭孥去京師，萬四千里，其俗多女少男，小島五十餘，皆自國而臣附之。」或云日本古倭奴國，後惡倭名，更號日本，自言國近日所出以為名。
>
> 幹按：倭字，漢魏以來，史籍所載，如「倭王」、「倭國」、「倭奴王」、「倭女王」，原唐人所指云，而非本邦之所以自稱焉也。若夫以本邦之人自稱之，則以國儒或本邦之儒稱之可矣。國朝既以「大和」換□跡，則不如以「和」稱之正矣。古人偶有以倭

自稱者，非尊皇和之意矣，不可從也。

深谷公幹考證「倭」字來源，發現都是從中國角度稱日本為「倭奴國」或「倭儒」，這些都不是日本自己所稱，所以他力爭從日本角度來思考應該如何稱國家的名字，那就是沿用已久的「大和」之稱。揆諸中國史冊，誠如深谷公幹所說，自漢魏以降，中國歷代有關日本來華朝貢的記載，皆稱日本統治者為「倭王」，隋、唐、宋如此，元、明史書也不缺乏稱日本君主為倭王。

延續上述否定日本是「倭國」、「倭奴」之稱呼的命題者，尚有懷德堂儒者中井履軒（一七三二—一八一七）的《弊帚續編》〈附考〉中特有〈委奴印記〉與山片蟠桃（一七四八—一八二一）的《夢の代》之〈歷代卷〉，他們皆否定稱日本為「倭奴國」，畢竟「倭奴國」是由後漢光武帝賜倭奴國王印而來的。《後漢書．東夷傳》稱：「倭凡百餘國，自武帝滅朝鮮，使譯通於漢者，三十許國，國皆稱王，世世傳統，其大倭王，居邪馬台國，建武中元二年，倭奴

---

9 太宰春台《斥非》（收入《日本儒林叢書》第四卷）中所出現的「倭儒」或「倭人」之稱，如：「倭儒乃有但書號不書鄉里者」（頁一）、「倭儒亦多以居室之號為號，如闇齋、仁齋、順菴、損軒」（頁二）、「倭儒說經，先註而後經，余以為過矣」（頁八）、「句末連下三仄聲三平聲字，倭人嚴禁之」（頁一二）等。

10 深谷公幹，《駁斥非》，收入《日本儒林叢書》第四卷，頁一。

國奉貢朝賀，使人自稱大夫，倭國之極南界也。光武賜以印授。」履軒在〈倭奴印記〉即針對此條史料一一批駁道：[11]

> 此所謂妄說訛傳者。然翻有可以考信者，倭奴是訛文，當作委奴，中元二年，當我垂仁帝八十六年，時尚鴻荒，未有文字，何曾有王公大夫之稱哉！亦誰能作表啟，修朝儀哉！所謂三十許國，接吾西陲之民，以貿易而往來者，其稱朝貢，唯委奴一國矣。故特賜印綬，以寵異之也。蓋委奴人，其初亦以貿易而往焉，乃被邊人之誘怵，而貪漢之酬賞，於是乎以朝貢為名，轉商充貢獻，邊人又為製作表啟，以分其利耳。得地名，必配以國，一地之主，輒稱王，修飾幫成，皆邊人之姦詐。唐宋以降，西南諸夷，是類尤多，可例而推焉。夏土天子，固貪柔遠之聲，甘受其誑，胡敢致詰問焉。輒封爵之，以焜耀威德，冀其餘種相率來貢也。故酬賞每十有餘倍於貢物矣。且若天竺諸國，有民不滿千戶者，彼橫行文字，何曾有國字，亦何曾有王字。國也，王也，並漢人舌頭自出，諸夷皆然，何獨疑於委奴之為。今筑紫有怡土郡，即古委奴之地矣。《日本記》所謂「伊覩縣主」，《魏志》所謂「伊都國」皆是。茶甌有井戶者，亦此地所出，邦音可徵。天明甲辰之春，筑前那珂農民，墾田獲黃金印於大石下，方寸而虺鈕，其文曰：「漢委奴國王」，即千八百年前，光武所賜，可謂奇寶矣。精金

良工，無容疑焉。委無人旁，可以徵當時言語矣。後來加入人旁，以倭奴為全國之號，或單稱倭，及大倭小倭之類，並起於魏代，甚者用入於封爵，如「親魏倭王」是也。陳壽、范曄等作史，不能有矯正，而後史皆襲焉，謬之甚者。我承其謬，亦以自稱焉，其謬益甚。是自辱而不知媿之，不亦惑乎？今茲命工，刻木模造此印，因記之，以釋千載之惑。（原漢文）

在上述的冗長反駁文中，履軒從「倭奴當作委奴」、「日本古無大夫之稱」、「朝貢表啟係邊人所代為製作，為分其利」、「向來朝貢只有委奴一國，因貪漢之酬賞」、「國或王都是從漢人口中而出」、「陳壽、范曄不能矯正親魏倭王這類封號的原義」等觀點，大大地批判〈東夷傳〉的記載，批判中國學者用日本「部分」的「委奴國」來「全稱」日本國，故特有此〈倭奴印記〉之作。上述反駁，履軒特別指出「倭奴」音發「いど」，即日本筑紫（位今九州福岡縣）的「怡土」（音也是「いど」或「いと」）郡，確實可考，也見之於史書《日本書紀》所載「伊覩」（音也是「いと」），這引起同時懷德堂出身的山片蟠桃之注意，並進一步考察之。

蟠桃也認同履軒所說「倭奴國」是由外國稱呼日本而來，日本本身沒有這樣的稱呼。他

11 中井履軒，〈附考・委奴印記〉，《弊帚續編》，收入《日本儒林叢書》第九卷，頁三八—三九。

說：[12]

倭奴國之稱，自漢所命，非我邦本名，我後世用之，除奴字，用倭字，訓為「ヤマト」，寫為日本、大倭、大和，皆訓為「ヤマト」也，略而用「和」，和漢等並云之。今大和之國，古云「ヤマト」，雖有山跡、山戶、山止之出處各種之論，以代代都「ヤマト」之國，為天下之總號也。後用「和」字，以音似而更替。既然「倭」係自漢所命，非我本名，自不可云「倭」，此皆以漢人、外國之名為口癖。

蟠桃並引用自漢代到明代的文字音韻之書，指出《說文》、《玉篇》等把「倭」、「委」說成音相通的錯誤，但日本「倭」（わ）與「委」（い）實不可通。蟠桃延續這樣的懷疑，進一步從聲韻學的角度考證「委奴」。由於「委奴」音「いど」，與日本史書中的文獻的國名「怡土」或「伊都」一樣。蟠桃說：[13]

無文字以前，唯口耳相傳，筑紫雖曰「怡土」（いと），唯說成「いと」，並無其文字，傳往漢土，所曰之「いど」，漢人聽之則只成「委奴」之文字。「委奴」在此時成為漢土傳入之字。**所謂「伊都」（いと），《漢書》及《魏志》之字也，「伊覩」（い**

と）則是我國上古之文字也，由此成為「怡土」、「絲」，皆訓為「いど」。……後世文字傳來，唯知皇帝、王、公、卿、大夫之字而用之，至垂仁之世，尚未知也。《魏志》云：「過對馬、瀚海、末盧國，到伊都國，曰官為爾支，曰副為泄謨觚、柄渠觚，有千餘戶，世世有王，皆統屬女王國。」[14]以此觀之，伊都國即「委奴」，而誤為「倭奴」。雖曰「皆統屬女王國」，世世委奴國有王，所謂「委奴國王」，唯伊都之君也，此為怡土郡之君長，決不可疑。自此漸歷經各國，至野馬臺（やまと）國，為女王所都之處，明顯區別出「いど」與「やまと」之王都。垂仁之時，我與漢未通，此時越前雖有任那人來，然與三韓無往來，更可知成為伊都國君之使，即彼印綬（按：即「親魏倭王」之印綬）之文。（原日文）

蟠桃上述之文有以下三大重點：第一，前往漢土的使者上貢之文，係出自韓國古代南方任那人，他們充當伊都國君的使者。此一論點旨在證明日本古無文字，藉通漢字的任那人為使者，

12 山片蟠桃，〈歷代第四・七〉，《夢の代》，收入《山片蟠桃・富永仲基》（東京：岩波書店，一九七三年日本思想大系四三），頁三一〇。
13 同前註，頁三一二。
14 按此段蟠桃引用《魏志》資料與原文有所出入，比較精簡扼要，但大意不差。

故有轉譯錯誤的可能。第二：指出野馬台（やまと）及「いど」之不同，「やまと」才真正是女王所都之國，而「いど」只是九州當時一個小國之主，皆統屬於女王國，而漢人卻以此為日本國名。第三：澄清「倭奴」係「委奴」之誤，而「委奴」實是漢人聽「いど」之後所寫成的漢字，實則最初《漢書》及《魏志》皆寫為「伊都」，日本史書寫為「伊覩」，其實指的都是「いど」。

關於「伊都」的中國史書出典，首先出自《魏書．東夷傳》的「倭」條，以後也見之於《梁書》及《北史》，不過基本上都是根據《魏書》而來。《魏書》如是記載「伊都國」計有兩次如下：「東南陸行五百里，到伊都國，官曰爾支，副曰泄謨觚、柄渠觚，有千餘戸，世有王，皆統屬女王國，郡使往來常所駐。」以及「自女王國以北，特置一大率，檢察諸國，諸國畏憚之。常治伊都國，於國中有如刺史，王遣使詣京都、帶方郡、諸韓國，及郡使倭國，皆臨津搜露，傳送文書賜遺之物詣女王，不得差錯。」根據這個史料，當時中國實也明顯了解「伊都國」是統屬於女王國。其次，日本史書寫成「伊覩」，係出自《日本書紀》〈仲哀天皇〉第八年，載曰：「伊覩県主祖五十迹手，聞天皇之行，拔取五百枝賢木，立于船之舳艫。」[15]至今九州福岡市還有「伊覩神社」（いとじんじゃ）奉祀伊覩縣主命神，也就是當時侍奉仲哀天皇及神功皇后的伊覩國縣主。

上述履軒及蟠桃都指出「倭奴」應為「委奴」，而「委奴」實是日本的「伊覩郡」，只是通使者入日本九州途中的一個小郡。但漢人誤指為全日本，故而把「いど」和「やまと」混稱，考證如此錯誤的緣由，努力洗刷「倭奴」所帶給日本的不良烙印。[16]關於「倭」的考證問題，即使至今，依然在學者之間引起不少爭議。

三、誰是「中華」？

關於「中國」或「中華」一詞，對於中國人而言，似乎是天經地義的事情，但對於周邊四

15 丸山林平編，《定本日本書記》（東京：講談社，一九六六），上卷，頁一七八。

16 關於「倭」字的考證，即使至今，現代學者也存有爭議，爭議的焦點從上述「倭」或「倭人」特指日本，擴及到「倭」或「倭人」不僅居住在日本列島上，而且也散在朝鮮半島南部、中國東北、內蒙古和江南地區，以及從中國台灣島到日本南島之間的島嶼世界，都存在著倭人，持此說者是在八〇年代日本學者江上波夫、井上秀雄、國分直一等，以上之論可稱之為「廣義倭人論」，其所根據是《山海經》（第十三〈海內東經〉）、王充的《論衡》（〈恢國篇〉、〈儒增篇〉、〈感應篇〉等）及班固《漢書》等原典資料。不過，「廣義倭人論」之說也引起不少爭論，辯駁此一論的代表性研究有山尾幸久，〈「倭国」と「倭王」との出現——西嶋定生氏の「倭面土国」說批判〉，收入韓國文化研究振興財團編，《青坵學術論集》第二五集（二〇〇五年三月），頁五—二三。中國學者沈仁安所著《日本起源考》（北京：崑崙出版社，二〇〇四）一書之第一章第二節〈中國史學當中的倭人〉，亦駁「廣義倭人論」甚詳，筆者不再贅述，尤其是頁一一—二四。

鄰國家卻不是如此。在十九世紀以前，「中國」或「中華」並非中國所專有，日本人在江戶時期也不正式稱大陸中國為中國，知識人往往稱日本為「本朝」、「我邦」，稱中國為「漢」為「唐」，即使一般商人或通事的平常用語，稱中國話為「唐話」，稱中國人為「唐人」，稱中國船為「唐船」，即使從事翻譯的人也叫做「唐通事」。[17]

十七世紀以前，我們不見日本知識人有與中國互爭「中國」或「中華」的論爭，甚至對於「倭」一詞也不排斥，一些古代作品也都用「倭」字命名，如十世紀的分類國語辭書《倭名類聚抄》及十二世紀中葉左右成立的神道書《倭姬命世記》等。[18]換言之，夷夏之辨似乎在十七世紀日本知識人的觀念中並未形成一個有爭議的話題。但是，十七世紀中葉以後的德川初期，一些知識人開始大量地討論有關夷夏的論點，甚至編有《華夷變態》一書，當與一六四四年滿清入關，取明帝國代之，牽動東亞局勢息息相關。[19]例如陽明學者中江藤樹（一六〇八－一六四八）著〈林氏剃髮受位辨〉，批評朱子學者林羅山（一五八三－一六五七）既「剃髮」卻又出仕，實不合日本國俗。林羅山曾說：「吾兄弟祝髮者，從國俗，與太伯之斷髮，孔子之鄉服，何以異哉！」[20]稱其剃髮是符合聖人之道。藤樹則斥其為「剃髮與法印，反其本則佛者之形位也，儒者之非所可假用也。」[21]此外，另一朱子學者山崎闇齋（一六一八－一六八二）亦撰有〈世儒剃髮辨〉一文批判羅山，特指出羅山所抱持的「泰伯亦斷髮素夷狄，行乎夷狄，從俗之中」之觀點，強調在泰伯是「聖人體道之大權，而非君子守身之常法也。」指出羅山的強辯。[22]以上論爭，表面上是儒佛的鬥爭，但「剃髮」與否的問題，不免都會牽涉到「泰伯斷髮」或「夷狄入中國則中國之」的夷夏之辨課題。

17 關於「唐通事」與「唐話」的研究，可參奧村佳代子〈日本江戶時代唐話的傳播：公開的唐話和內通事〉一文，宣讀於臺灣大學「東亞經典與文化研究計畫」演講廳（二〇〇七．一〇．二七），該會係由臺灣大學「東亞經典與文化研究計畫」及日本關西大學亞洲文化交流研究中心共同主辦。

18《倭名類聚抄》是日本現存最早的分類國語辭書，係源順（九一一—九八三）奉當時醍醐天皇第四公主之命所纂輯。《倭姬命世記》則是神道五部書之一，該書假托古人之編，加寫神宮之古代傳承事蹟，約在鎌倉中期（約十二世紀中葉）時成立。「倭姬命」是神話中垂仁天皇之皇女，相傳在日本武尊東征時，依神命授與草薙劍。

19《華夷變態》（東京：東洋文庫，一九五八）一書係江戶初期幕府儒官林春齋（鵞峰，一六一八—一六八〇）、林鳳岡（一六四四—一七三二）父子所編，名之為「華夷變態」，乃正值明清鼎革之際，中國處於「華」變為「夷」之局勢，此書即是透過中日商人船隻的來往，蒐集海外情報，特別是與中日的貿易往返訊息，兼及中國、朝鮮之局勢。

20 林羅山，〈敘法印位詩並序〉，《羅山詩集》卷三八。

21 參中江藤樹，〈林氏剃髮受位辨〉，收入山井湧等編，《中江藤樹》（東京：岩波書店，一九八二年日本思想大系二九），頁一六—一七。

22 相關分析可參相關研究可參田尻祐一郎，《山崎闇齋の世界》（東京：ぺりかん社，二〇〇五），第一章〈正統與異端〉之第四節，頁五七—六六。

筆者好奇的是，「剃髮」的問題何以會在德川初期成為一個爭議的課題，恐怕與中國十七世紀滿清入關後，要求漢人「留頭不留髮，留髮不留頭」的剃髮及變衣冠之華夷變態爭議有相當大的關係。[23]朝鮮王朝首當其衝，清兵頻頻威脅，大臣之間對於是否與清人和議或援明產生激烈的辨論。[24]《朝鮮王朝實錄》記載仁祖（在位一六四三—一六四九）問文學士李秼，清兵入關後中國境內情形，亦言及敏感的剃髮問題，李抹說：「入關之初，嚴禁殺掠，故中原人士無不悅服，及有剃頭之舉，民皆憤怒，或見我人（按：朝鮮人）泣而言曰：『我以何罪，獨為此剃頭乎？』如此等事，雖似決斷，非收拾人心之道也。」[25]其次衝擊的是日本，不過德川朝對新成立的滿清之外交策略頗靜觀其變，對於鄭芝龍及鄭成功父子的乞援，均以拒絕。[26]日本上下則頗充滿危機意識，故儒者們對夷狄之辨相當敏感，最具體的則是山崎闇齋與弟子有「孔孟率軍隊攻我邦」的預設問答。[27]而上述羅山、藤樹、闇齋的學術活躍年代，正值明末清初之際。以下德川初期的山鹿素行要爭日本也是「中華」或「中國」的論點，應與這樣的時代脈絡分不開。

關於「中國」一詞的稱謂起源，學者考證始於殷商時代甲骨文的「五方」之說，將自己視為「中商」，而與東土、西土、南土、北土等形成「五方」。[28]王爾敏並進一步檢視先秦典籍中所出現的「中國」概念，認為在先秦統一以前，「中國」一詞所具有的政治與文化的共喻定義已經十分明確，即指稱諸夏之列邦，並包括其所活動的之全部領域，已帶有民族文化的一統

23 葛兆光在〈地雖近而心漸遠——十七世紀中葉以後的中國、朝鮮和日本〉（《臺灣東亞文明研究學刊》第三卷第一期〔二〇〇六年六月〕，頁二七五—二九四）一文，曾提到有關十七世紀滿清入關後，當時朝鮮及日本人對清帝國的鄙視及同情與挖苦被統治的漢人知識分子。

24 其中相當有名的奏疏是前判書金尚憲，他辭氣激昂，反對和議，上疏說：「〔前略〕近日又聞道路言朝廷從北使之言，將發兵五千助瀋陽犯大明，臣聞之，驚惑未定，不以為然。夫臣之於主，亦有可從不可從，子路、冉求雖臣於季氏，孔子猶稱其有所不從，當初國家勢弱力屈，姑為目前圖存之計，而以殿下撥亂反正之大志，臥薪嘗膽，今有三年，于此雪恥復讐，庶幾指日可望，豈意愈往愈微，事事曲從，終至於無所不至之地乎！自古無不死之人，亦無不亡之國，死亡可忍，從逆不可為也。有復於殿下者曰：『人有助寇　攻父母。』殿下必命有司治之，其人雖善辭以自解，殿下必加以王法，此天下之通道也。」國史編纂委員會，《朝鮮王朝實錄》（漢城：東國文化社）卷三九，仁祖十七年（一六三九）己卯十二月，頁七五。此疏陳上後，引起和議派與反和議派持續不斷的爭議。

25 國史編纂委員會，《朝鮮王朝實錄》（漢城：東國文化社）卷四五，仁祖二二年（一六四四）甲申九月，頁一九二。

26 關於鄭芝龍、成功父子向日本德川將軍乞師一事，詳參本書第三章的論述。

27 山崎闇齋的預設問答如下：《先哲叢談》記載：「嘗問弟子曰：『方今彼邦，以孔子為大將，孟子為副將，率騎數萬，來攻我邦，則吾黨學孔孟之道者如何為之。』弟子咸不能答，……曰：『不幸若逢此厄，則吾黨身披堅，手執銳，與之一戰而擒孔子，以報國恩，此即孔孟之道也。』」原念齋、源了圓譯注，《先哲叢談》（東京：平凡社，一九九四），卷三，頁一一八—一一九。

28 胡厚宣，〈論五方觀念與中國稱謂之起源〉，《甲骨學商史論叢》第二冊（成都：齊魯大學國學研究所，一九四四）。

觀念。[29]不過，全世界稱自己國家為「中國」的比比皆是，日本諸多學者亦多有此說法。挑起日本學者爭奪「中國」或「中華」名稱，而形成一股有力的論述之始者，當屬德川初期的山鹿素行（一六二二－一七〇五）。素行一般被儒學界稱為古學派的先驅者，實則他的另一個真實身分卻是講述武士道的兵學者。

山鹿素行作為德川朝「破宋學之嚆矢」者，[30]其思想出於宋儒進而疑之反之，終歸神道學。[31]素行晚年的思想成熟作品《中朝事實》，從書名即可知他的著作用意，是把「中朝」當日本，將「神話」當「事實」的一本強烈國家主體性之書。在幕末的維新志士與明治以後的政府都將此書視為神道類書。《中朝事實》就是一本以「日本為第一主義」的著作，在各章各卷的開始皆冠以「皇統」的標記，並稱日本為「中華」。他說：[32]

> 愚生中華（案：指日本）文明之土，未知其美，專嗜外朝（案：指中國）之經典，嘐嘐慕其人物，何其放心乎，何其喪志乎，抑妙奇乎，將尚異乎。夫中國（案：指日本）之水土，卓爾於萬邦，而人物精秀于八紘。故神明之洋洋，聖治之綿綿，煥乎文物，赫乎武德，以可比天壤也。

上述引文，我們看到了素行故意逆轉稱呼日本為「中華」或「中國」，稱「中國」為「外朝」（是

相對於本朝所稱）。揆諸《中朝事實》稱日本為「中華」或「中國」，頗從自然地理的空間概念加以解釋。他說：[33]

蓋，「中」有天之中，有地之中，有水土人物之中，有時宜之中。故外朝（案：中國）有服于土中之說，迦維（《瑞應經》云「天竺迦維羅衛國，天地之中也」）有天

29 王爾敏，〈「中國」名稱溯源及其近代詮釋〉，《中國近代思想史論》（台北：作者自印，一九七七），頁四四一—四八〇，引用統計數字見頁四四二，引文見頁四四三。

30 松宮觀山說素行是「出自我先師之門，而成一家，著《聖教要錄》梓行於世，非陸也，非朱也，此方破宋學者，素行子其嚆矢也。世人皆以原佐伊藤子（仁齋），為破理學之魁，不知素行子在其前也。」氏著《學論》，收入《松宮觀山集》（東京：國民精神研究所，一九三六），第二卷，頁九。

31 素行在三十歲以前，由儒學的《四書》、《五經》啟蒙，少年期始學兵學，到青年期可以說兼學儒、釋、神、兵、老莊等五種學問。三十一歲以後撰著大量有關解釋兵書的作品，兵法思想漸凌駕儒學思想，已有疑朱子學的痕跡，一直到四十一歲正式疑宋學而倡古學，但因遭當權信奉朱子學的保科正之猜忌，終因《聖教要錄》懷疑朱子學的思想，遭流放近十年，以後日漸傾向神道學，日本主體意識日漸強烈。從他四十八歲著《中朝事實》以後，每年固定禮拜伊勢大神宮、大峰大權現、諏訪大明神看來，素行晚年的思想是以神道學為主。

32 山鹿素行，《中朝事實》，收入《山鹿素行全集》（東京：岩波書店，一九四一），第十三卷，頁二二五。

33 山鹿素行，《中朝事實》，頁二三五。

地之中也言，耶穌亦曰得天中。愚按：天地之所運，四時之所交，得其中，則風雨寒暑之會不偏，故水土沃而人物精，是乃可稱中國。萬邦之眾，唯本朝及外朝得其中，而本朝神代，既有天御中主尊二神建國中柱，則本朝之為中國，天地自然之勢也。

素行並未否認外朝的中國也是在空間地理上得其中的國家，但素行的用意在於提醒讀中國儒書者，切勿喪失自己的國家主體性，故意強調日本也是「得其中」，而且有「天御中主神」建中柱於國中的神話依據。換句話說，日本是神國，尊於外朝的中國。其次，引文最後所說「本朝之為中國，天地自然之勢也」，不應匆匆看過，因為這種「天地自然」是帶有「世界之中」的意味，也多少帶有日本神道的自然精神。

素行另外在同書〈附錄．或疑〉中也對以日本稱「中國」的問題，如是回答：[34]

二神以磤馭盧嶋為國中之柱，是乃本朝為天地之中也。天照大神在於天上曰：聞葦原中國有保食神，又高皇產靈尊欲立天津彥火瓊瓊杵尊以為葦原中國之主。是天神皆以此地為中國，自是歷代稱中國。蓋地在天之中，而中國又得其中，是乃中之又中也。土得天地之中，則人物必精秀，而事義又無過不及之差。本朝太祖「天御中主尊」、「國常立尊」，共尊號名義既有常中之言，以建國中之柱，故所以其為中國，乃天然之勢也。

根據上引資料，在素行的觀念中，認為所謂的「中」是從「天地自然之勢」以論「中」，能得此天地自然沃土之「中」的國家，就能產生精秀的人物，而日本與中國（素行稱之為「外朝」）就是在萬邦之中得此「中」的兩個國家，他的證明是利用日本神話中恰有二神建「國中之柱」於葦原，[35]用這個來證明日本也是在天地自然之中，一直到現在這個地區還是叫做「中國」。

素行用神話解「中國」，想像日本是天地自然之中，這種以神話為基礎，將日本當成世界之中，我姑且稱之為「神性的空間中心論」，這種神性的空間中心論，是天上的、抽象的地理空間論，並非地上的、實質的地理空間論，僅具有骨架，尚未有確實的血肉。後學者松宮觀山特別駁斥「華彼夷我」論則填補了這個實質的血肉。

松宮觀山（一六八六－一七八〇）也是山鹿流派的兵學者，他延續素行《中朝事實》的思想，特別要駁斥「華彼夷我」之論，他說：「然倭儒之誇漢學者，率華彼夷我，而失報本反始之心也」、「竊為本邦之古，文獻大備，海內豐足，自稱中州，指彼為西藩。內外之分，體制

34 同前註，頁三七一－三七二。

35 考之《日本書記》已有稱「中國」之詞，有所謂：「天照大神敕曰：『豐葦中國，吾子孫可王之國也。』」。

尤嚴矣。」[36]但是，觀山並非否定中國聖賢之道，他之所以不稱中國為「中華」的最大理由，是中國「國號數變，遂為北狄所併，今豈足以稱華乎。……皇統傳道並得，與天壤無窮，國號不變，宗廟饗之子孫保之者，獨我大日本而已矣。」[37]他甚至稱日本為「宇宙第一上上國」，所以他是以日本萬世一系的國體來論「華」與「不華」。觀山接著論說：[38]

> 華夷之稱也，儒者或不知為內外之分，為雅俗之異，而斷謂以唐山為中華者，晦乎天地之形體，而且未達夷狄之有君不如諸夏之亡也。及「君子居之，何陋之有」之聖意，又未脫固我之僻也。竊按天地形體，南北為經，東西為緯，經則寒帶在上下，而中則暖帶，陰中陽其象坎卦，而二至熱帶在上下，中則冷暖相交，是似離象，而自南向北則暖追寒，二陽一陰是兌象，自北向南，則二陰一陽艮象。緯則天在左右，而地在其中，陽中陰其象離卦，而日中極陽在南陰氣生東西，為坎象。日出一陽追陰，為震象。日暮陰氣追陽為兌象。而赤道下是堪輿之正中也。但其地一歲八季，寒暑不純正，譬猶子莫之中，不中節也。其四季純正者在於赤道南北兩處，當其線者，為之中華。本邦及唐山當此線，故四時氣候，最無差錯矣。當識君子時措之宜無定位也。然則謂中華有定處者，不知天公至直不容私，君子所居文雅不可陋也。

松宮觀山上述之論，可以說在素行扭轉中華論的基礎上，再填補實質地理空間中心的素材，而以《易經》八卦的陰陽變化所象徵的地理空間意涵，附會日本是「中華」的說法。松宮觀山能以陰陽附會，雖比素行的「神性的空間中心論」更為具體，但真正陳述日本是地理中心論者當屬江戶中期的天文學者西川如見（林求齋，一六四八—一七二四）之以下說法。西川如見說：[39]

日本所定之方角，從第一界之南、赤道之上，窮之之時，則在艮位。從亞細亞中央之地定之之時，則在正東卯位。日本中央之處，出於北辰之地三五度，去赤道亦三五度，從其東極至西極，其徑度相互十二，其形勢，東西長，南北狹，有稍反曲而繞遊龍之首之貌，**此自然之風水也**。（原日文）

36 松宮觀山，《和學論》，收入《松宮觀山集》第二卷，頁一八八。
37 松宮觀山，《和學論》，頁一九二。
38 松宮觀山，《和學論》，頁一九五—一九六。
39 西川如見，《日本水土考》，飯島忠夫、西川忠幸校定，《日本水土考・水土解辨・增補華夷通商考》（東京：岩波書店，一九九七年三刷），頁二〇。

西川如見長期居住長崎，得以接觸許多外國商人及其習俗，對外國人以經緯度計算的地理觀點，引發他從地理的經緯度並配合《易經》之道而主觀解釋日本自然之中的風土或水土。上述引文，西川如見描述的「日本中央之處，出於北辰之地三五度，去赤道亦三五度」，指的即是今日日本首都東京的經緯度位置（緯度三十五度，經度一四〇度，故緯度距離赤道三十五度，距北極圈亦近三十五度），由此更把日本狹長的南北地理形勢，附會為稍反曲繞遊龍之首。以上之論是出自西川如見所著《日本水土考》，這是一本論述日本是一個屬於「自然水土」的國家，舉凡風土、神國、民情、國名、皇統等，無一不是自然，是部歌頌日本風土自然的作品，故他說：「以此國為神國之義，為水土自然之理也」。[40]於是，我們約略可以得出以下由空間意義展現出來的「中華」模式，即「天地之中」（世界地理之中）＝「自然風土」＝「神國」＝「日本」。

以上不論素行或松宮觀山及西川如見等人的說法，都是在一個廣義上的空間地理概念上論日本才是所謂的真「中華」或「地理之中」，雖然不無附會的意味，但亦可充分說明這種與中國互爭「中華」或「地理之中」的論述，特別表現在講求日本主體性精神的學者身上。

四、「中華論」的脈絡性轉移

上述兵學者山鹿素行、松宮觀山等人，是藉由否定「中華」是中國專屬，仍以日本爭「中華」。但同時在十八世紀中期以後，我們很少看到這樣的繼承觀點，顯然互爭「誰是中華」，僅出現在德川初期的素行學派一系上。如以下所述雖也否定「中華」專屬中國，卻已不是在爭誰是「中華」，而認為「中華」只是一種「尊內之辭」或「內外」之論，我稱之為「脈絡性」的解釋。[41]如以下豬飼彥博（敬所，一七六一——一八四八）與淺見絅齋（一六五二——七一一）之論。

豬飼敬所著有《操觚正名》，旨在批評古文辭學派，他不稱大陸中國為「中華」，只稱「西

40 西川如見，《日本水土考》，飯島忠夫・西川忠幸校定，《日本水土考・水土解辨・增補華夷通商考》，頁二二。

41 黃俊傑，〈十八世紀中日儒學異同試論〉，《東亞文化交流中的儒家經典與理念：互動、轉化與融合》（台北：臺大出版中心，二〇一六）中，特有一節討論十八世紀的日本主體意識中的「中國」概念，特別指出如荻生徂徠在晚年作品中的《政談》提到「中國」一律稱「異國」，卻處處以中國歷史經驗作為參考（頁七九——八〇）。與我這裡所稱「脈絡性」的解釋「中國」，實則相通。

土」。他說：42

> 漢土人自稱其國曰中國、曰華夏，稱四方諸國曰戎狄、曰外蕃，是尊內之辭也。本朝之制亦然，《大寶．賦役令》曰：「凡邊遠國，有夷人雜類之所，應輸調役者，隨筆斟量，不加華夏。」《義解》云：「華夏謂中國也」。又曰：「凡以公使外蕃還者，免一年課役，其唐國者，免三年課役。」〈儀制令〉曰：「皇帝，華夷所稱。」此本邦亦自稱曰中國、曰華夏，海外諸國三韓之屬曰夷狄、曰外蕃，亦尊內之辭也。但漢土以文物之所資焉，故獨不夷之，又不華之，別稱其號曰唐國也。

以上豬飼敬所特別舉出日本文獻也有自稱「中國」或「華夏」，且視韓國古代三韓亦為「夷狄」，故他認為這種自稱自己國家為「中國」的情形都只是「尊內之辭」的主觀自然之論，不宜過度渲染之。但是在中國文物大量地輸入日本後，豬飼敬所看到了一些文化上的危機。於是他接著說：

> 〔前略〕迨乎近世，儒者始稱西土曰中華，其人曰華人，其語曰華音，其貨曰華物，世之好才語者，亦從而和之，無適而不稱華。蓋華彼即夷我也，中彼即蕃我也。

嗚呼！其不學無識，非惟昧於本朝制令之文，實不達乎西土尊內之義也。凡為此言者，豈但得罪於本朝爾哉！亦名教之所不容也。神道者流，切齒於儒者，不亦宜乎？今試使三尺童子，華外國而夷本邦，則必唾而罵之，不但不肯而已，然而諸老先生甘為之者，謂之何哉？（同上）

我們檢視豬飼敬所上述之論，是在一個面臨「無適而不稱華」的文化危機感下所表現的論述。因此在這樣的文化危機感或心境之下，指責那些不辨「中國」且甘以「夷」自處者。豬飼敬所批評的對象即是荻生徂徠這類的學者：「朝鮮奉漢土正朔稱東藩，故自謂其國為東方，漢土為中國，其稱謂與漢土諸侯不異，固其所也。我邦固不受漢土正朔，而徠翁謂本邦為東方，漢土為中國者，此似比我邦於漢土屬國矣，豈不辱國躰乎？」[43]幕末兵學者吉田松陰（一八三〇—一八五九）也批評說：「物徂徠〈孔子贊〉，稱日本國『夷人某』，其悖固甚矣。然近時賴山

42 豬飼彥博，《操觚正名》，收入《日本儒林叢書》（東京：鳳出版株式會社，一九七八），第八卷，頁八—九。引文中所提到的書名《義解》，應是《令義解》，係公元八三三年，依照淳和天皇命令，以右大臣清原夏野為總裁，文章博士菅原清公等人撰寫合集的政令解說書，共有十卷。〈儀制令〉是《養老令》的第十八章，引文的「皇帝，華夷所稱」，係出自「天子條」之記載。

43 豬飾彥博，《操觚正名》，收入《日本儒林叢書》，第八卷，頁二。

陽讀〈鄭延平傳〉詩：『節義翻歸鱗介徒』，其侮亦不在徂徠下。」44

類似上述豬飼敬所「尊內之辭」的中華論者，則有崎門學派佐藤直方（一六五〇—一七一九）的〈中國論集〉與淺見絅齋（一六五二—一七一二）的〈中國辨〉。佐藤直方批判一些學者用地理空間意義解釋「中華」（如山鹿素行）或是以文化價值意義來詮釋「夷夏」（如伊藤仁齋）之論點。他說：45

> 或人看「論斷」曰：「看一學者之說，以地形與道德二種說法來區分中國、夷狄。有以地形區別可知，以山城（按：今日本京都府之南方）為中，以奥羽（按：日本東北之地）為夷之說。另有專以道之盛衰、風俗美惡見之。」
>
> 答曰：此二種說法，皆非也。**中國、夷狄最初為聖人所定**，非此二種說法。其後聖賢之說亦不可見。立諸說而以中國為一定之方，係自忖之說，非公論也。實所謂中國，唐九州也；所謂夷狄，其四邊也。此心中雖自然理會，然以吾邦為疏遠之夷狄，遮蔽親切之情，故其主張偏說。省察心中所獨知之事，自不會視唐為夷狄。若以天竺、南蠻、韃靼為中國，亦狹隘之私論也。佛者方面，說天竺為中國，則謂唐為夷狄，彼簡言其他諸國為夷狄，人心自然可見，宜哉？**所謂中國、夷狄，聖人思量天地全體之中，而定之以中國為中國，外國為夷狄**。變其成說，不忌憚之甚矣！聖人褒其

自生之國而曰為中國，賤惡外國而稱為夷狄，乃聖人私意之甚也。今善理解之人，雖從古昔定之以唐為中國、日本為夷狄，不知外之夷狄，在日本亦有不劣於唐之處，我雖生日本，若實立志於學問，聖賢亦可至，可體會即使唐中國亦有可恥之處。畢竟此論之起，係從以日本為中國、說唐為夷狄之論所出，根本已差。故彼此互相窒礙，各種激論紛紛，宜速平靜心氣來思量之。（原日文）

佐藤直方上述之論，旨在破除一般論中國與夷狄之分的兩種說法，即既不是以地理上，也不是以道德盛衰來區分中國與夷狄。除此之外，直方也反對用「以中國為夷狄，日本為中國」之說（此係兵學者之說）來反制中國以四鄰為夷狄之論，因為既然中國、夷狄之論是古代聖賢所定，也應回到當時古代聖人的時空脈絡去彈性的理解。聖人當初定義中國夷狄是「思量天地全體之中，而定之以中國為中國，外國為夷狄」，這是很自然的說法，也是聖人出於私意的自然結果，後人輒有許多變通之解釋，但不免皆有所扭曲，以致有「以日本為中國，以中國為夷狄」之說。而作為非中國出身的日本，要善理解聖人這種定義，因為既然聖賢可學而至，在外

44 吉田松陰，〈讀詩餘錄〉，《幽窗隨筆》，收入《吉田松陰全集》第三冊，頁一六六。
45 佐藤直芳，〈中國論集〉，收入《山崎闇齋學派》，頁四二二—四二三。

邦日本，學聖賢書亦可至聖賢，便能體會聖人講這句話的用意，就絕不會把自己當作疏遠的夷狄，喪失本身的主體性。

另外，也是崎門三傑之一的淺見絅齋著有〈中國辨〉，極力反對稱中國以外國家為夷狄。他說：[46]

> 中國、夷狄之名，儒書由來已久。因吾國儒書盛行，讀儒書者，以唐為中國，以吾國為夷狄，尤有甚者，以吾生夷狄而悔泣者有之，此如何之甚，失為讀儒書者，而不知名分大義之實，可悲之至也。夫天，包含地外；地，往而無所不載，然各有其土地風俗之限，各有一分之天下而互無尊卑貴賤之別。唐之土地，有九州之分，自上古以來風氣自然相開，言語風俗相通，自成其天下也。其四方之鄰，居風俗不通之處，各國自為異形異風。近九州者，需有通譯之因，由唐視之，自然視為邊土之鄰，此即以九州為中國，以外圍為夷狄之由來。不知此而見儒書，稱外國為夷狄，以諸萬國皆思為夷狄，全不知吾國固和天地共生而無待他國之體，甚謬也。（原日文）

絅齋從大義名分論立場批判那些讀儒書者以「唐為中國，日本為夷狄」，故他加以脈絡化地去理解夷狄稱呼之自然由來，本無尊卑貴賤之別。為了解決這項爭議，於是他提出以「內外」來

取代「中國」、「夷狄」等文化價值判斷所引起的爭議。如以下設問：[47]

或曰：然以日本為中國，以唐為夷狄，是否善哉？

曰：中國、夷狄之名，或附其名予唐，以其名稱吾國，亦唐之模仿也。唯以吾國為內，以異國為外，辨明內外賓主，而若稱吾國為異國，無論如何，皆無其道理。

淺見絅齋旨在以「內外」，來取代「中國」、「夷狄」等文化價值判斷的爭議。在這裡我們看不到絅齋像兵學派以地理空間意義想來扭轉「華」與「夏」關係，所以，絅齋不去辨誰是「中」的問題。

上述折衷學派與崎門學派的中國論，不論是豬飼敬所的「尊內之辭」或是佐藤直方的「聖人私意論」，乃至淺見絅齋的「大義名分論」，可以說是山鹿素行等以地理空間論爭「中華」，以及仁齋學派以文化禮義論華夷等二派的折衷論。從上述的分析可知，三位學者的中國論頗照顧到歷史事實的脈絡性，豬飼敬所稱日本史冊中不乏出現稱自己國家為「中華」或「華夏」，

46 淺見絅齋，〈中國辨〉，收入《山崎闇齋學派》，頁四一六。
47 淺見絅齋，〈中國辨〉，頁四一九。

佐藤直方看到聖人區分華夷的「私意」之脈絡，淺見絅齋則特別舉出兩國異國異風，交往必須透過通譯，很自然一方會視另一方為鄙邊之國。以上三者的脈絡性解釋，可謂善於折衷，亦可略窺山鹿素行等爭論「誰是中華」的論題，逐漸轉移到自我主體性的脈絡理解，明顯區隔出對中國的文化認同及對自我政治認同兩者的差別，以強化自己的集體身分認同意識。

五、「中華」論爭的消逝：幕末支那論的「緣起」

關於「支那」一詞的涵義與稱謂之考證，中國學界雖有多人進行考證，但迄今仍無定說，比較詳細的分析，可參彭印川與李志敏的考證及折衷說法最具說服力。彭印川指出「支那」有「日南說」、「秦說」、「羌族說」、「滇國說」、「綺說」、「智巧說」等六種說法。[48]李志敏則認為「支那」乃外人稱產「絲」的中國，經由「絲綢之路」在各地形成「絲綢之城市」而特別對「絲」的稱呼。故「絲綢之路」上有「支那」地名者所在多有，乃是指一個泛稱。[49]雖然「支那」一詞尚未有定論，但可以確定這是一個完全來自外國對中國或中國貿易物品（特別是絲）的一個泛稱，是來自外來的名詞，非源自中國內部之詞，這與「倭奴」對日本而言也是自中國所給的特定稱呼一樣。

由於本節著重在日本人的「支那」觀，故比較注意日本學者使用「支那」這個詞語的問題。

綜而言之，日本人在十八世紀以前不稱中國為「支那」，十八世紀後，才被開始使用。[50]即使在十九世紀中葉明治維新（一八六八年）之前也只有少數學者使用「支那」，並多出現在極度宣揚日本主義學者的著作上。如兵學者吉田松陰及經世學者佐藤信淵（一七六九—一八五〇），即使一些開明的思想家如蘭學者渡邊崋山（一七九三—一八四一）及朱子學者佐久間象山（一八一一—一八六四）的著作中也幾乎沒有使用過「支那」一詞。

如第三節所言，德川初期的學者尚與中國爭「誰是中華」，亦常稱中國為「唐土」、「漢土」，德川政權又採閉關自守政策，未通海西，故一切詞語僅隨中國之語而用之。然而「支那」一詞在明治維新以後被廣泛地使用，筆者認為有兩項因素：其一是通海西以後，聞悉外國人稱中國，音略為「sina」，揆諸佛典漢字，亦以「支那」漢字稱之，故沿用之，此自無價值判斷

48 彭印川，〈「支那」考證綜述〉，《中國歷史地理論叢》卷二（一九九六），頁二四八—二五一。

49 李志敏，〈「支那」名號涵意及其指謂問題〉，《中國歷史地理論叢》卷二，頁二〇五—二一四。

50 一般認為日本學者開始使用「支那」稱中國乃始於一七一三年新井白石（一六五七—一七二五）編纂一本《采覽異言》，係根據他採訪漂流到日本的羅馬水手之編輯稿，白石將chi-na用片假名「チイナ」，並於其下注上「支那」二字。不過，白石用「支那」一詞，日本已經走過山鹿素行爭「誰是中華」的問題，所以筆者不認為白石是「偶然性」地使用這個詞語。即使如此，我們也可以看到同時期的學者稱中國仍是用「漢土」、「唐土」或「中華」稱中國，故至少在十九世紀初期的日本，「支那」一詞並未被廣泛地使用。

的用語。其二是國力的政治因素，中國自一八四〇年鴉片戰爭後，衝擊日本人對中國的天朝觀，自此不再與中國爭「誰是中華」的解釋權，「中華」成為一個「負債」的負面名詞，不再是個「生產」的正面名詞，這個因素遠甚於前面的因素。本節並不處理明治維新以後的種種支那論，只是考察支那論的「緣起」，故必從維新前的華夷變革觀點論起。

十九世紀中期前後，日本如同中國，正值處於西力入侵，疲於應付外侮之際。我們檢視當時日本學者稱呼西方人的文獻，多以「夷狄」稱之，最明顯的即是水戶學者與強調武士道精神的學者們。如藤田東湖（一八〇六—一八五五）著有《常陸帶》，其中有一篇〈慮夷狄之禍之事〉，將日本國稱為「神國」，其中視東北民族的蝦夷為夷狄，而常與蝦夷族來往的俄羅斯為西蝦夷，更不用說以夷狄視西方諸國。[51] 極力強調日本武士道精神的幕末吉田松陰，也以「夷狄」、「虜」稱西方諸國。[52]

不過，由於西方船堅礮利是事實，不少有國際視野的學者已認為固有的「夷狄」觀不可行，能嗅出這股時代轉變的，通常是帶有蘭學背景的洋學者。這批致力於洋學者，早警覺日本處於危機中，他們甚敏感於西方科學學問的進步，常帶有危機意識。這與中國一直以大國自居，對洋人初來之際，寧可是以「朝貢意識」看待外船進入中國，而不是如日本以「危機意識」面對之。一直要到一八四〇年的鴉片戰爭失敗後，少部分的士大夫才開始警覺，但大部分仍沉醉在保守封建的思維中。反觀日本志士，雖然也有保守勢力，但臨海之藩國，早已嗅覺出十八世紀以後所陸陸續續來的外船，已與以前不同。如渡邊崋山就強調古今世運有大不同而說：「蓋世運風移之會，滄海變為桑田，華夏擾為戎狄。斯道雖無古今，時勢則今非古。」[53]他並區分「古之夷狄」與「今之夷狄」：[54]

> 因天下古今之變，古之夷狄是古之夷狄，今之夷狄是今之夷狄。以古之夷狄，難制今之夷狄。

上述「華夏」與「夷狄」觀念的轉變，表現在幕末朱子學者佐久間象山最為明顯。象山在一八

51 参藤田東湖，〈夷狄の禍を慮り給ふ事〉，《常陸帯》（東京：博文館，一九四〇），頁一一一—一一九。

52 吉田松陰說：「王陽明曰：『破山中賊易，破心中賊難。』儻不復古例，則邪教（案：指基督教）蔓衍，我心為之薰，遂不能無耶穌之禍。雖神州衣食，雖神州言語，其心乃夷狄矣。所謂心中賊也，破之為最難，神州之心未夷狄之前，宜預拒之，拒之，獨在誅虜使之舉而已矣。」氏著，〈與吉田義卿第三書〉，收入《全集》第六冊，頁四六七。

53 全樂翁（渡邊崋山之號），〈鴃舌或問序〉，收入《渡邊崋山・高野長英・佐久間象山・橫井小楠・橋本左內》（東京：岩波書店，一九七一年日本思想大系五五），頁七九。

54 渡邊崋山，《外國事情書》，收入《渡邊崋山・高野長英・佐久間象山・橫井小楠・橋本左內》，頁一九。

六二年上書稿中說：「若今仍稱呼朝鮮、琉球為夷狄，彼等雖為小國必不甘心接受，何況對東西洋的大國稱之為夷狄或蔑視之，則本人認為日本是為無禮之國。」[55]幕末陽明學者吉村秋陽（一七九七—一八六六）特有〈夷夏辨〉一文明顯表現出他以禮義之道辨夷夏：[56]

人有夏夷乎？曰無有也；地有夏夷乎？曰無有也。惟其無有也，是其所以不可不嚴其分也。……然至邊徼瑕絕之域，則往往風氣未開，禮義之道未明，而存故習者有之，然後夏夷之名興焉。其始見《虞書》，而謹其分莫嚴於《春秋》。於是乃見聖人公平正大愛人之無極也。蓋策書之法，諸侯用夷禮則夷之，夷焉而進中國，未嘗斥也。其意猶言人不可不自修也。夫堂堂中國諸侯，而一旦失其道，則且不免為夷。夷固賤矣，而變則猶為中國。然後人知禮義之不可一日棄，即其愛之之至也。又嘗思之，人而失其道，是亦近禽獸，豈特為夷而已哉！而聖人獨汲汲於夏夷之分者，蓋夷猶人也，未如禽獸之不可化也。由是觀之，服其教而從其道者，或雖在海外萬里之遠，而謂之夏可也。苟不能如此，則中國而謂之夷者亦可矣。其為夏為夷，在於道之存不存而已，豈限以彼此耶。而西土之人，每妄自尊大，而卑視諸邦，曰禮義之國也，冠裳之俗也，我將禮義，我學而行之。其或得或失，未知彼孰與於我，冠裳我亦有其具焉。將以其不同也，則彼三代既已不襲其跡，況後世乎。

幕末夷狄論甚囂塵上，學者們的夷狄觀念日漸轉化，秋陽之論，蓋呼應時代變革的有為之言。值得注意的是，秋陽上述夷夏變革觀點，乍見之下似乎回到了伊藤仁齋以有無「禮義」的文化之道來辨夷狄。不過，秋陽時代的課題已經是「華夏可變夷狄」，「夷狄可變華夏」的關懷命題了。換言之，在仁齋的「禮義之道」是單向式只要求夷狄之國可以學禮義之道躋進「華夏」之國，但秋陽所說：「堂堂中國諸侯，而一旦失其道，則且不免為夷。夷固賤矣，而變則猶為中國。」已經是雙向式的華夷變革，這當然有感於中國天朝在鴉片戰爭、英法聯軍敗給西方「夷狄」諸國後，才有的「夷夏論」。這種起自中國逐漸受制於西洋的「華夷變革」論點，也充分展現在學者亦漸不屑以「中華」稱大陸中國，改學西方人用「China」即「支那」稱之。

上述諸學者佐久間象山是朱子學者，吉村秋陽是陽明學者，渡邊崋山是蘭學者，在他們的著作中，我們尚不見用「支那」一詞稱中國，大多沿用「唐土」、「中國」、「清國」等稱大陸中國。即使甚強調日本是神國、皇國的水戶學者藤田東湖也僅稱日本為「神州」，中國為「西土」或「清國」，並未使用「支那」稱中國。因此，雖然幕末學者已經充分表現出「華夷可變革」

55 佐久間象山，〈時政に関する幕府宛上書稿〉一八六二年九月，收入《渡邊崋山、高野長英、佐久間象山、橫井小楠、橋本左內》，頁三一五。

56 吉村秋陽，《讀我書樓遺稿抄》之〈夏夷辨〉，收入《日本の陽明學・下》（東京：明德出版社，一九七二年日本陽明學大系第十卷），頁三六〇。

的論點，但並無所謂的「支那」論，即使只有少數學者使用「支那」，卻離所謂的「支那論」尚有大斷的距離。

明治維新以前在其著作中以「支那」稱「中國」者，多出現在皇國中心主義或講究武士道倫理者，且多具有侵略思想，如經濟學者佐藤信淵與兵學者吉田松陰。佐藤信淵的《混同秘策》如是明白主張：「**萬國以皇國為根本，皇國信為萬國之根本。……故由皇國開拓他邦，必先吞併支那**。」[57]幕末尊王攘夷志士的吉田松陰亦有如下的支那論：[58]

> 支那人常自尊為中華，賤外國為犬羊，而一變為蒙古，再變為滿洲，所謂中華之人，蓋不能平矣。然其俗以統一為大，丕炎以下，大義所不容，明教所不恕者。至於其統一寰區，則舉以為天子不疑，況乃疑於蒙古滿洲乎。父之所以為賊者，子可以為君；子之所以為君者，孫可以為賊。忠孝之訓，雖載諸空言，不能施於實事。凡如此者，彼皆習以為常。

以上是批判中國的君臣觀及不斷的異姓革命。以下則十足地表達出侵略中國的思想。松陰說：[59]

今也德川氏，已與二虜和親，非可自我絕。自我絕之，是自失其信義也。為今之計，不若謹疆域，嚴條約，以羈縻二虜，乘間墾蝦夷，收琉球，取朝鮮，拉滿洲，壓支那，臨印度，以張進取之勢，以固退守之基，遂神功之所未遂，果豐國之所未果也。

由上述諸論可見，「支那」一詞的愛用者皆出現在一批自稱日本為皇國、神國者，他們是抱有民族優越於萬邦的日本中心主義論者，而且都帶有侵略的思想。特別的是，吉田松陰的「支那」觀點有兩大重點：其一是「支那」不配自稱為「中華」，因其不斷異姓革命且為蠻族所征服，故其忠孝的父子君臣觀只是空言，以此來對比於日本對天皇的絕對君臣觀；其二是「支

57 佐藤信淵，〈草木六部耕種法序〉，《混同秘策》，收入瀧本誠一編，《佐藤信淵家全書》（東京：岩波書店，一九九二）下卷，頁一九六。信淵世代修農政、物產之學，亦甚關心洋學。他遍遊諸國，留心海防，注意世界局勢，凡開物究理之事無不關心。嘗從師學蘭學、本草學，後遊學長崎及日本各地考察，留心於世界地理、農政、經濟之學，致力於考察神道及農政、物產學，亦有強烈的日本中心主義，著有《農政本論》、《混同秘策》、《經濟要錄》等書。

58 吉田松陰，〈與赤川淡水書〉，收入《全集》第二冊，頁一〇。

59 吉田松陰，〈復久坂玄瑞書〉，《丙辰幽室文稿》，收入《全集》第三冊，頁三八——三九。

那」是可以征服的，以凸顯日本的國防範圍，包括到整個東亞，故特強調戰國時代豐臣秀吉（一五三六—一五九八）侵略韓國的功業。

吉田松陰本是德川初期山鹿素行流派的兵學者，其思想自然受素行影響，故他們最大的交集是稱日本為神國，卓爾於萬邦，並與妨礙皇道政權的德川政權有著緊張的關係。因此，素行遭流放，松陰被梟首。不過，在素行時代尚與中國爭「誰是中華」，但松陰時代已經是看不起「中華」了。這種由「爭中華」到「看不起中華」的態度轉變，成為明治維新以後支那論的基本論點。

六、結語：國家名稱的詞語「誤解」問題

對近代以前的中國儒者而言，將四方諸國視為文化落後的「夷狄」，是相當自然的事。但對四鄰外邦學者而言，當看到中國文獻的「華彼夷我」時，則相當敏銳與反感，畢竟這牽涉到國家被污名化的問題。故日本德川學者們往往努力思索如何解消「夷夏」的尊卑之別，其間議論相當多元與特殊。本章第二節即解決日本德川學者中井履軒及山片蟠桃如何考證「倭奴」、「倭國」的錯誤，強調「倭奴」是一種被誤讀或誤解的過程，以解消日本被污名化的烙印。第三、四、五節則分析了從「誰是中華」到「中華論述的脈絡性轉移」至幕末「支那論」的緣起

等三個發展階段。我們發現德川初期尚有學者以「空間意義」來轉化「華彼夷我」成為「華我夷彼」，此類以講求日本武士道的兵學派為主；素行之後，闇齋學派的「中國論」也獨樹一幟，但他們不是從地理中心觀念與中國互爭「中華」，也不是用文化禮義區別華夷，而是以一種主客內外的脈絡性之解釋方式說夷夏。但是，隨著西力東漸，幕末開明學者漸漸嗅出一個「華夷可變革」的時代已經來臨了，我們發現明治維新以前的十九世紀初期至中期，「中華論」已被「華夷變革」論所取代，乃至出現了高度強調日本中心主義學者強調的「支那」觀點，形成甲午戰爭以後支那論的「緣起」或「原型」。[60]

由於本章係分析「倭奴」、「中華」、「支那」等國家名稱的詞語，在德川時代學者中的諸多爭議，也顯示了這些語詞所帶有的豐富之歷史內涵，亦牽涉到詞語被誤解過程的轉變課題。終篇之際，筆者想從詞語的豐富歷史內涵，引出在文化交流中本來就是從「誤解」的過程中，不斷產生新的創造物（即新的語詞），從而檢討我們如何看待詞語演變中所應有的文化態度。

人與人、國與國、文化與文化交流中，「誤解」本來就是不可避免，而且「誤解」往往是

60 明治維新以後「支那論」的興起，可參馬場公彥，〈近代日本對中國認識中脈絡的轉換：從「支那」這個稱呼談起〉，收入張崑將主編，《東亞視域中的「中華意識」》（台北：臺大出版中心，二〇一七），頁二七一—二九七。

「理解」的開始，因為理解不足本身就是誤解，經過不斷誤解的過程，從而不斷產生新的創造物，其結果就是「源頭」是否可以理解，是否有無正確性，已經模糊不清了。先秦時代諸子百家興起或是「道術為天下裂」的現象，就是一個被誤解後的結果，而我們不能否定經誤解後所產生的新創造物所存有的歷史意義。當我們在考證一段「誤解」時，其實我們只是在找原始源頭是如何被形成誤解，因此其實我們的研究只是在發現「誤解的過程」。如「倭」這個字，當中井履軒與片山蟠桃經過考證發現「倭奴」其實應是「委奴」的誤植，是出自日語的「いど」，漢字寫成「伊覩」時，原始意義並沒有貶抑的意思。不過，也許我們還可以深入問下去：「何以歷史上漢人王朝屢以倭人或倭國稱日本人？即使日本已經改朝換代正式稱自己為日本國，也少有人自稱倭人。」中國史書之所以不改「倭人」稱呼的背後問題，當然帶有貶意、輕視之義，而且「倭人」已經形成一股文化言說，這個過程是透過長期間累代而形成的。因此，我們可以說「倭人」是一個被誤解後而形成帶有貶抑的價值意涵之烙印。同樣的，我們也可以看到明治維新前後至二次世界大戰的日本人稱中國為「支那」，也帶有貶抑的價值稱呼，但細考「支那」的源頭豐富意義之一即是源自印度梵語，也有著「文明智慧之國」的意思。如今看來，不論「倭奴」（如果唸為いど）或「支那」的原意根本不具有貶義，是透過丟失了原意而被誤讀的結果，而且也成為根深柢固的歷史文化之一部分了。

因此，當「倭國」、「中華」或「支那」以多種方式被言說以後，它們往往失去原意卻又各自充滿創意，而以「誤解」或「故意誤解」的方式形成另一套「新中華」、「新支那」或「新倭國」之言說。這裡所謂「誤解」的言說，係指語音轉成異族或異國後的文字後的必然現象。就此而言，「誤解」是理解「他者」的必然現象。例如：原始漢字尚以「伊覩」稱「いど」，即使如此由音轉成文字的過程中，本身即已是第一層失真的誤解（即使理解不足，也可以視為是誤讀），更何況日後逐漸成為「倭奴」或「倭國」來稱日本的「故意誤解」。所謂「故意誤讀」的言說，如漢字以「倭奴」來稱日語的「いど」之音，本身即帶有「華夷」對峙的價值觀，故日本德川學者必去「奴」存「倭」，並冠一「大」字成「大倭」，以與「大和」、「日本」皆稱以「やまと」之音，來轉化「他者」對「自我」的污名化。又如明治維新前後到二次世界大戰日本所流行使用的「支那」一詞，即使在印度佛經梵語中有「文明智慧」的美義，但當代學者說「支那」這個語詞時，往往帶有輕視中國的意思。以上「倭奴」、「支那」都帶有「故意誤解」的價值偏見，這些偏見都曾在一代人或數代人身上形成普遍的言說，而且習慣早成「自然」，故「誤讀」或「誤解」是一種自然習慣。

再如「中華」這一詞語，其原意或許真如日本學者所稱，是自居於天地自然中間的佼佼者，這在世界各民族中都有的自我中心概念。但這個原意本身應只是一個文化概念的宣示，如果強調太過，則不免帶有「以自我為中心，以他國為周邊」的華夷觀點之優越意識。德川初期如山鹿素行等講究武士道學者們之所以與漢土爭「中華」的解釋權，並將日本推到「卓爾萬邦」

的神國優越意識，固然有文化主體性的危機感之宣示作用，以告誡「華彼夷我」、「食其國而遺其邦」之徒。但這樣的宣示作用，在我們今日看來，不就是明治維新以後有心人士使之成為整個國家、民族的共同言說的語言嗎？顯然，以上「中華」、「倭奴」、「支那」都走過「誤讀」及「故意誤讀」的長期歷史，並形成一股有力的言說。

實際上，「誤讀」及「故意誤讀」並沒有古今之別，而是我們根本都無法擺脫「誤讀」與「故意誤讀」的語詞世界中，即使到了今天，當我們檢視網路上的「支那」、「倭奴」的關鍵詞言論中，這些在歷史上形成的有力論述，依然在群眾語言的底層中活躍發展中。因此，即使我們試圖努力還原了語言本意，也抹殺不了曾被誤讀或故意誤讀後的派生意義。但是，異文化的被理解過程中，往往「誤解」強過「正解」，而誤解之所以可以一再地被有意誤讀或再生產另一誤讀，除了語詞使用者永遠有歷史脈絡或「自－他」區別意識干擾著那個語詞原意的被理解之外，誤解之所以能有可被操作空間，乃因人們不可能擺脫語言本身所帶有的歷史教化經驗，也正由於語詞的運用具有這樣的歷史教化性質，故可以一直持續地保持它的歷史性，且一再被有意或無意地從歷史中再生產出來。人們都想要努力地找解釋之源頭，但即使真的可以找到源頭，恐怕也無法否定經過誤解後所產生的根深柢固之文化共識，否則一個「誤解」不可能長期存在並形成一族、一國的共同認知，不論是使用超過一千六百年之久的「倭國」或兩百多年的「支那」。換言之，當我們要找故事或事件源頭時，從誤解的脈絡去理解是必要的，在這個意義上，誤解的功能比正解還重要。

此外，誤解之所以會習慣成自然，或是一再地可以被操弄，也源自於語詞本身並不存在只有一個「正解」或「原意」，而是語詞的「正解」或「原意」本身具有不可言說性及其豐富性。例如本章所處理的「倭」、「中華」、「支那」這些字時，從它們被命名的一開始，誤解就已經產生，因為詞語本身即存在著不完整的表達性質，一旦被命名限定後，限定義反而代表了那個無法言說的整體豐富意涵，這就是中井履軒等學者要抗議中國把特稱的「倭奴國」當成是全稱的「野馬臺國」。語詞本身的豐富性也隨著時代的更迭而轉變，即使是同一個語詞，例如現在我們稱「中國」或「中華」，也許在政治外交上指的是政治意義的中國或中華，但是「中國」或「中華」在文化上卻有著更豐富的意涵。又如在戰爭期間所使用的「大日本」、「大和」等詞語，隱含著強烈的政治操弄性，如今走過戰爭的日本，同樣使用著「日本」或「大和」，其蘊含的意義也已然不同。所以，運用這些詞語的我們，其實自一開始即處在一個限定義的環境裡，所以誤解是理解的必經過程，而且常常被時空錯亂地使用著。

當人們走過探尋「誤解」的言說後，也許會用另一「新」言說來取代「舊」誤解（即使「新」言說有時也是一種「新誤解」），如果這種新言說是站在平等及互尊的立場上，則可創造出彼此可互相接受的新言說下的新詞語。隨著國際局勢的變動，處在二〇二〇年代東升西降的政治、經濟、社會與文化快速變動的時代，特別是ＡＩ科技所帶來的新語言與新觀念，將會有更多豐富的新意涵與新使命。換言之，新意涵與新使命滲透到了詞語本質，從而再生產出詞語的多元與豐富。誤解無所不在，一如巴別塔（Tower of Babel）永無再建成之可能。

第十章

透過他者以窺自我：晚清官員訪日所投射的中華形象

一、前言

晚清自英法聯軍敗師以來，開始進行洋務運動，欲以「師夷之長技以自強」和「師夷之長技以求富」，基本上採取中體西用之策。明治維新後，日本積極西化，頗為成功，亦成為中國考察及效法的對象。約而言之，晚清派官員赴日考察，可以甲午戰前與戰後為分野。甲午戰前即有黃遵憲（一八四八－一九〇五）《日本國誌》的出版（一八八七），是中國第一部對日本歷史與文化有深入理解的史學著作。至於赴日官員而留下考察紀錄的有王之春（爵堂，一八四二－一九〇六）的《談瀛錄》、李岳蘅的《策倭要略》、王韜（一八二八－一八九七）的《扶桑日記》、黃慶澄（一八六三－一九〇四）的《東游日記》等。甲午戰後，赴日考察者的官員與日俱增，其考察範圍亦愈來愈廣，舉凡政治、軍事、教育、衛生、農業、經濟、議會、警察、監獄等體制，幾乎無所不包。

甲午戰前，中國官員尚受日本敬重與禮遇，考察官員亦多聲言日人乃徐福之後，彼此有同文同種之兄弟情誼，故多有中日合作興亞的意願。甲午戰後，儘管訪日官員表面上依然受到敬重與禮遇，但日本接待官員或士紳已展現十足信心，屢給中國官員建言。與此同時，相關官員亦在日記中坦言中國不足日人之處甚多，對傳統漢學教育在日本之日薄西山相當憂心。甲午戰後考察的官員，在參觀日本之西學文明時，常或自恨中國積弱不振；而在考察日本的軍事教育時，多感中國過度重文輕武。最引起訪察官員們的民族自尊心受挫者，則在參觀靖國神社遊就館展覽的甲午戰爭遺物，難免驚心動魄及表露憤懣之情。當他們觀賞戲劇或參觀博物館之際，常見諷刺中國風俗敗壞的場景，不免激起其內心的民族情感。當是時，考察之中國官員，頗多抱持「不以日本為殞命之鴆毒，而以日本為起疴之良藥」之信念，[1]欲探其富強之策，習其維新之精神，但回過來投射到中國本身的改革時，常有「知古不知今」及「國大難以改革」之嘆。

以赴日考察或留學中國人的日記或筆記為研究對象，探討中日文化交流史的專著和資料彙編，前有實藤惠秀（一八九六—一九八五）的《中國人留學日本史》，[2]後有小島晉治收錄日本新聞記者、政客、作家、教育家、學者、學生以及漢學家所留下的大量筆記或遊記的《幕末明治中國聞見錄集成》。[3]另外，黃俊傑教授運用日本近代知名漢學家的遊記或日記探討他們

1 田綸閣，《東游日記》之序，收入東京都立日比谷圖書館編，《實藤文庫》（東京：東京都立日比谷圖書館，一九五八），第八五輯。

2 實藤惠秀著，譚汝謙、林啟彥譯，《中國人留學日本史》（香港：中文大學出版社，一九八一，二〇一二年北京大學出版社再版）。

3 小島晉治編，《幕末明治中國聞見錄集成》（東京：ゆまに書房，一九九七）。

眼中文化中國與現實中國之間的張力。[4]本章則透過清末赴日考察中國官員的日記或遊記，關注他們如何體現自己在異域日本之親身感受，受他者日本之刺激，反襯出積弱不振的中華形象。本章所運用之史料，大皆以《實藤文庫》所蒐藏有關晚清官員的考察日記為主。如所周知，實藤惠秀是中日關係及文化交流史之著名學者，而《實藤文庫》為實藤惠秀舊藏。《實藤文庫》專收清末以來中日文化交流資料，有中國人的日本旅行記、日語學習書籍、日文書的中譯本、清末新學全書等，共約五八〇〇冊。其中編號〇〇一冊至二二七冊的內容，即中國官員的東游日記或遊記，最堪注意。本章擬從這批文庫中，探索當時中國官員考察或遊歷日本時，所受到的文明與教育之衝擊及其如何映照出自己的中國形象。本章所涉及的範圍多集中於一八九五年以後至一九〇七年期間，且以晚清官員的日記或遊記為主。至於其他作品，涉及非官員的知識分子，俟諸日後，完整通讀，另撰他文探討。

二、甲午戰前的中國投射話語

甲午戰前，中國並沒有留學日本的風氣。從來日本是向中國學習，自唐朝以來日本當局就不斷派遣留學生或留學僧赴中國取經。不過甲午戰後，中國漸漸以日為師，留日風氣也自此開始。一八九六年清政府派遣唐寶鍔等十三名青年留學日本，近代中國人留學日本即濫觴於此。[5]至於中國派遣官員赴日考察，則在甲午戰前即已啟動，畢竟明治維新後，日本的革新進步有目共睹。加上中日兩國圍繞朝鮮及琉球、台灣問題頻頻發生摩擦，清政府遂不得不展開對日外交。故清政府自一八七六年陸續派遣駐日公使或官員，赴日進行外交、軍事、教育、法政等各方面的考察。初期赴日官員，仍受日方百般禮遇，常有日本文士慕名互訪，以贈酬詩賦為榮。至於在中日兩國關係上，晚清官員頗喜言及日人是徐福或吳泰伯之後，咸感兩國宜兄弟合作，攜手興亞，對抗西方帝國勢力。

（一）甲午戰前日人為徐福之裔的投射話語

晚清官員赴日而留下日記或遊記者，可以王韜的《扶桑日記》與王之春的《談瀛錄》為先

4 黃俊傑，〈二十世紀初期日本漢學家眼中的文化中國與現實中國〉，《東亞儒學史的新視野》（台北：臺大出版中心，二〇〇六）第九章，頁二六五—三一二。文中運用內藤湖南的《燕山楚水》、吉川幸次郎的《我的留學記》及《中國印象追記》、宇野哲人的來華遊記《支那文明記》、青木正兒來華的遊記〈江南春〉及〈竹頭木屑〉等四人留下的作品，分析這些近代日本知名漢學家眼中的文化中國與現實中國之張力。

5 關於中國人留日的歷史淵源與過程，除前引實藤惠秀的研究以外，亦可參沈殿成主編，《中國人留學日本百年史（一八九六—一九九六）》（瀋陽：遼寧教育出版社，一九九七）。

聲。王之春於一八七八年赴日，撰有《談瀛錄》三卷，[6]當時湘軍將領彭玉麟為此書作〈序〉，指王之春赴日，「每至一處，輒與其國之士大夫交，筆墨酬答，晨夕游歷，爭為之導而輸其款。」[7]寥寥數句，日人爭相與難得來日之「名士」交遊之盛況即已躍然紙上。

上述王之春尚帶有考察日本國情軍事之任務。至於王韜於一八七九年（光緒五年）赴日，則是應日本近代名儒重野安繹（一八二七—一九一〇）之邀。王韜抵達之時日本名士二十餘人為之接風，臨別之際有六十餘人為之餞行，堪稱盛況。重野氏與中村正直（敬宇，一八三二—一八九一）不但為王韜所著《扶桑日記》寫序，還待之以名士之禮，王韜所走訪者皆與之唱和詩詞。根據《扶桑日記》記載，當時日本人岡鹿門曾經告訴王韜：「先生且盡千日之醉。蔽邦自唐以下，如晁衡、吉備大臣，屢遊中華，而中華無一名士東游者。今先生以中華名士游，夫豈偶然？願留住以盡賞析之歡。」[8]顯見甲午戰前日本尚有欣慕中國名士遊日之風。此又可以日人源輝聲為《芝山一笑》所寫的序文，窺其一二：[9]

慶應年間，余結交於西洋人，講習其藝術，窺其所為，無不事窮其精妙者，大喜其學之窮物理，以能開人智。明治初，余解組掛冠占棲墨江。自是後，以無用于世，乃攸轍，結交清人，相識日深，情誼月厚，而其交遊之妙，勝於西洋人遠矣。蓋西洋人，神氣穎敏，行事活潑，孜孜汲汲，覃思於百工器用製造也。至清國人，則不然。

百官有司，廟謨之暇，皆以詩賦文章，善養精神，故性不甚急也。……〔中略〕又屢與友人石川君華，到芝山，與欽差大使等諸課，筆談終日不知倦，紙疊作丘，奇論成篇，君華乃抄其筆談中佳什數十首，為小冊，題曰《芝山一笑》，乃徵後序於余。

按：《芝山一笑》（一八七八光緒四年詩作，明治十一年出版）係一批日本士人訪欽差大使何子峩（如璋）等之筆談詩作。日人著名山水畫家石川英（字君華，號鴻齋，？－一九一八）將之整理成冊，日人源輝聲為之作序。源輝聲上述的序文中活靈活現地對比了與西洋人和清國人結交截然不同的氛圍：西人窮物理，精於百工器物製造；清國人專以詩賦文章、涵養精神為務。由此可窺甲午戰前，中國士人下筆能為詩文者，尚能折服日人，在此也完全看不到甲午戰後才出現的日人關於中國重文輕武的批評。

甲午戰前，日人看重中國士人如此，訪日的晚清官員也著實陶醉於這種「中體」的心境

6 王之春所撰《談瀛錄》，背景是光緒四年（一八七八）日本出兵滅琉球，設為沖繩縣。當時王之春奉兩江總督沈葆楨派命前往考察，得其險要風俗情狀，歸返著為《談瀛錄》三卷。
7 彭玉麟為王之春所撰《談瀛錄》之序，收入《實藤文庫》第八輯。
8 王韜，《扶桑日記》，收入《實藤文庫》第七輯，頁五。
9 石川鴻齋編著，《芝山一笑》，收入《實藤文庫》第六輯，頁五。

中。即使在面對日益精巧的「西器」或「西用」，這些晚清官員仍堅持認為中國固有之器物發明，只要精益求精，都可勝過這些西技。如王之春參觀了上海造船廠所造蒸汽船，乃興奮道：[10]

余嘗見南史稱祖沖之造千里船，純用機棙，不藉煤火，其巧妙與西國輪船無異。至以千里命名，則其迅捷自不待言。且楊玄之樓船，激水其速莫比，亦輪船之濫觴。夫智者，造物巧者述焉，異巧絕能，世不經見，而步後塵者，徒誇泰西之巧，抑之中國固有先西人而為之者邪，諺云：「少所見多怪，見駱駝謂馬腫背，獨不思武侯之流馬，公輸之木鳶，何以行于地上，飛于空中自若也。」

從以上王之春之論可見，他不認為中國在器物發明上落後於西人，只是有先後之別。接著，王之春等一行參訪教育博物院時，觀察西人火車模型及以顯微鏡觀人體經絡模型，之後參觀其館藏圖書，見多為洋書，乃嘆曰：「右樓為儲書之所，錦函玉軸，滿架牙籤，任人繙閱，半係該國典籍及泰西之書，雖欲以裨實用而滅棄聖教大畔，其先崇尚漢學之心識者，嗤其無足觀也。」[11]在此王之春也看到了日本正朝西學邁進而漸廢漢學的趨勢，採實用教育而棄聖教之學，對此還不免「嗤其無足觀也」。[12]

由於甲午戰前官員訪日是中國開始注意日本明治維新成效之始，故一般士人對日本文物風土所知有限，僅能從過去中國史書記載了解一二。當時黃遵憲即有如是之嘆，《日本國志》序言：[13]

以余觀日本士大夫，類能讀中國之書，考中國之事。而中國士大夫好談古義，足已自封於外事，不屑措意，無論泰西，即日本與我僅隔一衣帶水，擊柝相聞，朝發可以夕至，亦視之若海外三神山，可望而不可即，若鄒衍之談九州，一似六合之外，荒誕不足論議也，可不謂狹隘歟。

10 王之春，《談瀛錄》卷一，收入《實藤文庫》第八輯，頁二—三。

11 王之春，《談瀛錄》卷一，收入《實藤文庫》第八輯，頁二〇。

12 當王之春參觀東京學校時，已嗅出日本學制的改變：「東京大學生徒，凡百餘人，分法、理、文三部。法學菁英吉利法律、法蘭西法律、日本古今法律；理學有化學、氣學、重學、數學、商賈學、礦學、畫學、天文為卒業，分其優絀，而定為等級。此外所設官學校甚多，皆仿義塾遺意。惟滄海乖隔，不專重漢學，雖參讀孔孟書，既不敬惜字紙，又不聞聖人之教。」氏著《談瀛錄》卷三，收入《實藤文庫》第八輯，頁七。

13 黃遵憲，《日本國志》序，收入《實藤文庫》第二二輯，頁四。

由此觀之，晚清初期訪日官員，既受名士般招待，常陶醉在大國中心，對日本之歷史風土實不甚措意。因此，這些官員常在日本找尋與中國之關係，而在諸多密切關係中，最常被提及的便是徐福事蹟。部分官員甚至鄭重其事地親訪徐福遺址。當時清國出使大臣，均視日本為徐福之後，殊為共識。如當時赴日的欽差大使何如璋以下之論：

周秦以前，東海群島，皆蝦夷所居，中土人泛海東渡，九州始有流寓。迨徐君房來挈男女數千，生聚繁殖，遂成都邑，逐蝦夷立君長國於日向，其傳國之器曰鏡曰劍曰璽，稱君曰尊、臣曰命，將軍曰大夫，皆周秦之制也。其立教首重神祇，則方士之遺規也，而後漸拓而西徙。[14]

何子峩亦在《使東雜詠》記曰：「距長崎百餘里，有熊趾山，山有徐福墓，紀伊國亦有徐福祠。日本傳國重器三，曰劍曰鏡曰璽，皆秦制，其立教首重敬神，亦方士法門。」[15]另，李岳蘅之《策倭要略》也稱：「國人多覆姓，亦有單姓者，則徐福求僊攜來童男女之支裔，徐福塚在熊耳山下，其後裔即徐家村云。」[16]又黃慶澄於一八九三年訪日時所撰《東游日記》亦曾親訪熊野山徐福遺址。[17]除傳說日人為徐福之後，尚有日本為吳泰伯之裔的傳說。如一八九三年姚文棟（一八五三—一九二九）所輯《讀海外奇書室雜著》（《東槎雜著》），其中〈琉球小志跋〉

提及：[18]

夫寬文中作《日本通鑑提要》等書，皆云垂仁天皇時，遣使大夫聘漢，漢帝賜以印綬，然則我以一旅之師滅日本，而縣之告以萬國，曰日本為我中華吳泰伯之裔，且自漢以來聘貢於我，今改建郡縣，諸國不勞過問，試問日本臣庶之心服乎？否乎？今之琉球何以異於是，至於文為制度，琉日間有相同，乃皆是沿襲中華古制，此尤不足置辨則矣。

姚文棟出訪期間已是日本併吞琉球近二十年，甲午之戰的前兩年，中日關係日益緊張。但姚文棟出訪之際，眼睛所見，處處看到無論琉球或日本皆「沿襲中華古制」，可為日人景仰中華文明之明證。至於說的最露骨以及反駁日本不承認徐福來日及日本為吳泰伯之裔者，當屬王之春

14 何子峩，《使東述略》，收入《實藤文庫》第二輯，頁六—七。
15 何子峩，《使東雜詠》，收入《實藤文庫》第三輯，頁四。
16 李岳蘅，〈習俗篇〉，《策倭要略》，收入《實藤文庫》第三二輯，頁二八。
17 黃慶澄，《東游日記》，收入《實藤文庫》第三一輯，頁一一—一二。
18 姚文棟，〈琉球小志跋〉（壬午四月），氏著，《讀海外奇書室雜著》，收入《實藤文庫》第十三輯，頁二—三。

的《談瀛錄》。王之春有詩云：「我欲訪尋徐福後，二千年裏說滄桑。」[19]並加以評論：[20]

今該國尚有徐福祠，熊趾山復有徐福墓，則日本之祖，其係出我中土無疑。而作《日本通鑑》者，則以為周吳泰伯後，乃源光圀尚駁之曰：「謂日為泰伯後，是視日為中華附庸國也。」至賴襄作《日本政紀》則并徐福事，亦屏而不書。然則將謂日祖為出於空桑乎？抑將自認為蝦夷後裔乎？夫子孫雖出於微賤，數典猶貴不忘明，明出於聖賢之後，而顧以同族附庸為疑，至削而不書，亦何所見之陋耶。

上述王之春批判源光圀（一六二八—一七〇〇）編《大日本史》及賴山陽（一七八一—一八三二）的史學著作中（《日本外史》、《日本政記》），為免日本淪為中華的附庸國，反駁了徐福或吳泰伯為日人之祖先。[21]關於水戶藩主源光圀駁斥吳泰伯為神武天皇的修史事件，事載於幕末水戶學者藤田東湖（一八〇六—一八五五）：「公嘗與尾、紀二公在幕府，適有撰一史請刊行者。公繙閱，至於以吳泰伯為神州始祖，大駭曰：『此說出於異邦附會之妄，我正史所無。昔後醍醐帝時，有一妖僧，倡斯說，詔焚其書。方今文明之世，豈可使有此怪事，宜命速削之。』二公左袒其議，遂停刊行。」[22]姚文棟所指當是此事。揆諸日本極力撇清徐福及吳泰伯是日本神州始祖一事，當從近世德川初期一些有民族主體性的學者（如林羅山）為始，而撰寫史書駁斥，則從德川光圀的修史事業開始。但這些反駁並無法扭轉晚清赴日官員的觀察，徐福為日人之祖，可說是甲午戰前清朝赴日官員的共識。

雖然諸多官員堅持徐福或吳泰伯為日本之祖，但不意味他們視日本為「夷」。如一八八七年出訪的葉慶頤，著有《策鰲雜摭》，對「夷」字釋疑，澄清夷字非貶辭：

19 王之春，《談瀛錄》卷三，收入《實藤文庫》第八輯，頁五。

20 王之春，《談瀛錄》卷三，收入《實藤文庫》第八輯，頁八—九。

21 徐福是否為日本開國之祖—神武天皇，曾經在戰後初期引起學術界的熱烈討論。戰後初期，香港學者衛挺生有一系列的著作，考證徐福就是日本的開國神武天皇，引起許多日本學者的質疑與批判，這些考證與批判，皆參氏著《日本神武開國新考：徐福入日本建國考》（香港：香港商務印書館，一九五〇）、《日本神武開國新考補編》（香港：香港商務印書館，一九五〇）和《徐福與日本》（香港：新世紀出版社，一九五三）等三書。最近吳偉明也有〈徐福東渡傳說在德川思想史的意義〉（《中華文化研究所學報》〔二〇一四〕第五八期，頁一六一—一七六）之專文討論，在這篇論文中，指出德川時代有各種徐福傳說，在這些德川思想家眼中的徐福有多元的形象，有人將徐福化身為神道神祇，有人將他視作到日本避難的外國人，更有人否定徐福東渡日本的傳說及批評其所代表的中國崇拜，由此可見，徐福已成為不同思想流派的文化戰場及日人定義中日關係的象徵符號。

22 藤田東湖，《弘道館記述義》，收入《東湖全集》，頁一七五—一七六。

> 九夷，周書曰遂通道於九夷、八蠻，《論語》曰：「子欲居九夷」。朱註：「東方之夷有九種，欲居之者，亦乘桴浮海之意。《後漢書》曰：「夷九種，畎夷、于夷、方夷、黄夷、白夷、赤夷、元夷、風夷、陽夷也。」杜氏《通典》所載與同一曰：「元菟、樂浪、高驪、蒲飾、髡吏、索豕、東屠、倭人、天鄙也。」按《說文》曰：「夷從大從弓，或作「夸」，東方之人也。」《集韻延知》：「切平也，易也，安也，大也，悦也。」《詩・周頌》：「彼徂矣。岐有夷之行，又降服孔夷。」〈鄭風〉既見「君子云胡不夷」，又通作「彛」，孟子曰：「民之秉夷」，又曰：「舜東夷之人也，文王西夷之人也。」謚法「克殺秉政安心好靜」，並曰「夷然、夷誠」美稱，顧人以卑賤解之，得無謬也。[23]

葉慶頤從經書及字書中考證「夷」實則並非貶之詞，甚至有美稱的「夷然、夷誠」，聖王如舜、文王也都被號稱「東夷」與「西夷」之人，證成「夷」向來被以卑賤解之的錯誤。葉慶頤如此善解夷字，並非個案，黃遵憲《日本國志》中特對中國自稱「中華」常被外國人解讀為「自尊卑人」，提出兩大理由反駁，一是「天下萬國聲名文物，莫中國先」，這是從中華文化的早熟而言；一是根據經典《孟子》所稱「舜東夷、文王西夷」之論，證明「知夷非貶辭，亦可知華非必尊辭矣」。[24]總之，甲午戰前晚清官員所觀察的日本，一方面承認日人為徐福之後，但另一方面也不再認為日人是「夷」，並且見證日本在明治維新後的富強，在如此多方面的認知與刺激下，乃有以下的共同興亞之論。

（二）中日合作興亞的投射話語

中日兩國一向唇齒相依。甲午戰前，日本維新變法成功，成為強國，又對俄國侵擾中國東北與朝鮮極端敏感，俄國乃成為中日兩國的共同敵人。職是之故，甲午戰前的初期訪日官員處處皆不忘提起徐福或吳泰伯是日本之祖，而這種溯源動機是基於同文同種之母國與分支之兄弟關係，藉此強化中國仍是民族根源處。因此，同樣面對西方帝國主義對東方的蠶食瓜分，中日兩國理應同仇敵愾，互相合作以禦外侮。於是，中日合作的「興亞論」便在此種氛圍下，成為赴日晚清官員的共識。質言之，甲午戰前，訪日之中國士大夫尚寄望日本，盼中日能夠合作興亞，這似乎是當時有識之士的共識。如當時一八九一年葉慶頤客遊日本所寫的《策鰲雜摭》如是說：「顧其地與中華同處亞洲，壤地相接，有唇齒輔車依附之勢，但願不分畛域，各抒真

23 葉慶頤，《策鰲雜摭》卷一，收入《實藤文庫》第二五輯，頁六—七。

24 黃遵憲，《日本國志》卷四，收入《實藤文庫》第二二輯，頁一。

誠，永無猜忌之端，共保太平之局，亦未始非兩國生靈之福焉。兩國之福，亞洲之福也。」[25]作為一部地理作品，《策鰲雜摭》把日本山川關隘、世系紀年、疆域徭賦、官制俸糈、兵額軍艦等調查得相當清楚。該書作者葉慶頤更是一位知日官員，他所希望中日兩國永無猜忌，真誠合作，實「兩國之福，亞洲之福」，當非戲論，亦可證之於當時訪日官員。如李岳蘅在《策倭要略》中論及日俄關係時寫道：[26]

第就日本之全局籌之，長五千里寬，或百里或三四百里，壤地偏小，帑藏奇絀。莫若解兵修好，中視日如手足，日視中如腹心，聯絡一氣，進可以經略歐美二洲，退亦屹然自立不敗策之善者也，不然則日本滅矣，亞歐之關繫匪小矣。

上述中日「手足」、「腹心」的「聯絡一氣」之論，也是出自肺腑之言。而早先李鴻章在一八七五年於北京接見當時特命全權公使的外務少輔森有禮（一八四七－一八八九）時，針對朝鮮紛擾的局勢，日本有意征韓。黃遵憲《日本國志》記載這段：「鴻章曰：『朝鮮誤於不知耳，且亞細亞洲宜合縱連衡，外禦其侮，何可以兄弟之國日尋干戈。苟或興師，中國亦豈能袖手旁視。以大字小，願貴國熟圖之。』鴻章又取筆書『徒傷和氣，毫無利益』八字示之。」[27]這是發生在甲午戰前近二十年之事，中日是「兄弟之國」的稱呼，應該是首見於此。一直到甲午戰前，訪日之中國官員都看清一個事實：中日確實合則兩利，分則兩傷。如一八八一年姚文棟面對日本人詢問如何「興亞」的問題，有如下之答覆：

大抵亞洲局勢，中國為主，日本輔之如兄弟、如手足，一氣聯絡，戮力同心，則進可以經略歐美，退亦屹然自立於不敗，此為統籌亞洲言之也。如第為中國計，則地廣財豐，一面濱海，戰守皆便，原不必有資於日本；而為日本計，則環海為國如虎，在平原無負嵎之勢。倘或強鄰開釁，兵船四集，如困長圍，此時若得我之援兵，則人心壯而國力不屈矣。[28]

姚文棟看似說得四平八穩，立基於中日一起「興亞」之論。但末段反倒顯出日本比中國更迫切中日合作，日本尚須中國保護。姚文棟大概很難想像，以後日本的國防之策竟是走上豐臣秀吉（一五三七—一五九八）、吉田松陰（一八三〇—一八五九）的征服朝鮮、進取支那、壓服印

25 葉慶頤，《策鰲雜摭》序，收入《實藤文庫》第二五輯，頁六

26 李岳蘅，〈亞歐大局篇〉，《策倭要略》，收入《實藤文庫》第三二輯，頁三二。

27 黃遵憲，《日本國志》卷六，收入《實藤文庫》第二二輯，頁一三。

28 姚文棟，〈答倭問興亞〉，《讀海外奇書室雜著》，收入《實藤文庫》第十三輯，頁七。

度，以鞏固日本安全的侵略性國防思想。[29]

追求中日合作倡導興亞之論，並沒有因甲午搆兵而銷聲匿跡。日本有些具國際視野的軍人，仍然有中日合作興亞的期待。如丁鴻臣在《四川派赴東瀛游歷閱操日記》記載以下一位參謀本部大佐福島安正的言論：[30]

> 日本急望中國練兵救急，通力合作以求抵制之道，勿待路成禍發不可救藥，中國勿以弱而自餒也。三十年前之日本，猶今日之中國；知今日之日本，則知他日之中國，必能奮威於東方也。若其不圖強者可弱，弱者可亡。**日本以中國之強為強**，故西望扶持之心，不能自已。

根據丁鴻臣的記載，這位福島安正大佐，「嘗獨騎游西伯利亞，繞地球一周二年而後反。」故對於歐美大勢，與俄對中國之態度，觀察相當敏銳。其中提及「日本以中國之強為強」，道出這位福島大佐與一般日本軍部「以中國之弱為強」之觀察，剛好相反。丁鴻臣考察了日本海陸軍操演暨文學、工商、農醫、製造之規製，專訪公卿、士族、工商界之議論，得到今日中國之勢對於日本有「可親可畏可法，而難以盡法者」之結論，「可親」指的是「英法相親以拒俄，俄德相親以制法，德奧相親以主歐東之政。」「可畏」乃指「彼（按：日本也）之所以助我以

□危，則彼不能獨安，我用其助而能相與以圖安，則彼心既慰，雖竭其忠，盡其歡，可也。否則彼既不能離我以獨存，勢不能不謀我以自利。」（按：□乃原缺文符號）「可法」者指的是舉凡軍事、警察、教育、交通、工商製造、貨幣政策等，均統攝於忠君愛國及富強以開民智之旨；至於「難以盡法」則提及中日兩國大小相別，廣眾殊異，故難以盡法。[31]最後亦論及中日共同合作之論：

> 日本誠可謂崛起有為矣。然其地纔足當中國十六分之一，其人纔足當中國十分之一，地褊而人寡，雖充其崛起之勢，而進不能有所兼併者，亦退不足以圖自存。中國為其近鄰，與彼有唇齒輔車之勢。中立則日存，中危則日亦不能獨安。甲午之役，日本雖獲戰勝之名，而使中國材力重困，則其關繫於日本者亦巨。故其朝野有識之人太息，而悔甲午之禍者，不惟見於文章辭色已也。自戊戌以後，分遣其外務參謀諸部之

29 幕末尊攘志士吉田松陰自己嘗說：「如余常謂，太閤天子為關白（案：豐臣秀吉），率天下之收伯，僅能擾朝鮮，震朱明。且其身沒功即廢。使余得志，朝鮮支那勿論，定滿洲、蝦夷及豪斯多辣甲（案：澳洲），其餘唯留後人成功名之地。」吉田松陰，《講孟餘話》，《吉田松陰全集》第二卷，頁三七九。

30 丁鴻臣，《四川派赴東瀛游歷閱操日記》，收入《實藤文庫》第四十輯，頁一三。按：該書於一九〇〇年出版。

31 丁鴻臣，《四川派赴東瀛游歷閱操日記》，收入《實藤文庫》第四十輯，頁三二—三六。

明達者，以來京都及東南各行省，敦信修睦游說，當軸表其樂助、悔禍之誠者，不啻項背之相望。[32]

丁鴻臣接觸一些日本官員與民間人士，總結出中日在當時是一種「唇齒輔車」的形勢，正如所謂「中立則日存，中危則日亦不能獨安」的關係。故丁氏觀察到一些日本人後悔甲午之禍帶給中國的虛弱，認為此不但危及日本，還傷及兄弟之情。確實，明治維新以後，日本都有不少真心主張中日同盟、合作興亞者，如這裡丁鴻臣所遇之福島安正，日後孫中山所結識的宮崎滔天，可惜的是，這些人從來都不是日本軍政界的主流。反倒是黃遵憲早在甲午戰前就已經敏銳觀察到日本「霸天下之志」的野心，據此提出：「日本論者方且以英之三島為比，其亟亟力圖自強，雖曰自守，亦頗有以小生巨、遂霸天下之志。試展五部洲輿圖而觀之，吾誠恐其鼎舉而臏絕，地小而不足迴旋也。作《地理志》。」[33]黃遵憲完全看出日本自維新以後，雖稱「自守」，但這種「自守」是帶有強烈的雄霸天下之志，由此也嗅出日本的局限——「鼎舉而臏絕，地小而不足迴旋也」，完全預測到未來日本帝國主義軍事擴張的先天「不足」情況。

中日兩國被視為兄弟、手足，以下朱綬則比喻為「同舟」相戕，堪稱經典。朱綬在參訪美術學校時，見南北朝擁護南朝天皇而犧牲的楠木正成之銅鑄騎馬像，在聞其事蹟後，特做〈陶鑄篇〉一首，詩作表達：

不知像鑄自何朝，煙久銷沈雲久翳。星移物換七百年，此像今偕美術傳。廣校幸無風雨蝕，奇勳那有鼎鐘鑄。可惜將軍忠勇備，乃以鬚眉充冶器。攬轡但取將軍形，安邊誰識將軍意。群藩削盡朝綱救，鼓動海波戰屢起。**蹙我邊壤刮我財，我語將軍且休矣。古今勝敗本無常，何苦同舟生命戕。**地下將軍如可作，九連往事定悲傷。我嘆我華甘積弱，鐵聚九州空鑄錯。舊例偏同轡觸爭，新盟遽恃馬關約。豈知全亞禍結連，菁華所聚群垂涎。武功文學宜修飭，藝校工場務究研。鯫生默察殘棋局，悵望中原十一哭。此時慟哭亦何為，且偕地主閒遊矚。丹青引為將軍吟，陶鑄篇為將軍續。[34]

以上〈陶鑄篇〉內容，係借南北朝之爭而失敗的楠木正成將軍（一二九四—一三三六），投射到甲午戰爭失敗的中國一方，並用「同舟」比喻中日兩國情誼關係，如同南北朝的紛爭。朱氏

32 丁鴻臣，《四川派赴東瀛游歷閱操日記》，收入《實藤文庫》第四十輯，頁三二—三三。丁鴻臣又在另一《遊歷日本視察兵制學制日記》表達中日必須合作的類似看法：「日本今日非不能自守，然實賴中國為車之輔。夫中國強，非日本之利；中危則日亦危。日本不計己之不利，而欲傾國之力，以助中國者，亦迫目前之危而然也。」，收入《實藤文庫》第十六輯，頁一三。

33 黃遵憲，《日本國誌》卷十，收入《實藤文庫》第二二輯，頁二。

34 朱綬，《東遊日程》，收入《實藤文庫》第三五輯，頁三五—三六。

並哭嘆中國之不振，造成「全亞禍結連」，菁華之地皆成帝國的垂涎物。楠木正成在日本具有勤皇倒幕之形象，故德川幕末勤皇武士，皆以之為效法對象。明治維新不久，明治天皇於一八七二年特地在正成戰死之地湊川下令建立湊川神社，以紀念楠木正成一族的忠貞報國、捍衛皇室的功勞。除此之外，天皇還在東京皇居廣場前樹立正成的銅像。朱綬上述哭嘆的雖是楠木正成，但情感投射的卻是中日關係，藉著楠木正成的兵敗比喻中國，群藩比喻列強，南北朝的紛爭比喻中日關係。正因如此，朱綬才發出了「古今勝敗本無常，何苦同舟生命戕。」的感嘆。朱綬用「同舟生命」關係比喻中日關係，寄寓無限的惆悵與悲嘆。

三、文明教育比較下所投射的中華落後形象

明治維新後，日本勵精圖治，一勝於甲午之戰，再勝於日俄之戰，躋身強國之列。相對而言，晚清改革，一敗於甲午戰前的自強運動，再挫於甲午戰後的百日維新，激起改革派或革命派之失望，日本乃成為學習效法或反清亡命的匯聚之地。晚清的赴日官員，即便思想及觀念沒有改革派或革命派之激烈，但一踏上日本國土，所見所聞，對兩國文明教育落差之大，不免感觸萬千，咸感中國確實有諸多不足之處。

甲午戰前，晚清官員都有日本文明乃至人種「淵源於中國」之論。在這種論點之下，仍有

提倡中日合作的「興亞論」，中日關係理應如同「兄弟」，情如「手足」。但甲午戰後，這種論點開始出現顯著的變化。例如日人是徐福之後的說法，在甲午戰後幾至無聞。甲午戰前，晚清訪日官員多被視為名士，以詩賦酬答為樂，備受禮遇。這時的官員甚至仍稱「日本明治維新前，享國久遠，乃承周孔之道」，[35]抱持中國還是日本的文明母國之論。甲午戰後，日人對華人之態度丕變，這在聶士成（一八三六—一九〇〇）《東游紀程》中明白記載，以下是聶士成與在日華商的交談：「問：『東人交誼若何？』答：『甲午以前待我殊優遇，我文人學士尤敬禮有加。今則此風稍替矣。』」[36]日本人接待中國人的心態固然發生了轉變，即使訪日官員本身也多抱持向日虛心學習的心態，經過實地考察，多能反省中國何以不如日本。以下論之。

滿清皇室載澤（一八六八—一九二九）為一九〇五年派遣各國出訪考察的五大臣之一，第一站便是日本。載澤拜訪了伊藤博文（一八四一—一九〇九）、大隈重信（一八三八—一九二

35 陳家麟所著《東槎聞見錄》序中說：「日本與我同州立國二千餘年，明治初期廢封建為府三縣四十有四，政治俗尚與其國往古異，與中土亦異。而郡縣之制與中土秦以後略同，邦之人舍其舊而新是，謀以亞細亞，而塗澤以歐羅巴世局之變遷，或有不得不然者歟。然吾觀維新以前，享國久遠，所以治其國者，師周公仲尼之道乎？亦不師周公仲尼之道乎？則今所異於古者，正此邦一大關鍵。」收入《實藤文庫》第二一輯，頁五。

36 朱綬，《東遊日程》，收入《實藤文庫》第三五輯，頁一〇。

二）等重臣元老及憲法學者穗積八束（一八六〇—一九一二）等，得出以下結論：[37]

> 大抵日本立國之方公議共之臣民，政柄操之君上，民無不通之隱，君有獨尊之權，其民俗有聰強勤樸之風，其治體有畫一整齊之象。其富強之效，雖得力於改良法律，精練海陸軍，獎勵農工商各業，而其根本則尤在教育普及，及自維新初即行強迫教育之制。國中男女皆入學校，人人知納稅充兵之義務，人人有尚武愛國之精神。法律以學而精，教育以學而備，道德以學而進，軍旅以學而強，貨產以學而富，工藝以學而興，不恥效人，不輕捨己，故能合歐化漢學，鎔鑄而成日本之特色。

載澤看到了日本維新後富強成功，其根本並不在於得力於改良法律、精鍊軍隊、獎勵工商業等枝節，而是在於「教育普及」。無獨有偶，楊芾於一九〇七年日本各學校進行教育考察，完成《扶桑十旬記》，最後得出總結：

> 此行也，由抵滬起，迄返滬止，凡百有六日，歷長崎，過神戶，遊東京，覽西京、大阪，見街市清潔，居民安謐，無爭鬪者，無喧嘩者，無臨街便溺者，無入市搶奪人之財物者。目不睹悖義之事，耳不聞非理之言，問何以故？曰法律嚴而一也。問盡人

皆守法律，又何以故？曰教育普且早也。……竊嘆東人事事公，事事實，求利於己，不害於人，謂非教育普及，能若此也。然則東國無盜賊乎？曰有盜賊自盜賊，未有非盜賊而懷盜賊之心者，是不守法律者，不過百中之一二矣。陳篇所敘述，官吏所鋪陳，容有溢美，今身入其中，息心體驗，起居動作，察及細微，彼方流露於無形，我即諦觀而有得，感風俗之厚，悟教化之良。還顧我邦，同文共種，德行智慧，有過東人，但能無人不學、無事不學，早在教育之中，恥軼法律之外，以實心行實事，以公理圖公益，十年而後，其政治必更有可觀者。[38]

楊芾上述親自考察總結，對日本之行，特「感風俗之厚，悟教化之良」，點出「教育普及」的實際效力，若果中國能效法這種「以實心行實事，以公理圖公益」之教育，相信十年之後，中國政治革新必有可觀。甚至晚清官員對日本教育普及，延伸至女性，竟「為祖國無量數之婦人幼女悲也。」[39]

37 載澤，《考察政治日記》，收入《實藤文庫》第九一輯，頁二二—二三。
38 楊芾，《扶桑十旬記》，收入《實藤文庫》第八一輯，頁九八—九九。
39 一九〇六年沈嚴編述《江戶遊記》，載其參觀淺草公園及東本願寺時，如是感嘆：「凡事出於根性者難改，出於風俗者可改。中國辦事遷延之人，不曰參酌情形，即曰因地制宜，此亦當分別根性風俗言之。不能一概論對於日本教育之普及，晚清官員還在各種場合印證了教育普及的現象。例如一九〇一年甲骨金石專家羅振玉（一八六六—一九四〇）赴日本進行教育考察時，體認交通乃開民智的重要性：「日本文明之機關，最顯著者有三，曰鐵路也，郵政也，電綫電話也。使三事為交通最大機關，而文明由是啟焉。顧開民智以便交通為第一義。」[40]羅振玉看到「便交通」是開啟民智的「第一義」，與教育普及息息相關。又如朱綬於一八九八年出訪之際，便觀察到以下日本上下無一人不看報看書的習慣，從而投射到中國教育之失：[41]

余自抵東以來，剛踰一月，見其四歲男女，在校者實繁有徒，又見其官商庶人，下逮奴僕傭工，閒暇之時，無一人不看報看書。嗚呼中國文教之學校，安可與彼同日而語乎？彼無科第誘勸，不啟僥倖，遂致專精，吾中國盡為科第誤耳。

朱綬已經看出兩國科舉教育有無之差別，嘆中國科舉教育之誤國，而在參觀日本高等師範學校的西式教育體制後，感嘆：「按日本知己不如人，改從西法，遂處處有進步。吾華總謂人不如己，何從得有進步耶。」[42]「人不如己」與「己不如人」相當傳神地對照出過去中日兩國的文明心態，如今情勢已然逆轉。

朱綬驚訝日人無一人不看報看書，感嘆其教育之普及，遠非中國可比。而一九〇五年蕭瑞

麟參觀日本高等小學校附設幼稚園，見其男女之體操課，從而感嘆甲午之戰中國之所以敗的原因。他說：[43]

高等男生學普通體操出，幼稚園復經此，則高等女生普通體操，皆柔軟式也。女之數等於男，各七十餘人。女則所操諸式，皆具鼙控縱送之妙。吾華甲午之敗，或謂華人即能敵日本男子，而日本女子，亦足以勝中華。初之不信，洎今始悟天下事，苟非身親見之，固不知其所以然也。

蕭瑞麟單單觀察日本小學校的體操課，便總結出中國甲午之敗歸咎於中國教育過度重文輕武的

也。憑欄見愛宕山下幼女學生，齊聲唱歌，遊戲運動，天機活潑，其樂陶然，羡其教育之普及，女學之發達，而不禁為祖國無量數之婦人幼女悲也。」收入《實藤文庫》第六二輯，頁一四—一五。

40 羅振玉，《扶桑兩月記》，收入《實藤文庫》第三五輯，頁二。

41 朱綬，《東遊日程》，收入《實藤文庫》第三五輯，頁四一。

42 朱綬，《東遊日程》，收入《實藤文庫》第三五輯，頁四〇。

43 蕭瑞麟，《日本留學參觀記筆》，收入《實藤文庫》第八十輯，頁一七—一八。

偏向。當時日本人也曾向中國官員當面指出這個問題，如以下張貴祚與日本人之筆談：[44]

余歷查貴國輕武重文，各省皆留心文官，而不介意武職，此貴國大敗着如。敝國不然，政府選派府縣，不獨治民而在教民，選用武官專於保國衛民，此兩有裨益也。如用文不當，縱壞不過一州一縣一府而已，不致彰醜外洋而可補救。如用武不當，不能禦外侮制強鄰，戰守無策，攸關君國榮辱，為天下恥，各國輕併吞之心，從此起也。先生見聞歷至中東之戰，敝國將軍料定中國，兵將不足與戰。觀其形而可定其志，查其情而可知其神，何也？貴國幾次辱敗求和，依然高枕無憂，毫不在心，以致聯軍深入，復夢如故，**真可憐可**笑。先生明鑑，時異事殊，今非昔比，勝則各國服，敗則各國輕，勝敗關乎存亡，為人奴，為人主，即在戰守之間，用文用武，孰輕孰重。

上述是張貴祚與日人筆談的記載，「重文輕武」導致用武不當，可謂道盡清末中國內部教育問題，從而導致無法抵禦外侮的困局。只是日人對中國的「可憐可笑」，以及料定甲午之戰，中國之兵將不足與戰。張貴祚聽聞日人出此輕蔑之語，顯然無地自容。不但日本人如是觀察，訪日官員也從各種角度，看到中國過度文弱，恰與日本的尚武精神形成鮮明對比。甲午戰前日本尚欣羨與中國名士進行詩賦交遊，中國官員亦以詩文自豪，更增添了「文」「武」價值觀顛倒的諷刺，而這一切的轉變也不過發生於一、二十年之間。

於是，幾乎滿清官員都注意到日本的尚武精神。丁鴻臣於一八九九年前往日本視察兵制時，觀察到這種尚武精神是從小學即培養，如以下他在諏訪公園看到小學生在持鎗練武的情形：[45]

> 於時小學校生徒，方習體操於公園，三十許人皆持鎗列隊，作向敵進退，前後秩然，一惟教習之令，小者十歲，大不過十二三歲，人人皆有殺敵致果之意。日本尚武之國，故自小學皆教以兵操，國人鮮有昧於兵者，此其一斑矣。

一九〇五年鄭元濬參訪日本常盤小學校時，也有類似的感慨：[46]

> 余等甫入門時，各小兒皆喧嘩跳躍，無復規矩，教師亦不約束，及一文鈴聲，各自

44 張貴祚，《日新集》，收入《實藤文庫》第五八輯，頁一六。
45 丁鴻臣，《遊歷日本視察兵制學制日記》，收入《實藤文庫》第四一輯，頁一二。
46 鄭元濬，《東游日記》，收入《實藤文庫》第八七輯，頁一二。

結隊成行，井然不亂。此邦教法，於各學校，皆以軍法部勒之，使小兒幼年即具有軍人資格，國之強也，有由來矣。

一九〇六年《東遊隨錄》之作者危士修，觀察日本能夠富強之原因，其中提到尚武精神：[47]

國中無人不兵以軍籍為重，以入伍為榮，群知愛國、群知保種，遇有戰事雖死亡亦至願也；至如中國，士不知兵，人皆畏死，甚有趨利引外人以自滅，教外人以肆威者。

以上訪日官員都不約而同地注意到日本的尚武精神。實則日本這種尚武精神，是近世武家幕府的精神延續。雖然明治維新廢除了武士階級，但這些武士紛紛進入軍界、政界、教育界、警察界、工商界等，遂使以往散在各藩的武士，統一在效忠天皇的國體論下，成為更具有國家意識的一批「新武士」。

至於兩國文明教育之比較，當時日本教育是以國家主義的國民教育為主。一九〇五年日俄戰爭甫結束，陳榮昌等一行赴日考察，訪問當時如日中天的大隈重信。大隈當時從外相退隱而任上議院議員，他們之間有一段精彩的對話：[48]

大隈語予曰：「中國興學，當以國家主義、國民教育為宗旨。掃除舊學，一切更新，乃能有效。否則新舊衝突無益也。」

予曰：「日本維新，已見大效，亦保存國粹，以舊學未能盡除也。今曰掃除舊學，一切更新，其說何如？情詳示之。」

大隈曰：「君不遠千里而來，考察學務，是必熱心教育者，故執攄鄙見相告，但忠言易於逆耳。」

予曰：「萬里遠來，欲破所疑也。若懷疑不問，安能破耶？是虛此一行也。故不敢不辨。」

大隈曰：「吾所謂舊學，指中國詞章、科舉言耳。此等舊學不掃除，最於新學有碍。故曰新舊衝突無益也。若夫孔孟之道，日本亦守之為國粹者，安有掃除之理。掃除舊學者，掃除科舉詞章，非掃除孔孟之教也。中國學者之弊，在知古而不知今，遂認今日之中國，為古時之中國。古時之中國，自唐虞夏商周，文明極勝。彼時外國皆係野蠻，誠不及中國之文明。至於今日，則中國陵夷，而外國皆大進步。然中國學

47 危士修，《東遊隨錄》，收入《實藤文庫》第一〇五輯，頁三。

48 陳榮昌，《乙巳東遊日記》，收入《實藤文庫》第八二輯，頁一一一—一一二。

者，所讀皆唐虞三代之書。自以為今之中國，猶古之中國也；今之外國，猶古之外國也。豈不誤耶？宜其自大而無進步也。孔子所以為聖者，以其時措之宜耳。使孔子生今日，亦必一切更新，不讓外國之獨有進步，然後能維中國之名教，保中國之種類。欲維中國之名教，保中國之種類，非有國家主義、國民教育不可。」又曰：「天子者，亦國民之一人耳。故政府乃國民之政府，國民非政府之國民。」

予曰：「然則國民教育，非立憲不可。」

大隈曰：「中國國民，程度不及，今遽立憲，鮮有勝議員之任者，仍當先施國民教育，然後可以立憲。」

上述大隈提出日本明治維新經驗，「掃除舊學，一切更新」，提供陳榮昌參考。但陳榮昌敏銳地觀察到日本仍保存「國粹」，故進行細問所謂「舊學」何指？大隈專指「掃除舊學者，掃除科舉詞章，非掃除孔孟之教也。」以釋疑，並提出日本亦以孔孟之學為國粹，且強調孔孟之學必與時俱進，不讓外國獨自進步。最後勸「欲維中國之名教，保中國之種類，非有國家主義、國民教育不可。」指出國家主義、國民教育在教育改革的重要性。如所周知，明治維新以後日本政府從一八九〇年（明治二十三）頒布〈教育敕語〉以後，展開以天皇體制為中心的祭政教三合一的國家主義體制。[49]不過，大隈關於「天子」問題，指出「天子者，亦國民之一人耳。

故政府乃國民之政府，國民非政府之國民。」顯然與當時日本國情不符，或與日本帝國憲法相違。因根據一八九〇年頒佈的《大日本帝國憲法》，第一章規定天皇即是「日本帝國由萬世一系的天皇統治」，且第三條規定「天皇是神聖不可侵犯」，第二章規定臣民之權力與義務，故嚴格言之，日本在此帝國憲法之下，是「臣民」而非「國民」。因此大隈所謂「天子者，亦國民之一人耳。故政府乃國民之政府，國民非政府之國民」之論，並不是在日本帝國憲法的脈絡下而言，而是根據中國實情，提出可行的參考意見。

揆諸以上晚清官員考察日本之際，處處看到中國文明教育落後日本太多。其中點出中國在教育上面臨「時間」與「空間」兩大問題，「時間」指的是「知古不知今」的教育問題，「空間」指的是「國大難以統一」的教育問題。而這兩大問題也都與中國何以比日本難以改革的根本原因，分析如下。

前引大隈重信之論，另一突出的重點是「中國學者之弊，在知古而不知今，遂認今日之中國，為古時之中國」[50]，勸勉中國不宜再有「知古不知今」的自華中心論，指的即是此一教育

49 相關研究可參梅溪昇，《教育敕語成立史：天皇制國家觀の成立・下》（東京：青史出版株式會社，二〇〇〇）。

50 陳榮昌，《乙巳東遊日記》，收入《實藤文庫》第八二輯，頁一一一一二。

問題。一九〇三年張貴祚隨團考察日本議院制度時，結果竟得出這種議院制度實與中國二帝三王之旨無異。他說：[51]

> 概我中國自孔子贊易刪書傳至今數千年間，賢士大夫讀者不知凡幾，考歷代史未聞致君如二帝三王之從民下人者，豈不知天，亦不知法聖乎？近日本講求政治，首開議院，其君以權聽民。（從民欲以通民氣、遂民志，以收民心，合舉國之識以為識，集舉國之才以為才，朝無費事，野無遺賢。）其視我二帝三王我中國之從民下人，無以異也。（二帝三王惟盡其理。今日本藉此以圖富強，存心不同，而行事則一，民之併受其福亦一也。）雖欲不盛不可得矣。夫二帝三王，我中國之君也。日本居今之世，讀其書而取法之，即大治其國。我中國素讀其書，謂古今異時，且欲廢而學日本新政。（日本新政，用也，皆由議院而出。夫議院，君聽於民，即我二帝三王之道，體也。體立而用始行，我中國惟講新政，不設議院，且欲廢二帝三王之書，此不知體用之故。）日本常笑我中國無讀書人，然耶？否耶？敢以質諸吾中國之為縉紳先生者。
>
> （筆者按：圈圈小字是作者原文）

上述張貴祚所言日本新政、議院，認為皆源自古代「中國二帝三王」之道。這種附會，剛好成為大隈重信所論「知古不知今」之註腳，也是對「二帝三王之道」的回光返照。但是，如果細究之，張貴祚之論並非不知今，寧可是一種「知古以創今」或「返本以開新」之精神。守住「古體」，創為「今用」，可與時俱進，如科舉不適應新時代，即應改變。二帝三王本亦無科舉制度，歷代大儒如朱熹、王陽明也都反對科舉。只是若將張貴祚與大隈之論相較，我們實在看不出大隈是以「古」為「體」。在某方面，大隈是承認西學不只是「用」，仍有其「體」，顯見中日官員對學問的體用之體認，存在一定出入。[52]

其次，晚清官員面對中國教育改革的難題，便是「國大難以改革」的空間問題，這種問題也普遍出現在官員的考察日記中。中國幅員遼闊，要像日本這樣快速改革，並非易事。周學熙在一九〇三年赴日考察時，看出日本改革可收速效，但在中國卻有難處。他感慨地說：[53]

---

51 張貴祚，《日新集》，收入《實藤文庫》第五八輯，頁二一。

52 大隈重信對西學的態度，應是兼有體用兩面，這在日本可以追溯到幕末知名儒者佐久間象山（一八一一—一八六四）於一八五四年即提出「東道西藝」論。筆者過去曾分析「東道西藝」論精神是兼說體用，與晚清張之洞（一八三七—一九〇九）於一八九八年喊出的「中體西用」論，二分中西之學，在學問精神及內涵的態度上有相當的出入。參拙著，〈佐久間象山と張之洞〉，收入陶德民等主編，《朱子學と近世・近代の東アジア》（台北：臺大出版中心，二〇一二），頁四一五—四四六。

53 周學熙，《東遊日記》之跋文，收入《實藤文庫》第六二輯，頁一一六。

今日本蕞爾島國，幅員不過一百三十五萬方里，其內港外海，商輪大小一千三十餘艘，鐵路縱橫一萬二千數百里，電報得律風，則無村無市無之，其民生而習乎交通洞達之場，智慧日增而不自覺。一學堂之善法，一工廠之新製，不片刻而遍傳，且不終朝而可親見，其鼓舞奮迅為何如。故其全國精神，團聚若手足之於腹心，朝廷於是發一號、施一令，如鼓之有桴，斧之有柯，宜乎其新政之易行，而收效如此之速也。中國十里之間，往往風氣迴異，何況二十數行省，言語不通，嗜欲不同，朝廷雖有德意，民則驚疑觀望，甚且流言四起，以阻撓煽惑，卒至於扞格不行。無他，民氣渙散之已久，而無藉以聯絡貫通之也。

周學熙點出何以日本可以「教育普及」，與日本島國特性息息相關，不論語言、交通、訊息、號令等皆能收效快速，但中國面積廣大，各省語言不通，風氣各異，民意難一致等等問題。更早丁鴻臣在一九〇〇年赴日考察時，已認知到即便中國要效法日本變法維新，但因兩國大小相別，廣眾殊異，故難以盡法。[54]以下一九〇五年載澤考察日本時，有一段訪問伊藤博文的問答，也點出相同的問題：[55]

問：敝國將來實行立憲，其方法、次序，究竟若何？

答：此問題甚大，不易解決。貴國幅員廣大，各省民情風俗既殊，語言亦不能統一，且交通未闢，風氣難開，欲定完全一致之法律，大非易事。非如日本國小而民俗大半相同，交通又甚利便之易治也。

上述提到的民情風俗、語言、交通、法律等，在中國都未統一，伊藤博文寥寥數語即點出中國不易改革的要害所在。首先，語言若無法統一，教育普及便不可能。時任京師學堂總教習的吳汝綸（一八四〇—一九〇三），一九〇二年奉命赴日考察教育，期間訪問日本貴族院議員伊澤脩二。吳氏所編《東游叢錄》載有兩人如下之對話，伊澤脩二就提到語言的統一可促進愛國心之凝聚：[56]

（吳）答：語言之宜於統一，誠深切著名矣。敝國知之者少，尚視為不急之務，尤恐習之者，大費時日也。

54 丁鴻臣，《四川派赴東瀛游歷閱操日記》，收入《實藤文庫》第四十輯，頁三二—三六。
55 載澤，《考察政治日記》，收入《實藤文庫》第九一輯，頁一六—一七。
56 吳汝綸，《東游叢錄》，收入《實藤文庫》第五一輯，頁九六—九七。

> 伊澤氏曰：苟使朝廷剴切諄誡，以示語言統一之急，著為法令，誰不遵從，尊意大費時日一節，正不必慮。即如僕信州人，此阿多君（時席上此有人）薩摩人，卅年前對面不能通姓名，殆如貴國福建廣東人之見北京人也。然今日僕與阿多君，語言已無少差異。敝國語言之最相懸殊者，推薩摩。出建師範學校時，募薩摩人入學，俾其歸而改良語言。今年春僕曾遊薩摩，見學生之設立普通語研究會者，到處皆是。所謂普通語言者，即東京語也。故現在薩摩人，殆無不曉東京語者。以本國人而學本國語，究不十分為難，況乎今日學理之發明，啞者尚能教之以操語言，況非啞者乎？

吳汝綸是清末教育名家，已然感受到語言統一是教育之急務，只是當時中國決策者並不作如是觀。伊澤脩二舉出日本之例，並以東京語作為全國的「普通語言」。吳汝綸回國後，積極推動中國語言的統一，以北京語為「普通語」，概受此影響。

中國國大難以改革之問題，並非只是語言、交通、法律統一等之形式問題，在日本人看來，中國向來對外人有「自大」的心理，這是屬於精神層面的本質問題。以下王用先於一九〇五年參觀弘文學院的盲啞學校，曾如是記載校長小西信八的話語：[57]

> 中國開化最早，素稱文明，日本先年多所取法。後因歐美新學日盛，遂參講新學，

以至有今日日露之戰，即收效之現象也。中國人地之廣，甲於全球，果能振興教育，不難稱雄東亞。方今明降諭旨，創設學堂，然不可徒有形式，必注意精神。敝邦教育之收效，如斯其原因亦自有在，諸君宜悉心調查，回貴國後參酌本地情形，盡力為之，是為至要。日清兩國有密切之關係，望清之強如歲月，特貴國人有自大之病，不知國無大小，不在自大，而在自強。倘政教不興，雖大者亦日漸退縮，日露之勝，尤其明證。夫文明之國，日新月異，猶恐不能處此世界，況不文明者乎？

上述小西校長指出中國之弊在於無法「振興教育」及有「自大之病」，前者指當時西方文明的教育，以及缺乏愛國心之精神教育，無法上下一心；後者乃因國大而自大，有大國中心之心態。關於處於「大國中心」者的中國官員或知識分子，這應是普遍存在的問題，很自然成為「自大」，但「自大」若無法「自強」，一個小國日本也可擊敗大國中國，故告誡王用先說「國無大小，不在自大，而在自強。」諷刺的是，中國非不知要自強，甲午戰前的洋務運動也號稱是「自強運動」，依然自強不起來。歸根究柢，依然是政教不興、不明之問題，導致改革無望，唯有革命一途。

57 王用先，《遊東筆記》，收入《實藤文庫》第八三輯，頁五。

四、民族挫折感所投射的中華形象

甲午戰後，晚清官員最常受到民族挫折刺激的參訪地方，便是博物館與靖國神社。博物館往往展覽先進的西器文物，也陳列各國風俗民情。在中國方面，刻意陳列吸食鴉片與婦女躔足等劣風敗俗；靖國神社則展示甲午戰爭與日俄戰爭之遺物與史蹟。這兩處往往牽動晚清官員民族自尊心的敏感神經。

當朱綬在一八九八年參訪東京博物館時，本興致勃勃前往參觀各國風俗館室。朱氏急欲知道陳列於此博物館的中國風俗到底是什麼，卻只見凸顯鴉片與纏足，其驚訝程度可想而見。以下記載鮮明地描繪出他當時的心境：[58]

> 余是時急欲瞻仰吾華風俗，及見所陳，乃鴉片煙土一物，配以煙燈、煙鎗、煙籤，遂成全套。此外，則有蠟製尖脚一，尖鞋一，寥寥布設，咄咄逼人。嗟呼！鴉片之禍中國，烈於洪水猛獸，我中人久知之，而深慨之。無如風氣大開，沾染極易，必欲概行斷絕，未知何月何年。至於婦女纏足，中國通人皆深知非宜，無如陋俗所趨，溺焉不返，且難與彼娟娟，普為說法，然東人既取而識之，中人盍懲而改之乎？

朱綬在驚訝之餘，亦頗感鴉片與纏足乃中國兩大惡壞風俗，人皆知其惡，卻感慨無法斷絕，如今被公開地陳列於日本博物館，貽笑於日本，心境必然難受。特別是關於鴉片問題，即便不參觀博物館，甲午戰後晚清官員丁鴻臣於一八九九年前往日本時說：「初入日境，就其風土人情之可見，則無乞丐、無爭鬪、無吸鴉片者，所以其民皆有執業，不敢懲忿以干禁，而能健體以強國，此則大端之俗，可以考其國本之強者。而民之服役甚勞，居處甚卑，則國小而瘠之使然也。」[59]丁鴻臣初入日本國境，映入眼簾的竟是「無乞丐、無爭鬪、無吸鴉片」、「民皆有執業」的風俗強烈對照。丁氏正是從這些細微地方，看出日本何以強盛。

日本當局往往圍繞中國甲午戰敗、乙未割台舉辦博覽會，強化其帝國的優越感，從而藉此展現日本人種的優越性。一九〇三年在大阪所爆發的「學術人類館事件」便是其中之一。[60]當

58 朱綬，《東遊日程》，收入《實藤文庫》第三五輯，頁一七—一八。

59 丁鴻臣：《遊歷日本視察兵制學制日記》，收入《實藤文庫》第四一輯，頁一二。

60 所謂「學術人類館事件」是一九〇三年於大阪舉行勸業博覽會，以學術之名，在館內陳列北海道愛奴族、台灣原住民、琉球、朝鮮、支那（中國）、印度、爪哇等七種「土人」。博覽會首先引起中國留學生的抗議，進而推動清政府進行對日交涉。迫於清政府壓力，日方同意取消支那人的陳列。接著大韓帝國公使也提出抗議，不久日方亦取消韓國人的陳列。雖然支那人的陳列被取消，但在館內依然出現穿著傳統中國服裝的台灣纏足女性，仍然引起抗議。關於此一事件，研究頗多，事情脈絡之分析可參考嚴安生，《日本留學精神史：近

一九〇三年江慕洵參觀大阪的博覽會時，根據《雲海東遊記》記載了他參觀完臺灣館的感想：[61]

臺灣館建於會場後門之左，其中陳列臺灣所產各物，有茶舍、食店兩區，奔走給役，皆臺灣裹足，修眉低顏，媚客不忍矚目。內有室兩間陳設，一切皆中國器具，額曰台民客室寢室之式，壁懸台民宗服圖一掛，詳載五服九族之說，而稱名以引義焉。側一間又以土塑四人像，為昏禮、喪禮模型，冠配齊衰，醜狀可掬，一望而知為支那現在之服制也。**嗚呼！觀此而不知憤疾奮興，以圖雪斯恥者，蓋無人心者矣**。

江慕洵上述參觀臺灣館而生「憤疾奮興，以圖雪斯恥者」之心，慷慨激昂之情，溢於言表，這是一種民族自尊心的投射。這種心理，不單單是疼惜台灣被日本殖民，而是透過台灣人所穿的服裝、習俗皆來源於中國，使參觀的中國人痛感中國人種已經淪為被觀賞的落後野蠻民族。同樣在一九〇五年鄭元濬參觀東京的教育博物館時，如是記載其受侮之感：[62]

早八鐘副本鄉區觀教育博物館，館中標本，各國皆有。吾國八股大卷，硃卷亦在其內。人崇實學，我尚空談，相形之下，愧何如也。尤可恥者，凡圖繪支那風俗，處處與朝鮮並列，而於官場驕慢氣象，尤為描摹盡致，觀之掩鼻。嗟呼！國勢不振，歧見侮於外人也。

鄭元濬看到科舉八股取士的考試卷子，相較於日本及西洋各國的實用教育，乃有「人崇實學，我尚空談」的慚愧感。又見到描摹圖繪的中國與朝鮮習俗並列等，竟到了「觀之掩鼻」，深感「國勢不振」，導致「國醜」外揚而自慚形穢。

以上晚清官員考察博覽會、博物館所看到的民族自尊心受侮，乃生激憤雪恥之情，這種心理應以參觀靖國神社為最高潮。如李濬之（一八六八—一九五三）於一九〇五年日俄戰爭結束後赴日考察，參觀了靖國神社後，在日記直說：「凡我國人見之，未有不先慚後怒者，然徒怒

代中國知識人の軌跡》（東京：岩波書店，一九九一）第三章〈「人類館」現象と「遊就館」体験〉，頁九九—一五〇。另可參李政亮〈帝國、殖民與展示：以一九〇三年日本勸業博覽會「學術人類館事件」為例〉一文的學術分析，從日本人類學家坪井正五郎的「民族混合論」的進化論角度，分析此一事件的帝國殖民權力結構之關係，刊於《博物館學季刊》二〇：二（二〇〇六年四月），頁三一—四六。

61 江慕洵，《雲海東遊記》，收入《實藤文庫》第六三輯，頁三〇。

62 鄭元濬，《東游日記》，收入《實藤文庫》第八七輯，頁九。

且慚，亦復何益。」[63]同年李寶銓參觀靖國神社時，在遊就館觀看陳列日俄戰爭俘獲之戰利品，其中一處亦有甲午戰爭收集的戰利品，李寶銓在參觀之際，如是描繪其驚心動魄及憤懣之情：[64]

> 入門則槍林礮座，無慮數百事，拂拭光潔，一一標識，大抵皆甲午之役，得之中國者。又有直隸爵閣督部堂東海關道岫巖州，各德政匾額，及各營武鄉社贈統領官地方官匾額，共十數方，皆一一懸之。李文忠書海軍公所，及武庫兩字亦在焉，**驚心動魄。於稠人廣眾中，不覽愧溢**。樓上又有天津人，及楊柳青人，贈彼國兵官萬民傘德政匾額數事，亦一一懸之。壁上臚列巨幅油畫，首幅即是攻破旅順，鎮遠定遠致遠經遠等十二艦，及魚雷六艦，一時摧敗被獲情狀。其餘各幅，大抵盡鋪張其事。又有將帥記功碑，再上則油畫數百幀，皆其立功將帥圖像。又有陣亡將帥遺衣遺械，悉用玻璃櫃藏之，其衣襦受刃受槍破損處，各懸小牌，揭說其上。（中略）。又有旅順港大連灣和尚島，各砲台模型，及其司令官，甲午安民告示，鐫板高懸，驕衿誇誕，望之**憤懣。嗟呼！誰為為之，何日忘之，不忍卒觀，又不能不觀也**。

李寶銓在遊就館看到李鴻章的提字書法，竟會「驚心動魄」。且在參觀過程中，感到「稠人廣眾中，不覽愧溢」。看到戰勝的日軍於旅順「安民告示」，從而「望之憤懣」。整個參觀過程，感嘆「不忍卒觀」，又「不能不觀」的無奈且矛盾的心境。「不忍卒觀」是感人為刀俎，我為魚肉；「不能不觀」是嘆國勢不振，何日方能雪恥與重振。類似李寶淦這種激憤心理者，當不在少數，如果缺乏宣洩渠道，常出現瘋狂甚或自殺。[65]這種因民族挫折而產生的心理激憤者，留日學生特多。陳榮昌一行考察團探望中國留學生時，如是記載一位精神病患：「又至精神病院，視留學生諶範模。諶生少年有志，至日本，見外國事事振作，而中國反是，心甚憂之，忽失其常度，遂成狂疾，疾作則叫呼曰：『中國將亡矣。奈何！』」[66]「中國將亡」是多麼沉重的哀喊，中國積弱不振，面對日本，一方面想「步人後塵」，另方面卻又感「望塵莫及」，[67]落差之大，不得不愧，不得不悲。

63 李濬之，《東隅瑣記》，收入《實藤文庫》第九〇輯，頁一五。
64 李寶淦，《日遊瑣識》，收入《實藤文庫》第八四輯，頁九—一〇。
65 如一九〇五年革命黨人陳天華（一八七五—一九〇五），以日本文部省頒布《取締清國留日學生規則》歧視留學生之事件為動機，憤而寫下苦悶的〈絕命詩〉，蹈海自殺。
66 陳榮昌，《乙巳東遊日記》，收入《實藤文庫》第八二輯，頁三九。
67 陳榮昌等一行參觀中央氣象局，由一位子爵長岡氏接待並介紹，長岡子爵甚為殷勤，並稱：「日本與大清為東亞唇齒之國，非協和不能存立，故諸君來考察者，均能為介紹。」許是陳榮昌連日來參觀了許多科技與學

五、結語

本章運用《實藤文庫》的蒐藏，分析了甲午戰前的一八七八年到戰後一九〇七年之間的考察作品。這些具有官員身分的中方考察人員在親臨日本之後，面臨政治與文化方面的各種衝擊，進而投射到自己對中華形象的改變。從本文的分析可知，甲午戰前，晚清官員在文明起源論上頗多提及日人是徐福之後，希望中日合作可以一起「興亞」，寄望兩國如同「兄弟」、「手足」。但甲午戰後，徐福這類日本文明起源論點不再被提及，考察官員咸感日本能夠富強原因，得力於「教育之普及」及全國上下的「尚武精神」之愛國教育。這一切在在反射出中國科舉教育、重文輕武、缺乏國民教育等嚴重的教育問題。考察官員過去自大地認為「人不如己」，如今卻處處感到「己不如人」的文明衝擊，進而重新認識有各種缺憾的中華形象。當然這種缺憾的中華形象最明顯地體現在參觀各種教育博物館、博覽會乃至有愛國軍事教育的靖國神社時，看到泱泱中華的劣風敗俗以及古老文明無法進化的沉痛事實乃至甲午敗戰的戰利品，使中華民族尊嚴掃地，也成為整個民族永遠的創痛。這種在異地受到強烈的民族挫折震撼感，實則比在中國本地有過之而無不及。

歷史之所以有前車之鑑，乃因可以有後見之明。顯然晚清官員在飽受刺激之後無不慷慨激昂、憤懣難遏，但這些考察官員所提供的改革意見，似乎起不了多大的作用。那麼，赴日考察的官員為何未能起到發聾振聵的作用呢？這可能要從郭嵩燾（一八一八—一八九一）開始論起。胡玉縉嘗為李寶淦之《日遊瑣識》作序，提及赴日考察州縣官員的亂象：[68]

> 我國派員遊歷，自同治戊辰始，斌椿於是有《乘槎筆記》之作。設立出使大臣，自甲戌始，郭嵩燾於是有《使西紀程》之作。斌書只記行程風土，郭則於政事之修明，軍制之美備，頗多心折，幾為時論所不容。嗣後以日記呈總署，遂互相隱諱，故日日言維新，訖未收維新之效，則痛乎八比[69]之流毒深也。甲午而後，風氣稍稍轉矣。近更風氣大開，在上則大臣奉命出洋，考察政治；在下則州縣補缺，必遊歷東瀛數月，始可到任。而科舉之廢，即在是時。中國前途，當多幸福，惟是出洋大臣回國，必有

校教育等，咸感中國落後日本太多，而感嘆曰：「予惟感激其盛意而已。自念我國積弱至此，既失古來舊有之文明，今欲步人後塵，又若有望塵而莫及者。愧恥在心，正不知作何詞以對也。記其語以為發憤之一助云。」氏著，《乙巳東遊日記》，收入《實藤文庫》第八二輯，頁三六。

68 李寶淦，《日遊瑣識》，收入《實藤文庫》第八四輯，胡玉縉為之作〈序〉，頁一。《日遊瑣識》是李寶淦於一九〇五年赴日考察三個月所錄之作品。

69 「八比」指的就是「八股文」，指排律六韻十二句中，除首尾兩韻外，中間四韻八句，稱為「八比」。

一番振作。若州縣遊歷，則視乎其人，蓋位卑而難行，祇足以擴一己之見聞，於公家毫無裨益。自前數年，某君赴東考察學務，鎮日在旅館，倩人代草筆記以塞責，至今為留學生詬病，而代作者踵相接，遂為留學生入欵一大宗。則其人之於見聞，殆並無所得。

原來，赴日考察的晚清官員分為中央官員與地方州縣官員。由上述胡玉縉的序言可知，地方州縣官員赴日考察的亂象，在於選官制度的改變。科舉制度廢除前後，有留洋或留日經驗者成為選官的基本門檻，文中提及「州縣補缺，必遊歷東瀛數月，始可到任。」也就是到日本蹓個點，即便語言不通，倩人寫個考察報告，就算見過世面的維新人物了。

其次，即便清廷派出中央官員到各國考察，考察官員也可能因為擔心觸犯眾怒而不敢秉筆直書。郭嵩燾出使英國時，於一八七六年寫了《使西紀程》，即為前車之鑑。郭氏大為稱讚英國政教制度，即「為時論所不容」，引起軒然大波，遂使官員在書寫這類考察的日記或遊記時不能不格外謹慎。職是之故，本章所運用參訪日記，多屬中央高級官員，受日本高度接待與禮遇。不過，正因他們所寫出來的參訪日記，多須公開上呈，故少有個人主觀情感的抒發。這也間接導致其意見往往被束之高閣，不受重視。在諸多官員日誌中，咸少針對朝廷本身的政治問題進行個人之評價，這些心聲可能都潛藏於「看不到的隱形筆記」中。例如這些晚清考察官員，即便探詢到敏感的君主立憲體制，皆無法觸及晚清皇室與日本皇室的根本差異問題，亦即晚清皇室有慈禧太后干政，以及作為少數的滿族凌駕於數億漢人之上的民族問題。因此，當晚清官員考察日本天皇體制，涉及萬世一系的國體論時，往往為之語塞，而無法深入細辨。再者，赴日的晚清官員，特別是甲午戰後與日俄戰後，正逢日本國力最為鼎盛之期。他們所見所聞以及所會見的學者、教育家、政治家等，都是透過日本精心策劃安排參訪，均是辦學有成，高度配合外賓參訪的機構或學校。因此，考察官員所見都是成功的樣版，難以窺見日本更深底層的問題與文化。

結論
思考「中華秩序」的方法

近代以前因存在一個東亞世界共享的儒家思想資源（特指中、韓、日、越），而儒家的核心價值理念可以聖王、聖人的「道統」為核心，誰能維持這個「道統」，誰就是這個中華秩序的中心。十七世紀以前，東亞文化圈向來以中國為中心，再由此同心圓擴散至東亞周邊國家，形成一個具有中華秩序的文明圈。過去中華秩序文明圈，冠以「天下」來稱呼，甘懷真過去曾環繞儒家學說、「儒教國家」與皇帝制度之複雜關係而有所研究。[1]並認為中國這一套政治秩序展開一種具有東亞文化特色的天下觀，且影響整個東亞地區的王權理論。[2]

但是，物換星移，歷史扉頁快速翻動。在十七世紀中葉東北遊牧政權的清帝國取代明帝國之後，這套中華秩序的文明圈，開始受到前所未有的挑戰，過去所謂「夷狄入中國則中國之」這套論述在中國行得通，但在周邊國家未必起到作用。這是個很弔詭的現象，因為向來被中國視為夷狄的日韓越等國，如今看到一個東北遊牧民族的「夷狄」入中國，正可洗刷自己是「夷狄」的身分。從東亞周邊國家的諸多文獻看來，滿清入關這件天崩地裂之大事，讓日韓越等國固然在政治外交或軍事上屈服於中國，但在文化認同上已經開始瞧不起中國，甚至以夷狄稱之，紛紛開始「自華」起來，建立自己另型的華夷秩序。於是，出現「誰是中華」甚至「否定中華」，從而有「大小中華」、「南北中華」、「中華不再是中華」……等中華秩序相關的多元辯證現象。中國周邊國家開始以華自居，這不知是儒家教化在中國周邊國家的成功還是一種質變的轉化，不免呈現一個弔詭的現象。

一、中華情感在東亞近世以來脈絡性的多元辯證關係

十七世紀以後，中國周邊國家認為道統淩夷，紛紛出現主體文化蓬勃發展的現象，無論是朝鮮出現「檀君朝鮮」、越南出現的「雄王崇拜」還是日本的「神皇意識」，這些本來都隱藏在周邊國家的「潛流」中，紛紛浮出檯面。但「潛流」要成為「顯流」，還是跟中華秩序關係的淺近程度有不同的發展。

先論朝鮮的「檀君朝鮮」。如在第一章我們看到朝鮮儒者為「小中華」注入民族情感的「檀君朝鮮」，使其具備主體性意義的「小中華」，而不只是被動接受他者之「華」才使自己成「華」。如在第五章我們也看到越南史臣如何從伏羲神話中重構「南北中華」，既強化自己的華性，也凸顯「雄王」的獨立性。當然，凸顯自己文化主體性最為強烈的是日本，德川日本的學者稱自己國家為「神國」、「神州」、「中朝」（如山鹿素行）、「豐葦原中國」（山崎闇齋），他

1 甘懷真，《皇權、禮儀與經典詮釋：中國古代政治史研究》（台北：臺大出版中心，二〇〇四），此書在二〇二二年出版增訂版。

2 天下觀與王權之關係，則參甘懷真所著〈重新思考東亞王權與世界權——以「天下」與「中國」為關鍵詞〉及〈「天下」觀念的再檢討〉二文，前文收入甘懷真編，《東亞歷史上的天下與中國概念》（台北：臺大出版中心，二〇〇七），後文收入吳展良編，《東亞近世世界觀的形成》（台北：臺大出版中心，二〇〇七）。

們的比較對象其實也是「中華」，德川日本學者在此階段頗努力地「轉華成己」。例如以下德川兵學者松宮觀山（一六八八—一七八〇）的論點，即以日本為「華夏」，他說：[3]

> 儒之華彼夷我者，本是出於賤惡我國之心，則不敬甚於浮屠者。非耶！竊稽上世稱蘆原中州，《古事記》、《日本紀》、《令》等，皆指我京畿為華夏，指彼云唐國、高倉之朝。《大外記》清原賴業譏之，近日水府儒臣愿介栗山子（名誠信）再論之，愿言曰：「自稱曰中國，蓋對外國之通稱，而固非言此土在堪輿之正中也。」至其或為神州，或為神國，且海內為天下，而外為夷為藩，則雖俱非九九總域之通言，亦各國自稱，彼此無相害。……」源親房亦曰：「彼以我為東夷，猶我以彼為西蕃也。」近學墮乎市井，文不振乎搢紳，懵乎舊典而不之顧，或呼元明為中華，自稱為東夷，殆幾乎外視萬世父母之邦，而無蔑百王憲令之著矣。確論可據，而儒者尚仍舊不改者多矣。

一位幕末有名的水戶藩學者會澤正志齋（一七八二—一八六三）也說：[4]

> 地之在天中，渾然無端，宜如無方隅也。然凡物莫不有自然之形體而存焉，而神州居其首，故幅員不甚廣大，而其所以君臨萬方者，未嘗一易姓革位也。

松宮觀山上述之論，不外訴求日本古代諸多史書即已自稱是「華夏」，各國也都有自稱「中國」、「神州」，實無足為怪，不應自「夷」而「華彼夷我」。會澤正志齋即用「神州」稱日本，且以神州「居其首」，以凸顯其中心地位，而且能稱得上這個「中心」的，其特色便是「未嘗一易姓革位」的天皇體制。我們在這裡看到了日本的「唯華意識」的主體情感之展現，總是與萬世一系的天皇體制無法分開，這在本書第五章〈從近世「王道」到近代「皇道」的轉折〉已有詳細分析。

在這裡我們看到無論是朝鮮將「檀君」注入「小中華」之列，或是越南重構「南北中華」，乃至日本的爭「華夏」並稱自己為「神國」，均是採取對「華」的「開始」（或源流）意涵做出解構的企圖。唯有爭取「華」的源流或開始，始能免於被「匡正」的後果，目的也在樹立「自己是中心」的「唯華意識」，從而可以成為「匡正」別人的根據。我們看到日本在幕末已出現了「唯我是華」的中心論，將「華」注入「神國中心」，藉此匡正「中華」，「取華代之」的意圖呼之欲出。

相較日本、越南而言，韓國與台灣在近現代的命運有其相似之處，均有日本帝國主義的殖

3 松宮觀山，《學論》，收入《日本儒林叢書》第五卷（東京：鳳出版株式會社，一九七八），卷上，頁三—四。

4 會澤正志齋，《新論》，收入《水戶學》（東京：岩波書店，一九八二年日本思想大系版），頁三八一。

民經驗，故對「中華」存有「再現」的期待，朝鮮末期甚至出現「期待真華重現」的中華情感（如朝鮮末期的柳麟錫）。不過台灣的「期待真華」並不是期待「以帝制為中心的中華」，反而支持孫中山革命的共和中華。我們舉杜聰明（一八九三－一九八六）為例，他在日本殖民時代的總督府醫學校就讀，與一些醫學校學生於一九一六年如蔣渭水等人一起加入中華革命黨。根據杜聰明的《回憶錄》說：「翁俊明、蘇樵山、黃調清、林錦生、曾慶福、杜聰明等熱心募集基金，託漳州之留學生王兆培君，寄附中國革命黨，喚起啟蒙運動。」又說：「每朝起床就閱讀報紙，看中國革命如何進展，歡喜革命成功。」[5]更在袁世凱稱帝時，由蔣渭水、翁俊明、杜聰明等擬議以霍亂菌暗殺之，並著手實行，最後計畫未成，無功而返。[6]在此，我們看到了在韓國近代出現「期待真華再現」的內涵，與在台灣一批總督府醫學校的青年學生期待真華再現的內涵，也存在不同的辯證與緊張關係。另外，當一九六六年中國興起文化大革命之際，台灣當局特別推動了「中華文化復興運動」，這個「復華運動」是基於民族情感乃至有「真華在己」的自任情感。如今中國大陸出現國學熱、文化熱，似乎有要將「華」找回來的趨勢。但中國大陸要找回「中華」，要以什麼方式找回「中華」，至少應避免落入西方民族主義式的陷阱來重看「中華」，畢竟「中華」的文化認同本來就超越民族主義，更有胸懷「天下」的普世價值內涵。以上論述，簡單整理如下表：

「中華」情感在近代東亞脈絡性的多元辯證表

情感類別＼國別	朝鮮	日本	越南	台灣
民族情感作用的「中華」情感	「小中華」：被注入了「檀君朝鮮」因素	「神州」、「中朝」：被注入了萬世一系的天皇體制因素（自江戶初期即出現）	「南北中華」意識注入了雄王統治南中國	恢復中華的祖國情懷（日據時期）如杜聰明、蔣渭水等
朝代更迭下的「中華」情感（明清之際）	「小中華」成為「大中華」（自朝鮮中期即出現）	取華代之（自江戶時代即出現）	兄弟分家，各華一方	義不帝秦的中華遺民（明鄭王朝）
朝代更迭下的中華情感（清末民初之後）	期待中華重光（日本殖民時期）	取華代之（真華不是中國，而是日本）	期待與兄長中華一起對抗殖民統治（如潘佩珠、胡志民）	1. 期待共和體制的中華出現（日本殖民時期） 2. 復華運動（文化大革命時期）

5 杜聰明，《回憶錄》（台北：龍文出版社，一九八九），頁一七四。

6 杜聰明，《回憶錄》，頁六三—六五。

以上的中華秩序在東亞各區域的複雜面向，使得「中華」價值理念展現豐富而多元的辯證關係，而這種心態似乎也並沒有過去，主要中國大陸自一九九〇年後「再起」的速度相當快，積極地欲找回自己的「中華」文化傳統，只是「中華」是什麼？「誰才是中華」？「中華」要如何詮釋與定義？「中華」如何克服中心與邊陲的緊張與衝突問題等等的辯證課題，似又將成為二十一世紀不可繞過的核心文化與思想的課題。

二、中華道統的「互為傳遞」與「互為轉移」關係

實則所謂「中華核心價值理念」，傳統常用的話語是「道統」。如本書第二章分析朝鮮的「真儒」與「道統」課題時所論述，中華秩序的維持依靠道統，但當那道統中心出現動搖時，可能移動到他國。可見，道統持續或能夠被維護的關鍵並不在於固定的地理「空間」，而是在「時間」與「人」的身上。「時間」指的是時機符合的問題，「人」則指是否有「真儒」（或聖賢）出現並實踐與弘揚「道」的理念。其實這個問題早在孔子時代就出現了，孔子有「道不行，乘桴浮于海」之嘆，更有「子欲居九夷」、「君子居之，何陋之有」之志。南宋朱熹對此有以下精妙的問答：

「君子居之，何陋之有？」言君子所居則化，何陋之有。或問：「九夷尚可化，何故不化中國？」曰：「此是道已不行，中國已不化，所以起欲居九夷之意。」化與不化在彼，聖人豈得必所居則化？理如此耳。中國之不化，亦怎奈何？當時中國未嘗不被聖人之化，但時君不用，不得行其道耳。[7]

可見即便在中國本身，有可化之時，也有不可化之時。中國不化，乃道在當時中國已不行，時君不用，可轉移到九夷去化。朱子所謂「化不化在彼」講出了「人能弘道，非道弘人」的困境，道既無法自弘，須靠人弘道，問題是即使有聖人想弘道，無奈時勢與時君卻又不能用，道依然不可行。有關此章的經典詮釋，引起周邊韓日國家的極高興趣，即連中國清代劉寶楠（一七九一—一八五五）在《論語正義》也如此註解：「子欲居九夷，與乘桴浮海，皆謂朝鮮。夫子不見用於中夏，乃欲行道於外域，則以其國有仁賢之化故也。」[8]朝鮮儒者更不會輕放此章，金時習（一四三五—一四九三）就說：「我國地雖偏狹，山水清麗，達人君子之所景慕者也。夫

7 〔宋〕朱熹，〈答石子重〉，《晦庵先生朱文公文集》，卷四二，收入《朱子全書》（上海：上海古籍出版社，二〇一〇）第二二冊，頁一九二八。

8 劉寶楠，《論語正義》（台北：文史哲出版社，一九九〇），頁三四四。

子欲居九夷，至有俗語。中國人云：『願生高麗國，親見金剛山。』以其泉石蕭爽，可滌鄙悋之胸故也。」[9]十七世紀的日本德川古學派伊藤仁齋在《論語古義》也從日本的立場如是註解：「鈞是人也，苟有禮義，則夷即華也；無禮義，則雖華不免為夷。舜生於東夷，文王生於西夷，無嫌其為夷也。九夷雖遠，故不外乎天地，亦皆有秉彝之性。況樸則必忠，華則多偽，宜夫子之欲居之地也，吾太祖開國元年，實丁周惠王十七年，到今君臣相傳，綿綿不絕，尊之如天，敬之如神，實中國所不及，夫子之欲去華而居夷，亦有由也。」[10]伊藤仁齋的「吾太祖開國元年」即是日本的第一任人間天皇的神武天皇。孔子要飄洋過海居住之地，即是已有禮義之邦的日本。

以上韓日兩國儒者爭搶孔子的經典詮釋，實涉及「道」的詮釋課題。亦即這個「道」的可不可行，實涉及「人」、「時間」與「空間」之問題。時君不能用是「人」的問題；時局無法行道是「時」的問題；當時中國不受化，聖人亦無法強化之，只能到海外傳播其道，尋找化的可能，這是「空間」的問題。

上述朱子對「子欲居九夷」有關「道」的「行」與「不行」的問答，實涉及以下三個層面的問題：

1. 就空間而言：道的行不行，實不拘泥於一定是中國空間區域。這就牽涉到「道」的可移動性課題。

2.就時間而言：道的行不行，有時勢、時機點的因素。這就涉及「同時期」中國不可行道，在他國卻可行道的課題。

3.就人的因素而言：此涉及出現聖人（或追隨聖人的「真儒」）與能用聖人的國君，「得君行道」方有可能，這就涉及有無「真儒」與「聖君」出現的問題。

綜合以上三點，周邊國家最可挑戰中國「道不行」的年代正是蒙古與滿清統治中國的時期。而十七世紀以後的滿清統治中國，更可以說是「道」的轉移時期最為活躍的時期。從本書所分析的中華秩序四個關係類型，依其從近世到當代的文明移動趨勢，可以表之如下頁：

表中所言「互為傳遞」與「互為轉移」的方式，所謂「互為傳遞」是指原有自成一格中華秩序的東亞區域，彼此傳遞中華的價值理念或政治禮儀制度，即便在近代遇到西方文明，仍然以堅守道統方式來調適文明的巨變，愈趨近中華中心者，「互為傳遞性」愈強。言其「互為轉移」，則專指東亞區域「趨向內部的轉移，此模式又分兩類型，A類是「內部承擔的轉移」，指的是中華道統由中國轉移到東亞周邊區域，這是「禮失求諸野」的現象，乃因中華道統在中

9　金時習，〈宕遊關東錄志後〉，《梅月堂詩集》卷一〇，收入《韓國文集叢刊》（漢城：民族文化推進會，一九九〇）第十三冊，頁二五五。

10　伊藤仁齋：《論語古義》，收入關儀一郎編，《日本名家四書註釋全書》第三冊，卷之五，頁一三七－一三八。

國受到挑戰或遺棄，周邊區域承擔此道統的重責大任，朝鮮的「唯我是華」意識及明鄭王朝、二戰後初期台灣的「還我中華」或「遺民意識」意識都屬此類；B類是「內部取代的轉移」，指的是近代日本以神皇之道之「華」企圖取代儒教「王道」之「華」的現象，欲成為東亞盟主主導東亞。

前者的「互為傳遞」關係實則還承認中華道統，努力補足自己的不足，用回向三代的方式來適應近代文明，清末張之洞（一八三七—一九〇九）的「中體西用」、朝鮮末期朴珪壽（一八〇

從近世到當代中華秩序內外部的文明移動趨勢表

時代	中華秩序轉換方式	中華秩序內外部的文明移動趨勢	四關係類型接受中華秩序的由強至弱關係（以箭頭表示）
近世	互為傳遞（東亞內部）	內部互為傳遞	父子關係 遺民關係 ➡ 兄弟關係 ➡ 養父子關係
	互為轉移（東亞內部）	A.內部承擔的轉移	父子關係 遺民關係 ➡ 兄弟關係
		B.內部取代的轉移	養父子關係　日本取代中華秩序
轉型時代	四關係類型接受西方文明的由強至弱關係（以箭頭表示）		
近代	西升東降	西洋文明轉向	養父子關係 ➡ 父子關係 遺民關係 兄弟關係
轉型時代	四關係類型回歸中華秩序的由強至弱關係（以箭頭表示）		
當代預測	東升西降	中華秩序回歸	父子關係 遺民關係 ➡ 兄弟關係 ➡ 養父子關係

七—一八七七）的「東道西器」乃至江戶末期佐久間象山（一八一一—一八六四）的「東洋道德，西洋藝術」之論，幾乎都在同時代孕育而生，還承認「華之在己」，堪稱「互為傳遞論」的代表。

至於「互為轉移論」的「內部承擔的轉移」之A類，雖承認中華道統的中心，但此中心不再以地理中國為中心，而是「轉移」到他國承擔，承接此道統之重大責任；B類的「內部取代的轉移」指的是近代日本企圖用脈絡性轉換的方式，嘗試以「皇道」取代儒教的「王道」，中華道統在此有被取代之虞，但基本上仍屬於東亞內部區域的轉移，只是置換成「日本型的華夷秩序」。

當然，前述兩類的「互為轉移」、「互為傳遞」都還屬「東亞內部」的。但近代面對一個更具挑戰性的西方文明時，出現東亞區域「趨向外部的轉移」，即在近代西方文明取代了中華文明，由東方移轉到以西方文明為中心，這已是鄙視中華道統，以去「華」為快，鄙視此「華」，改以「彼者」為「華」，恨不得快速轉移以西方文明為中心，如五四新文化運動、日本明治維新的全盤西化、韓國的開化運動等，近代以前的中華秩序遭到空前的挑戰，一蹶不振。

由此可知，近世以來中華秩序的追求過程中，各自內部均有一中華，當它擴散出去，就會與他者之「華」產生交集，這個「交集」往往有「競」與「合」的關係，有時可以是和平式的融合關係，形成「互為傳遞」關係，也有時可以是競爭式的緊張關係或取代關係，形成「互為轉移」關係。實則這種中華秩序的競合關係，在今日並未過去，往往呈現「競」中有「合」，「合」中有「競」的既「競」又「合」的關係。無論競合的哪一層關係，都需要整個歷史條件與國際政經現實環境的內外配合。

三、中華秩序追求過程中「求同共異」的方法論

（一）從「西升東降」到「東升西降」的文明衝突

如所周知，杭亭頓（Samuel P.Huntington）在二十世紀末出版其名著《文明衝突與世界秩序的重建》，即指出：「引發未來衝突的導火線，可能是西方的妄自尊大、回教的不容異己及中國的獨斷獨行。」[11]從而擔憂因西方的衰弱使得「在全世界，文明似乎正為野蠻行徑所取代，產生一個前所未見的意象，一個全球黑暗期可能已經降臨人世。」[12]杭廷頓在書末呼籲「在即將登場的紀元中，文明的衝突是世界和平最大的威脅，而根據文明建構的國際秩序，則是對抗世界戰爭最有力的保障。」[13]實則當代世界的混亂與野蠻行徑，許多正是來自於西方國家的不當措施所賜予，西方國家要強加普世理念給非西方國家，但對非西方國家來說卻是帝國主義心態。[14]各文明之中本有優良的文化傳統，但傳輸到他人或他國、他文明的過程中，極大可能被某些政治、經濟的龐大利益團體所扭曲而變成以自我中心利益為主的行徑，導致非西方

國家對「西方文明」望而卻步，或西方國家鄙視非西方國家的文明。這中間實缺乏善意的對話與溝通。由此可見，文明對話在二十一世紀有相當的迫切性，但「文明與文明的對話」卻在今日東升西降的轉移過程中，顯然阻礙重重。從今日俄烏戰爭、美中貿易戰、以阿衝突、對極端氣候變遷的因應態度、新冠病毒等世界不太平的情況並不亞於上個世紀即可窺知，而這些衝突或因應態度，若仔細探究，都與各區域文明之間的良窳有著深層的關係。

例如我們只要觀察一個現象：為何一個日漸崛起的強大中國會引起西方國家普遍的不安？從孔子學院、一帶一路、中國科技發展等，初期推動順利，並被當作全球化的正當現象，接著開始出現反對聲浪，造成巨大阻攔。這裡不是只有單純政治、經濟的威脅問題而已，還涉及背後文明體系競爭的問題。以近幾年的中美競爭為例，誠如全球地緣政治專家馬凱碩（Kishore Mahbubani）所說：「美國不是在跟一個過時的共產黨競爭，而是跟世界最古老、最強大的文

---

11 Samuel P. Huntington, *The Clash of Civilizations and Remaking of the World Order*（NY: Simon and Schuser,1996），黃裕美譯，《文明衝突與世界秩序的重建》（新北：聯經出版公司，一九九七年），頁二四七。

12 同上註，頁四四六。

13 同上註，頁四四七。

14 對杭亭頓的理論之評論，可參黃俊傑：Chun-chieh Hang,"A Confucian Critique of Samuel P. Huntington's Clash of Civilizations," *East Asia: An International Quarterly*, Vol. 16, no. 1-2（Spring/Summer, 1997），pp. 146-153.

明競爭，當強大而又堅韌的文明反彈時，它們會以極大的文明活力和力量反彈。」[15]近代因西方文明以其船堅礮利衝撞了東方各文明體系的發展，諸如印度文明、東亞儒家文明、東亞佛教文明、回教文明均受到嚴重衝擊，有些文明體系幾乎滅頂。這波西升東降的結果，使得許多東亞文明幾近放棄了自己的文明體系，努力追隨西方文明。換言之，西方文明體系主宰了近現代文明從工業革命迄今已經兩百多年，西方中心論者已經習以為常，但因近五十年來政經局勢的東升西降，一時間西方中心論者還沉浸在過去以自己文明中心的宿醉中尚未清醒，無法接受這波透過涓涓細水產生出的東升西降的事實。但事實已經是東方各文明體系正積極尋求恢復過去或對過去進行創造性轉化的文明價值，其中最明顯的即是中華文明體系的恢復或創造性轉化。

本書問的是在近世以來東亞區域中，曾經出現所謂以儒教價值核心理念的「中華秩序」，並且對這個中華文明秩序出現「追求」與「揚棄」的現象及轉變的過程。如本書在〈緒論〉中所指出，筆者依其與中國地理遠近或屏障的難易程度，以及政治、文化的吸收深淺而言，稱十七世紀以後中國與朝鮮的關係是「父子關係」，與日本的關係是「養父子關係」，與越南的關係則是「兄弟關係」，台灣孤懸海外，則發展出獨特的「遺民關係」型的中華意識。以上的關係都是在一個巨大中華文明體系出現鬆動現象後的類型關係。時移今日，如今這個「巨大中國」重新站上人類歷史的舞台，擺脫過去被邊緣化僅能成為歷史的客體，如今躍進成為歷史的主體時，這波中華秩序的關係類型也將出現重大轉變，值得後續進一步的觀察。

（二）以「求同共異」關係進行文明對話之可能

東亞各國曾有過追求理想中的「中華秩序」，呈現「一」與「多」的多元辯證關係。但這個「一」與「多」之關係，有必要在此說明，以免論者均以「一」的空間論來含攝「多」，即以世界中心的「一」來討論此「一」。「一」並非指世界中心的地理空間概念，而是指「價值本源」的「一」，誰掌握了且繼承、實現了這個「價值本源」的「一」，都可以是「一」。用現今的話來說，「一」是可以是「輪值的」或「流動的」，當然也可以是「多數或同時掌握價值本源的一」。誠然中華道統以儒教為核心理念，起始於中國，故論「起源」確實來自中國，如同佛教起源於印度一樣。但若論日後的「發展歷程」，則「道統」或「佛法」這個價值本源的「一」並非中國或印度專有，呈現多元的「一」。誰掌握了價值本源的「一」，誰都可以成為中心，故這個中心也必然是多元中心，而非單元中心。如此這樣的「一」、「多」關係，將會呈現一種不是「一元中心」的關係，而是「多元中心」的關係。

所謂「一元中心」的一多關係，指的是過去「一」與「多」的中心與邊陲之關係，即「一」宰制「多」，呈現「一元中心論」。過去中華帝國的朝貢體系，日本帝國時代的大東亞共榮圈

---

15 馬凱碩（Kishore Mahbubani），*Has China win? The Challenge to American Primacy*, 中譯本由林添貴譯，《中國贏了嗎？挑戰美國的強權領導》（台北：遠見天下文化，二〇二〇），頁一七九。

模式，或是百多年來的西方中心論，都屬於這種一多的宰制關係。這個「一」與「多」的模式呈現的是主客對立關係，例如過去日本取華代之模式，發展出看不起中華，將中華轉為「支那」，進一步以日本之華，取代中華之華。這個對立模式當然不可取，因為若東亞國家哪一國強盛起來，都可以如此「以一宰制多」的「以力服人」之霸道模式。

因此，未來中華秩序的一多關係，應該朝向「多元中心」的關係，這種一多關係是「互為主副」的關係，或許這是最理想的狀態，這種互為主副關係也是一種互為被動與主動之關係。「一」可以包容「多」，「多」也融為「一」，彼此互為主副的關係。所謂「互為主副」的主副關係是在脈絡中互相觀待，論主體必含攝客體，言客體亦必有主體，彼此同時互為主副，相輔相成，不即亦不離。如此關係，呈現「多」往往能豐富「一」，「一」又因「多」而遍地生花，常處於動態的平衡關係，以此模式用之於「傳統與現代」、「在地化與全球化」乃至於「國與國」、「文明與文明」之對話，均能既繼承又創新，不斷對彼此的溝通進行加深與加廣的耕耘與提升。

職是之故，中華秩序關係類型中，必然有所「同」且有所「異」，未來因一個新興的中國正在努力創造性轉化自己的中華文明，企圖建構起新的中華文明秩序。但這個嘗試的成敗結果，必然也會對東亞周邊國家甚至世界造成重大的影響力。本節擬從這些同異關係中提煉方法論，既作為本書的總結，也作為提供將來中華秩序走上和平之路的設計構想。

過去劉述先教授在本世紀初出版的《全球倫理與宗教對話》，其中涉及世界各大宗教的倫理與探求其對話理論之可能，呼籲「從比較的視域看世界倫理與宗教對話」。[16]劉教授此書企圖用宋儒朱熹的「理一分殊」，注入新時代的闡釋，以收「歧異中的統一」（unity in diversity），提供給全球倫理一個新思考方向，因而提倡把「理一分殊」加以現代化的創新詮釋。本節擬在此基礎上，用「理一分殊」的關係對「同」「異」關係進行詮釋。

朱熹的「理一分殊」確實具有完美的「理想型」（ideal type），「理一分殊」既可以從存有論立場（如理氣論）討論之，也可以用倫理學立場（如天理人欲）討論之，當然亦可以從方法論的立場討論之，本節論中華秩序則從方法論立場論之。依形上理論而言，「分殊」中有個「理」，此「理」也是源之於根本的「理」，如同「月印萬川」之喻，有「一多互攝」之存有關係。[17]但是，「理」落實到應用層次，則不得不問「到底是誰之理？」或「理是由誰決定？」

---

16 劉述先，《全球倫理與宗教對話》（台北：立緒，二〇〇一）。

17 朱熹的理一分殊論，建立在「物物有一太極，人人有一太極」上，各「理一之理」與「分殊之理」是大宇宙與小宇宙的關係，既非普遍與特殊之關係，亦非整體與部分之關係，故說：「祇是此一個理，萬物分之以為體。萬物之中又各具一理，所謂『乾道變化，各正性命』，然總又祇是一個理，此理處處皆渾淪。」並用「月印萬川」的例子說明之（《朱子語類》卷九四）。由此可知，當我們說「理一之理」時即有「分殊之理」在，反之當我們說「分殊之理」時，「理一之理」亦存焉，「理一」與「分殊」存在「一即一切」、「一切即一」的的理論困境。

由於朱熹的窮理格物大多是針對人事之理而發，故本節擬從兩造之間彼此互動交流的因果論來討論。過去「理一分殊」理想型偏向從「果地」上說，而本節是想從「因地」上論「理一之理」與「分殊之理」所存在的「交流過程」之間的緊張狀態。亦即依實際面對情境的交流過程中，「分殊的理」，對於「理一的理」，縱然兩者是「同理」，但在交流過程中，大多呈現「去除歧異」、「承認歧異」或是「化解歧異」等三種狀態，筆者分別稱之為「求同去異」、「求同存異」及「求同化異」。本節係針對「方法論」討論之，提出「理一分殊」在「分殊」與「理一」的交流過程的具體事項上，不免出現上述三種不同的「理一」與「分殊」之關係型態，並藉此三種關係型態談談東亞文化或區域交流研究的方法論。

1.「求同去異」之關係型態：

這種關係型態，只承認「同」之「理」，不承認分殊的「異」也有「理」，固守著「理一」而不問「分殊」的「理」，因此存在著一元中心論的思維。如過去朝貢體系的中華主義、西方中心主義、日本大東亞共榮圈、美俄的冷戰價值思維等。

2.「求同存異」之關係型態：

既承認「同」的「理一」，也承認「異」也有其「理」，抱持多元中心論，彼此可以互為承認，但又各自堅持。這是一種比較消極而不雙向積極溝通的多元中心論，今日世界大部分宗教或政治談判的對話，都屬此關係型態。例如基督教與回教的一元神論，可以承認各宗教的多元神論，但基本上還是認為自己的宗教最好，他教不如己教。

3.「求同化異」之關係型態：

此種關係型態，理論上既非一元中心論，亦非多元中心論，在「同」與「異」之間的「理」進行積極的會通與融合。「化」的意涵，有轉化、融化、化解、變化等。在這個「轉化」過程中，「同」、「異」雖仍各自堅持自「理」，但至少承認「同中有異」、「異中有同」，如咖啡牛奶與紅茶飲料，同的是水，異的是加入了「咖啡」、「茶葉」，「水」可以泡成咖啡也可以滲入紅茶，主要是彼此能「化」。在世界各地的多神教或民間宗教融合的思維裡，比較屬於這一類。共通的「理」是在彼此「化」的過程中找到，故其「理」相當有彈性，但問題仍在於還沒有出現共通的「理」之前，往往強勢族群文化主導弱勢族群文化，結果可能還是朝「求同去異」的一元中心論方向。故此「求同化異」模式，會出現「誰的理要被化？」是「化」你的「理」還是「化」我的「理」，過去百多年來「西昇東降」，西方價值當道，故以西方價值等同普世價值，從而認為東方價值都是特殊價值，這是典型以西方價值的「同」來「化」東方價值的

「一多相攝」之關係。本節只是借用「理一之理」與「分殊之理」的關係型態來討論研究方法論，並不討論此理論涉及的體用論或宇宙論。

「異」。

以上三種關係型態都可能出現在每個區域與區域、國家與國家、個人自我與異國他者、甚至個人自我與本國他者之間，所碰觸到文化交流過程中呈現的「同」與「異」之關係型態，他們或者同時存在，或者獨偏一種或兩種。以下舉一些例子說明上述三種關係型態出現在個別知識分子或文化交流過程中對「東亞」的思維方法。

首先，就個別知識分子對「東亞」的思維方法而言，筆者以前分析過日本著名的三位學者（竹內好、溝口雄三、子安宣邦）對「東亞」的思考方法，剛好可以來說明上述論點。[18]儘管三位當代日本學者並非儒者，但三者對中國、東亞及亞洲思考的方法論，頗值得作為借鏡。竹內好作為關心左派運動的知識分子著有〈作為方法的亞細亞〉，[19]企圖想用一套「東亞之同」的自身模式來區別於西方文明，追求一個可以與歐洲文明對抗的獨立自我、內在主體形成的「亞細亞」，這樣的方法幾近於「求同去異」，因其太注意亞洲之「同」（指否定西方資本主義的社會主義）而忽略了亞洲之「異」，結果有可能如溝口雄三指出的，造成「自我一元化的主體」的亞洲中心論。[20]

其次，溝口雄三的《方法としての中國》有別於竹內好而採取「東亞之異」的立場，其方法論可說是鮮明的「求同存異」，竹內好的「同」是「亞洲之同」，溝口的「同」則是「世界之同」，堅信必先立足於彼此的相異性，才能追求到世界史的普遍性。在溝口的「求同存異」

方法論中，看不到與歐洲對立或以歐洲文明作為參照對象，也沒有硬要追求亞洲一體來對抗西方文明，從彼此特殊性中挖掘普遍的價值，才是中國學研究應該要走的道路。溝口這樣強調「存異」，目的要中日的研究者必先認清中國是中國，日本是日本，而其邁向「求同」的結果，則必然強調「超越中國的中國學」，這樣才能與西方文明共創普遍性的價值，即溝口所說的「以中國為方法，以世界為目的」。[21]

相較於上述兩位方法論立場，子安宣邦的《方法としての江戶》（二〇〇〇）[22]則近於「求同化異」，只是子安這裡的「同」成為「方法的同」，既不是「亞洲」，也不是「世界」，只能

18 張崑將，〈關於東亞的思考「方法」——以竹內好、溝口雄三與子安宣邦為中心〉，《臺灣東亞文明研究學刊》第二期（二〇〇四年十二月），頁二五九—二八八。

19 竹內好，〈方法としてのアジア〉，收入《竹內好全集》（東京：筑摩書房，一九八〇）第五卷。

20 竹內好的研究頗多，不再贅述。近期研究可參黑川みどり、山田智共編：《竹內好とその時代：歴史學からの對話》（東京：有志舍，二〇一八）。這是部從分析竹內好思想對應到歷史發展的觀察著作，對竹內好之「亞細亞」做出比較客觀歷史的評估，認為竹內好的亞細亞論述，以中國的亞細亞近代型之一小部分，不滿於近代日本脫離了亞細亞論而淪為大東亞共榮圈，痛惜日俄戰爭後的日本與社會主義理論的分離以及大正民主的弱化，寧可否定實證主義而唯以文學的方法來改寫歷史，企圖構築日中提攜的基礎之。

21 溝口雄三，《方法としての中國》，李甦平等譯，《日本人視野中的中國學》，頁九四。

22 子安宣邦，《方法としての江戶》（東京：ぺりかん社，二〇〇〇）。

是「方法」，而且這個方法是個在具有大歷史視野下的「歷史批判的方法」。子安拒絕把中國或日本看作東亞的主要場域，他從檢討近代形成的許多「論述」（discourse）事件，批判日本近代學者不當與扭曲的「論述」，進而從大歷史的視野追溯近代以前論述形成的真相。子安的「歷史批判的方法」即是「化」那些企圖虛構歷史者，使其回歸真實的歷史，而要達到真實的歷史，唯有不斷地透過這種「方法之同」的歷史批判方式，才能化解那些被虛構出來的歷史。但依照子安的這種「化」法，恐無法期望「理」的共識有到來的一天，甚至不承認「理」的存在性。

上述三種關係型態，可以因為不同的文化發展特色，而呈現不同的型態，並不限定某一關係狀態。以下筆者所要提出的則是超越以上諸關係，強調一種「求同共異」的「天下猶一家，中華猶一人」型[23]，將共享中華秩序者當成是與「我」同一人，進而擴大體認「天下人」與我是一家人，是一種超越血緣、種族、國族的人類共同體胸懷。這是一個將自我與他者形塑為「互為主副」的依存關係類型，彼此是不即不離關係，也沒有固定的「主」與「副」關係，其實就是「既是主也是副」的關係型態，以下即論述「求同共異」的互為主副之關係。「求同共異」之關係型態相較於前三者，可能是「理一分殊」的最佳關係型態，也是目前研究東亞交流文化或東西交流文化中最可參考的方法論。

「求同共異」與「求同存異」之不同，在於「存」字傾向靜態，「共」字則是動態。「共」

字有基於平等互相對待而求「共通」、「共有」、「共感」之道。彼此要有「同」，則須彼此先在「異」上有共感，進而共通了解、共通學習，以達有個「共有基礎」，而這個「共有基礎」會因彼此溝通再不斷地共通了解、學習而不斷加深與加廣，所以這個「求同共異」永遠都是個進行式。因此，這樣的「求同共異」比「求同存異」更具有動態意義，亦沒有「求同化異」中出現的「誰的理化誰的理」之問題，可以說是比較好的關係型態。

若將「求同共異」用來當研究意義而言，我們要找尋的是那個曾經在東亞出現過「共」的基礎與精神。其實這個東亞「共」的精神在兩百年前西方勢力未籠罩東亞文明之前即出現過，只是今日盛行西方價值理念而被忽略了很久，那就是二百年前曾在東亞文明圈中活潑存在的「東亞佛教文化圈」、「東亞漢字文化圈」、「東亞儒教文化圈」、「東亞道教文化圈」……等本身即有自成一格的文化交流傳統。如今我們探索東亞文明中吸收西方的民主、人權、自由等具有普世價值的「理」時，豈能忽略東亞文明圈中本就存在久遠的「共有」精神之基礎。陸象山昔日之語：「東海有聖人焉，其心同，其理同；西海有聖人焉，其心同，其理同。」至今依然

23 此語來自明代大儒王陽明的〈大學問〉，王陽明說：「大人者，以天地萬物為一體者也。其視天下猶一家，中國猶一人焉。若夫間形骸而分爾我者，小人矣。大人之能以天地萬物為一體也，非意之也，其心之仁本若是，其與天地萬物而為一也。」王陽明強調的「視天下猶一家，中國猶一人」是從「一體之仁」的仁心開展其人類共同體的格局。

鏗鏘有力。

本書提出的「求同共異」的方法論，頗呼籲近年來韓日學者所注意到的「共生」哲學。如韓國白永瑞所著《橫觀東亞：從核心現場重思東亞歷史》一書中從「連動的東亞」諸多有爭議的「核心現場」（如沖繩、台灣、韓國、香港等）提到開放主體的既「共生」（共同經營的生活）又能「共苦」（共同承受痛苦）的生活哲學，以修復近代乃至當代東亞核心現場所遭受的傷痛，邁向未來人類和平溝通的普遍性。[24]又如中島隆博提出與「他者」共生的「共生哲學」，從一個相當全面角度重新思考過去儒教與佛教兩個準宗教或宗教與國家之關係，亦即過去儒家對他者序列化（如善與惡、君子與小人、義與利之間的共同性），找出與他者們再結合的地平線。中島所提的共生哲學甚至包括動物及死者的佛教共生倫理，即從佛教持戒殺生所懷有與「異魂」的共生倫理，從而批判只關注人類共同體而忽略他者動物生命的倫理觀。中島希望汲取過去的思想資源，在「共生哲學」的理念下進行超越與批判，達到中島所說的「漩渦的共同性」（渦巻きの共同性）[25]當然中島思考東方倫理的共生哲學必也涉及老莊道家的豐富哲理，這方面早在他的《莊子：雞となって時を告げよ》有所觸及。[26]以上白永瑞及中島隆博並不是提出理論而已，白永瑞早年創立的《創作與批評》，帶動起韓國知識分子對東亞公共性議題的關注；中島隆博則催生「東亞藝文書院」，企圖與東亞國家知識分子及青年大學生一起實現這個共生哲學的理念與資源。

中國周邊國家共享「中華」此一文化概念，本蘊涵著豐富的「共生哲學」，但需要被超越與批判性的現代性解釋與行動。過去「中華」是近代以前東亞知識人普遍的鄉愁，這個鄉愁與追求人與人、人與自然、國與國之間的「和平秩序」無法分開，如沃格林所稱已然是一種象徵「符號」。這個「中華符號」本身以帶有普世價值核心理念（如仁愛、王道、天下一家……）引領著有心人對此符號的理想精神進行和平秩序的追求，早已超越以政治體制為主的天下秩序。無論未來世紀東亞國家是要「回歸中華」、「走出中華」、「去中華」或「超越中華」，依然繞不過這個既豐富又複雜、既近鄉又情怯的「中華」內涵。本節在多元中心下提出「求同共異」的互為主副關係，或許可讓彼此產生「共鳴」的協奏曲。希冀這個「求同共異」心態之環境，能夠被涵養、被耕耘，如同在荒蕪野地挖好溝渠，隨時等待流入的源頭活水，創造出和平之樂土。

24　「共生哲學」在白永瑞《橫觀東亞：從核心現場重思東亞歷史》（新北：聯經出版公司，二〇一六）一書中有相當篇幅的論述，頁三九—四二。

25　參中島隆博，《共生のプラクシス：國家と宗教》（東京：東京大學出版會，二〇一一）一書之序言〈他者たちへの想像力〉，頁一—八。

26　中島隆博，《莊子：鷄となって時を告げよ》（東京：岩波書店，二〇〇九）。

誌謝

本書所收論文，係筆者累積近年來研究與教學的成果。本書各章初稿，除〈緒論〉的理論篇與〈結論〉外，其他各章或發表於學術場合，或出版於學術期刊，或編收於專書論文集，藉由本書的出版，各論文有些章節或小幅改寫，或經大幅修正，並經審查者提供寶貴的修正意見。謹向下列研討會主辦單位或期刊單位，敬申謝意：

第一章　〈朝鮮儒者「小中華」意識中的自我情感因素〉，《國際版儒教文化研究》第二十輯，二〇一三年九月，頁一八三—二〇五（成均館大學校儒教文化研究所出刊）。

第二章　〈朝鮮儒者的真儒與道統之論〉，發表於韓國安東大學所舉辦之「二〇一五儒學學術會議：儒學與當代世界」國際會議（二〇一五／一〇／〇五）（安東：安東大學校國際交流館中會議室）。

第三章　〈從東亞視域看鄭成功形象的「中華」意識之爭〉，《深圳社會科學》，第二期，二〇二〇年三月，頁五一—六五。

第四章　〈日本德川時代神儒兼攝學者對「神道」「儒道」的解釋特色〉，《臺大文史哲學報》第五八期，二〇〇三年五月，頁一四三—一七九。

第五章　〈從近世「王道」到近代「皇道」的轉折〉，原以〈從「王道」到「皇道」的近代轉折〉為題，刊於《外國問題研究》總第二二五期，二〇一七年三月，頁四—一二。

第六章　〈越南「史臣」與「使臣」對「中國」意識的分歧比較〉，《臺灣東亞文明研究學刊》第十二卷第一期，二〇一五年六月，頁一六七—一九一。

第七章　〈明代朝鮮與琉球關係的「中國」因素〉，收入《北大史學》第二三輯「東亞思想與文化史專號」，二〇二二年九月，頁四一—六二。

第八章　〈朝鮮儒者鄭霞谷與閔彥暉的華夷論辨〉，《域外漢籍研究集刊》，二〇一九年第十九輯，頁一七九—一九四。

第九章　〈日本德川學者的「夷夏之辨」思想論爭及其轉變〉，收入復旦大學文史研究院編，《從周邊看中國》（北京：中華書局，二〇〇九），頁一二六—一五二。

第十章　〈透過他者以窺自我：晚清官員訪日所投射的中華形象〉，原以〈晚清官員訪日所投射的中華形象（一八七八—一九〇七）〉為題，發表於《南國學術》第十三卷第二期，二〇二三年二月，頁二五三—二六九。

參考書目

一、古典參考文獻

朝鮮時代文獻

國史編纂委員會編纂，《朝鮮王朝實錄》（漢城：國史編纂委員會，一九五八年太白山四庫本）。

趙憲，《朝天日記》（《重峰集》），收入《燕行錄全集》（漢城：東國大學校出版部，二〇〇一）第五冊。

一然和尚，《三國遺事》（台北：東方文化，一九七一）。

丁茶山，《詩集文．文》卷九，《與猶堂全書》（漢城：民族文化文庫，二〇〇一）第二冊。

鄭霞谷，《霞谷集》（首爾：民族文化推進會，一九八一）。

安鼎福，《東史綱目》（漢城：景仁，一九七〇）。

◆以下朝鮮儒者文集，均收入《韓國文集叢刊》（漢城：民族文化推進會），不再特別標明出版社。

卞季良，《春亭先生文集》卷九，收入《韓國文集叢刊》，第八冊。

尹愭，〈策．東方疆域〉，《無名子集文稿》卷八，收入《韓國文集叢刊》第二五六冊。
正祖，〈文學〉，《弘齋全書》卷一六二，收入《韓國文集叢刊》第二六七冊。
任叔英，〈館學儒生請從祀疏〉，《疏菴先生集》卷八，收入《韓國文集叢刊》第八三冊。
安錫儆，〈滄洲精舍記〉，《霅橋集》卷四，收入《韓國文集叢刊》第二三三冊。
安錫儆，《霅橋遺集》，收入《韓國文集叢刊》第二三三冊。
成牛溪，〈辛巳封事〉，《牛溪先生集》卷二，收入《韓國文集叢刊》第四三冊。
成海應，〈正統論〉《研經齋全集》卷三二，收入《韓國文集叢刊》第二七四冊。
成海應，〈明季書藁〉，《研經齋全集》，收入《韓國文集叢刊》第二七四冊。
成海應，〈草榭談獻三．黃功〉，《研經齋全集外集》卷五六，收入《韓國文集叢刊》第二七五冊。
成海應，〈策問〉，《癡軒先生文集》卷四，收入《韓國文集叢刊》第一九三冊。
成海應，〈宋子大全九則〉，《研經齋全集外集》卷三四，收入《韓國文集叢刊》第二七七冊。
朴寅亮，《文王哀冊》，收入《影印標點東文選》（首爾：韓國民族文化推進會，一九九九）。
朴趾源，《熱河日記》，《燕巖集》卷一三，收入《韓國文集叢刊》第二五二冊。
吳光運，〈策題〉，《藥山漫稿》卷一一，收入《韓國文集叢刊》第二一〇冊。
宋秉璿，〈衛正新書序〉，《淵齋先生文集》卷二三，收入《韓國文集叢刊》第三二九冊。
宋秉璿，《淵齋先生文集》卷二三，收入《韓國文集叢刊》第三二九冊。

宋時烈，〈丁酉封事〉，《宋子大全》卷五，收入《韓國文集叢刊》第一〇八冊。

宋時烈，〈請神德王后祔廟劄〉，《宋子大全》卷一三，收入《韓國文集叢刊》第一〇八冊。

李廷龜，〈箕子廟碑銘〉，《月汀先生集》卷四五，收入《韓國文集叢刊》第七〇冊。

李尚毅，《少陵先生文集》卷三，收入《韓國文集叢刊》第一二冊。

李林松，《金陵集》，收入《韓國文集叢刊》第二七二冊。

李恒老，〈語錄（柳重教錄）〉，《華西集》，收入《韓國文集叢刊》第三〇五冊。

李栗谷，《聖學輯要》，《栗谷先生全書》卷二六，收入《韓國文集叢刊》第四五冊。

李珥，〈文策〉，《栗谷先生全書拾遺》卷六，收入《韓國文集叢刊》第四五冊。

李珥，〈東湖問答〉，《栗谷先生全書》卷一五，收入《韓國文集叢刊》第四四冊。

李珥，〈聖賢道統第五〉，《東賢奏議》卷一九，收入《韓國文集叢刊》第一冊。

李睟光，〈剩說餘編〉，《芝峯先生集》卷三一，收入《韓國文集叢刊》第六冊。

李箕洪，《直齋集》卷八，收入《韓國文集叢刊》第一四九冊。

李德懋，《青莊館全書》卷六九，收入《韓國文集叢刊》第二五九冊。

李稷，〈奉次皇帝賜本國世子〉，《亨齋先生詩集》卷一，收入《韓國文集叢刊》第七冊。

李穡，〈讀中庸有感〉，《牧隱藁》卷一一，收入《韓國文集叢刊》第四冊。

李穡，《牧隱文藁》卷八，收入《韓國文集叢刊》第五冊。

李觀命，《屏山集》，收入《韓國文集叢刊》第一七七冊。

河弘度，〈祭成尚夫〉，《謙齋先生文集》卷七，收入《韓國文集叢刊》第九七冊。

金元行，〈黔潭書院廟庭碑〉，《渼湖集》卷一六，收入《韓國文集叢刊》第二二〇冊。

金平默，〈答章叔〉，《重菴先生文集》卷八，收入《韓國文集叢刊》第三一九冊。

金安國，〈公州重修鄉校記〉，《慕齋先生集》卷一一，收入《韓國文集叢刊》第二十冊。

金坵，《止浦先生文集》卷三，收入《韓國文集叢刊》第二冊。

金時習，〈宕遊關東錄志後〉，《梅月堂詩集》，收入《韓國文集叢刊》第十三冊。

金益熙，〈執策問〉，《滄洲先生遺稿》卷一五，收入《韓國文集叢刊》第一一九冊。

金楺，〈丁戊瑣錄〉，《儉約集》卷三一，收入《韓國文集叢刊》第二一〇冊。

金萬英，〈上牛山質疑書〉，《南圃先生集》卷九，收入《韓國文集叢刊》第九十冊。

金鍾秀，〈春宮侍講日記〉，《夢梧集》卷三，收入《韓國文集叢刊》第二四五冊。

柳成龍，〈策問〉，《西厓先生文集》卷一四，收入《韓國文集叢刊》第五二冊。

柳重教，《省齋先生文集》卷三二，收入《朝鮮文集叢刊》第三二四冊。

柳重教，〈講說雜稿・正統論〉、〈廟祝用永曆紀年說〉，《省齋先生文集》卷三二，收入《韓國文集叢刊》第三二四冊。

柳麟錫，〈書・與中華國袁總統〉，《毅菴先生文集》卷一二，收入《韓國文集叢刊》第三三七冊。

柳麟錫，〈雜著‧散言〉，《毅菴先生文集》卷三二，收入《韓國文集叢刊》第三三八冊。
洪大容，〈正朝朝參〉，《湛軒書外集》卷九，收入《韓國文集叢刊》第二四八冊。
洪良浩，《耳溪集》卷二〇，收入《韓國文集叢刊》第二四一冊。
洪直弼，〈答李子岡〉，《梅山先生文集》卷八，收入《韓國文集叢刊》第二九五冊。
洪貴達，《虛白先生續集》卷四，收入《韓國文集叢刊》第十四冊。
徐居正，《四佳詩集》卷七，收入《韓國文集叢刊》第十冊。
崔有海，〈上月沙請諡栗谷先生書〉，《嘿守堂先生文集》卷一五，收入《韓國文集叢刊》第二三冊。
崔益鉉，〈華西李先生神道碑銘〉，《勉菴先生文集》卷二五，收入《韓國文集叢刊》第三二六冊。
崔溥，《錦南先生集》，收入《韓國文集叢刊》第十六冊。
崔錫鼎，〈正統論〉，《明谷集》卷一一，收入《韓國文集叢刊》第一五四冊。
張顯光，〈皇明朝鮮國。故嘉善大夫司憲府大司憲兼世子輔養官。贈資憲大夫吏曹判書兼知義禁府事寒岡鄭先生行狀〉，《旅軒先生文集》卷一三，收入《韓國文集叢刊》第六十冊。
郭鍾錫，〈朱子語類重刊跋〉，《俛宇先生文集》卷一四一，收入《韓國文集叢刊》第三四四冊。
陳澕，《梅湖遺稿》，收入《韓國文集叢刊》第一〇八冊。
楊士彥，《蓬萊詩集》卷三，收入《韓國文集叢刊》第三六冊。
趙宗著，〈請放漂人疏〉，《南岳集》卷五，收入《韓國文集叢刊》第三九冊。

趙浚，〈李成桂至誠事王氏箋〉，《松堂先生文集》卷四，收入《韓國文集叢刊》第六冊。
趙絅，〈重答林道春書〉，《龍洲先生遺稿》卷二三，收入《韓國文集叢刊》第九十冊。
趙絅，〈蘇齋先生文集敘〉，《龍洲先生遺稿》卷一一，收入《韓國文集叢刊》第九十冊。
蔡之洪，《鳳巖集》卷四，收入《韓國文集叢刊》第二〇五冊。
韓元震，《南塘先生文集》卷六，收入《韓國文集叢刊》第二〇一冊。
權尚夏，《宋子大全．附錄》卷一九，收入《韓國文集叢刊》第一一五冊。

江戶時代文獻

上月專庵，《徂徠學則辨》，收入《日本儒林叢書》（東京：鳳出版株式會社，一九七八）第四冊。
山片蟠桃，《夢の代》，收入《山片蟠桃．富永仲基》（東京：岩波書店，一九七三年日本思想大系四三）。
山田思叔，《山崎闇齋年譜》，收入《日本儒林叢書》第三冊。
山崎闇齋，〈辨本朝綱目〉、〈洪範全書序〉，收入《山崎闇齋全集》第三卷（東京：ぺりかん社，一九七八）。
山崎闇齋，《垂加社語》，收入《近世神道論．前期國學》（東京：岩波書店，一九八二年日本思想大系三九）。

山崎闇齋，《風水草》，收入《山崎闇齋全集》第五卷。
山鹿素行，《中朝事實》、《謫居童問》，收入《山鹿素行全集》（東京：岩波書店，一九四〇—四二）。
川口長孺，《臺灣鄭氏紀事》（台北：臺灣銀行經濟研究室，一九五八）。
中井履軒，《弊帚續編》，收入《日本儒林叢書》第九冊。
中井履軒，《履軒弊帚》，收入《日本儒林叢書》第九冊。
中江藤樹，〈林氏剃髮受位辨〉，收入山井湧等編，《中江藤樹》（東京：岩波書店，一九八二年日本思想大系二九）。
井上金峨，《金峨先生焦餘稿》，收入《日本儒林叢書》第十三冊。
太宰春台，《斥非》，收入《日本儒林叢書》第四冊。
太宰春臺，《辯道書》，鷲尾順敬編，《日本思想鬪諍史料（第四卷）》（東京：名著刊行會，一九七〇）
古賀侗庵，《劉子》，收入《日本儒林叢書》第九冊。
広瀬旭荘，《九桂草堂隨筆》，收入《日本儒林叢書》（東京：鳳出版株式會社，一九七八）第二冊。
伊藤仁齋，〈刻魯齋心法序〉，收入三宅正彥等（編集）：《近世儒家文集集成》（東京：ぺりかん社，一九八五）第一卷之《古學先生文集》。

伊藤仁齋，《論語古義》，收入《日本名家四書註釋全書》（東京：鳳出版株式會社，一九七三）第三卷。
吉田松陰，〈與吉田義卿第三書〉，收入《吉田松陰全集》（東京：岩波書店，一九八六）第六冊。
吉田松陰，《幽窗隨筆》，收入《吉田松陰全集》第三冊。
吉田松陰，《野山獄文稿》，收入《吉田松陰全集》第二冊。
吉田松陰，《講孟餘話》，《吉田松陰全集》第二冊。
吉村秋陽，《讀我書樓遺稿抄》之〈夏夷辨〉，收入《日本の陽明學・下》（東京：明德出版社，一九七二年日本陽明學大系第十卷）。
帆足萬里，《入學新論》，收入《近世後期儒家集》（東京：岩波書局，一九七二）。
西川如見，《日本水土考》，飯島忠夫、西川忠幸校定，《日本水土考・水土解辨・增補華夷通商考》（東京：岩波書店，一九九七年三刷）。
西嶋蘭溪，《坤齋日抄》，收入《日本儒林叢書》第七冊。
佐久間太華，〈和漢明弁〉，收入《日本儒林叢書》第四冊。
佐久間象山，〈時政に関する幕府宛上書稿〉，收入《渡邊崋山、高野長英、佐久間象山、橫井小楠、橋本左內》（東京：岩波書店，一九七一）。
佐久間象山，《省諐錄》（東京：岩波書店，一九四四）。

佐藤直芳，〈中國論集〉，收入《山崎闇齋學派》（東京：岩波書店，一九八二年日本思想大系卷三一）。
佐藤信淵，《混同秘策》，收入瀧本誠一編，《佐藤信淵家全書》（東京：岩波書店，一九九二）下卷。
佚名，《倭姬命世記》，收入大隅和雄校注，《中世神道論》（東京：岩波書店，一九七七）。
村上勤，《國字訓蒙附錄》，收入《日本儒林叢書》第七冊。
貝原益軒，《神祇》，收入《益軒全集》（東京：國書刊行會，一九七三），第三卷。
東條一堂，《論語知言》，收入關儀一郎編，《日本名家四書註釋全書》卷六。
東澤瀉，〈鄭延平事略序〉，參東敬治編，《東澤瀉全集》（東京：白銀日新堂，一九一九）。
松宮觀山，《三教要論》，收入《日本儒林叢書》第六冊。
松宮觀山，《學論》、《和學論》，收入《松宮觀山集》（東京：國民精神研究所，一九三六）。
林春齋、林鳳岡編，《華夷變態》（東京：東洋文庫，一九五八）。
林羅山，《本朝神社考》，收入《日本思想鬥諍史料》（東京：名著刊行會，一九六九）。
林羅山，《林羅山文集》（京都：京都史蹟會，一九七九）。
林羅山，《神道傳授》，收入阿部秋生、平重道校注，《近世神道論．前期國學》。
前野良澤，《管蠡秘言》，收入《洋學（上）》（東京：岩波書店，一九七二年日本思想大系六四）。

度會延佳，《陽復記》，收入平重道校注，《近世神道論．前期國學》（東京：岩波書店，一九八二年日本思想大系三九）。
冢田大峰，《隨意錄》，收入《日本儒林叢書》第一冊。
原念齋，《先哲叢談》（江戶：慶元堂、擁萬堂，一八一六年刊本）。
高松芳孫，《正學指要》，收入《日本儒林叢書》第十一冊。
深谷公幹，《駁斥非》，收入《日本儒林叢書》第四冊。
淺見絅齋，〈中國辨〉，西順藏等校注，《山崎闇齋學派》。
荻生徂徠，〈學則．附錄〉，收入《日本儒林叢書》第四冊。
渡邊崋山，〈鴃舌或問序〉，收入《渡邊崋山．高野長英．佐久間象山．橫井小楠．橋本左內》（東京：岩波書店，一九七一年日本思想大系五五）。
渡邊崋山，《外國事情書》，收入《渡邊崋山．高野長英．佐久間象山．橫井小楠．橋本左內》。
會澤正志齋，《新論》，收入《水戶學》（東京：岩波書店，一九八二年日本思想大系版）。
熊澤蕃山，《大學或問》，收入《熊澤蕃山》（東京：岩波書店，一九八二年四刷）。
熊澤蕃山，《集義外書抄》，收入《日本の陽明學．上》（東京：明德出版社，一九七三年陽明學大系第八卷）。
熊澤蕃山，《集義外書抄》，收入《陽明學大系》之《日本の陽明學．上》（東京：明德出版社，一九七三）。
豬飼彥博，《操觚正名》，收入《日本儒林叢書》第八冊。
藤田東湖，〈弘道館記述義〉、〈回天詩史〉、〈孟軻論〉、〈常陸帶〉，均收入《東湖全集》（東京：博文館，一九四〇）。

中國清代以前文獻

（南梁）僧祐編，流立夫、魏建中、胡勇譯注，《弘明集》（北京：中華書局，二〇一三）。
（宋）朱熹，《晦庵先生朱文公文集》，收入《朱子全書》（上海：上海古籍出版社，二〇一〇）第二三冊。
（明）《明實錄．太祖高皇帝實錄》（台北：中央研究院歷史語言研究所，一九六六）。
（明）丘濬，《平定交南錄》，收入《史料三編：安南傳、平定交南傳、奉使安南水程日記》（台北：廣文書局，一九六九）。
（明）夏子陽，《使琉球錄》，收入《臺灣文獻史料叢刊（第三輯）》（台北：大通書局，一九八四），頁二二六〇。
（明）陳侃，《使琉球錄》，收入《臺灣文獻史料叢刊（第三輯）》（台北：大通書局，一九八四）。
（明）黃宗羲，《明儒學案》，收入《黃宗羲全集》第一〇冊（杭州：浙江古籍出版社，一九八五）。

（明）黃宗羲，《賜姓始末》（台北：臺灣銀行經濟研究室，一九五八）。
（明）蕭崇業，《使琉球錄》，收入前引《臺灣文獻史料叢刊（第三輯）》。
（清）劉寶楠，《論語正義》（台北：文史哲出版社，一九九〇）。
（清）潘相，《琉球入學聞見錄》（台北：文海，一九七三）。
（清）王士禎，《紀琉球入太學》（台北：廣文書局，一九六八）。
（清）沈雲，《臺灣鄭氏始末》（台北：臺灣銀行經濟研究室，一九五八）。
（清）匪石，《鄭成功傳》（台北：臺灣銀行經濟研究室，一九六〇）。
（清）黃宗羲，〈日本乞師記〉，收入彭孫貽，《靖海志》（台北：臺灣銀行經濟研究室，一九五九）。
（清）宋犖彙（編），《御批資治通鑑綱目》，收入《四庫全書珍本（第六集）》（台北：臺灣商務印書館，一九七六）。
（清）連橫，《雅堂文集》（台北：臺灣銀行經濟研究室，一九六四）。
（清）連橫，《臺灣通史》（台北：臺灣銀行經濟研究室，一九六二）。
（清）顧炎武，黃汝成集釋，《日知錄集釋》（上海：上海古籍出版社，二〇〇六）。
（清）陳衍，《臺灣通紀》（台北：臺灣銀行經濟研究室，一九六一）。
（清）華廷獻，《閩事紀略》（台北：臺灣銀行經濟研究室，一九六七）。
（清）唐贊袞，《臺海見聞錄》（台北：臺灣銀行經濟研究室，一九五八）。

（清）周璽，〈新建鹿港文開書院記〉，收入《彰化縣志》（台北：臺灣銀行經濟研究室，一九六二）。

越南文獻

陳荊和編校，《大越史記全書》，東京：東京大學東洋文化研究所附屬東洋文獻センター刊行委員會，一九八四－八六。
（陳朝）黎崱，《安南志略・自序》（北京：中華書局，一九九五）。
（後黎朝）武輝珽，《華程詩》，收入《越南漢文燕行文獻集成》（上海：復旦大學出版社，二〇一〇）第五冊。
（後黎朝）黎貴惇，《北使通錄》，收入葛兆光、鄭克孟編，《越南漢文燕行文獻集成》第四冊。
（後黎朝）陳文熺，〈答天朝冊史詩〉，轉引彭國棟，〈談越南漢文詩〉，收入郭廷以等著，《中越文化論集（一）》（台北：中央文物供應社，一九五六）。
（阮朝）武輝瑨，《華程後集》，收入《越南漢文燕行文獻集成》第六冊。
（阮朝）斐文禩，《萬里行吟》，收入葛兆光、鄭克孟編，《越南漢文燕行文獻集成》第二三冊。
（阮朝）阮思僩，《燕軺詩文集》，收入葛兆光、鄭克孟編，《越南漢文燕行文獻集成》第二十冊。
（阮朝）李文馥，〈夷辨〉，《閩行襍詠》，收入《越南漢文燕行文獻集成》第十二冊。
（阮朝）李文馥，《閩行襍詠》，收入《越南漢文燕行文獻集成》第十二冊。

（阮朝）佚名，《皇越春秋》，收入陳慶浩、王三慶編，《越南漢文小說叢刊》第三冊（台北：臺灣學生書局，一九八七）。

（阮朝）鄧輝熺，〈蘇心畬書贈〉，《東南盡美錄》，收入《越南漢文燕行文獻集成》第十八冊。

二、實藤文庫

《實藤文庫》為實藤惠秀舊藏，蒐藏有關晚清官員的考察日記為主。以下資料，皆來自《實藤文庫》，由東京都立日比谷圖書館所編（一九五八），東京都立日比谷圖書館藏。

以下作者皆是晚清官員。

丁鴻臣，《四川派赴東瀛游歷閱操日記》，收入《實藤文庫》第四〇輯。

丁鴻臣，《遊歷日本視察兵制學制日記》，收入《實藤文庫》第四一輯。

王之春，《談瀛錄》，收入《實藤文庫》第八輯。

王用先，《遊東筆記》，收入《實藤文庫》第八三輯。

王韜，《扶桑日記》，收入《實藤文庫》第七輯。

石川鴻齋，《芝山一笑》，收入《實藤文庫》第六輯。

危士修，《東遊隨錄》，收入《實藤文庫》第一〇五輯。
朱綬，《東遊日程》，收入《實藤文庫》第三五輯。
江慕洵，《雲海東遊記》，收入《實藤文庫》第六三輯。
何子峩，《使東述略》，收入《實藤文庫》第二輯。
何子峩，《使東雜詠》，收入《實藤文庫》第三輯。
吳汝綸，《東游叢錄》，收入《實藤文庫》第五一輯。
李岳蘅，〈亞歐大局篇〉，《策倭要略》，收入《實藤文庫》第三二輯。
李岳蘅，《策倭要略》，收入《實藤文庫》第三二輯。
李濬之，《東隅瑣記》，收入《實藤文庫》第九〇輯。
李寶淦，《日遊瑣識》，收入《實藤文庫》第八四輯。
沈嚴編述，《江戶遊記》，收入《實藤文庫》第六二輯。
周學熙，《東遊日記》，收入《實藤文庫》第六二輯。
姚文棟，〈答倭問興亞〉，《讀海外奇書室雜著》，收入《實藤文庫》第十三輯。
姚文棟，《讀海外奇書室雜著》，收入《實藤文庫》第十三輯。
張貴祚，《日新集》，收入《實藤文庫》第五八輯。
陳家麟，《東槎聞見錄》，收入《實藤文庫》第二一輯。

陳榮昌，《乙巳東遊日記》，收入《實藤文庫》第八二輯。
黃慶澄，《東游日記》，收入《實藤文庫》第三一輯。
黃遵憲，《日本國志》，收入《實藤文庫》第二二輯。
楊芾，《扶桑十旬記》，收入《實藤文庫》第八一輯。
葉慶頤，《策鰲雜摭》，收入《實藤文庫》第二五輯。
載澤，《考察政治日記》，收入《實藤文庫》第九一輯。
鄭元濬，《東游日記》，收入《實藤文庫》第八七輯。
蕭瑞麟，《日本留學參觀記筆》，收入《實藤文庫》第八〇輯。
羅振玉，《扶桑兩月記》，收入《實藤文庫》第三五輯。

三、當代文獻

丸山真男，《原型・古層・執拗低音》，收入《丸山真男集》第十二卷（東京：岩波書店，一九九六）。
子安宣邦，《「事件」としての徂徠學》（東京：青土社，一九九〇）。
子安宣邦，《漢字論：不可避の他者》（東京：岩波書店，二〇〇三）。

小島晉治編，《幕末明治中國聞見錄集成》（東京：ゆまに書房，一九九七）。
中村元，林太、馬小鶴等譯，《東方民族的思維方式》（台北：淑馨出版社，一九九〇）。
內藤湖南，《支那上古史》，《內藤湖南全集》第十卷（東京：筑摩書房，一九六九）。
文揚，《天下中華：廣土巨族與定居文明》（香港：香港中和出版，二〇二一）。
王明珂，《華夏邊緣：歷史記憶與族群認同》（北京：社會科學文獻出版社，二〇〇六）。
王明蓀，《宋史論文稿》（台北：花木蘭，二〇〇八）。
王勇，〈東渡日本的吳越移民〉（杭州：浙江人民出版社，一九九六）。
王建，《「神體儒用」的辨析：儒學在日本歷史上文化命運》（鄭州：大象出版社，二〇〇二）。
王柯，《民族主義與近代中日關係》（香港：香港中文大學，二〇一五）。
王柯，《消失的「國民」：近代中國的「民族」話語與少數民族的國家認同》（香港：香港中文大學，二〇一七）。
王爾敏，〈「中國」名稱溯源及其近代詮釋〉，《中國近代思想史論》（台北：作者自印，一九七七）。
古偉瀛，〈從棄地遺民到日籍華人——試論李春生的日本經驗〉，收入李明輝編，《李春生的思想與時代》（台北：正中書局，一九九五）。
甘懷真，〈「天下」觀念的再檢討〉，收入吳展良編，《東亞近世世界觀的形成》（台北：臺大出版中心，二〇〇七）。

甘懷真，《皇權、禮儀與經典詮釋：中國古代政治史研究》（台北：臺大出版中心，二〇〇四）。

甘懷真主編，《東亞歷史上的天下與中國概念》（台北：臺大出版中心，二〇〇七）。

白永瑞，《思想東亞：韓半島視角的歷史與實踐》（台北：台灣社會研究雜誌社，二〇〇九）。

白永瑞，《橫觀東亞：從核心現場重思東亞歷史》（新北：聯經出版公司，二〇一六）。

安文鑄等編譯，《萊布尼茲和中國》（福州：福建人民出版社，一九九三）。

朱熹，《四書章句集註》（台北：大安出版社，一九九四）。

朱鴻林，〈《王文成公全書》刊行與王陽明從祀爭議的意義〉，收入楊聯陞、全漢昇、劉廣京主編，《國史釋論：陶希聖先生九秩榮慶祝壽論文集》（台北：食貨出版社，一九八八）下冊，頁五六七—五八一。

朱鴻林，〈陽明從祀典禮的爭議和挫折〉，《中國文化研究所學報》新五（一九九六）。

江仁傑，《解構鄭成功：英雄、神話與形象的歷史》（台北：三民書局，二〇一七）。

牟宗三，《生命的學問》（台北：三民書局，一九九七年第八版）。

牟宗三，《心體與性體》第一冊（台北：正中書局，一九九二）。

西里喜行，《清末中琉日關係史研究》（北京：社會科學文獻出版社，二〇〇五）。

西嶋定生，《中國古代國家と東アジア世界》（東京東京大學出版會，一九八三）。

吳玉山主編，《中國再起：歷史與國關的對話》（台北：臺大出版中心，二〇一八）。

吳展良主編，《東亞近世世界觀的形成》（台北：臺大出版中心，二〇〇七）。
吳偉明，〈徐福東渡傳說在德川思想史的意義〉，《中華文化研究所學報》第五八期（二〇一四），頁一六一—一七六。
吾妻重二著，吳震等譯，《愛敬與儀章：東亞視域中的《朱子家禮》》（上海：上海古籍出版社，二〇一二）。
李志敏，〈「支那」名號涵意及其指謂問題〉，《中國歷史地理論叢》卷二（一九九六）頁二〇五—二一四。
李金明，〈試論明朝對琉球的冊封〉，《歷史檔案》，一九九九年第四期，頁八二—八七。
李政亮，〈帝國、殖民與展示：以一九〇三年日本勸業博覽會「學術人類館事件」為例〉，《博物館學季刊》二〇：二，二〇〇六年四月，頁三一—四六。
李春生，《東遊六十四隨筆》（福州：美華書局，一八九六）。
杜聰明，《回憶錄》（台北：龍文出版社，一九八九）。
沃格林著，陳周旺譯，《以色列與啟示：秩序與歷史．卷一》（南京：譯林出版社，二〇一二）。
沃格林著，陳周旺譯，《城邦的世界：秩序與歷史．卷二》（南京：譯林出版社，二〇一二）。
沈仁安，《日本起源考》（北京：崑崙出版社，二〇〇四）。
沈玉慧，〈明代朝鮮、琉球兩國於北京之交流—以致贈咨文為例〉，收入朱德蘭等編，《萬國津梁—

東アジア視域中的琉球（第十四屆中琉歷史關係學術會議論文集）》（台北：中琉文化經濟協會，二〇一五）。
沈玉慧，〈清代北京における朝鮮と琉球使節の邂逅〉，《九州大学東洋史論集》三七，二〇〇九年三月，頁二二一—二三二。
沈殿成主編，《中國人留學日本百年史（一八九六—一九九六）》（瀋陽：遼寧教育出版社，一九九七）。
邢義田，〈天下一家：中國人的天下觀〉，收入邢義田、劉岱編，《中國文化新論：根源篇》（北京：生活・讀書・新知三聯書店，一九九一）。
邢義田，《秦漢史論稿》（台北：東大圖書公司，一九八七）。
阮芝生，〈論吳太伯與季札讓國——再論禪讓與讓國〉，《台大歷史學報》第十八期，一九九四年十二月。
岸本美緒，《東亞の近世》（東京：山川出版社，一九九八年四刷）。
松田弘一郎，《江戸の知識から明治の政治へ》（東京：ぺりかん社，二〇〇八）。
林志宏，《民國乃敵國也：政治文化轉型下的清遺民》（新北：聯經出版公司，二〇〇九）。
林翠鳳，〈鄭坤五及其《九曲堂詩集》〉，收入林翠鳳主編，《鄭坤五研究（第一輯）》（台北：文津出版社，二〇〇四）。

金善惠，《鄭成功文化再現研究：從文史論述到日常意象》（台北：博揚文化，二〇一六）。
金澤榮，《韓史綮》（一九一四年完成，原未載出版資訊）。
姜智恩原著，蔣薰誼譯，《被誤讀的儒學史——國家存亡關頭的思想，十七世紀朝鮮儒學新論》（新北：聯經出版公司，二〇二〇）。
胡厚宣，〈論五方觀念與中國稱謂之起源〉，《甲骨學商史論叢》第二冊（成都：齊魯大學國學研究所，一九四四）。
孫中山，〈中日兩國在政治上保持一致可雄踞東亞在世界上亦可成一重大勢力〉，收入《國父全集》（台北：中國國民黨臺灣省執行委員會，一九七三）第二冊。
孫衛國，《大明旗號與小中華意識：朝鮮王朝尊周思明問題研究（一六三七—一八〇〇）》（北京：商務印書館，二〇〇七）。
徐宗懋，《台灣人論》（台北：時報文化公司，一九九三）。
徐復觀，《中國藝術精神》（台北：臺灣學生書局，一九六六）。
馬場公彥，〈近代日本對中國認識中脈絡的轉換：從「支那」這個稱呼談起〉，收入張崑將主編，《東亞視域中的「中華意識」》（台北：臺大出版中心，二〇一七）。
高明士，《唐代東亞教育圈的形成—東亞世界形成史的一側面》（台北：國立編譯館中華叢書編審委員會，一九八四）。

張哲挺，《十八至二十世紀越南文人「雙元性中華觀」之流變》（台北：臺灣大學國家發展研究所博士論文，二〇二〇）。

張崑將，〈十六世紀末中韓使節關於陽明學的論辨及其意義：以許篈與袁黃為中心〉，《臺大文史哲學報》第七十期（二〇〇九年五月），頁五五—八四。

張崑將，〈子安宣邦著《事件としての徂徠學》之評介〉，國立中央大學《人文學報》第二十、二十一期合刊，二〇〇〇年六月。

張崑將，〈朱子窮理學在德川末期的物理化〉，收入蔡振豐主編，《東亞朱子學的詮釋與發展》（台北：臺大出版中心，二〇〇九）。

張崑將，〈佐久間象山と張之洞〉，收入陶德民等主編，《朱子學と近世・近代の東アジア》（台北：臺大出版中心，二〇一二）。

張崑將，〈朝鮮與越南的中華意識比較〉，收入張崑將主編，《東亞視域下的「中華」意識》（臺大高研院東亞儒學研究中心，二〇一七年三月）。

張崑將，〈關於東亞的思考「方法」——以竹內好、溝口雄三與子安宣邦為中心〉，《臺灣東亞文明研究學刊》第二期（二〇〇四年十二月），頁二五九—二八八。

張崑將，《日本德川時代古學派之王道政治論：以伊藤仁齋、荻生徂徠為中心》（台北：臺大出版中心，二〇〇四）。

張崑將，《陽明學在東亞：詮釋、交流與行動》（台北：臺大出版中心，二〇一一）。
張溪南、黃明漢合著，《臺南上帝爺信仰研究》（台南：台南市政府文化局，二〇一三）。
張廣達，〈內藤湖南的唐宋變革說及其影響〉，《唐研究》第十一卷（二〇〇五），頁五—七一。
陳昭瑛，《臺灣文學與本土化運動》（台北：臺大出版中心，二〇〇九）。
陳益源、阮氏銀，〈周遊列國的越南名儒李文馥及其華夷之辨〉，收入陳益源，《越南漢籍文獻述論》（北京：中華書局，二〇一一）。
陳瑋芬，〈「道」、「王道」、「皇道」概念在近代日本的詮釋〉，收入高明士主編，《東亞文化圈的形成與發展：儒家思想篇》（台北：國立臺灣大學歷史系，二〇〇三）。
彭印川，〈「支那」考證綜述〉，《中國歷史地理論叢》卷二（一九九六）。
童長義，《神儒交涉：江戶儒學中「誠」的思想研究》（台北：商鼎文化，一九九三）。
黃俊傑，安藤隆穗編，《東亞思想交流史中的脈絡性轉換》（台北：臺灣大學人文社會高等研究院東亞儒學研究中心，二〇一二）。
黃俊傑，〈東亞文化交流史中的「去脈絡化」與「再脈絡化」現象及其研究方法論問題〉，《東亞觀念史集刊》第二期（二〇一二年六月）。
黃俊傑，〈論中國經典中「中國」概念的涵義及其在近世日本與現代臺灣的轉化〉，《臺灣東亞文明研究學刊》，第三卷第二期（總第六期）（二〇〇六年十二月）。

黃俊傑，〈論中國經典中「中國」概念的涵義及其在近世日本與現代臺灣的轉化〉，《臺灣東亞文明研究學刊》，第三卷第二期（總第六期）（二〇〇六年十二月）。
黃俊傑，《孟子思想史論（卷三）》（台北：中央研究院中國文哲所，二〇二二）。
黃俊傑，《孟學思想史論（卷一）》（台北：東大圖書公司，一九九一）。
黃俊傑，《東亞儒家仁學史論》（台北：臺大出版中心，二〇一七）。
黃俊傑，《東亞儒學史的新視野》（台北：臺大出版中心，二〇〇六）。
黃俊傑，《儒家思想與中國歷史思維》（台北：臺大出版中心，二〇一四）。
黃俊傑，《戰後臺灣的轉型及其展望》（台北：臺大出版中心，二〇〇六）。
楊孟軒著，蔡耀緯譯，《逃離中國：現代臺灣的創傷、記憶與認同》（台北：臺大出版中心，二〇二三），頁七六—七八。
楊亮功、周獻文等主編，《琉球歷代寶案選錄》（台北：臺灣開明書局，一九七五）。
楊儒賓，〈明鄭亡後無中國〉，發表於「跨越一九四九：文學與歷史國際學術研討會」（二〇一六年十二月二十五日）之專題演講文稿。
照史，《高雄人物述評（第二輯）》（高雄：春暉，一九八五），頁八一—一〇〇。
葛兆光，〈地雖近而心漸遠—十七世紀中葉以後的中國、朝鮮和日本〉，《臺灣東亞文明研究學刊》第三卷第一期（二〇〇六年六月）。

葛兆光，《何為「中國」？疆域民族文化與歷史》（香港：牛津大學，二〇一四）。
葛兆光編，《從周邊看中國》（北京：中華書局，二〇〇九）。
實藤惠秀，譚汝謙、林啟彥譯，《中國人留學日本史》（香港：中文大學出版社，一九八一）。
熊十力，《讀經示要》（台北：廣文書局，一九九三）。
劉文典，《淮南鴻烈集解》（北京：中華書局，一九八九）。
劉述先，《全球倫理與宗教對話》（台北：立緒，二〇〇一）。
蔡至哲，《中、韓儒者的秩序追求：以朝鮮朱子學儒者為中心的觀察》（台北：新文豐，二〇〇〇）。
鄭維中，《海上傭兵：十七世紀東亞海域的戰爭：貿易與海上劫掠》（新北：衛城出版，二〇二一）。
蔡東杰，《中華帝國傳統天下觀與當代世界秩序》（台北：暖暖書屋，二〇一九）。
衛挺生，《日本神武開國新考：徐福入日本建國考》（香港：香港商務印書館，一九五〇年）。
衛挺生，《日本神武開國新考補編》（香港：香港商務印書館，一九五〇）。
衛挺生，《徐福與日本》（香港：新世紀出版社，一九五三）。
鄭阿財，〈敦煌寫本《孔子項託相問書》初探〉，收入氏著，《敦煌文獻與文學》（台北：新文豐，一九九三），頁三九五—四三六。
鄭墡謨，〈朝鮮漢學中的「小中華」意識：「小中華」意識的成立與轉變〉，發表於二〇一〇年臺灣師範大學國際與僑教學院主辦之「國際漢學與東亞文化」國際學術研討會（台北：國家圖書館國際會議廳，二〇一〇年六月二十五日）。
魯迅，《且介亭雜文集》，《魯迅全集》第六卷（北京：人民文學出版社，一九九六年再版）。
錢穆，《國史大綱》（台北：國立編譯館，一九九〇年修訂十六版）。
錢鍾書，《管錐篇》第四冊（北京：生活・讀書・新知三聯書店，二〇〇一）。
檀上寛，《天下と天朝の中国史》（東京：岩波新書，二〇一六）。
濱下武志，《近代中國の國際的契機朝貢システムと近代アジア》（東京：東京大學出版會，一九九八）。
鍾理和，〈原鄉人〉，收入《鍾理和全集》第二冊（行政院客家委員會，二〇〇三）。
韓東育，《從「脫儒」到「脫亞」：日本近世以來「去中心化」的思想過程》（台北：臺大出版中心，二〇〇九）。
韓東育，《從「請封」到「自封」：日本中世以來「自中心化」之行動過程》（台北：臺大出版中心，二〇一六）。
藍弘岳，〈《臺灣鄭氏紀事》與鄭成功和臺灣歷史書寫：從江戶日本到清末中國〉，《歷史語言研究所集刊》第九五本，二〇二四年三月。
藍弘岳，〈你的忠臣也是我的英雄：鄭成功、江戶文藝與日本帝國的臺灣統治〉，《思想》四一期，二〇二〇年十一月。
嚴安生，《日本留學精神史：近代中國知識人の軌跡》（東京：岩波書店，一九九一）。
饒宗頤，《中國史學上之正統論》（上海：遠東出版社，一九九六）。

四、外文書籍

日文書目

內田良平，《皇道に就いて》（東京：黑竜会出版部，一九三三）。
內藤湖南，〈滿洲國今後の方針に就て〉，《大亞細亞》，一九三三年七月號，收入《內藤湖南全集》（東京：筑摩書房，一九九七）第五卷。
內藤正由，〈鄭成功の社名社格を正定せられんとを望む〉，《臺灣日日新報》（明治三一）一八九八年四月三日。
冠者，〈國姓爺〉，《臺灣日日新報》第二三一號，（明治三十二年）一八九九年年二月一日第五版。
報社新聞，〈開山神社の分靈を守護神として奉祀：長崎縣中野村平戸で正式交涉あり次第決定〉，《臺灣日日新報》第一〇八五三號，（昭和五年）一九三〇年七月三日第五版。
報社新聞，〈望將開山神社分靈奉遷於平戶：鄭成功誕生地代表者訂定今秋來臺磋商〉，《臺灣日日新報》第一〇七六九號，（昭和五年）一九三〇年四月十日第四版。
阿部秋生、平重道校注，《近世神道論・前期國學》（東京：岩波書店，一九八二年日本思想大系版）。
安岡正篤，《王道の研究：東洋政治學》（東京：致知出版社，二〇一三年三刷）。
加藤玄智，《神道の宗教学的新研究》（東京：大鐙閣，一九二二）。
丸山真男，《原型・古層・執拗低音》，《丸山真男集》第十二卷（東京：岩波書店，一九九六）。
丸山林平編撰，《定本日本書紀》（東京：講談社，一九六六）。
橘樸，《職域奉公論》（東京：日本評論社，一九四二）。
金光潔稿，〈封祀明延平郡王鄭成功廟於別格官幣社義〉，《臺灣日日新報》（明治三十年）一八九七年十一月三十日。
原念齋、源了圓譯注，《先哲叢談》（東京：平凡社，一九九四）。
江平重雄，〈皇道主義日本と王道主義滿州〉，《現代思想界の動向と新興日本主義》（東京：三友堂書店，一九三二）。
溝口雄三，《方法としての中國》，李甦平等譯，《日本人視野中的中國學》。
佐藤慶治郎，〈王道樂土の建設とその批判〉，《極東変局と日本の将来》（東京：神武會本部，一九三二）。

三浦叶，〈我國近世に於ける華夷論の概觀〉（一）、（二），《東洋文化》第一三七、一三八號（一九三五年十二月）。
山田義直，《国史教材の観方》（東京：目黑書店，一九二七）。
子安宣邦，〈《天皇論》（東京：作品社，二〇二四）。
子安宣邦，《方法としての江戶》（東京：ぺりかん社，二〇〇〇）。
小林三郎，〈古墳副葬鏡の歷史的意義〉，收入《日本考古學論集．四》（東京：古川弘文館，一九八六）等論文。
昭和青年會編，《皇道宣揚》（東京：昭和青年會，一九三四）。
松浦章，〈嘉靖十三年（一五三四）朝鮮使節が北京で邂逅した琉球使節〉，《南島史学》第七二號，二〇〇八年十二月。
松浦章，〈朝鮮使節の琉球通事より得た台湾鄭經、琉球情報〉，《南島史學》第六三號（二〇〇四年四月）。
松原致遠，《日本倫理の特性：生死超越の行としての忠孝》（東京：日本教學研究會，一九四三）。
水內永太，〈皇道大本の思想と行動——皇道大本前史〉，《人文學報》一〇八期（二〇一五），頁八五—九六。
西嶋定生，〈日本國家の起源について〉，《現代のエスプリ》一—六，一九六四。

前田勉，《近世神道と國學》（東京：ぺりかん社，二〇〇二）。
前田勉，《近世日本の儒學と兵學》（東京：ぺりかん社，一九九六）。
前田勉，《兵學と朱子学・蘭学・国学》（東京：平凡社，二〇〇六）。
大隈三好，《切腹の歴史》（東京：雄山閣，一九九五）。
大森研造教授記念事業會編，《大森研造教授遺稿》（故大森研造教授記念事業会，一九三七）。
竹內好，〈方法としてのアジア〉，收入《竹內好全集》（東京：筑摩書房，一九八〇）第五卷。
中純夫，〈王守仁の文廟從祀問題をめぐって——中國と朝鮮における異學觀の比較——〉收入奥崎裕司編，《明清はいかなる時代であったか：思想史論集》（東京：汲古書院，二〇〇六）。
中島隆博，《共生のプラクシス：國家と宗教》（東京：東京大學出版會，二〇一一）。
田尻祐一郎，《山崎闇齋の世界》（東京：ぺりかん社，二〇〇五）。
渡邊浩，《東アジアの王権と思想》（東京：東京大學出版會，一九九七）。
島薗進，《国家神道と日本人》（東京：岩波新書，二〇一〇）。
津田左右吉，《いはゆる伊勢神道に於いて》，收入《津田左右集全集》第九卷（東京：岩波書店，一九六四）。
梅溪昇，《教育敕語成立史：天皇制國家觀の成立・下》（東京：青史出版株式會社，二〇〇〇）。
柄谷行人，《帝國の構造：中心、周邊、亞周邊》（東京：青土社，二〇一四）。

柳町達也，〈中江藤樹・解說〉，收入《日本の陽明學・上》（東京：明德出版社，一九七二）。
林行雄，〈古墳の發生歷史的意義〉，《史林》三八－一，一九五五。
佚名，《開山神社鄭成功小傳》（出版者不明，一九〇一）。
廣神清，〈神道理論の成立と神仏習合論爭〉，收入今井淳、小澤富夫編，《日本思想論爭史》（東京：ぺりかん社，二〇〇四）。
澀澤榮一，〈王道と皇道〉，收入安達大壽計編，《渋沢子爵活論語》（東京：宣傳社，　九二三）。
濱下武志，《近代中國の國際的契機朝貢システムと近代アジア》（東京：東京大學出版會，一九九八）。
濱下武志，《朝貢システムと近代アジア》（東京：岩波書店，一九九七）。
新野和暢，《皇道仏教と大陸布教：十五年戰爭期の宗教と国家》（東京：社会評論社，二〇一四）。
臺陽，《國姓爺後日物語》（劇と史實），連載於《臺灣日日新報》（大正三年）一九一四年五月三十日是第一篇，一直連載到六月二十一日，共二十篇。
關根正直校訂，〈名著文庫：國姓爺合戰〉，《臺灣日日新報》（明治三十六年）一九〇三年十二月二十六日。
黑川みどり、山田智共編，《竹內好とその時代：歷史學からの對話》（東京：有志舍，二〇一八）。

英文及其他外文翻譯書目

Cho-Yün Hsü（許倬雲）, *Ancient China in Transition: An Analysis of Social Mobility, 722-222B.C.*（Standford: Standford University, 1965）鄒水杰譯，《中國古代社會史論：春秋戰國時期的社會流動》（桂林：廣西師範大學出版社，二〇〇六）。

Chang Kun-chiang（張崑將）, "Modern Contextual Turns from 'The Kingly Way' to 'The Imperial Way'," in Shaun O'Dwyer ed., *Handbook of Confucianism in Modern Japan*（Tokyo: The Japan Documents, 2022）.

Hung-lam Chu（朱鴻林）, "The Debate Over Recognition of Wang Yang-ming," *Harvard Journal of Asiatic Studies* 48.1（1988）, pp. 47-70.

Lodén, Torbjörn, ed., *What is China? Observations and Perspectives*, Stockholm: The Royal Swedish Academy of Letters, History and Antiquities, 2023.

Benedict Anderson, *Imagined Communities: Reflections on Origin and Spread of Nationalism*, 吳叡人譯，《想像的共同體：民族主義的起源與散布》（台北：時報文化公司，一九九九）。

Hans-Georg Gadamer原著，洪漢鼎譯，《真理與方法》（台北：時報文化公司，一九九九年四刷）。

Eric Hobsbawm and Terence Ranger, *The Invention of Tradition*（Cambridge: Cambridge University Press, 1983）.

Samuel P. Huntington, *The Clash of Civilizations and Remaking of the World Order*（NY Simon and Schuser,1996）, 黃裕美譯，《文明衝突與世界秩序的重建》（新北：聯經出版公司，一九九七）。

Chun-chieh Hang,"A Confucian Critique of Samuel P. Huntington's Clash of Civilizations," *East Asia: An International Quarterly*, Vol. 16, no. 1-2（Spring/Summer, 1997）.

Chun-chieh Huang, *East Asian Confucianisms: Texts in Contexts*（Göttingen and Taipei: V&Runipress and National Taiwan University Press, 2015）.

Kishore Mahbubani（馬凱碩）, *Has China win? The Challenge to American Primacy*, 中譯本由林添貴譯，《中國贏了嗎?挑戰美國的強權領導》（台北：遠見天下文化，二〇二〇）。

中華秩序追求與華夷論辨：近世以來東亞知識人的鄉愁

2025年5月初版　　定價：新臺幣800元

著者　張崑將
叢書主編　沙淑芬
副總編輯　蕭遠芬
校對　王中奇
內文排版　菩薩蠻
封面設計　沈佳德

出版者　聯經出版事業股份有限公司
地址　新北市汐止區大同路一段369號1樓
叢書主編電話　(02)86925588轉5310
台北聯經書房　台北市新生南路三段94號
電話　(02)23620308
郵政劃撥帳戶第0100559-3號
郵撥電話　(02)23620308
印刷者　世和印製企業有限公司
總經銷　聯合發行股份有限公司
發行所　新北市新店區寶橋路235巷6弄6號2樓
電話　(02)29178022

編務總監　陳逸華
副總經理　王聰威
總經理　陳芝宇
社長　羅國俊
發行人　林載爵

行政院新聞局出版事業登記證局版臺業字第0130號

本書如有缺頁，破損，倒裝請寄回台北聯經書房更換。　ISBN 978-957-08-7623-9 (平裝)
聯經網址：www.linkingbooks.com.tw
電子信箱：linking@udngroup.com

國家圖書館出版品預行編目資料

中華秩序追求與華夷論辨：近世以來東亞知識人的鄉愁/
張崑將著．初版．新北市．聯經．2025年5月．576面．14.8×21公分
ISBN 978-957-08-7623-9（平裝）

1.CST：亞洲史 2. CST：中國史 3. CST：中國文化

730.26 114002078